模拟电子技术基础与应用

微·课·版

陈永强 杨梅◎主编

陈海川 吴昌东 李茜◎副主编

人民邮电出版社
北京

图书在版编目（CIP）数据

模拟电子技术基础与应用：微课版 / 陈永强，杨梅主编. -- 北京：人民邮电出版社，2025. --（新工科电子信息类新形态教材精品系列）. -- ISBN 978-7-115-67485-2

Ⅰ．TN710.4

中国国家版本馆 CIP 数据核字第 2025EJ3087 号

内 容 提 要

本书包括绪论、电位及其分析方法、二极管及其基本电路、三极管及其放大电路、场效应管及其放大电路、集成运放、信号运算与处理电路、负反馈放大电路、功率放大电路、正弦波振荡电路和小功率直流稳压电源共 11 章，以及 1 篇附录——电容在电子电路中的应用。本书语言通俗易懂，理论联系实际，并以立体化的方式呈现模拟电子技术的相关知识。

本书可作为高等学校电子信息类专业、电气类专业、自动化类专业、计算机类专业等"模拟电子技术"课程的教材或教学参考书，也可供相关领域的工程技术人员学习参考。

◆ 主　编　陈永强　杨　梅

副主编　陈海川　吴昌东　李　茜

责任编辑　张雪野

责任印制　胡　南

◆ 人民邮电出版社出版发行　　北京市丰台区成寿寺路 11 号

邮编　100164　电子邮件　315@ptpress.com.cn

网址　https://www.ptpress.com.cn

三河市君旺印务有限公司印刷

◆ 开本：787×1092　1/16

印张：17.5　　　　　　　　　2025 年 8 月第 1 版

字数：518 千字　　　　　　　2025 年 8 月河北第 1 次印刷

定价：69.80 元

读者服务热线：(010)81055256　印装质量热线：(010)81055316
反盗版热线：(010)81055315

▼

　　"模拟电子技术"是普通高校电类专业学生必修的一门重要的专业基础课程，它直接影响后续专业课程的学习。为帮助学生更好地学习"模拟电子技术"（以下简称"模电"）课程，编者在充分考虑初学者现有知识水平和学习能力的基础上，结合自身丰富的教学经验编写了本书。

　　本书正文共 11 章，附录 1 篇。第 0 章为绪论，主要介绍模拟电子技术的相关概念，以及"模电"课程的特点、学习目标、学习思路、学习方法、系统设计的相关知识等。第 1 章为电位及其分析方法，用于帮助学生复习前置课程"电路"中电位的概念，并讲解电位及其分析方法在"模电"课程中的应用。第 2 章为二极管及其基本电路，主要介绍半导体和二极管的相关知识，并重点讲解常用二极管电路的特点和分析方法。第 3 章为三极管及其放大电路，主要介绍三极管的相关知识，并重点讲解三极管放大电路的特点和分析方法。第 4 章为场效应管及其放大电路，主要介绍场效应管的相关知识，并重点讲解场效应管放大电路的特点和分析方法。第 5 章为集成运放，主要介绍集成电路、电流源电路、差分电路的相关知识和集成运放的应用。第 6 章为信号运算与处理电路，主要介绍理想集成运放的特性，以及运算电路、有源滤波器、电压比较器的相关知识。第 7 章为负反馈放大电路，主要介绍反馈的概念和类型、反馈类型的分析、负反馈放大电路的增益计算，以及负反馈对放大电路性能的影响。第 8 章为功率放大电路，主要介绍功率放大电路的相关知识，并重点讲解互补对称功率放大电路的基本形式、分析计算和功率放大电路的性能改进。第 9 章为正弦波振荡电路，主要介绍正弦波振荡电路的相关知识。第 10 章为小功率直流稳压电源，主要介绍交流电变直流电的相关知识，并重点讲解整流电路、滤波电路、串联反馈式稳压电路。附录为电容在电子电路中的应用，主要介绍电容的特性、类型和应用，并结合教材内容梳理和总结电子电路中电容的用法。

　　本书内容分为三个层次：一是理论知识层次，按照经典"模电"教材内容编写，是本书的主体内容；二是模拟电路的实践操作层次，引导学生使用 Tina 软件进行电路建模、仿真分析、仿真测试等操作；三是模拟电路的设计层次，结合系统的概念，讲解模拟电路的设计方法和设计步骤，具体体现在本书各章的"小电路设计"部分。这三个层次分别对应课程学习的知识目标、实践目标和能力目标。一般教材通常包含前两个层次，但模拟电路的设计层次普遍涉及较少。随着工程教育专业认证在国内广泛开展，学生的专业能力培养日益受到高校重视。编者认为，在学习"模电"经典理论知识的同时学习模拟电路设计的基础知识，不仅能够扩展知识面，还能有效提升专业能力，培养专业学习兴趣，做到"学以致用"和"以用促学"。因此，本书每章最后都结合章节核心知识点，精选易懂、易掌握的功能电路作为设计案例，由简入难，从单独电路到系统电路，逐步训练读者的模拟电路设计能力。

编者在完成本书编写工作的同时，为本书配套了多种教辅资源。除了教学课件、教学大纲、教案、思考题答案等常规资源，还包括微课视频、思维导图、电子版习题册、仿真电路源文件，另外，为帮助读者快速上手书中的电路仿真内容，还编写了"Tina 软件的操作教程"。高校教师可以通过"人邮教育社区（www.ryjiaoyu.com）"下载上述教辅资源，进而灵活开展线上线下混合式教学。

本书由西华大学和成都工业学院的教师联合编写，陈永强负责编写第 2、3 章，杨梅（成都工业学院）负责编写第 4、5、6 章，陈海川负责编写第 7、8、9 章，吴昌东负责编写第 10 章并录制微课视频，李茜负责编写第 0 章、第 1 章、附录、电子版习题册和 Tina 软件的操作教程（电子资源），雷雨负责本书部分教辅资源（包括教学课件、思维导图等）的编写工作。由于编者水平有限，书中难免会出现一些疏漏和欠妥之处，希望广大读者予以指正。读者可以通过邮箱 cyqlq@mail.xhu.edu.cn 与编者联系，编者将尽力回答大家的学习问题。

编者

2025 年 1 月

目 录

CONTENTS

第3章

三极管及其放大电路

第4章

场效应管及其放大电路

第5章

集成运放

第6章

信号运算与处理电路

第7章

负反馈放大电路

第 0 章

绪论

本章主要介绍"模拟电子技术"的相关概念、课程的特点、学习目标、学习思路和学习方法，以及系统设计的相关知识。这门课程旨在帮助学习者掌握将理论电路图转化为实际电路的方法，如图 0.1 所示。

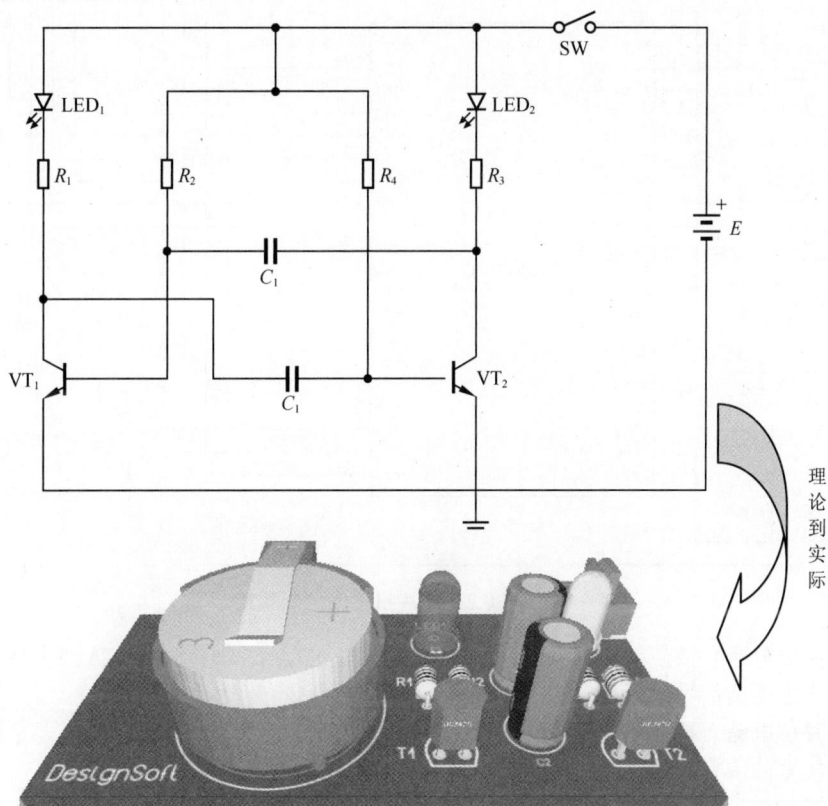

图 0.1　从理论电路图到实际电路

0.1　模拟电子技术简介

模拟电子技术是一门研究模拟信号的课程。该课程以半导体二极管、三极管和场效应管等关键电子器件为基础，涵盖线性放大器、功率放大器、运算放大器、负反馈放大电路、信号运算与处理电路和稳压电源电路等多个研究方向。

上述所列的具体电路可以统称为模拟电路，这些模拟电路的共同特点是电路处理的信号都是随时间连续变化的，这些信号称为模拟信号。自然界中的信号，如温度、压力、风速等，都为模拟信号。

模拟电子技术在音频处理、视频处理、测量仪器、医疗设备、工业控制等领域都有广泛的应用。具体来说，在电子电路中，模拟电路的应用可以简单概括为两个方面：一是用于信号的采集、产生、处理（包括放大、滤波、运算等）；二是作为直流电源（包括电压源和电流源）驱动电子电路工作（如建立电子电路所需的工作环境、提供信号变化所需的能量等）。所以，只要是构建电子电路，实际上都离不开模拟电路，哪怕是数字系统，即使不用模拟方法处理信号，也会用到直流电源。

例 0.1　图 0.2 所示为使用 Tina 软件设计的一个简易的单片机温度控制系统，其中涉及的模拟电路及作用如下。

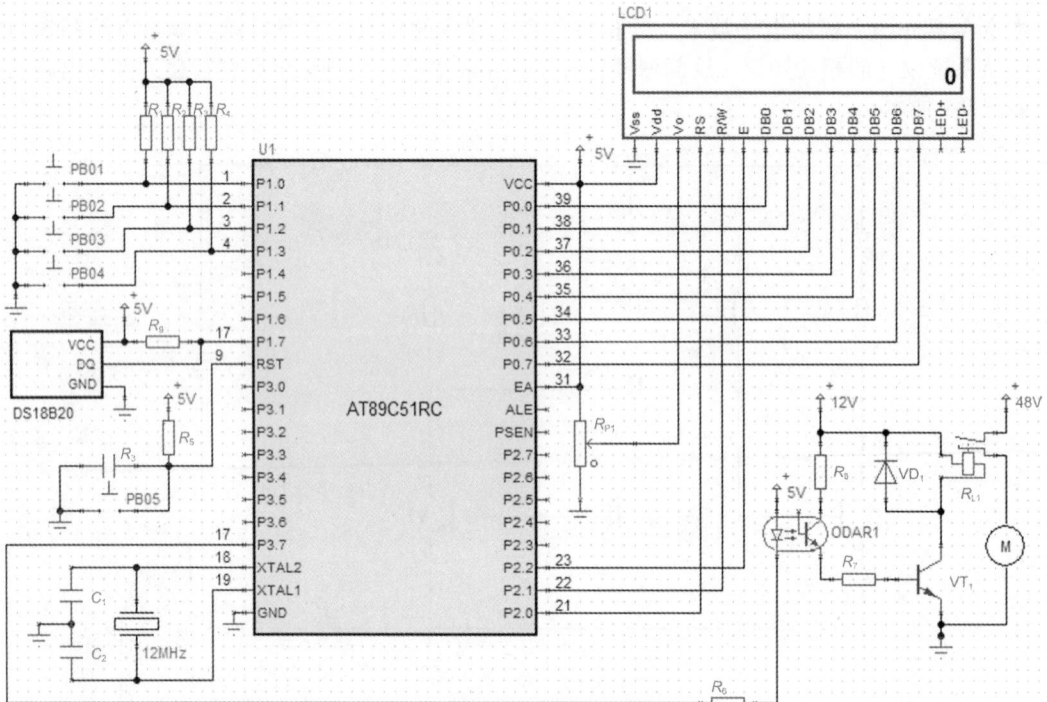

图 0.2　单片机温度控制系统

（1）晶振电路。接在单片机（AT89C51RC）管脚 XTAL1（19）和 XTAL2（18）之间的部分，用于辅助产生振荡信号，驱动单片机工作。

（2）复位电路。接在单片机管脚 RST（9）上的部分，当单片机宕机或需要重启时，可以手动产生单片机复位信号。

（3）按键电路。接在单片机管脚 P1.0～P1.3（1～4）的部分，用于产生系统的设置和控制信号，如设置温度的控制范围。

（4）执行电路。接在单片机管脚 P3.7（17）的部分，用于驱动升温装置工作的电路，如检测到的实际温度高于上限，则断开升温装置的电源，反之则接通电源。

（5）直流电源。图中未画出，单片机 AT89C51RC 工作需要 5V 的直流电源支持。

另外，图中 DS18B20 是常用的数字温度传感器，LCD1 是液晶显示器，与单片机 AT89C51RC一样，都是数字器件，属于数字电路。数字电路多用于处理逻辑问题或实现逻辑控制，一般用在可以进行编程控制的单片机、PLC（Programmable Logic Controller，可编程逻辑控制器）等器件上。在现代电子系统中，数字电路多为系统的核心器件，负责控制系统的主体工作；而模拟电路通常作为系统的外围器件，为系统提供能量，负责产生、采集、处理信号，或作为执行电路驱动负载工作，以实现具体的电路功能。关于数字电路的相关知识，读者可以查阅数字电子技术的相关教材。

0.2 课程特点

"模拟电子技术"（下面简称"模电"）课程具有工程性、实践性和系统性的特点。

（1）工程性
- 实际工程需要证明其可行性，所以"模电"课程会强调定性分析。
- 实际工程在满足基本性能指标的前提下总是允许存在一定范围的误差，所以"模电"课程的定量分析通常为"估算"。
- 在近似分析过程中要抓住矛盾的主要方面，即具有"合理性"。
- 电子电路归根结底是电路，只是在不同条件下其构造模型不同。

（2）实践性
- 要掌握常用电子仪器的使用方法。
- 要掌握电子电路的一般测试方法。
- 要了解故障的判断与排除方法。
- 要逐步学习 EDA 软件的使用方法。
- 要进入实验室完成小电路实物制作。

（3）系统性

一个完整的现代电子电路，通常由模拟电路部分和数字电路部分共同构成，如图 0.2 所示。对于各种典型的模拟电路，都有其专属的功能和作用，但要让这些功能和作用具有实际意义，必须将电路放到（或组合到）具体的系统中。如果仅是单个的、独立的电路（或器件），是无法体现任何应用价值的。例如，一个简易的信号发生器（系统）能够对外输出正弦波、方波和三角波，其基本组成电路包括直流稳压电源（教材第 10 章内容）、正弦波振荡电路（教材第 9 章内容）、电压比较器（教材第 6 章内容）、积分电路（教材第 6 章内容）。所以课程学习要注意系统概念的建立，要多从系统的角度去思考和掌握典型模拟电路的综合应用。

综上所述，本课程的总体学习精神就是要"注重培养系统的观念、工程的观念、科技进步的观念和创新意识，学习科学的思维方法"。

0.3 学习目标

"模电"课程的学习目标可分为"知识目标"、"实践目标"和"能力目标"。

（1）知识目标，强调对课程相关理论知识的掌握，包含典型器件（二极管、三极管、场效应管、集成运放、三端集成稳压器等）和典型电路（整流电路、限幅电路、放大电路、运算电路、反馈电路、振荡电路、功率放大电路、电源电路等）相关的理论知识。

（2）实践目标，强调对模拟器件和电路应用知识的掌握，包含器件的选择、测试，电路的使用、测试、故障分析与排除，以及使用 EDA 软件建立电路模型并进行仿真分析等实际操作方面的知识。

（3）能力目标，强调系统概念的建立，并初步具备简单模拟电路的设计能力，且在设计过程中能够综合考虑经济、环保等因素，开展简单的团队合作。

0.4 学习思路

结合课程的学习目标，课程的学习思路可分为对应的三个层次。

第一层次是从电路元件到功能电路的理论学习：二极管→二极管电路、三极管→三极管电路、场效应管→场效应管电路、运算放大器→运放电路……着重掌握电路元件的特性、电路结构原理及其分析方法。

第二层次是从理论分析到实际操作的实践学习：在理论学习的基础上，逐步学习应用 EDA 软件（如 Tina）进行典型电路仿真分析的方法，并走进实验室开展小电路制作活动，着重掌握 EDA 软件、常用电路元件和常用实验设备的使用方法。

第三层次是从典型电路到系统设计的能力培养：在熟练掌握课程理论知识的基础上，逐步建立系统的概念，掌握系统的结构，通过简单电路（或系统）的设计训练，不断提升电路设计能力。

0.5　学习方法

对于初学者来说，"模电"课程的学习具有一定的难度，学习要注重方式方法。

1. 知识层面的学习

关于知识层面的学习，要注意做到以下几点。

（1）学习要有基础

课程知识的学习需要"电路"课程的基础理论和基本分析方法来支持，如欧姆定律、基尔霍夫电压定律、基尔霍夫电流定律、电阻电路的等效变换、电源电路的等效变换、电位的分析方法、支路电流法、节点电压法、叠加原理、戴维南定理、含受控源电路的分析方法等，都是"模电"课程学习的必备基础。这要求学习者具有扎实的电路基础知识。

（2）学习要有韧性

课程需要熟悉和掌握的电路较多，如二极管电路、三极管电路、场效应管电路、电流源电路、差分电路、运放电路、反馈电路、功率放大电路、振荡电路、电压比较电路、直流稳压电路等。这要求学生必须花时间去理解、总结和记忆，要坚持不懈，不能半途而废。

（3）学习要有灵性

课程需要掌握的分析方法较多，各种电路都有相应的分析方法，同一种电路的分析方法也会存在多种变化，而且实际电路往往需要将多种电路综合起来分析。这要求学习者在掌握相关电路分析方法的基础上，还能够将它们融会贯通，进行综合分析，切勿将它们割裂开来学习。

（4）学习要有方法

课程内容较多，但学时有限，导致教学进度较快，容易造成学习者前面的内容还没有消化，后面的内容又已经开始。这要求学习者具有高效的学习方法和良好的学习习惯。结合教学经验，课程主要的学习方法总结如下。

- 明确学习目的，端正学习态度。这是学好任何课程的前提。
- 注重概念的学习。只有概念清晰，才能正确理解和分析问题。
- 牢记典型电路的作用、特点、分析方法和用途。
- 注重知识点的总结。总结的目的在于通过找规律来简化问题，使问题更容易理解。
- 认真完成章节练习题。练习题通常围绕课程核心内容设计，做题一方面可以检查所学知识的掌握程度，另一方面也是巩固所学知识的直接手段。
- 及时解决学习过程中遇到的问题，可以查资料、问同学或请教老师。问题如果留下来始终是问题，而且会越积越多，积累过多势必会影响整个课程的学习效果。
- 课余时间应多看多学一些课程相关的知识。例如，阅读有关常用电路元件和电路设计与制作方面的书籍或资料。

2. 实践层面的学习

关于实践层面的学习，简单来说就是要多花时间、多动手、多练习，做到学用结合，熟能生巧。实际动手操作对于培养学习兴趣有很大帮助，建立在兴趣之上的学习更能起到事半功倍的效果。

3．能力层面的学习

关于能力层面的学习，首先要建立起系统的概念，然后通过多样化的电路设计案例，不断进行电路设计思维训练，逐步提升电路设计能力。

0.6　系统设计

电子电路中的"系统"一词，指的是由多个电路元件或电路模块连接而成的整体，以实现特定的功能。通常一个系统中可能包括信号的生成、处理、传输和接收等多个环节。

1．系统的框图

在系统设计过程中，首先需要根据要求提出系统方案。系统方案通常用系统框图来表示。系统框图中的每个方框都代表一个具体的功能模块，模块与模块之间用单线或双线箭头连接，表示信号的传递关系，箭头方向代表信号的流向。系统框图不仅可以直观地展示系统的组成结构，还能体现系统的工作原理和工作流程，也是后续模块电路设计的指引。图 0.3 所示为监控系统的简化结构框图。

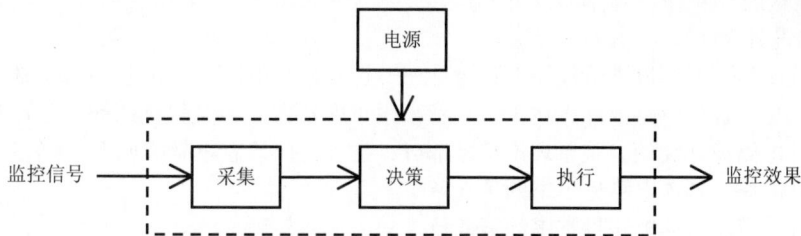

图 0.3　监控系统的简化结构框图

说明：

① 采集模块，用于获取需要外部监控的信号。如果信号不是电信号，采集模块需要使用相应的信号转换电路（传感器）来得到电信号。例如，温度传感器能将温度转换为电信号，光电二极管能将光照转换为电信号。如果得到的电信号较小，采集模块还需使用放大器放大信号。总之，采集电路输出的信号要能够满足后续决策模块的需求。

② 决策模块，是系统的大脑，用于分析被监控的信号，满足要求时驱动执行模块动作。需要强调的是，模拟电路的逻辑运算能力较弱，只能实现简单的决策功能。如果要实现复杂的逻辑运算，就需要使用数字可编程控制器件（如单片机、PLC 等）来组成决策模块[1]。

③ 执行模块，能够根据决策模块的输出做出相应的动作，实现系统的具体功能。例如，温控系统的执行模块能根据需要进行升温或降温操作，灯光控制系统的执行模块能根据需要增强或减弱灯光亮度。

④ 电源模块是系统的必备模块，任意电子电路的工作都需要电源支持。通常情况下，电源模块可以省略不画，即默认其存在，这样框图显得更加简洁。

例 0.2　图 0.4 所示为使用 Tina 软件绘制的一个简易路灯控制电路，白天灯会自动熄灭，而夜晚灯会自动亮起。此电路的特点如下。

（1）发光二极管 LED 模拟路灯，是电路的控制对象，接在三极管的集电极上。三极管导通时灯亮，截止时灯灭。

（2）光电二极管 FD 是采集模块，其电阻值会随光照强度的改变而改变，有光照时，其电阻很

---

[1] 能够使用简单的模拟电路组成所需的决策模块，是"模电"课程初学者水平（入门级）；能够使用单片机、PLC 等器件设计决策模块，是专业学生水平（中级）；能够合理选用控制器，熟练、高效地设计决策模块，是专业人才水平（高级）。

小，无光照时，其电阻很大。

（3）三极管 VT 用于构成共射极放大电路，兼顾决策和执行模块的角色。FD 与 R_1 构成串联分压电路，为三极管提供基极电压。白天有光照时，FD 的电阻很小，三极管基极电位低，三极管截止，LED 不亮。夜晚无光照时，FD 的电阻变大，三极管基极电位上升，驱动三极管导通，LED 亮起。

（4）直流电源 E_1 为电路工作提供能量。

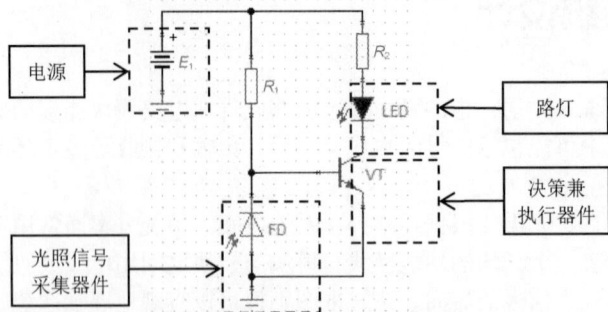

图 0.4   简易路灯控制电路仿真图

2．电路的设计

有了系统框图后，就可以进行模块电路设计——选择原型电路、绘制电路原理图、计算电路参数、进行器件选型。进行电路设计，对于初学者来说难度较大，不仅需要具备一定的理论基础，还需要具备足够的电路设计经验。关于理论基础部分，学习者应该着重掌握如下 20 个典型电路。

- RC 微分电路（具体电路见本书的第 6 章）
- RC 积分电路（具体电路见本书的第 6 章）
- 二极管限幅电路（具体电路见本书的第 2 章）
- 二极管稳压电路（具体电路见本书的第 2 章）
- 二极管桥式整流电路（具体电路见本书的第 10 章）
- 三极管共射极放大电路（具体电路见本书的第 3 章）
- 三极管基极分压式射极偏置电路（具体电路见本书的第 3 章）
- 三极管共集电极放大电路（具体电路见本书的第 3 章）
- 场效应管共源极放大电路（具体电路见本书的第 4 章）
- 场效应管共漏极放大电路（具体电路见本书的第 4 章）
- 射极耦合式差分电路（具体电路见本书的第 5 章）
- 反相比例运算电路（具体电路见本书的第 6 章）
- 同相比例运算电路（具体电路见本书的第 6 章）
- 运放求差运算电路（具体电路见本书的第 6 章）
- 反馈框图（具体电路见本书的第 7 章）
- 带自举功能的功率放大电路（具体电路见本书的第 8 章）
- RC 桥式振荡电路（具体电路见本书的第 9 章）
- LC 振荡电路（具体电路见本书的第 9 章）
- 整流滤波电路（具体电路见本书的第 10 章）
- 串联反馈式稳压电路（具体电路见本书的第 10 章）

对于上述电路，要熟记其特点、作用、结构和输入输出关系，并能正确分析电路参数。至于设计经验的累积，则需要学习者不断进行针对性的电路设计思路训练。

例 0.3   电路设计思路训练案例 1。

假设一个信号源 V_S 中包含直流量（1V）和交流量（正弦波，幅值 2V，频率 1kHz），试设计电路，（1）只输出直流量；（2）只输出交流量。要求：使用 Tina 软件绘制满足要求的原理电路。

【设计思路】电容元件具有阻直流通交流的特性，因此可以利用电容元件来设计电路。如果只输出直流信号，则需要将电容与负载并联（后续称为电容滤波电路）；如果只输出交流信号，则需要将电容与负载串联。具体的电路仿真图和使用 Tina 软件生成的输入输出波形如图 0.5 所示。

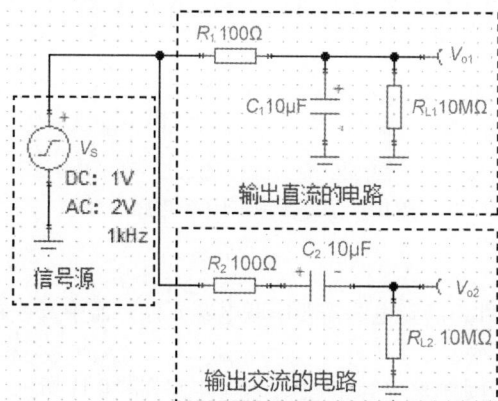

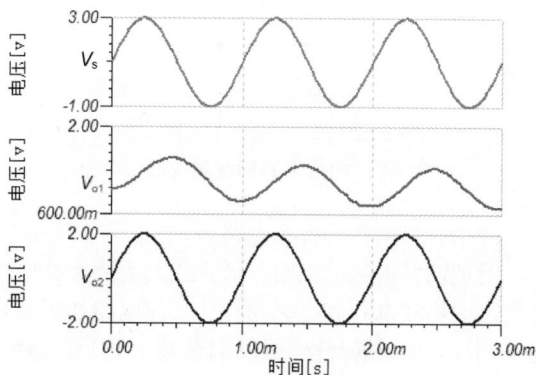

（a）电路仿真图　　　　　　　　　　　　（b）输入输出波形

图 0.5　示例 0.3 电路

从图 0.5（b）可以看出，输出的直流信号 V_{o1} 是非稳定的直流信号，其中含有交流分量。如果要减少输出中的交流分量，可以通过增大电容值来实现。电容值越大，输出信号越平稳，如图 0.6 所示。$V_{o1[1]}$ 对应的电容为 10μF，$V_{o1[2]}$ 对应的电容为 55μF，$V_{o1[3]}$ 对应的电容为 100μF。

例 0.4　电路设计思路训练案例 2。

通常低品质音箱会用一只喇叭，中品质音箱会用两只喇叭，而高品质音箱会用三只喇叭。对于中高品质的音箱，不同喇叭可以接收不同频率的信号，有助于增强音质。（1）试设计两只喇叭的音箱电路，其中一只播放中低音，另一只播放高音。（2）试设计三只喇叭的音箱电路，其中一只播放低音，一只播放中音，一只播放高音。要求：使用 Tina 软件绘制满足要求的原理电路。

【设计思路】

（1）两只喇叭的音箱电路

电容具有阻直流通交流的特性，电感具有阻交流通直流的特性，所以播放中低音的线路上要串联电感，播放高音的线路上要串联电容。具体电路如图 0.7 所示。

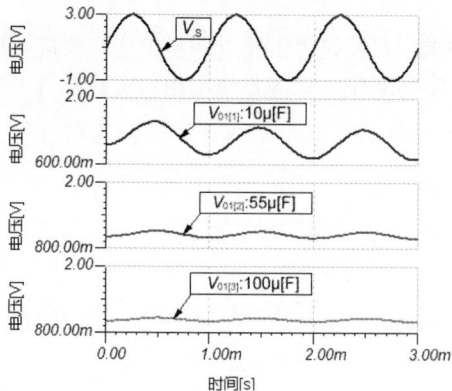

图 0.6　电容对输出的影响

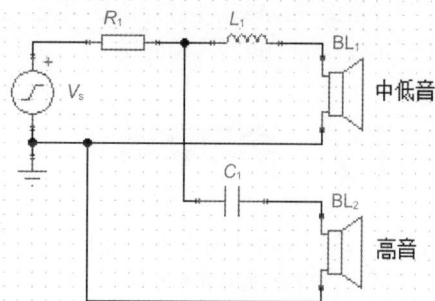

图 0.7　两只喇叭的音箱电路 1

如果要让高音更加纯正，可以在高音的线路中再并联一只电感，对中低音信号作进一步滤除，具体电路如图 0.8 所示。同理，如果要让中低音更加纯正，可以在中低音的线路中再并联一只电容，对高音信号进一步滤除，具体电路如图 0.9 所示。

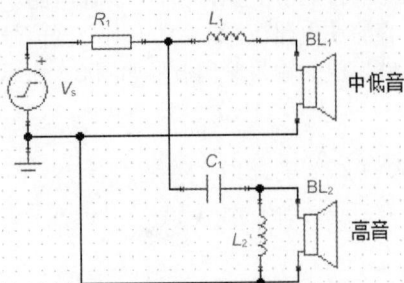

图 0.8　两只喇叭的音箱电路 2

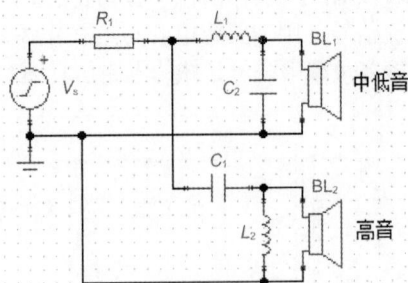

图 0.9　两只喇叭的音箱电路 3

（2）三只喇叭的音箱电路

类似两只喇叭的电路，低音线路需要串联电感元件，高音电路需要串联电容元件，而中音线路需要同时串联电容和电感元件，具体电路如图 0.10 所示。

同样，为了提升音质，可以在低音和高音线路上再分别并联电容和电感，具体电路如图 0.11 所示。

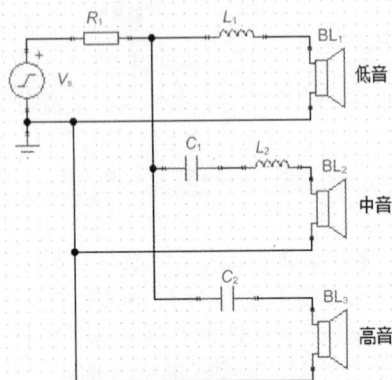

图 0.10　三只喇叭的音箱电路 1

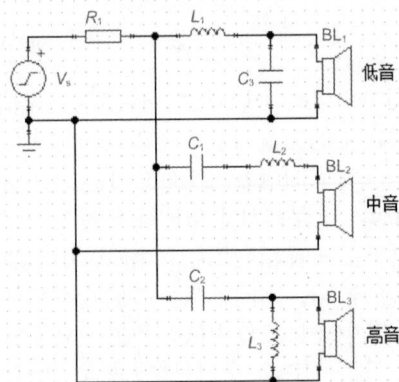

图 0.11　三只喇叭的音箱电路 2

（3）作为电路设计思路训练，学习者还可以进一步思考上述电路中电容、电感的大小关系（在实际设计电路时，需要给出具体的电路参数）。

【系统测试】

系统测试的目的是检验系统电路是否满足设计要求，以及是否需要进一步优化和改进。理论设计阶段可以借助 EDA 软件进行仿真测试。如果完成实物制作，就需要使用相关实验设备（电源、信号源、示波器等）进行实验测试。

0.7　学习寄语

"模电"课程学起来有难度，这就要求学习者学习态度端正，学习目标明确，学习准备充分，重视学用结合，重视能力培养。

第 1 章
电位及其分析方法

电位这个概念在电子电路中的应用非常广泛。不论是分析电路的工作原理，还是计算电路的相关参数，往往都会用到电位。所以，这里有必要先讲清楚其概念和分析方法。首先，我们通过几个仿真示例来感受电位的概念。

【仿真示例 1.1】 双电源的相关电位仿真。

图 1.1 所示为 ±15V 双电源电路。直流电源 V_{s1} 和 V_{s2} 的大小都为 15V，两者串联，中心点接地，构成输出正负电压的双电源电路。电压指针 V_a 和 V_b 分别测量 a 点与 b 点的电位，电压表测量 ab 两点间的电压。

【仿真示例 1.2】 三极管的管脚电位仿真。

图 1.2 所示为 NPN 三极管电路。如果要判断三极管的工作状态，最直接的方法就是测量三极管的三个管脚电位。如图所示，三极管的基极电位 2.84V，发射极电位为 2.18V，集电极电位为 4.89V，所以可以判断该三极管工作在放大状态。

【仿真示例 1.3】 复杂电路的电位仿真。

图 1.1 双电源的相关电位仿真示例

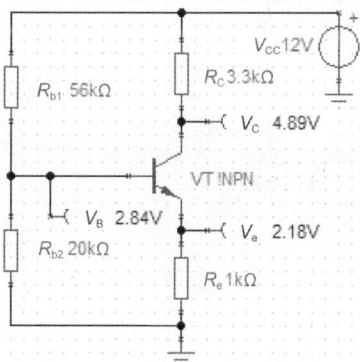

图 1.3 所示电路包含三个集成运放和两只三极管，电路结构较为复杂。如果要分析图中电流 I_1、I_2、I_3 和 I_4 的值，通常的方法是先求得相关电阻两端的电位，用电位之差除以电阻可得电流。电路相关节点的电位值已在图上标明。

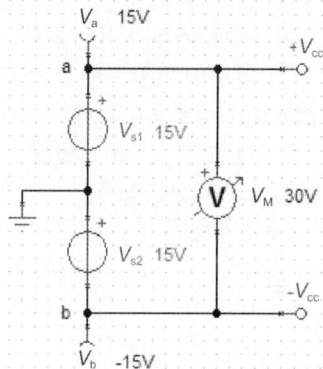

图 1.2 三极管的管脚电位仿真示例

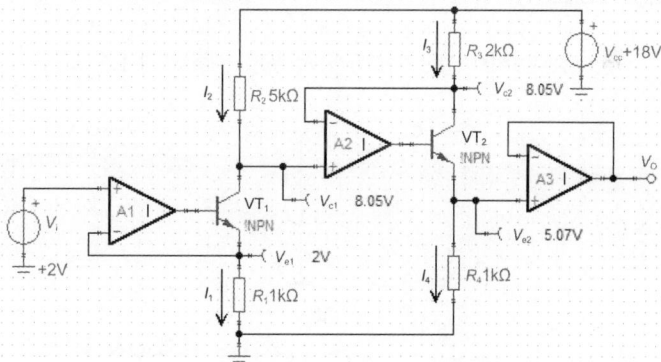

图 1.3 复杂电路的电位仿真示例

建议读者在开始"模电"课程学习之前，花些时间复习"电路"课程中与直流电路分析相关的知识。例如：电路的基本定律和定理，列写 KCL 和 KVL 方程的方法，电路的基本分析方法（支路电流法、网孔电流法、节点电压法、叠加原理、戴维南定理等），输入电阻的分析方法，含受控源电路的分析方法等。这些内容不仅是学习"模电"课程所必备的基础知识，在电位的分析中也经常用到。

1.1 电位的概念

在分析电子电路时，经常用到电位的概念。例如，在分析二极管的工作状态时，可以通过比较二极管的阳极和阴极电位来判断二极管是否导通——阳极电位高于阴极电位时，二极管导通；反之，则截止，如图1.4所示。又如，在分析三极管的工作状态时，也需要比较三极管三个管脚的电位高低，如仿真示例1.2所述。

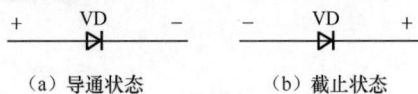

(a) 导通状态　　(b) 截止状态

图 1.4　二极管的工作状态

电位的概念可以这样定义：在电路中，首先选择一个公共参考点，假设该点的电位（或电势）为零，该参考点通常也被称为地（电路符号⊥），电路中其他各点与公共参考点之间的电压差（或电势差）就称为该点的电位。

关于电位有如下几点说明。

① 电路中的参考地⊥和工程接地⏚是有区别的，前者仅强调是电路中的一个公共参考点，而后者强调电路要实际接地[1]。

② 电位是一个相对概念，只有确定了参考点后，电位才有意义。所以要在电路中使用电位，就应该先确定公共参考点。如果参考点的位置发生了变化，电路中各点的电位值也会随之变化。

③ 在表达式中，电位常用字母 V[2]表示。例如，V_A 表示电路中 A 点的电位值。注意，本教材中如果出现 V_{AB}，这不是表示电位，而是表示电路中 AB 两点之间的电压。

④ 电位值有正有负。正值表示该点电位比公共参考点高，负值表示比公共参考点低。

⑤ 有了电位的概念后，电路中两点间的电压称为电位差。如果已知一个电阻两端的电位，就可以根据电位差和电阻值来确定电流的大小（欧姆定律）和方向（电流从高电位端流向低电位端）。注意，虽然电路中各点的电位会随公共参考点的改变而改变，但电路中任意两点间的电位差不会改变，是一种稳定的关系。

1.2 电位的画图

电位在电路图中的表示方法及等效电路如图1.5所示。

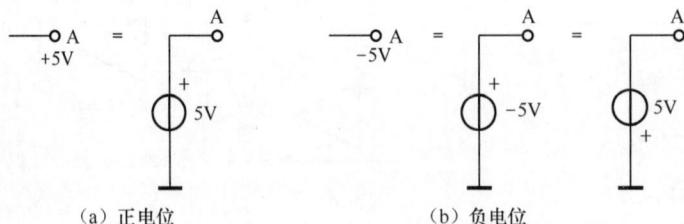

(a) 正电位　　(b) 负电位

图 1.5　电位的表示及等效电路

使用电位能够有效简化电路图。对于电子电路，在绘制电路图时，直流电源通常省略不画，而直接用电位的方式表示。例如，图 1.6 所示为三极管共射极放大电路的两种画图形式[3]，其中图1.6（a）明确画出了直流电源 V_{CC}，而图1.6（b）则用电位代替了直流电源 V_{CC}。

[1] 本教材使用 Tina 软件进行电路仿真，该软件中符号⏚表示的是公共参考点，非实际接地。
[2] 习惯上，电压用大写字母 U 表示，电位用大写字母 V 表示。注意，本书中没有对电压和电位的符号进行区分，统一使用大写字母 V 表示。
[3] 两种方式所描述的电路，结构上是完全一致的，只是图1.6（b）相对而言更为简洁，习惯上采用这种方式绘图。

（a）直接画出相关电源　　　　　（b）使用电位简化电路

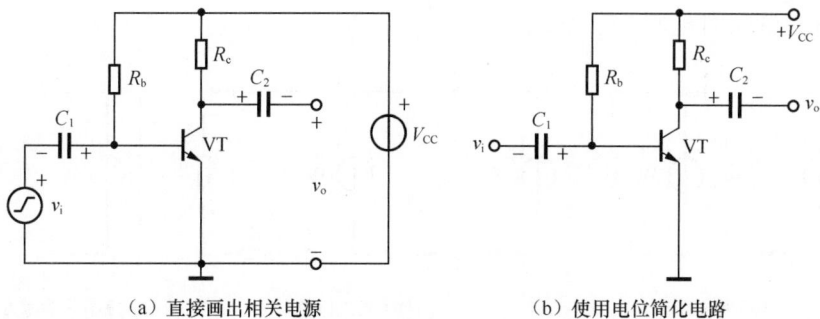

图 1.6　三极管共射极放大电路

在图 1.7 所示电路中，对于图 1.7（a）和图 1.7（c），说 A 点的电位 V_A 是正确的，但对于图 1.7（b）则是错误的。虽然图 1.7（a）中没有直接画出公共参考点，但+5V 的电位标注隐含了公共参考点的存在，实际上图 1.7（a）和图 1.7（c）是等效的。至于图 1.7（b），因为没有定义公共参考点，所以提电位是没有意义的，这是一种常见的概念应用错误。

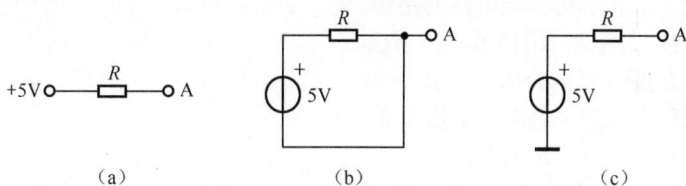

（a）　　　　　　　（b）　　　　　　　（c）

图 1.7　电位概念示意图

1.3　电位的分析方法

根据电位的概念可知，求解电路中某点的电位就是求该点与电路选定的公共参考点之间的电压差。所以，求解电位的问题可以归结为求电路中两点间电压的问题。下面先介绍电路中任意两点间电压的分析方法。

1. 两点间电压的分析方法

【分析步骤】

① 确定一条能够连接被求两点的路径。

② 分析该选定路径上的各元件电压关系。

③ 从高电位端到低电位端，沿选定路径设置参考方向。

④ 以参考方向为标准将各元件电压进行代数求和。

【方法说明】

① 电压关系与所选路径无关，即只要能够连接被求两点的路径都可以选。

② 如果存在多条可选路径时，应尽量选择元件少的路径，或者元件电压容易分析的路径，但建议不要选择含电流源（包括受控电流源）的路径。

③ 代数求和时，元件电压与参考方向一致取正，相反取负。

【例 1.1】　电路如图 1.8（a）所示，试求 V_{AB} 的值。

【解】本题的解题关键是选择一条合适的路径。

① 能够连接 AB 两点的路径有三条，如图 1.8（b）所示，选择 5V 电源这条路径。

② 该选定路径上仅有一个元件，且其上的电压关系已知，上正下负 5V。

③ 求 V_{AB}，即 A 是高电位端，B 是低电位端，所以从 A 点出发沿着路径做参考方向指向 B 点，具体如图 1.8（c）所示。

④ 将路径上的元件电压进行代数求和得：$V_{AB} = 5V$。

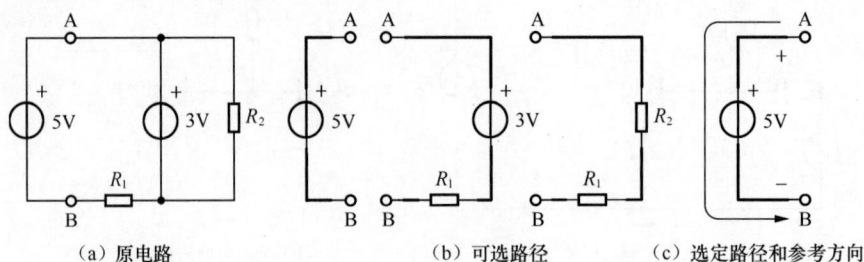

（a）原电路　　　　　　　　（b）可选路径　　　　　　（c）选定路径和参考方向

图 1.8　例 1.1 图

2．电位的分析方法

求电位可以看成求电路中两点间电压的特例，因为求电位时，有一个点是公共参考点。另外，做参考方向时，始终认为被求电位点是高电位端，公共参考点是低电位端。

【例 1.2】 电路如图 1.9（a）所示，试求 A 点的电位 V_A。

【解】本题开关 S 的状态将影响电路的结构。

（1）开关 S 断开时，电路如图 1.9（b）所示。

① 选定路径：A 点通过 $R_2 \rightarrow R_1 \rightarrow +6V \rightarrow$ 地。

② 因为不构成闭合回路，电阻上电压为 0。

③ A 点电位：$V_A = 0 + 0 + 6 = 6V$。

（2）开关 S 闭合时，电路如图 1.9（c）所示。

① 选定路径：A 点通过 $R_2 \rightarrow S \rightarrow$ 地。

② 因为 R_2 上没有电流，电阻上电压为 0。

③ A 点电位：$V_A = 0$。

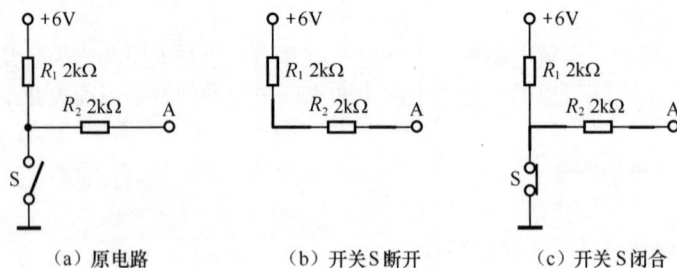

（a）原电路　　　　　　（b）开关 S 断开　　　　　　（c）开关 S 闭合

图 1.9　例 1.2 图

【例 1.3】 电路如图 1.10（a）所示，试求 A 点的电位 V_A。

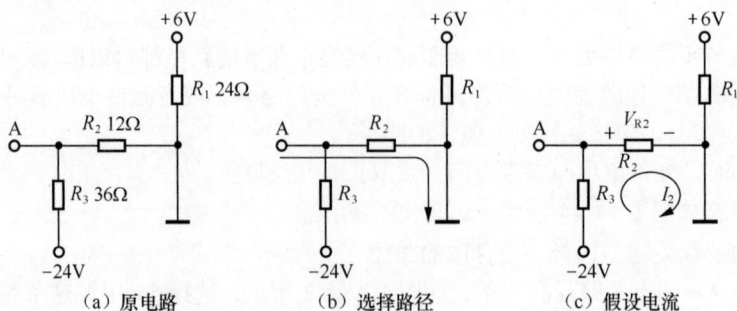

（a）原电路　　　　　　　（b）选择路径　　　　　　　（c）假设电流

图 1.10　例 1.3 图

【解】注意 +6V 电源对 R_2 没有影响。

（1）按图 1.10（b）所示选择路径。

（2）按图 1.10（c）所示假设电流并计算电压 V_{R2}。

$$I_2 = \frac{-24}{R_2+R_3} = \frac{-24}{12+36} = -0.5\text{A} \Rightarrow V_{R2} = I_2R_2 = -0.5\times12 = -6\text{V}$$

（3）A 点电位：$V_A = V_{R2} = -6\text{V}$。

【例 1.4】　电路如图 1.11（a）所示，试求 A 点的电位 V_A。

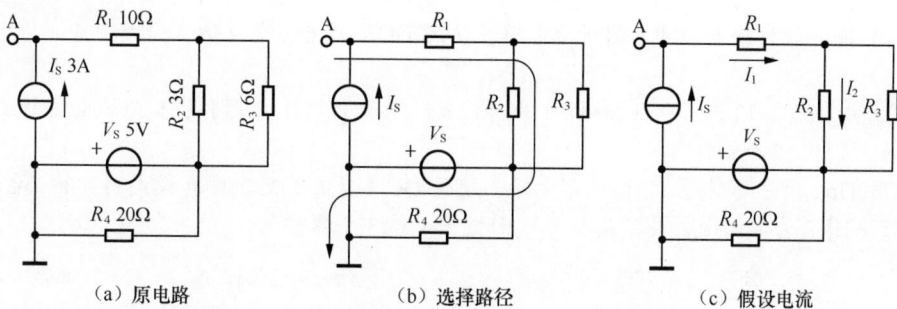

（a）原电路　　　　　（b）选择路径　　　　　（c）假设电流

图 1.11　例 1.4 图

【解】注意恒压源和恒流源的特点。

（1）按图 1.11（b）所示选择路径。

（2）按图 1.11（c）所示假设电流并计算电阻元件上的电压

$$I_1 = I_S \Rightarrow V_{R1} = I_1R_1 = 3\times10 = 30\text{V}$$

$$I_2 = \frac{R_3}{R_2+R_3}I_S = \frac{6}{3+6}\times3 = 2\text{A} \Rightarrow V_{R2} = I_2R_2 = 2\times3 = 6\text{V}$$

（3）A 点电位

$$V_A = V_{R1} + V_{R2} - V_S = 30+6-5 = 31\text{V}$$

【例 1.5】　电路如图 1.12（a）所示，试求 A 点的电位 V_A。

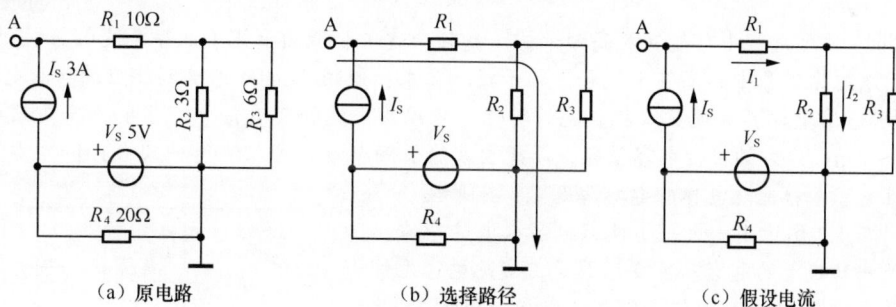

（a）原电路　　　　　（b）选择路径　　　　　（c）假设电流

图 1.12　例 1.5 图

【解】注意公共参考点位置的变化对被求点电位的影响。

（1）按图 1.12（b）所示选择路径。

（2）根据例 1.4 的结论得 A 点电位

$$V_A = V_{R1} + V_{R2} = 30+6 = 36\text{V}$$

1.4　综合练习

内容要点

本章主要介绍了电位的概念及电位的分析方法。表面上看，电位的分析方法较为简单，其求解步骤是通用的，按部就班地分析即可，但随着电路复杂程度的增加，电位的求解过程可能变得非常复杂，特别是含有受控源的电路。对复杂电路求解电位，通常还需要用到电路的其他分析方法和原理，如支路电流法、节点电压法、叠加原理、戴维南定理等。读者可通过下面的仿真练习题和小电路设计加深对本章相关内容的理解。

1.4.1　仿真练习题[1]

1.1 试用 Tina 软件绘制题 1.1 图所示电路，使用 DC（直流）交互仿真模式测量 a 点电位 V_a 和电流 I_2。

【操作说明】图中 V_a 为"电压指针"，为"仪表"面板的第 1 个器件；I_2 为"电流箭头"，也在"仪表"面板下（第 6 个器件）。

1.2 试用 Tina 软件绘制题 1.2 图所示电路，使用 DC（直流）交互仿真模式测量 a 点电位。

【操作说明】I_s 为电流源，在"发生源"面板下（第 3 个器件）。

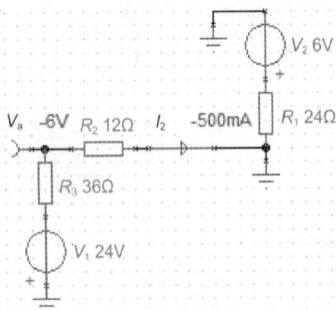

题 1.1 图

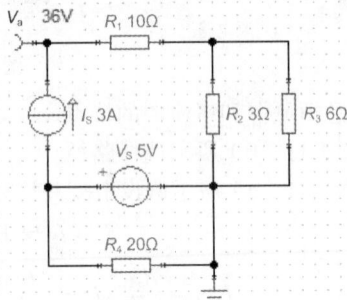

题 1.2 图

1.4.2　小电路设计

1.3 信号在传递过程中可能混入高频干扰（高频杂波）和低频干扰（低频杂波），试设计一个简单的电路用以滤除信号中的高频干扰和低频干扰。要求：使用 Tina 软件绘制相应的仿真电路。

【设计思路】电容具有通交流阻直流的特性，可以用来滤除交流信号。想要滤除高频杂波，可以使用一个 10μF 左右的极性电容接地，而想要滤除低频杂波，可以使用一只 0.1μF 左右的陶瓷电容（无极性电容）接地。具体的电路如题 1.3 图所示。

说明：题 1.3 图中用一大一小两只电容来滤除杂波，而不是只用一只较大的电容。主要原因是，实际电容元件的电磁性质是非理想的（通常还含有电感和电阻量），导致不同容量的电容对电路中不同频率段的杂波吸收程度是不同的，所以这里用小电容吸收高频杂波，用大电容吸收低频杂波。

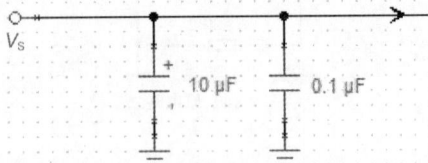

题 1.3 图

1.4 在电子电路中经常会进行延时控制，即接通电源后首先启动延时电路，达到预设时间后，延时电路的输出驱使其连接的电子开关接通，后续电路开始工作。试设计一个简易的延时电路，能够实现约 1.5s 的延时。要求：使用 Tina 软件绘制相应的仿真电路。

【设计思路】延时电路可以由直流电源、电阻和电容构成，电容上的电压用于控制后续连接的

---

[1] 本教材中的仿真练习题需要使用 Tina 软件完成，读者可登录人邮教育社区（www.ryjiaoyu.com）下载本书配套的"Tina 软件的基本操作教程"学习软件的基本使用方法。

电子开关。电源接通，电容开始充电，利用电容充电需要一定时间来实现延时。假设电容的初始电压为 0，充电后到达 0.7V 时，连接的电子开关接通。具体的电路如题 1.4 图 1 所示。

【参数计算】根据一阶 RC 电路的暂态分析，可得电容从初值 V_{0+} 充电到 V_t 所需的时间 t_s 为

$$t_s = RC \ln \left(\frac{V_i - V_{0+}}{V_i - V_t} \right) \Rightarrow t_s = 100 \times 10^3 \times 100 \times 10^{-6} \times \ln \left(\frac{5 - 0}{5 - 0.7} \right) = 1.5\text{s}$$

上式中，V_i 为电路的输入电压。根据图中电路参数，可以计算得 t_s 为 1.5s，即可实现延时 1.5s。

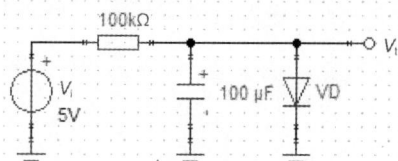

题 1.4 图 1

【相关问题】实际设计电路时还需要考虑的问题是，当电容电压达到 0.7V 后，就应该有措施让电容停止充电，否则电容会继续充电到 5V 电压，电容后续的充电没有意义。如果学习了二极管的相关知识，则可以考虑在电容之后并联一个二极管（其正向导通电压约 0.7V），具体如题 1.4 图 2 所示。

当电容电压低于 0.7V 时，二极管是截止的，不影响电容充电。而当电容电压达到 0.7V 时，二极管会导通，导通后其上电压稳定在 0.7V 不变，导致电容失去充电条件，电压不再上升。

1.5 试设计一个音量控制电路，能够实现如下功能：（1）能够调节音量大小；（2）能够增强高音；（3）能够增强低音。要求：使用 Tina 软件绘制相应的仿真电路。

【设计思路】

（1）第一步，音量大小的调节可以用电位器（可调电阻）实现，具体电路如题 1.5 图 1 所示。电位器 R_p 的滑动头上移时，输出信号 V_0 增大，调高音量，反之调低音量。

（2）第二步，增强高音（补偿高音），实际上就是增加声音信号中高频分量的占比。这里可以使用电容为高音信号

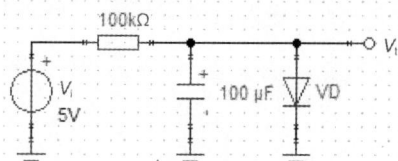

题 1.4 图 2

搭建一个专属的低阻抗通道，将高音信号分流出来，并降低损耗。同时，电位器需要增加中心抽头，具体电路如题 1.5 图 2 所示。电位器 R_p 的滑动头在图示位置时（此时滑动头上下移动会增加高音通道的电阻值），对高音的增强效果最大（高音信号直接通过电容 C_1 输出，而中低音信号会在 R_p 的上部产生相应损耗）。

（3）第三步，增强低音（补偿低音）就是要增加低音分量在声音信号中的占比，这里可以再利用电容为中音信号搭建一个低阻抗通道，分流低音分量。中音少了，相对来说低音分量的占比就增大了。具体电路如题 1.5 图 3 所示。电容 C_2 与 R_1 构成中音通道，R_1 可以调控分流的中音信号量。

【电容参数】在上述电路中，电容起到了关键作用。为确保声音的播放效果，电容的容量可以按照如下原则选用。

① 补偿高音信号，选用 1～10μF 的电容，可以使高音更加柔和自然。

② 补偿中音信号，选用 10～50μF 的电容，可以使声音更加圆润温暖。

③ 补偿低音信号，选用 50～100μF 的电容，可以让低音更加厚实有力。

因此题 1.5 图 3 中电容 C_1 的取值范围为 1～10μF，C_2 的取值范围为 10～50μF。

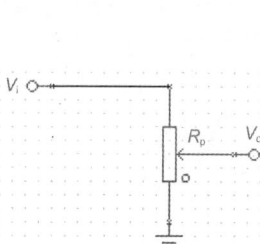

题 1.5 图 1

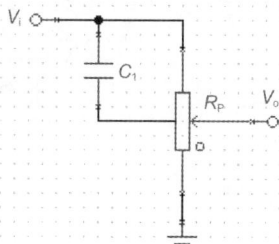

题 1.5 图 2

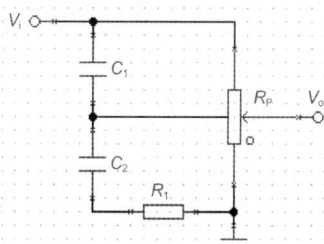

题 1.5 图 3

第 2 章
二极管及其基本电路

思维导图

二极管是典型的半导体器件，具有体积小、重量轻、功耗低、频率特性好、使用寿命长等特点。二极管的种类和型号很多，用途广泛，可以用于检波、限幅、整流、稳压、保护和指示等场景。首先我们通过几个仿真示例来感受二极管的作用。

【仿真示例 2.1】 二极管检波仿真。

图 2.1（a）所示为二极管检波仿真电路。信号源 V_{s1} 和 V_{s2} 相乘获得 V_i 信号（调幅后的信号），该信号通过二极管 VD 和电容 C 组成的单相检波电路可将其中的低频信号解调出来，即输出信号 V_o，电阻 R 在这里充当负载。调幅波形和检波后的解调波形如图 2.1（b）所示。

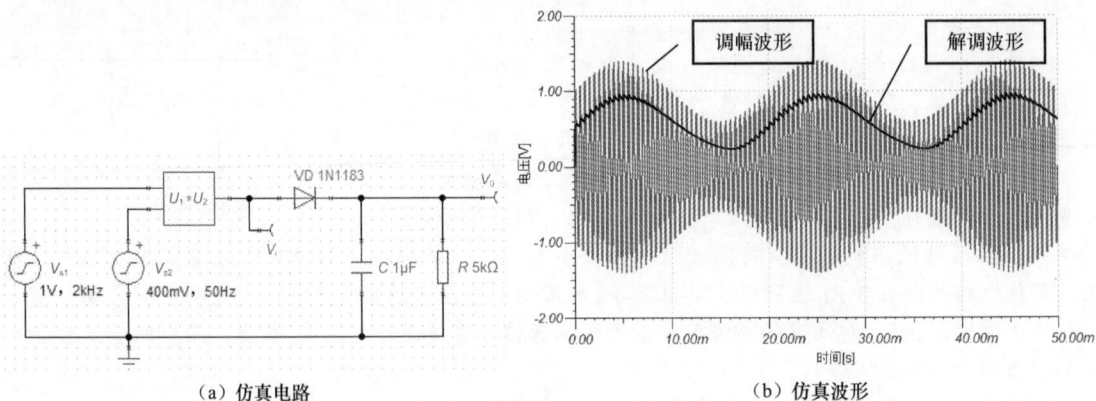

（a）仿真电路　　　　　　　　　　（b）仿真波形

图 2.1　二极管检波仿真示例

【仿真示例 2.2】 二极管整流仿真。

图 2.2（a）所示为二极管单相半波整流仿真电路。信号源 V_i 提供正弦交流信号作为输入，经电路处理后得到整流后的半波直流输出信号 V_o，具体仿真波形见图 2.2（b）。电路中的电阻 R_L 充当负载。

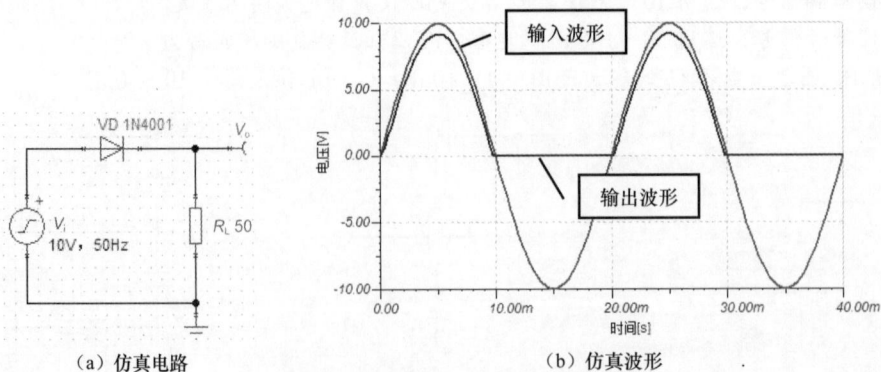

（a）仿真电路　　　　　　　　　　（b）仿真波形

图 2.2　二极管整流仿真示例

【仿真示例 2.3】　二极管限幅仿真。

图 2.3（a）所示为二极管限幅仿真电路。信号源 V_i 提供正弦交流信号作为输入，经电路处理后得到限幅后的输出信号 V_o，其幅值被限制在 5.7V 以下，具体仿真波形见图 2.3（b）。电路中的电阻 R 起限流作用，限幅的大小主要由参考电压 V_{REF} 确定。

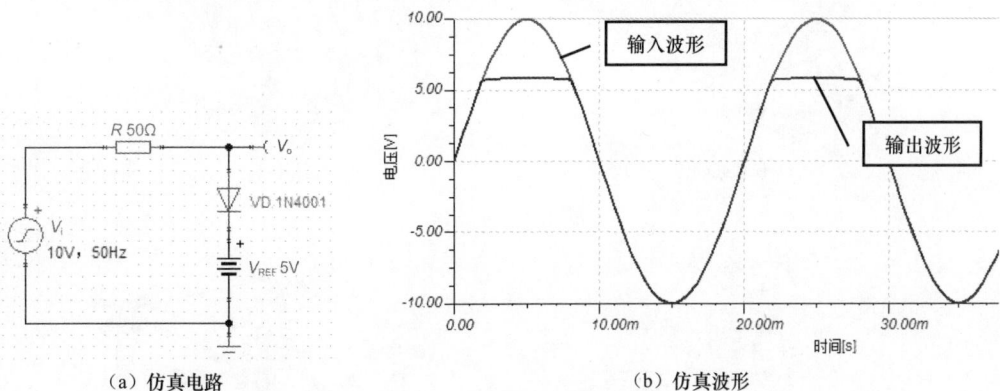

（a）仿真电路　　　　　　　　　　　（b）仿真波形

图 2.3　二极管限幅仿真示例

不论何种用途，二极管电路工作的关键都在于其具有的最大特点——单向导电性，所以理解和分析二极管电路需要深入学习该特点。二极管的单向导电性源自其核心结构——PN 结，而 PN 结是 P 型半导体与 N 型半导体相结合的产物。因此学习二极管（或其他半导体器件）的基础是掌握半导体的相关知识和 PN 结的相关知识。

2.1　半导体的基础知识

顾名思义，半导体的导电能力介于导体和绝缘体之间，即半导体能够导电，但其导电能力不强。常见的半导体材料有硅、锗、硒、金属氧化物、硫化物和砷化镓等，其中硅是目前最常用的一种半导体材料[1]。

很多半导体的导电能力在不同条件下变化很大。例如，有些半导体（如钴、锰、镍等的氧化物）对温度的变化非常敏感，可以用来制造热敏电阻；有些半导体（如镉、铅等的硫化物与硒化物）受到光照时，其导电能力会急剧增加，可以用来制造光敏电阻；有些半导体（如硅和锗）通过掺杂（掺入微量杂质），其导电能力会极大增强[2]，可以用来制造新型的导电结构（即后面将要介绍的 PN 结）。

2.1.1　本征半导体

高度提纯后[3]的硅或锗会形成单晶体结构，称为本征半导体。图 2.4 所示为柱状硅晶体和圆形硅晶体切片，分别是制造半导体器件的原材料和基片。

1. 晶体结构

由于硅和锗都是 4 价元素，即原子最外层电子数为 4，所以在形成晶体时，每一个原子都会与

---

[1] 本书中如果没有特别说明，半导体材料主要是指硅或锗。

[2] 硅和锗通过掺杂，其导电能力能够增加几十万甚至几百万倍。例如，在纯净的硅中掺入百万分之一的硼后，其电阻率就从大约 $2×10^3\Omega\cdot m$ 减小到 $4×10^{-3}\Omega\cdot m$ 左右。

[3] 用于制造半导体器件的半导体材料，其纯度通常要求达到 99.9999999%，常称为"九个 9"。

相邻的四个原子构成 4 个共价键,以满足原子最外层有 8 个电子的稳定状态,如图 2.5 所示。从空间角度来看,硅晶体(或锗晶体)构成了一种非常稳定的空间网状结构,如图 2.6 所示。

（a）柱状硅晶体　　　　　　　　　　　　　（b）硅晶体切片

图 2.4　硅晶体

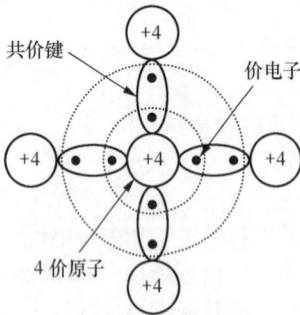

图 2.5　晶体平面结构示意　　　　　　　　图 2.6　晶体空间结构示意

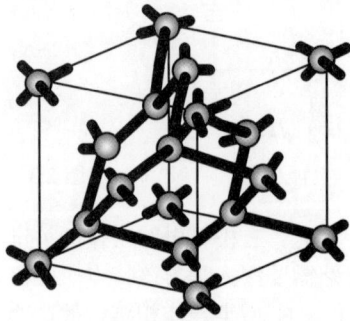

2．本征激发

晶体结构中的共价键虽然十分稳定,但其上的价电子不像绝缘体中的价电子被束缚得那样紧。在获得一定能量(如环境温度升高或受到光照)后,有一部分价电子即可挣脱共价键的束缚(价电子受到激发)而成为自由电子;同时,自由电子离开后在共价键上留下的空位称为空穴。上述现象称为本征激发,其结果就是产生成对的自由电子和空穴(简称电子-空穴对),如图 2.7 所示。

自由电子带负电,其离开后,原子的中性被破坏,显现出带正电的特性。电子离开后剩下的原子部分,习惯上称为离子,带正电,即正离子,如图 2.8 所示。很明显,一个正离子应该对应一个自由电子。为了简化问题,以后直接认为空穴带正电,与自由电子相对应。

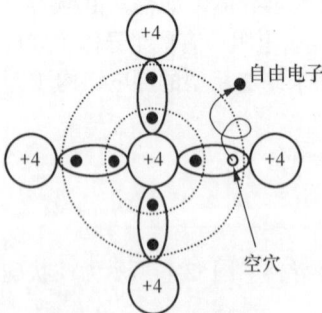

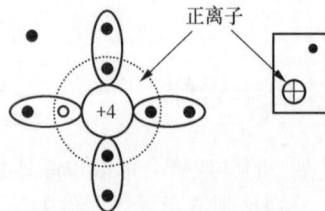

图 2.7　本征激发　　　　　　　　　　　图 2.8　正离子及其符号

3．复合运动

本征半导体内部的空穴对周围的自由电子具有吸引能力,因而会造成自由电子填补空穴的现象,这种现象称为复合运动。复合运动的结果正好与本征激发相反——使自由电子和空穴成对消失。

在一定温度下,本征半导体内部的本征激发和复合运动同时存在,且会达到动态平衡——同一时间产生的自由电子空穴对和消失掉的数目是一样的。所以,在一定温度下,本征半导体内部的自由电子和空穴数目是一定的，且是成对关系。如果温度升高，自由电子和空穴的数目也会随之增加。

另外需要注意如下两点。

① 在室温（300K，约 27℃）下，本征半导体内部的自由电子和空穴的数目非常少。在室温下，纯净的硅晶体中原子的密度约为 5×10^{22} 个/cm^3，而自由电子的浓度约为 1.45×10^{10} 个/cm^3。即在室温下，大约 3.45×10^{12} 个硅原子中只有一个价电子打破共价键的束缚成为自由电子。

② 虽然本征半导体内部存在带负电的自由电子和带正电的空穴，但由于它们数量相同，故整体而言，本征半导体呈中性，是不带电的。

4. 载流子

载流子是指半导体内部的导电物质。上述的自由电子和空穴都是载流子，因为它们都能导电。

（1）自由电子导电

带负电的自由电子能够在半导体内部自由移动，其导电原理比较容易理解：在外加电场的作用下，自由电子会作定向运动而形成电流。

（2）空穴导电

带正电的空穴位于共价键上，实际上是不能移动的，那如何理解空穴导电呢？下面用图 2.9 来帮助大家理解空穴导电的原理。

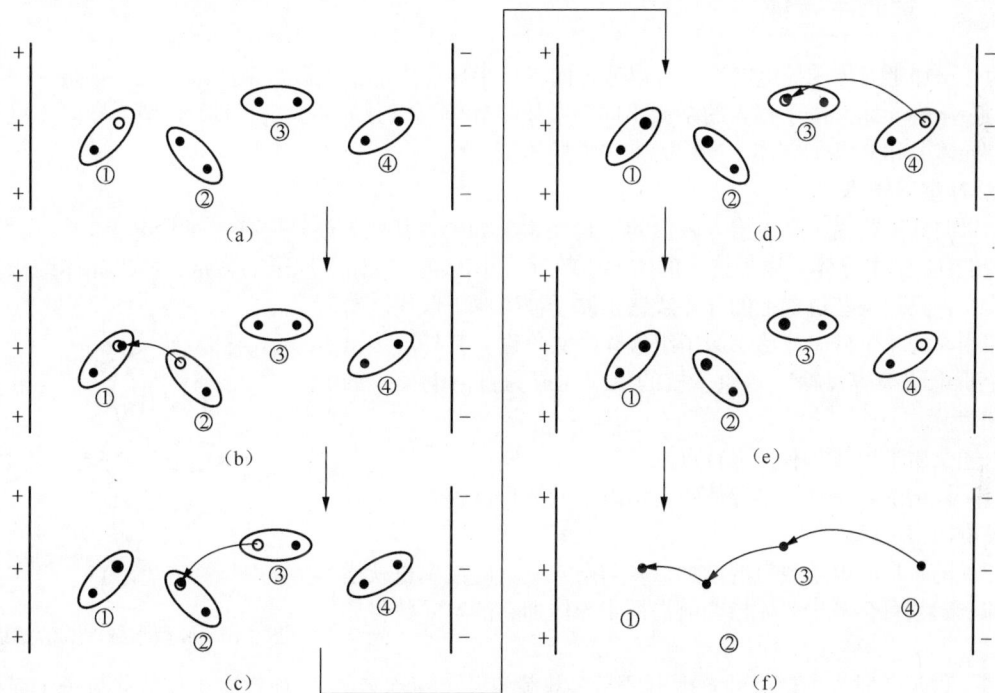

图 2.9　空穴导电原理

【说明】

图 2.9（a）为外加电场后的初始状态：空穴最开始在①号共价键上。

图 2.9（b）为价电子运动：②号共价键上的电子被空穴吸引而填补空穴，使新空穴出现在②号共价键上。

图 2.9（c）为价电子运动：③号共价键上的电子被空穴吸引而填补空穴，使新空穴出现在③号共价键上。

图 2.9（d）为价电子运动：④号共价键上的电子被空穴吸引而填补空穴，使新空穴出现在④号共价键上。

图 2.9（e）为最终结果：在电子运动（多次填补空穴）的作用下，空穴从最开始的①号共价键

"移动"到了④号共价键上。

图2.9（f）为空穴运动的实质：电子的运动。

【结论】

图2.9表明，在外电场的作用下，空穴虽然不能直接移动，但因电子运动使其位置发生了改变，且是按照一定方向发生的（从电源正极到电源负极）。即从结果来看，可以简单认为空穴在外电场的作用下产生了定向运动，能够导电。

5．导电能力

可以从如下三点来理解半导体的导电能力。

（1）半导体能够导电：正因为本征半导体内部存在自由电子和空穴两种载流子，故在外电场的作用下，半导体能够导电。

（2）半导体导电能力弱：在室温下，由于本征半导体内部存在的自由电子和空穴数目有限，所以导电能力不强。

（3）半导体的导电能力会受温度影响：温度越高，本征半导体内部的自由电子和空穴就越多，相应的导电能力也就越强。所以，温度对半导体器件性能的影响非常大。

2.1.2　杂质半导体

为了增加半导体的导电能力，可以通过向本征半导体内部掺入微量杂质来实现。掺杂后的半导体称为杂质半导体。由于掺入的杂质不同，杂质半导体可以分为两大类，即N型半导体（也称为电子半导体）和P型半导体（也称为空穴半导体）。

1．N型半导体

如果向硅（或锗）晶体掺入微量的5价元素（如磷，其原子最外层有5个价电子）[1]，就能形成所谓的N型半导体。由于掺入的磷原子数远远小于硅（或锗）原子的数量，所以晶体结构基本不会改变，只是某些位置上的硅（或锗）原子被磷原子取代。磷原子和相邻的4个硅（或锗）原子组成4个共价键，其外层多出的一个价电子很容易挣脱磷原子核的束缚而成为自由电子，如图2.10所示。

上述杂质半导体具有如下特点。

（1）掺杂浓度越高，半导体中自由电子的数目就越多，半导体的导电能力也就越强[2]。

（2）随着自由电子数目的增加，其与空穴复合的概率也就增大，即空穴数目会减少，比掺杂前本征半导体拥有的空穴数目还要少。

图2.10　N型半导体共价键结构

（3）这种杂质半导体中的自由电子是多数载流子（简称多子），而空穴是少数载流子（简称少子）。故这种半导体又可称为电子半导体，只是我们更习惯使用N型半导体这个名称。

另外，必须指出的是"N型半导体仍然呈中性，不带电"[3]。虽然自由电子和空穴的数量平衡被打破，但自由电子数目的增加是因为掺杂引起的，多出的自由电子一定与掺入的5价原子相对应。5价原子最外层多出的价电子成为自由电子后，其留下的原子核部分就变成了带正电的正离

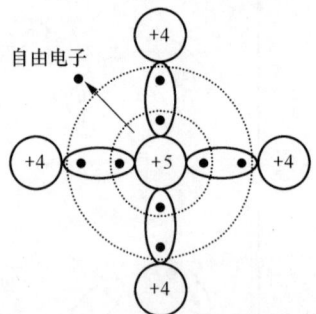

[1] 制作N型半导体时，为什么掺杂5价元素，是因为5价元素原子外层电子易失去，从而能够与4价原子构成稳定的晶体结构。而6价（或7价）元素原子外层电子较多，易得电子形成两个（或一个）共价键以达到稳定状态。

[2] 在室温（27℃）下，每立方厘米纯净的硅晶体中约有1.45×10^{10}个自由电子。掺杂形成N型半导体后，其数量会增加几十万倍；同时空穴数会减少到2.3×10^{5}个以下。

[3] 初学者往往会因为直接比较自由电子和空穴的数目而得到错误结论"N型半导体带负电"。类似地，对于P型半导体，如果只简单比较载流子数目，也会得到"P型半导体带正电"的错误结论。实际上，分析这类问题的关键是要把握住"多出的载流子是因为掺杂引起的，其数量与掺杂的离子数一一对应，两者的电性相反"。

子，而与离开的自由电子相对应，如图 2.11 所示。所以整体来看 N 型半导体仍然是中性的，不带电。

2．P 型半导体

如果向硅（或锗）晶体中掺入微量的 3 价元素（例如硼，其原子最外层有 3 个价电子），就能形成所谓的 P 型半导体。由于掺入的硼原子数量远远小于硅（或锗）原子的数量，所以晶体结构基本不会改变，只是某些位置上的硅（或锗）原子被硼原子取代。硼原子与相邻的 4 个硅（或锗）原子组成 4 个共价键，其外层因缺少一个价电子

图 2.11　掺杂形成的正离子及其符号

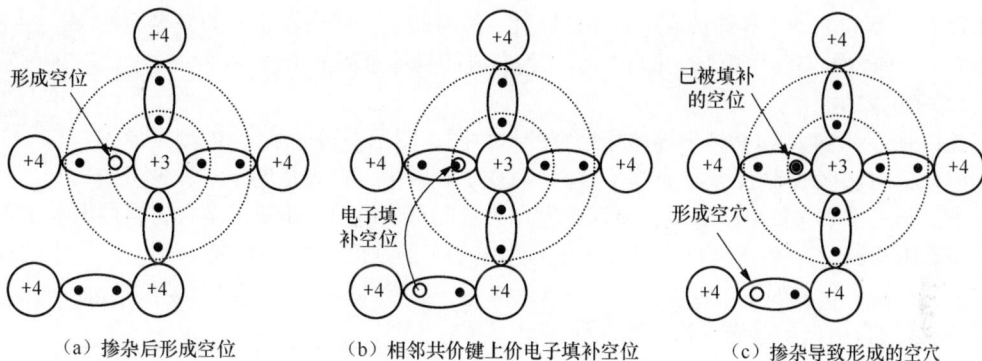

而在共价键上形成一个空位（注意，这还不是空穴，空穴是针对 4 价原子而言的）。当相邻共价键上的价电子因受热或其他激发而填补该空位后，就会在该相邻共价键上形成一个空穴，具体如图 2.12 所示。

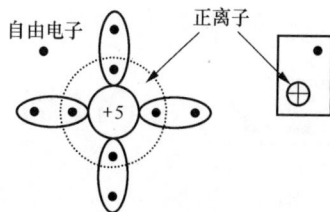

（a）掺杂后形成空位　　　（b）相邻共价键上价电子填补空位　　　（c）掺杂导致形成的空穴

图 2.12　P 型半导体共价键结构

上述杂质半导体具有如下特点。

（1）掺杂浓度越高，半导体中空穴的数目就越多，半导体的导电能力也越强。

（2）随着空穴数目的增加，其与自由电子复合的概率也会增大，即自由电子数目会减少，比掺杂前本征半导体拥有的自由电子数目还要少。

（3）这种杂质半导体中空穴是多数载流子，而自由电子是少数载流子。故这种半导体又可称为空穴半导体，只是我们更习惯使用 P 型半导体这个名称。

同样需要指出的是，P 型半导体也是呈中性不带电。图 2.13 所示为掺杂形成的负离子及其符号。负离子带负电，一个负离子会与一个空穴相对应。

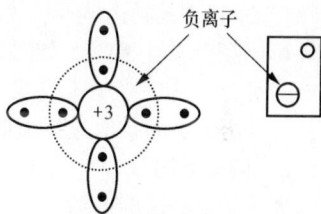

图 2.13　掺杂形成的负离子及其符号

2.1.3　小节练习

【知识回顾】

本节主要概念：半导体、半导体材料、硅、锗、本征半导体、本征激发、复合运动、载流子、自由电子、空穴、杂质半导体、N 型半导体（电子半导体）、P 型半导体（空穴半导体）、多数载流子（多子）、少数载流子（少子）。

【思考题】

1．应如何理解半导体材料能够导电，但导电能力不强？

2．空穴不能移动，但如何理解其也是半导体的一种载流子？

3．制作杂质半导体时一般应按什么比例在本征半导体中掺杂？

4．在杂质半导体内，多数载流子的数量远远高于少数载流子，如何理解杂质半导体不带电？

半导体的基础
知识自测题

5. 半导体器件与传统真空电子管器件相比较有什么优缺点？

2.2 PN 结

相较于本征半导体，N 型半导体和 P 型半导体的导电能力得到了极大的增强，但还不能直接用来制造半导体器件，需要进一步将它们合并在一起构成所谓的 PN 结。PN 结是许多半导体器件的关键组成结构，具有非常重要的单向导电特性。

2.2.1 PN 结的形成

如果将 N 型和 P 型半导体放在一起[1]，经过一段时间后，就会在它们的交界面处自然形成一个稳定的空间电荷区，即 PN 结。其形成的具体过程如下。

PN 结的形成

1. 多子的扩散[2]

图 2.14 所示为 N 型和 P 型半导体相结合的示意图。图示左边区域为 P 型半导体（简称 P 区），右边区域为 N 型半导体（简称 N 区）。P 区中存在大量的空穴和少量的自由电子，空穴主要与负离子对应；N 区中存在大量的自由电子和少量的空穴，自由电子主要与正离子对应。刚开始时，由于 N 区中的多子（自由电子）的浓度远高于 P 区，所以 N 区中的自由电子会向 P 区扩散，形成如下过程。

① N 区的自由电子首先开始扩散，到达 P 区靠近交界面的位置。

② 自由电子在 P 区靠近交界面处累积到一定数量后，继续向 P 区内部扩散。

③ 自由电子在扩散过程中，一部分会与 P 区中的多子（空穴）复合。

④ N 区中的自由电子扩散走后，会在靠近交界面处留下不能移动的正离子，如图 2.15（a）所示。

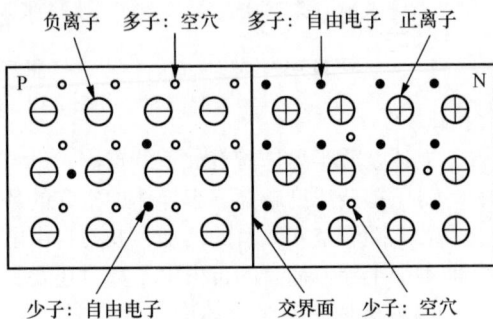

图 2.14 P 型和 N 型半导体相结合

同时，P 区中多子（空穴）也会向 N 区扩散，过程与自由电子的扩散过程类似（读者可以自行分析），具体如图 2.15（b）所示。

2. 内电场出现

多子扩散一段时间后，就会在交界面处累积一定数量的正负离子（靠近 N 区的是正离子，靠近 P 区的是负离子），而形成一个空间电荷区，导致内电场出现，如图 2.15（c）所示。内电场的方向如图，由电场的正极指向负极（即 N 区指向 P 区）。

内电场出现后会对载流子的运动产生如下影响。

① 内电场首先会阻碍多子的扩散。因为自由电子（或空穴）在内电场中会受到指向 N 区（或 P 区）的力，与其扩散方向相反，故扩散运动会受到阻碍。

② 内电场其次会促进少子的漂移。漂移运动是指半导体中的少数载流子在内电场的作用下从低浓度地方移向高浓度地方，即 N 区中的少子（空穴）向 P 区移动，P 区中的少子（自由电子）向 N 区移动。很显然，漂移和扩散是两个相反的运动。

【小结】

① 内电场是多子扩散运动的产物。

---

[1] 通常是在一块 N 型（或 P 型）半导体基片的局部再掺入浓度较大的 3 价（或 5 价）杂质，使该局部区域变为 P 型（或 N 型）半导体，这样基片上就同时存在 N 型和 P 型半导体。

[2] 扩散是指分子从高浓度的地方向低浓度的地方运动的现象。

② 内电场形成后会阻碍多子的扩散，同时促进少子的漂移。

③ 内电场形成初期，电场强度还比较小，因此对多子的扩散阻碍作用不明显，即此时多子的扩散仍然占主要地位，少子的漂移占次要地位。

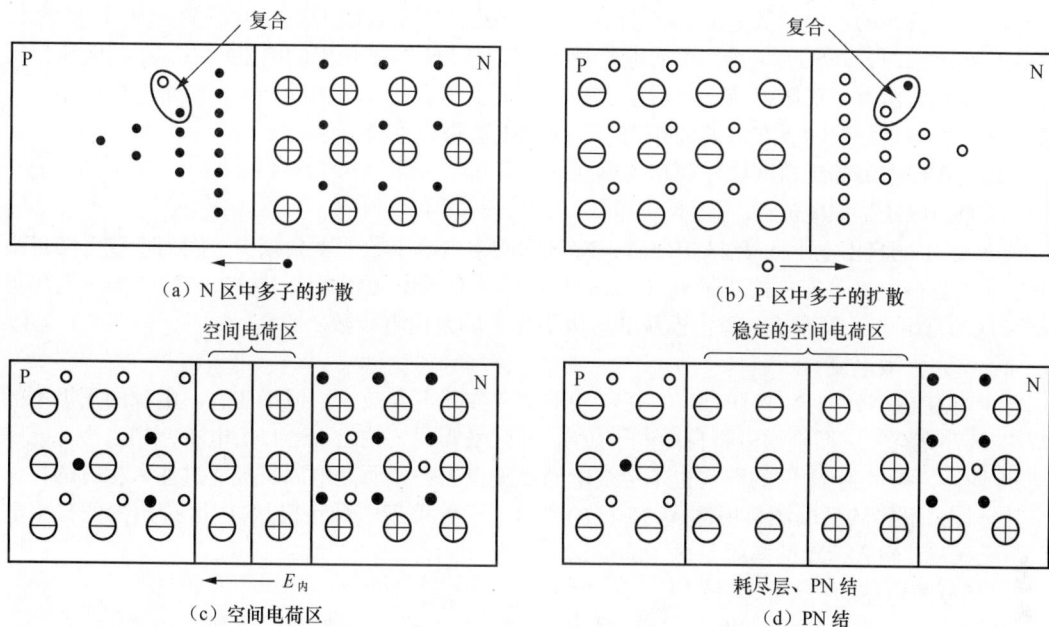

（a）N 区中多子的扩散　　　　　　　　　　　　（b）P 区中多子的扩散

（c）空间电荷区　　　　　　　　　　　　　　　　（d）PN 结

图 2.15　PN 结的形成过程

3．运动平衡

随着多子扩散不断进行，交界面处累积的正负离子也越来越多，内电场出现电场的强度逐步增加（PN 结形成），对多子扩散的阻碍也随之增大，同时促进少子的漂移。最终，当内电场达到某一强度时，便能促使多子和少子的运动达到动态平衡，即同一时刻，从 N（或 P）区扩散到 P（或 N）区的自由电子（或空穴）数等于从 P（或 N）区漂移到 N（或 P）区的自由电子数（或空穴）。载流子运动达到平衡后，空间电荷区的宽度就基本稳定下来（PN 结稳定），不再变化，如图 2.15（d）所示。

习惯上把在 P 型和 N 型半导体交界面处形成的稳定空间电荷区称为 PN 结。另外，当达到动态平衡后，空间电荷区（PN 结）中过去和过来的载流子数是相同的，所以从静态的角度来看，此时空间电荷区中不再有载流子存在，仿佛其中的载流子都被消耗殆尽了，此时的空间电荷区又称为耗尽层。

4．过程框图

图 2.16 展示了 PN 结形成的基本过程。

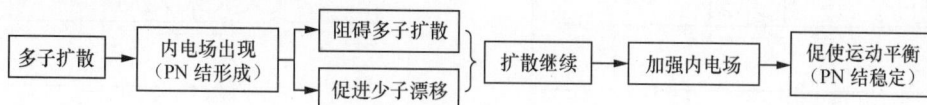

图 2.16　PN 结形成的过程框图

2.2.2　PN 结的单向导电性

之所以说 PN 结是一种重要的半导体结构，是因为其具有"单向导电性"——PN 结的导电性能会随着外加电压的改变而变化，呈现出单方向导电的特性。

1．加正向电压

如图 2.17 所示，给 PN 结外加正向工作电压（有时也称为正偏电压），使 P 区接电源正极，N 区接电源负极。此时，外电场的方向与内电场的方向相反，使原来由内

PN 结单向导电性

电场维持的载流子运动平衡被打破。在外电场的驱动下，P 区中的多子（空穴）进入空间电荷区抵消一部分负离子，N 区中的多子（自由电子）进入空间电荷区，抵消一部分正离子，致使空间电荷区变窄，内电场被削弱，从而促进了多子的扩散，并抑制了少子的漂移。当大量的多子开始扩散时，就会形成较大的正向扩散电流 I_F（简称正向电流）。如图 2.17 所示，电流方向从 P 区流向 N 区。在一定范围内，外电场越强，正向电流越大，这时 PN 结呈现出的电阻很小。正向电流包括空穴扩散电流和自由电子扩散电流。虽然空穴和自由电子的运动方向相反，但它们带电极性相反，故形成的电流方向是一致的。在电源的作用下，正向电流得以维持。

下面就正向电流的维持问题作简单说明。

（1）自由电子扩散电流

当 N 区中的自由电子向 P 区扩散时，N 区中的自由电子数并不会减少，因为扩散走的自由电子由电源的负极负责补充；而扩散到 P 区的自由电子会被电源正极吸引过去。最终满足电源负极注入 N 区的自由电子数等于电源正极从 P 区吸引出去的自由电子数。

（2）空穴扩散电流

当 P 区中的空穴向 N 区扩散时，P 区中的空穴数并不会减少。但请注意，电源的正极不能直接向 P 区补充空穴，而是通过将自由电子拉出 P 区来实现（拉出一个自由电子，相当于补充一个空穴）。同样，扩散到 N 区的空穴也不会被电源负极拉出去，而是电源负极通过注入相应的自由电子使其复合，最终满足电源负极注入 N 区的自由电子数等于电源正极从 P 区拉出去的自由电子数。再次强调，空穴运动的实质是电子的运动。

2．加反向电压

如图 2.18 所示，给 PN 结外加反向工作电压（有时也称为反偏电压），使 N 区接电源正极，P 区接电源负极。此时，外电场的方向与内电场的方向相同，同样会使原来由内电场维持的载流子运动平衡被打破。外电场驱使空间电荷区两侧的空穴和自由电子移出，致使空间电荷区变宽，内电场被加强，从而抑制多子的扩散并促进少子的漂移。少子漂移形成反向电流 I_R，电流方向从 N 区流向 P 区。但由于少子的数量稀少，所以反向电流不大（例如，硅 PN 结的反向电流一般都在微安量级）。此时，PN 结呈现的反向电阻很大。

另外，需要指出的是：当温度升高时，少子数量会增加，相应的反向电流也增加，即温度对反向电流有较大影响。温度一定时，反向电流 I_R 几乎与电压无关，是一个常数，称为反向饱和电流 I_S。

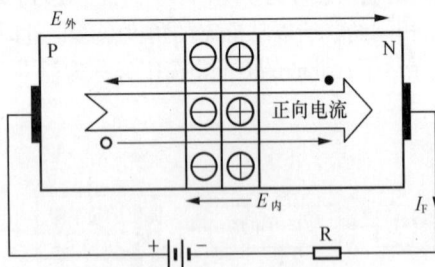

图 2.17　PN 结加正向电压　　　　　图 2.18　PN 结加反向电压

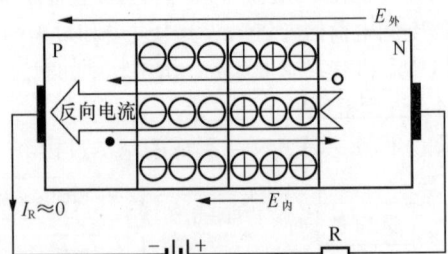

3．小结

① PN 结具有单向导电性，正向导通，反向截止。反向电流的大小是判别 PN 结单向导电性能好坏的依据——其值越小，单向导电性越好。

② 加正向工作电压（正偏电压）时，PN 结变窄，结电阻较小，能够形成较大的正向电流，处于导通工作状态。理想情况下，结电阻为 0。

③ 加反向工作电压（反偏电压）时，PN 结变宽，结电阻较大，所形成的反向电流非常小（常常可以忽略），处于截止工作状态。理想情况下，结电阻为无穷大。

2.2.3 PN 结的伏安特性[1]

图 2.19 所示为 PN 结的伏安特性[2]，可以分为正向特性和反向特性进行讨论。图 2.20 所示为 PN 结的工作状态分区，可用于辅助读者理解 PN 结的工作特性。

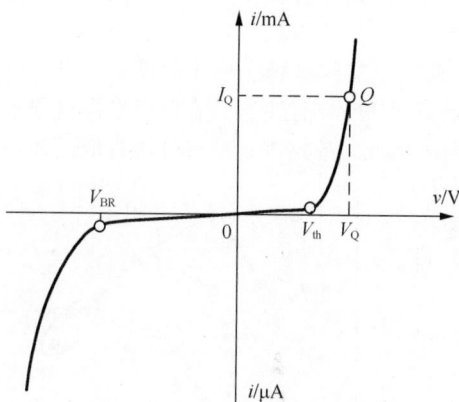

图 2.19 PN 结的伏安特性

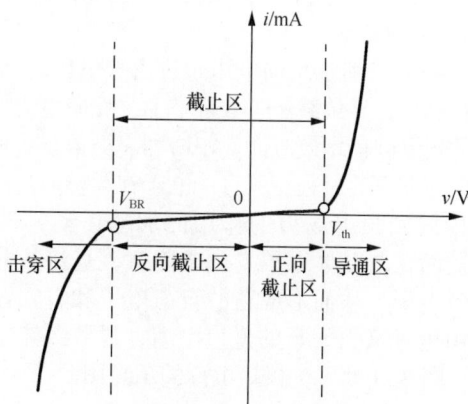

图 2.20 工作状态分区

1．正向特性

正向特性用来描述 PN 结在外加正向电压时电流随电压的变化规律。从图 2.19 可以看出：正向电压较小（小于 V_{th}）时，电流非常小（近似为 0）；正向电压达到一定值（超过 V_{th}）后，电流随电压迅速增加。这是因为正向电压较小时，不足以削弱内电场对多子扩散运动的阻碍作用，故虽然加的是正向电压，但 PN 结仍然没有导通；当正向电压足够大时，完全能够克服内电场的阻碍作用而驱动多子扩散，驱动（正向电压）越大，参与扩散的载流子越多，相应的电流也就越大。

我们习惯将 V_{th} 称为死区电压或者开启电压，该电压可以作为判别 PN 结导通与否的条件。对于硅材料，V_{th} 约为 0.5V，锗约为 0.1V。另外，PN 结导通后，其正常工作电压 V_Q 通常仅有零点几伏，相应的电流 I_Q 一般为毫安的数量级。对于硅材料，V_Q 约为 0.6~0.7V，锗材料的 V_Q 约为 0.2~0.3V，该特征值可以作为判断半导体器件材料的依据。

2．反向特性

反向特性用来描述 PN 结外加反向电压时电流随电压的变化规律。从图 2.19 可以看出：反向电压在一定范围内（不超过 V_{BR}）时电流非常小（近似为 0，且几乎与电压无关），PN 结处于反向截止的工作状态；反向电压达到一定值（超过 V_{BR}）后，反向电流随电压迅速增加，PN 结的单向导电性已经被破坏，处于击穿状态（关于击穿的问题将在下一节中介绍）。

V_{BR} 称为反向击穿电压，其大小与 PN 结的制造参数相关。一般来说，PN 结的 V_{BR} 为几伏到几十伏，有些能够达到上百伏。

3．工作分区

我们可以根据 PN 结的伏安特性来为其划分工作区——导通区、截止区（包括反向截止区和正向截止区）和击穿区，具体如图 2.20 所示。

---

[1] 伏安特性能够描述元件上的电压和电流关系，是表征元件导电性能的重要指标。元件的伏安特性可以通过实验的方式获得：改变一次元件上的电压值，测量一次流过元件的电流，最后将所有测得的点值（电压值、电流值）在一个二维平面中用直线段连接起来，就构成了元件的伏安特性曲线。

[2] PN 结的伏安特性可以近似表示为：$i = I_S(e^{v/V_T} - 1)$，其中：e 为自然对数的底，V_T 为温度的电压当量（在 27℃时 V_T 约为 26mV），I_S 为反向饱和电流。

2.2.4　PN 结的反向击穿

当所加反向电压超过 V_{BR} 时，PN 结就进入了击穿状态，此时的反向电流很大，PN 结的单向导电性受到破坏，这种击穿是电击穿。PN 结的电击穿形式分为两种：雪崩击穿和齐纳击穿。较大的击穿电流容易使 PN 结发热，如果长期运行，PN 结很可能因温度过高而被烧毁，这种击穿是热击穿。

1．雪崩击穿

当 PN 结所加反向电压超过击穿电压时，空间电荷区上的内电场变得非常强大，很容易引发"碰撞电离"，导致载流子数量增加，反向电流增大，最终使 PN 结被击穿。在碰撞电离过程中，载流子的数量因倍增效应而急剧增加，类似于雪崩发生时的情况，故这种击穿被称为雪崩击穿。

碰撞电离的过程是：自由电子在漂移通过空间电荷区时，因受到强电场力的作用而加速运动，动能迅速提高；进而在与晶体原子发生碰撞时，直接从共价键上撞击出价电子，从而形成新的自由电子和空穴对。新产生的自由电子又引发新的碰撞电离，导致载流子出现倍增效应。图 2.21 所示为碰撞电离的示意图。

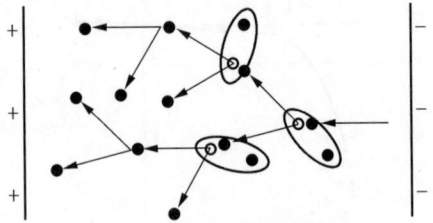

图 2.21　碰撞电离示意图

2．齐纳击穿

当 PN 结上的反向电压过高时，可能会直接破坏原子共价键的束缚，将电子分离出来，形成自由电子和空穴对，导致载流子快速增加并参与导电，从而形成较大的反向电流，最终使 PN 结被击穿。这种击穿称为齐纳击穿。

发生齐纳击穿所需电场强度约为 $2 \times 10^5 \text{V/cm}$，只有在掺杂浓度特别高的 PN 结中才能满足这个条件。普通二极管[1]一般掺杂浓度没有这么高，其击穿多为雪崩击穿。齐纳击穿多出现在特殊二极管中，例如，齐纳二极管（稳压管）。

3．电击穿和热击穿

雪崩击穿和齐纳击穿都属于电击穿，如果及时去掉反向电压，PN 结能够恢复单向导电性。但如果长时间发生电击穿，就可能因过大的反向电流造成 PN 结温度快速升高而被烧毁，即发生所谓的热击穿。电击穿是可逆的，但热击穿不可逆。

对于普通二极管，通常情况下不要让其发生电击穿，这样很容易使其过渡到热击穿，进而造成器件损坏。但某些特殊二极管就是要让其工作在反向击穿区，才能表现出其特殊的性能，例如，齐纳二极管（一种稳压二极管，反向击穿后能够稳压）。

2.2.5　PN 结的电容效应

因电压变化引起电荷变化的现象称为电容效应。外加工作电压时，PN 结内部存在电荷的变化，因此 PN 结具有电容效应。

1．扩散电容

PN 结加正向电压将促进多子的扩散运动，N 区的自由电子向 P 区扩散，P 区的空穴向 N 区扩散。自由电子和空穴向对方区域扩散的过程中会出现累积现象，如图 2.22 所示，且正向电压越大，累积的数量越多。这可以视为一种电荷存储关系[2]，其体现的电容效应可用扩散电容 C_d 来表示。

2．势垒电容

PN 结加反向电压时将驱离空间电荷区（势垒区）两侧的自由电子和空穴，如图 2.23 所示，使空间电荷区变宽；如果反向电压减小，部分自由电子和空穴又会进入空间电荷区，使空间电荷区变

[1] 二极管从结构上来说就是一个 PN 结。
[2] 主要考虑在 PN 结附近载流子的累积（存储）关系，因为这个区域扩散载流子累积的浓度最高。

窄。空间电荷区的变化，意味着区内存储的电荷量随外加电压的变化而变化，与电容的充放电过程相似。PN 结的这种电容效应用势垒电容 C_b 来表示，反向电压越大其值越小。

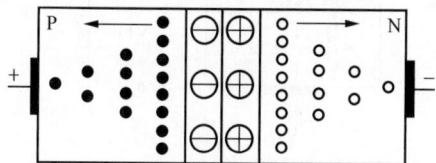

图 2.22　多子扩散过程中的累积现象

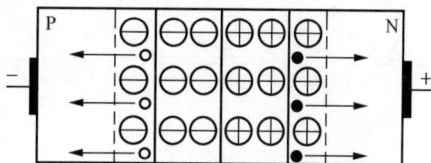

图 2.23　载流子被反向电压驱离

3．小结

PN 结的电容效应是扩散电容 C_d 和势垒电容 C_b 的综合反应，可以表示为

$$C_j = C_b + C_d \qquad (2.1)$$

式（2.1）中，C_j 表示 PN 结的结电容。PN 结正偏时，扩散电容 C_d 起主要作用；PN 结反偏时，势垒电容 C_b 起主要作用。考虑到 PN 结的结电容很小[1]，中低频情况下无须考虑，但高频情况下需要考虑[2]。

2.2.6　小节练习

【知识回顾】

本节主要概念：PN 结（空间电荷区、耗尽层）、多子扩散、少子漂移、内电场、单向导电性、正向（正偏）电压、反向（反偏）电压、正向导通、反向截止、死区电压（开启电压）、反向击穿电压、雪崩击穿、齐纳击穿、电击穿、热击穿、扩散电容、势垒电容。

【思考题】

1．简述 PN 结的形成过程。
2．PN 结还有哪些名称？
3．PN 结正向导通后，其上的电压电流关系有什么特点？
4．PN 结加反向电压时其上是否存在电流？有何特点？
5．温度升高时 PN 结的单向导电性是变强还是变弱？简述原因。

PN 结自测题

2.3　二极管

二极管[3]是电子电路中常用的器件之一，其种类和型号众多，应用广泛，可用于整流、限幅、稳压、检波、鉴频、鉴相等电路，或者在电路中充当电子开关、显示器件、保护器件等。

2.3.1　二极管的基本结构

简单讲，二极管就是一只封装好的 PN 结。按结构分，二极管可以分为点接触型、面接触型和平面型。点接触型二极管（一般为锗管）如图 2.24（a）所示，其 PN 结面积较小，因此不能通过较大的电流；但因结电容小，其高频性能好，适用于高频和小功率工作的电路，也可用作数字电路中的开关元件。面接触型和平面型的二极管（一般为硅管）如图 2.24（b）和（c）所示，其 PN 结面积较大，故可以通过较大的电流；但因结电容大，其工作频率较低，一般用于整流。图 2.24（d）所示为二极管的电路符号，常用字母 VD 表示。

[1] 结电容的大小与器件规格、尺寸及工作频率等因素有关。一般考虑时，其值通常为几到几百皮法。
[2] 通常情况下，低频范围在 300kHz 以下，中频范围为 300kHz～3MHz，高频范围在 3MHz 以上。
[3] 本节所述的二极管指的是普通二极管。正常情况下，其主要工作在导通区和截止区，原则上不应出现击穿状态。

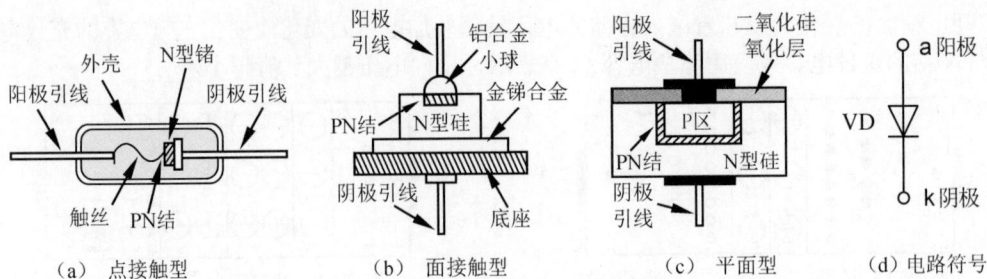

（a）点接触型　　（b）面接触型　　（c）平面型　　（d）电路符号

图 2.24　半导体二极管

2.3.2　二极管的伏安特性

图 2.25 所示为二极管的伏安特性。从结构上讲，二极管只有一个 PN 结，所以二极管的伏安特性就是 PN 结的伏安特性。无论是硅管还是锗管，其特性曲线的整体变化规律是一样的，但两者之间还是存在一些细节差异。

① 死区电压：硅管约为 0.5V，锗管约为 0.1V。

② 导通电压：硅管约为 0.6～0.7V，锗管约为 0.2～0.3V。

③ 正向电流：通常硅管比锗管大。

④ 反向电流：通常硅管比锗管小得多，即硅管的单向导电性能比锗管好。

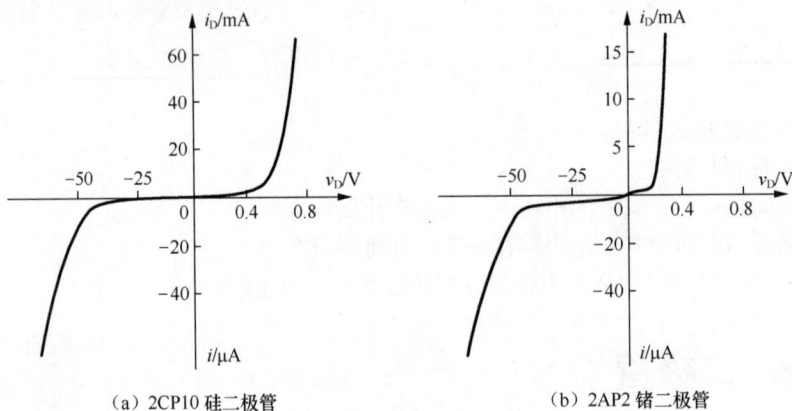

（a）2CP10 硅二极管　　（b）2AP2 锗二极管

图 2.25　二极管的伏安特性

【仿真示例 2.4】　二极管的单向导电性仿真。

图 2.26（a）所示为二极管单向导电性的仿真测试电路。直流电源 E 的输出为 5V，电流箭头 I 可显示电流大小，V_d 为二极管端电压，开关 SW 用于切换电路连接。图 2.26（b）所示为开关接通 VD_1，二极管正向导通，此时电流为 87.82mA，二极管端电压为 608.8mV；图 2.26（c）所示为开关接通 VD_2，二极管反向截止，此时电流为 41nA，二极管端电压为 5V。

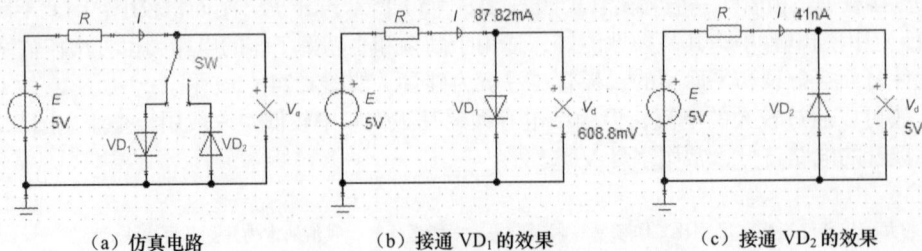

（a）仿真电路　　（b）接通 VD_1 的效果　　（c）接通 VD_2 的效果

图 2.26　二极管单向导电性仿真示例

2.3.3　二极管参数及选用原则

1．主要参数

电子器件的参数是其特性的定量描述，是正确使用和合理选择器件的重要依据。半导体二极管的主要参数如下。

（1）需重点掌握的参数

① 最大整流电流 I_F：二极管允许通过的最大正向平均电流。

② 最大反向工作电压 V_{BR}：二极管允许的最大反向工作电压，一般取击穿电压的一半作为 V_{BR}。

③ 反向电流 I_R：二极管加反向电压但未击穿时的电流。在温度一定的情况下，I_R 的值基本不变，因此又称为反向饱和电流 I_S。I_R（I_S）越小，二极管的单向导电性越好。

（2）应该了解的参数

① 最高工作频率 f_M：二极管具有单向导电性的最高交流信号频率，其值取决于 PN 结的结电容大小。结电容越小，工作频率越高。

② 直流电阻 R_D：加在二极管两端的直流电压与直流电流之比。它可表示为

$$R_D = \frac{V_D}{I_D} \qquad (2.2)$$

该电阻值是非线性的，正反向的阻值相差越大，二极管的性能越好。

③ 交流电阻 r_d：在二极管工作点附近，电压的微变化值（Δv_d）与相应电流的微变化值（Δi_d）之比，称为该点的交流电阻，即

$$r_d = \frac{\Delta v_d}{\Delta i_d} \qquad (2.3)$$

2．选用原则

二极管的一般选用原则如下。

① 根据用途确定二极管的类型。

② 根据电路中的电压、电流，以及工作频率选择二极管的型号和参数。

例如，检波电路中需要选用检波二极管，其最高工作频率要满足电路要求；而整流电路中应选用整流二极管，其最大整流电流和最高反向工作电压应满足电路要求。假设某整流电路中，求得二极管上的工作电流为 0.5A，二极管两端可能出现的反向电压为 50V，从表 2.1 中选择最合适的整流二极管应是 1N4002。

表 2.1　部分整流二极管的参数

型号	I_F（A）	V_{BR}（V）	I_R（μA）	f_M（kHz）
1N4000	1	25	<5	3
1N4001	1	50	<5	3
1N4002	1	100	<5	3
1N5100	1.5	50	<5	3
1N5101	1.5	100	<5	3

2.3.4　小节练习

【知识回顾】

本节主要概念：点接触型、面接触型、平面型、二极管阳极、二极管阴极、单向导电性、硅和锗二极管正向导通电压、硅和锗二极管伏安特性区别、最大整流电流、最大反向工作电压、反向电流。

【思考题】

1．如何使用万用表检查二极管的好坏？

2. 点接触型和面接触型二极管的区别是什么？
3. 为什么二极管的最大反向工作电压取击穿电压的一半？
4. 为什么二极管的反向电流基本不变？
5. 温度变化是否会影响二极管的工作？为什么？

二极管自测题

2.4　二极管电路分析

二极管电路的理论分析通常可以使用图解法[1]和模型法进行分析。下面主要介绍模型法。此外，在理论分析的基础上，本节还将介绍二极管电路的故障分析和仿真分析方法。

2.4.1　二极管的电路模型

从二极管的伏安特性曲线可知，二极管是一种非线性器件，所以常用的电路分析方法不方便直接应用于二极管电路。为此，需要重新建立二极管的电路模型，以便将其转变为线性器件进行分析。

二极管建模的一般方法如下。

① 使用分段直线近似表示器件的伏安特性。

② 把分段直线转换成相应的线性器件。

考虑到普通二极管的正常工作状态是导通和截止，所以只需要对导通区和截止区的伏安特性进行建模，无须考虑击穿区。

二极管伏安特性直线化的近似过程如图 2.27 所示。

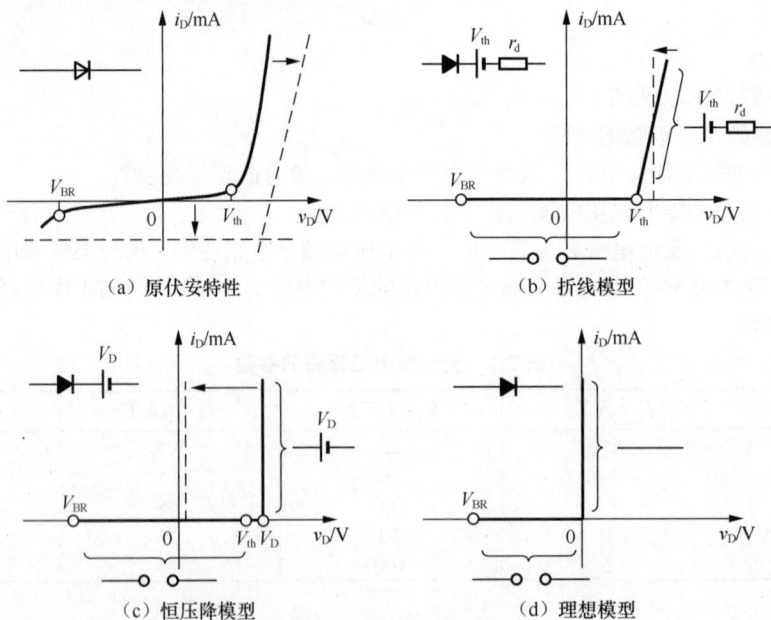

（a）原伏安特性　　（b）折线模型

（c）恒压降模型　　（d）理想模型

图 2.27　二极管电路模型

说明：

① 实心二极管表示理想模型。加正向电压时，二极管导通，相当于一根导线，其上电压为 0，电流由电路中其他元件决定；加反向电压时，二极管截止，截止电阻无穷大，即二极管开路，

[1] 图解法的分析步骤：（1）将电路分为线性和非线性两部分；（2）在同一坐标上分别画出非线性部分的伏安特性曲线和线性部分的伏安特性曲线；（3）由两条特性曲线的交点求出电路的电压和电流。

上面没有电流，而两端的电压由电路中其他元件决定。

② 理想模型加一个恒压源组成恒压降模型。二极管导通需要满足正向电压大于 V_{th}，导通后认为二极管的工作电压 V_D 恒定，硅管约为 $0.6 \sim 0.7V$，锗管约为 $0.2 \sim 0.3V$。

③ 本书在对二极管电路进行理论分析时主要采用理想模型和恒压降模型。

2.4.2 分析方法及示例

通常情况下，由于二极管存在导通和截止工作状态，所以二极管在电路中的实际状态会直接影响整个电路的工作状态，即电路中的实际通路会随着二极管的导通或截止发生改变，进而影响相关的电压和电流关系。

1. 常用的一些二极管电路

（1）整流电路：利用二极管的单向导电性，将交流电变为直流电，广泛用于直流稳压电源中。

（2）限幅电路：利用二极管的单向导电性和导通后两端电压基本不变的特点，将信号限定在某一范围内变化，分为单向限幅电路和双向限幅电路，多用于信号处理电路中。

（3）开关电路：利用二极管的单向导电性来接通或断开电路，广泛用于数字电路中。

（4）低电压稳压电路：利用二极管导通后两端电压基本不变的特点，采用几只二极管串联的方式，获得 3V 以下的输出电压。

二极管电路分析-开关电路
二极管电路分析-稳压电路
二极管电路分析-限幅电路
二极管电路分析-整流电路

2. 二极管电路的一般分析方法

（1）关键：分析二极管的通断条件。

（2）步骤：① 假设二极管断开，分别求其阴极电位和阳极电位。

② 比较阴极和阳极电位，若阳极电位高于阴极电位，二极管导通，否则二极管截止。

（3）说明：① 如果要考虑二极管导通电压，阳极电位与阴极电位之差应超过死区电压。

② 如果同时多个二极管具有导通条件，应比较它们的正向电压差，差值大的先导通。注意，先导通的二极管可能使其他二极管截止。

3. 二极管电路分析示例

【例 2.1】 二极管整流电路如图 2.28 所示，已知：$v_i = 10\sin\omega t$，二极管是理想的。试画出与输入相对应的输出电压波形。

【解】此题的解题关键是分析清楚二极管的工作情况；另外，二极管是理想的，可以使用理想模型分析。

（1）假设二极管断开，阳极电位为 v_i，阴极电位为 0。

（2）输入为正半周期时，二极管导通，其上没有压降，输出电压等于输入电压。

（3）输入为负半周期时，二极管截止，电阻 R 上没有电流，电压为 0，故输出电压为 0。

（4）画出输出电压波形，如图 2.29 所示。

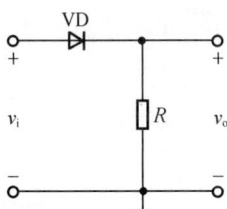

图 2.28 例 2.1 图

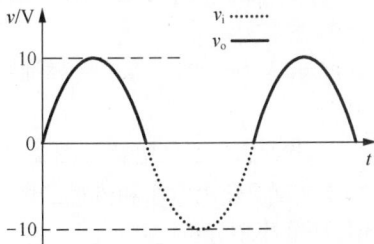

图 2.29 例 2.1 的输出电压波形

【例 2.2】　二极管限幅电路如图 2.30 所示，已知：$v_i = 10\sin\omega t$ V ，$E = 5$V ，二极管是理想的。试画出与输入相对应的输出电压波形。

【解】此题的解题关键是分析清楚二极管的工作情况；另外，二极管是理想的，可以使用理想模型分析。

【对于图 2.30（a）】

（1）假设二极管断开，电阻上没有电流，故阳极电位为 v_i，阴极电位为 5V。

（2）当 $v_i > 5$V ，二极管导通，输出电压 $v_o = E = 5$V。

（3）当 $v_i \leqslant 5$V ，二极管截止，电阻 R 上没有电压，故输出 $v_o = v_i$。

（4）画输出波形，如图 2.31 所示。

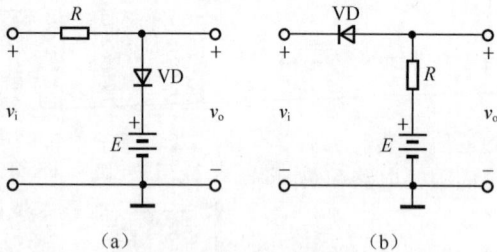

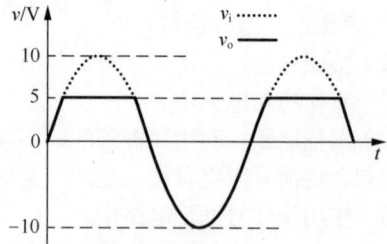

图 2.30　例 2.2 图

图 2.31　例 2.2 的输出电压波形

【对于图 2.30（b）】

（1）假设二极管断开，电阻上没有电流，故阴极电位为 v_i，阳极电位为 5V。

（2）当 $v_i < 5$V ，二极管导通，二极管相当于导线，没有电压降，故输出电压 $v_o = v_i$。

（3）当 $v_i \geqslant 5$V ，二极管截止，电阻 R 上没有电流，电压为 0，故输出 $v_o = E = 5$V。

（4）画输出电压波形，如图 2.31 所示。

【例 2.3】　二极管开关电路如图 2.32 所示，已知：v_1 和 v_2 为 0V 或 3V，二极管导通电压 $V_D = 0.7$V。试分析 v_1 和 v_2 的值在不同组合情况下的输出电压。

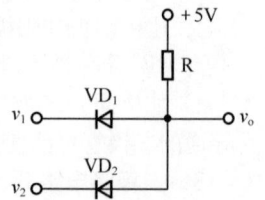

【解】解此题的关键是考虑二极管的优先导通权；另外，使用恒压降模型分析电路。

（1）假设 VD_1 和 VD_2 都断开，电阻上没有电流，电压为 0，故两只二极管的阳极电位都为 5V；而阴极电位分别由 v_1 和 v_2 决定。

图 2.32　例 2.3 图

（2）当 $v_1 = v_2 = 0$ V 时，两只二极管导通权相同，都导通，考虑其上的正向压降，故 $v_o = 0.7$V。

（3）当 $v_1 = 0$ V，$v_2 = 3$ V 时，VD_1 和 VD_2 理论上都具有导通条件，但 VD_1 具有优先导通权，先导通。VD_1 导通后将 VD_2 的阳极电位限制在 0.7V，故 VD_2 截止。所以 $v_o = 0.7$V。

（4）当 $v_1 = 3$ V，$v_2 = 0$ V 时，VD_1 和 VD_2 理论上都具有导通条件，但 VD_2 具有优先导通权，先导通。VD_2 导通后将 VD_1 的阳极电位限制在 0.7V，故 VD_1 截止。所以 $v_o = 0.7$V。

（5）当 $v_1 = v_2 = 3$ V 时，两只二极管导通权相同，都导通。考虑其上的正向压降，故 $v_o = 3.7$V。

【例 2.4】　二极管低压稳压电路如图 2.33 所示，已知二极管导通电压 $V_D = 0.7$V ，$R = 1.2$kΩ。试求输出电压和流过二极管的电流。

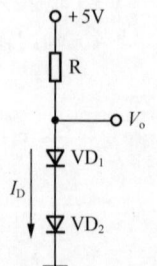

【解】使用恒压降模型分析电路。

图 2.33　例 2.4 图

（1）5V 电压足以驱动两只二极管都导通，故输出电压为

$$V_o = 2V_D = 1.4\text{ V}$$

（2）二极管上的电流即电阻 R 上的电流为

$$I_D = \frac{5 - V_o}{R} = \frac{5 - 1.4}{1.2} = 3\text{mA}$$

2.4.3　故障分析

所谓的二极管故障，通常是指二极管在电路中失去了正常的单向导电性，出现短路状态（短路故障）或开路状态（开路故障）。电路中的二极管是否出现故障，通常可以通过检测二极管所在支路的电流和二极管两端的电压进行综合判断：如果二极管支路上有电流，但二极管两端电压明显低于二极管正向导通电压，则基本可以判定二极管出现短路故障；如果二极管支路上没有电流，但二极管两端有较大的正向电压，则基本可以判定二极管出现开路故障。

【仿真示例 2.5】　对于图 2.33 所示的仿真电路，已知其中的两只二极管是同类型的。正常情况下，电路的仿真结果如图 2.34（a）所示，V_e 为 5V，V_o 为 1.21V。假设电路其他部分正常，二极管发生故障，出现如图 2.34（b）和（c）所示的状况，试分析具体的问题原因？

【解】解题关键是根据已知电压（或电位）分析二极管支路上的电流和二极管两端电压，从而判断二极管的工作状态是否正常。如果不正常，再根据电流和电压的关系确定二极管的故障类型。另外，本例中二极管可以使用恒压降模型进行分析。

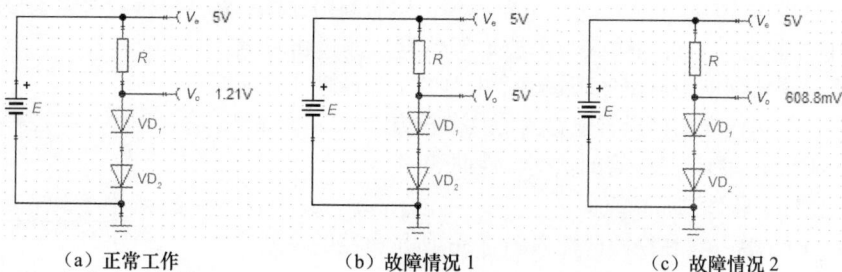

图 2.34　仿真示例 2.5 仿真电路及故障情况仿真

（1）由图 2.34（a）可知，正常情况下两只二极管都处于正向导通状态（其上有电流，电流大小可以通过电阻 R 两端的电位关系进行分析），且单只二极管上的正向导通电压约为 0.6V。

（2）由图 2.34（b）可知，电阻 R 两端电位相同，故电路中没有电流（电流为 0）。如果电路其他部分都是正常的，那两只二极管中至少有一只是断开的。结合当前二极管所加为正向电压，故可以判断出问题的原因是至少有一只二极管发生了开路故障。如果需要进一步确定是哪只二极管出现了开路故障，可以分别短接其中的一只二极管（用导线连接该二极管的两端）去测量另一只二极管的端电压进行分析。

（3）由图 2.34（c）可知，电阻 R 两端存在电位差，故电路中存在电流，即二极管应该没有断开的问题。但两只二极管上的实际电压仅为 608.8mV，只是一只二极管正常导通的电压，故可以判断出问题的原因是两只二极管中有一只发生了短路故障。如果需要进一步确定是哪只二极管出现了短路故障，可以分别测量两只二极管的端电压进行分析。

【仿真示例 2.6】　对图 2.30（a）所示的二极管限幅电路进行仿真，假设二极管发生故障，出现图 2.35 所示情况，试分析二极管发生的是什么故障？

【解】解题关键是通过输出波形分析清楚二极管的实际状态（包括正常状态和非正常状态）对电路的影响；另外，本例中二极管可以使用理想模型进行分析。

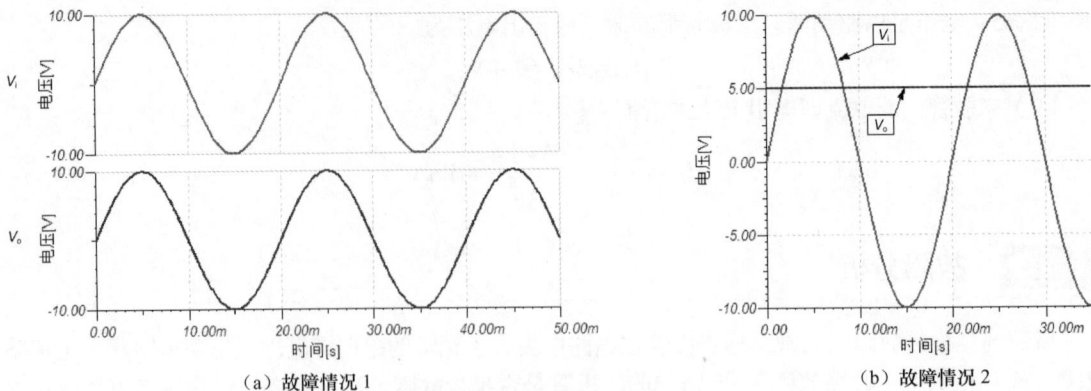

（a）故障情况 1　　　　　　　　　　　　　　（b）故障情况 2

图 2.35　仿真示例 2.6 仿真波形

（1）由图 2.35（a）可知，输出波形没有被限幅，且与输入波形完全一致。正常情况下，输入电压超过 5V 时，输出电压将会被限幅，故可以判断二极管发生了开路故障。

（2）由图 2.35（b）可知，输出电压恒等于 5V。正常情况下，输入电压低于 5V 时，二极管应该处于截止工作状态，输出电压波形跟随输入电压变化，故可以判断二极管发生了短路故障。

2.4.4　仿真分析

对于典型的模拟电路，除了进行常规的理论分析外，还可以借助 EDA[1]软件进行仿真分析。所谓仿真分析是指在 EDA 软件中进行电路建模，然后利用 EDA 软件提供的诸多测量功能，获取电路中的电压、电流或电路的输入输出波形等信息。通过仿真分析，可以较为直观地帮助用户快速理解模型电路的工作原理或工作特性。下面用三个示例介绍二极管电路的仿真分析方法。

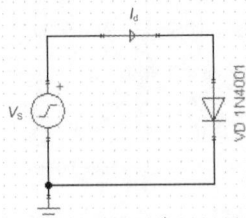

图 2.36　仿真示例 2.7 仿真电路

【仿真示例 2.7】　测量二极管的伏安特性曲线。

【解】使用 Tina 软件进行仿真。

（1）打开 Tina 软件，在绘图区建立图 2.36 所示电路的模型，元件清单见表 2.2。

表 2.2　仿真示例 2.7 仿真电路元件清单

标签	类型	元件名称	参数
V_s	电源	电源\电压发生器	默认
VD	二极管	半导体\二极管	型号选为 1N4001
I_d	电流	仪表\电流指针	默认
地	参考点	基本\地	

（2）执行"分析\DC 分析\DC 传输特性"菜单命令，打开"DC 传输特性"对话框，如图 2.37 所示。

（3）在对话框中设置参数，起始值为-50.05V，终止值为 900mV，采样数为 500，输入为 V_s，完成后单击"确定"按钮，打开图表窗口显示特性曲线，具体如图 2.38 所示。

（4）在图表窗口中，可以通过工具栏中的放大缩小工具，结合读数指针，观察波形细节和读取具体数据。图 2.39 所示为放大后的二极管正向特性，并用"⊥"工具读取曲线上的横纵坐标值。

---

[1] EDA（Electronic Design Automation），中文名称为电子设计自动化。学习模拟电子技术时常用的 EDA 软件有 Tina、Multisim、PSPICE、OrCAD、Cadence、Altium 等。不作特殊说明时，本书默认使用 Tina Pro 6.0（学习版）进行仿真演示。关于 Tina Pro 6.0（学习版）的基本使用方法见本书配套电子资源。

注：用鼠标左右拖曳指针标识，可以读取曲线不同位置的横纵坐标值。

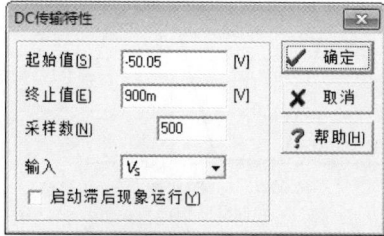

图 2.37　仿真示例 2.7 DC 传输特性对话框

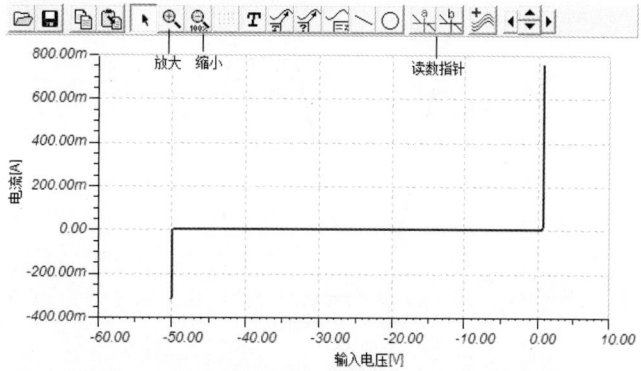

图 2.38　仿真示例 2.7 二极管的伏安特性曲线

【仿真示例 2.8】　试分析图 2.40 所示的二极管电路的作用。

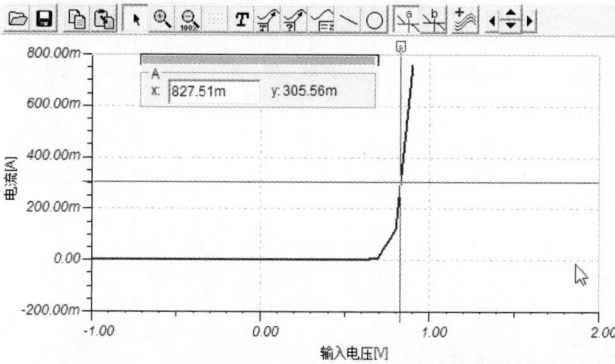

图 2.39　仿真示例 2.7 放大后的二极管正向特性

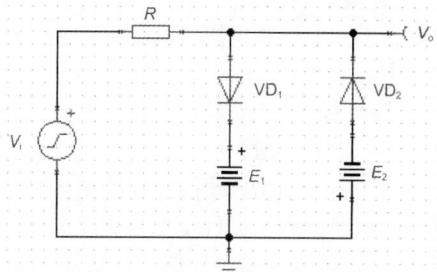

图 2.40　仿真示例 2.8 仿真电路

【解】使用 Tina 软件仿真，得到电路的输入输出波形关系，进而分析电路作用。

（1）打开 Tina 软件，在绘图区建立图 2.40 所示的电路的模型，元件清单见表 2.3。

表 2.3　仿真示例 2.8 仿真电路的元件清单

标签	类型	元件名称	参数
V_i	交流电源	电源\电压发生器	正弦波，幅值为 10V，频率为 50Hz，相位为 0
V_o	输出电压		
VD_1、VD_2	二极管	半导体\二极管	型号选为 1N4001
R	电阻	基本\电阻	电阻值 100Ω
E_1、E_2	直流电源	基本\电池	输出电压 5V
地	参考点	基本\地	

（2）执行"分析\瞬时"菜单命令，打开"瞬时分析"对话框，如图 2.41 所示。

（3）在对话框中设置参数，起始显示值为 0，终止显示值为 30ms，其他默认。完成后单击"确定"按钮，打开图表窗口显示输入输出波形，具体如图 2.42（a）所示。

（4）在图表窗口中选择"视图"菜单下的"分离曲线"命令，可将输入输出波形分别进行显示，具体如图 2.42（b）所示。

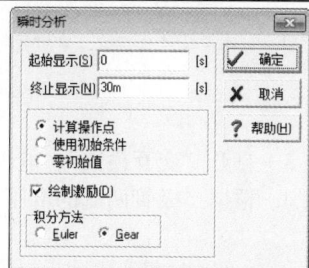

图 2.41　仿真示例 2.8 瞬时分析对话框

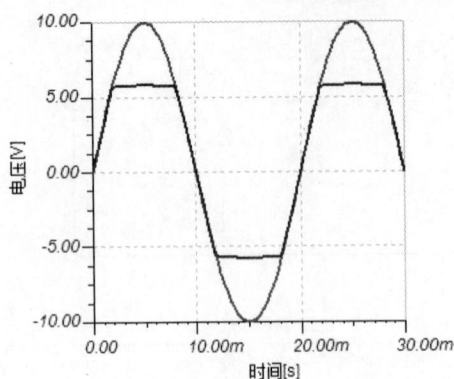

(a) 合并显示

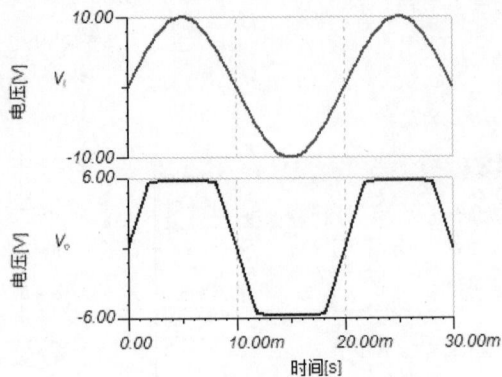

(b) 分离显示

图 2.42　例 2.8 电路的输入输出波形

（5）通过分析输入输出波形可知，这是一个二极管双向限幅电路。

【仿真示例 2.9】 试分析图 2.43 所示电路中二极管上的电压和电压 V_{AB}，并指出二极管的工作状态。

【解】 使用 Tina 软件仿真，直接测量相关电压，并根据电压值判断二极管的工作状态。

（1）打开 Tina 软件，在绘图区建立图 2.43 所示的电路模型，元件清单见表 2.4。

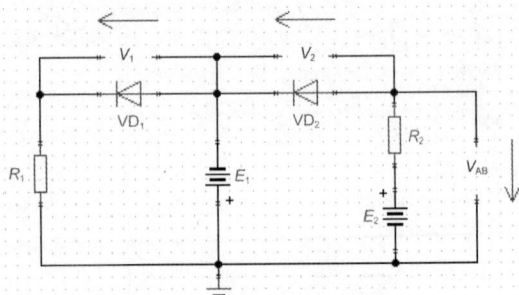

图 2.43　仿真示例 2.9 仿真电路

表 2.4　仿真示例 2.9 仿真电路元件清单

标签	类型	元件名称	参数
E_1、E_2	直流电源	基本\电池	输出电压分别为 10V 和 5V
VD_1、VD_2	二极管	半导体\二极管	型号为 1N1183
R_1、R_2	电阻	基本\电阻	电阻值分别为 50Ω、100Ω
V_1、V_2、V_{AB}	电压指针	仪表\电压指针	
地	参考点	基本\地	

（2）在工具栏中将"交互模式"设为"DC"，如图 2.44 所示。

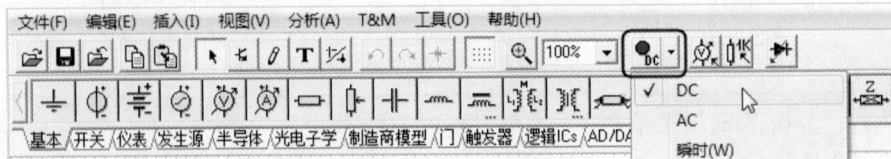

图 2.44　设置交互模式

（3）打开"交互模式"，电压指针将显示对应的电压值，如图 2.45 所示。

（4）根据二极管两端的电压可知，VD_1 截止，VD_2 导通。

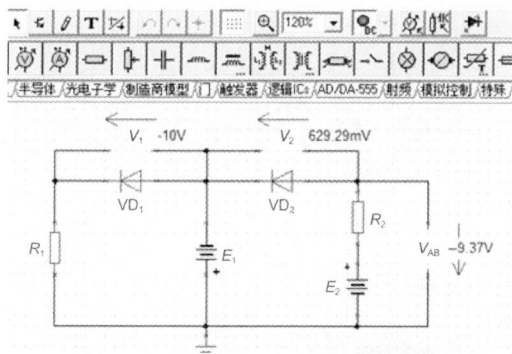

图 2.45　仿真示例 2.9 的仿真结果

2.4.5　小节练习

【知识回顾】

本节主要概念：二极管的伏安特性、二极管的电路模型、二极管恒压降模型、二极管理想模型、二极管整流电路、二极管限幅电路、二极管开关电路、二极管低电压稳压电路、二极管故障分析、二极管仿真分析。

【思考题】

1. 构建二极管的电路模型意义是什么？
2. 分析二极管电路时，通常情况下为什么常用二极管的恒压降模型或理想模型？
3. 分析二极管电路时，应如何分析二极管的导通条件？
4. 电路中如果多只二极管同时具有导通条件，这些二极管是否都能够导通？
5. 二极管具有单向导电性，交流信号是否能够通过二极管？试构建相关电路进行仿真。

二极管电路分析自测题

2.5　特殊二极管

前面介绍的二极管属于普通二极管，实际应用时主要考虑其在伏安特性约束下的工作状态——要么正向导通，要么反向截止，并且应避免被击穿。而特殊二极管除了具备普通二极管的基本特性外，还具有其他一些特殊的性能，被激发后会使电路具备特殊的用途。下面我们将介绍一些特殊二极管。

2.5.1　稳压二极管

稳压二极管（齐纳二极管），简称稳压管，是一种特殊的面接触型硅半导体二极管，在电路中能够起到稳压的作用。其电路符号和伏安特性如图 2.46 所示。

1. 稳压原理

稳压时，稳压管需要工作在击穿区（稳压管的击穿是可逆的，只要工作电流在合适范围内，当去掉反向电压之后，稳压管又恢复正常）。击穿后，由于稳压管的反向击穿特性非常陡直，具有恒压特性——其上的电流有较大的变化，但两端的电压变化却很小，通常可以忽略不计。利用这一恒压特性，稳压管在电路中能够起到稳压的作用，其稳定的电压值表示为 V_Z。

稳压管稳压电路

由稳压管构成的典型稳压电路如图 2.46（c）所示，其稳压原理如下（假设由于某种原因导致输入电压增加，这直接会引起输出电压增加）

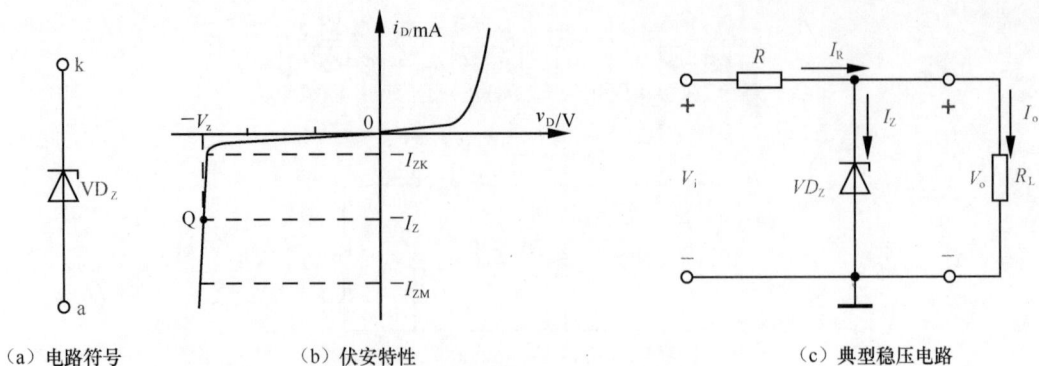

（a）电路符号　　　　　（b）伏安特性　　　　　　　　　（c）典型稳压电路

图 2.46　稳压管的符号和伏安特性

$$V_i \Uparrow \longrightarrow V_o \Uparrow \longrightarrow I_Z \Uparrow\Uparrow 、 I_o \Uparrow \longrightarrow I_R \Uparrow\Uparrow = I_Z + I_o \longrightarrow V_R \Uparrow\Uparrow \longrightarrow V_o \Downarrow = V_i \Uparrow - V_R \Uparrow\Uparrow$$

说明：

① 双箭头表示其变化快于单箭头。

② 这种调节是一种动态调节，在经过多次往复调整后，最终使输出电压趋于稳定。该过程如图 2.47 所示。

③ 只有在输出电压发生变化后，才会出现上述过程。

图 2.47　输出电压的变化趋势

④ 电阻 R 在稳压电路中是必须存在的，它将电流的变化转换为电压的变化，并最终补偿输出电压的变化（输出电压增加时，电阻 R 上的分压快速增加，驱使输出电压减小；输出电压减小时，电阻 R 上的分压快速减小，驱使输出电压增加；即输出电压的增量最终会被电阻 R 分担）。R 称为限流电阻，通过调节该电阻值可以限制流过稳压管的工作电流（反向击穿电流）I_Z 处在最小工作电流 I_{ZK} 和最大工作电流 I_{ZM} 之间。

就图 2.46（c）所示电路，假设输入电压 V_i 和输出电流 I_o 的范围分别为 $V_{i(min)} \sim V_{i(max)}$ 和 $I_{o(min)} \sim I_{o(max)}$，稳压管的稳定电压为 V_Z，则限流电阻 R 的取值范围由下式计算。

$$R_{min} = \frac{V_{i(max)} - V_Z}{I_{ZM} + I_{o(min)}} \tag{2.4a}$$

$$R_{max} = \frac{V_{i(min)} - V_Z}{I_{ZK} + I_{o(max)}} \tag{2.4b}$$

2. 主要参数

稳压管的主要参数如下。

（1）稳定电压 V_Z 指稳压管正常工作时二极管两端的电压。稳压管的型号不同，其稳定电压不同，通常在几伏到几十伏之间。

（2）额定工作电流 I_Z 是稳压管产生稳定电压时通过该管的电流值。实际工作值可以高于此值，只要不超过上限，稳压效果会更优，但会多消耗电能。选用稳压管时要根据电路的具体情况（例如工作电流的变化范围）来考虑。

（3）最大工作电流 I_{ZM} 指稳压管正常工作时二极管上允许通过的最大电流。

（4）最小工作电流 I_{ZK} 指稳压管在反向击穿时，电流到达拐点时的电流值。这个电流值是稳压管正常工作的下限，低于这个电流值，稳压管的稳压效果会变差。

（5）耗散功率 P_M 指稳压管正常工作时允许的最大功率损耗。通常小功率稳压管的耗散功率范围为几百毫瓦至几瓦。

（6）动态电阻 r_Z 指稳压管在击穿状态下电压变化量与电流变化量的比值。反向击穿时的伏安特性曲线越陡，其值越小，稳压效果越好。

3．选用原则

选用稳压管时主要考虑稳定电压值、工作电流、耗散功率等参数。例如，某稳压电源的基准电压为 6V，就可选稳定电压值为 6～7.5V 的 2CW55，或者稳定电压为 6.2V 的 1N4735 等型号的稳压管，只要稳压管的稳定电压值与电路要求电压值基本相同便可。确定稳压值后，还需根据稳压管的工作电流确定合适的限流电阻。另外，稳压管消耗的功率不能超过其耗散功率。

4．电路分析

【例 2.5】 对图 2.46（c）所示电路，输入电压 V_i 为 10V，限流电阻 R 为 80Ω，负载电阻 R_L 为 1kΩ，稳压管的稳定电压 V_Z 为 6.8V、最大工作电流 I_{ZM} 为 36mA，试分析稳压管能否正常工作。

【解】 本题可先假设稳压管正常工作，然后通过分析电流关系来判断稳压管能否正常工作。

（1）求限流电阻上的电流

$$I_R = \frac{V_i - V_Z}{R} = \frac{10 - 6.8}{80} = 40 \text{ mA}$$

（2）求负载电阻上的电流

$$I_o = \frac{V_o}{R_L} = \frac{V_Z}{R_L} = \frac{6.8}{1000} = 6.8 \text{ mA}$$

（3）求稳压管上的电流

$$I_Z = I_R - I_o = 40 - 6.8 = 33.2 \text{ mA} < 36 \text{ mA}$$

（4）稳压管上的实际电流小于其最大工作电流，故能够正常工作。

【例 2.6】 对图 2.46（c）所示电路，已知输入电压 V_i 为 12V，负载电流 I_o 为 10mA，稳压管的稳定电压 V_Z 为 6V、最小工作电流 I_{ZK} 为 2mA，试确定限流电阻 R 的值。

【解】 本题限定了稳压管工作电流的最小值，所以可以用式（2.4b）来求解限流电阻 R 的最大值。

（1）求限流电阻 R 的最大值

$$R_{max} = \frac{V_i - V_Z}{I_{ZK} + I_o} = \frac{12 - 6}{0.002 + 0.01} = 500 \text{ Ω}$$

（2）限流电阻 R 选用 470Ω（标称电阻一般没有 500Ω，因此选择 470Ω）的电阻便可。

【仿真示例 2.10】 对图 2.46（c）所示电路，稳压管选用 1N4736，试用 Tina 软件分析：（1）输出电压值；（2）如果 R_L 从 1kΩ 变到 10kΩ，求对应的输出电压变化。

【解】 第一问可以直接使用 DC 交互模式仿真，而第二问可以利用电路的 DC 传输特性来分析。

（1）在 Tina 软件中建立电路模型，使用"电压源"提供输入电压（10V），"电压指针"测量输出电压。

（2）打开"交互模式"进行"DC 模式"仿真，可以获取输出电压，如图 2.48 所示。

（3）关闭交互模式，执行"分析\DC 分析\DC 传输特性"菜单命令，在"DC 传输特性"对话框中将输入选为"RL"，然后设置起始值为 1kΩ，终止值为 10kΩ，如图 2.49 所示。

（4）单击"确定"按钮，查看输出电压随负载

图 2.48　DC 交互模式仿真

电阻变化的曲线，如图 2.50 所示。该曲线反映了负载电阻变化时，输出电压略有变化（稳压电路存在输出电阻），但输出电压接近稳压值（可以使用指针工具观察曲线各点的横纵坐标值）。

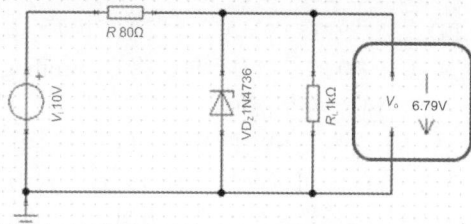

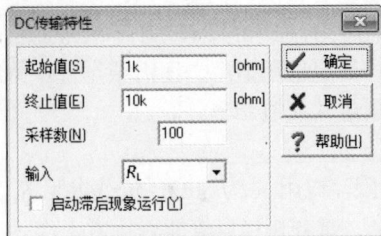

图 2.49 仿真示例 2.10 DC 传输特性对话框

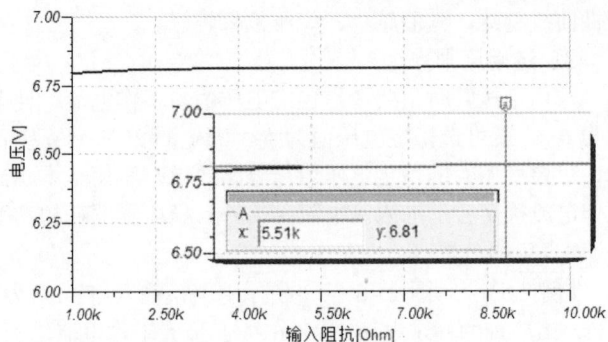

图 2.50 仿真示例 2.10 输出电压随负载电阻变化曲线

2.5.2 光电子器件

1. 光电二极管

光电二极管（光敏二极管）的结构与普通二极管类似，但这种二极管在接受外部特定光照的情况下，其反向电流会随着光照强度 E 的增加而上升。图 2.51 所示为光电二极管的电路符号和特性。

2. 发光二极管

发光二极管，简称 LED，与普通二极管一样由 PN 结构成，也具有单向导电性。但发光二极管在正向导通后会发出各种特定颜色的光（常见的有红、蓝、绿等，发光颜色与生产材料有关）。发光二极管的工作电压比普通二极管高，一般为 1.5~2.0 V，其工作电流一般为 10~20 mA。目前，发光二极管在显示领域的应用广泛，技术更新的速度也非常快。图 2.52 所示为发光二极管的电路符号。

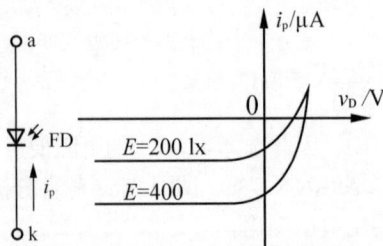

图 2.51 光电二极管的电路符号和特性

图 2.52 发光二极管的电路符号

【仿真示例 2.11】 图 2.53（a）所示为演示光电二极管和发光二极管工作的仿真电路。其中，LED（型号为 CQX35A）为发光二极管，FD（型号为 BP104S）为光电二极管，LED 为 FD 的控制光源（在 FD 的参数对话框中将 Controlling Component 设为发光二极管的标签"LED"）。

电路的工作情况如下。

（1）当开关 SW_1 断开时，LED 不工作（截止），因此 FD 上没有光照，其上的反向电流非常小（为 2.32nA），可以忽略，如图 2.53（b）所示。

（2）当开关 SW_1 闭合，电阻 R_2（100Ω）接入时，LED 导通发光（导通电压为 1.64V），使 FD 接收到光照，因此其上出现明显的反向电流（2.35mA），如图 2.53（c）所示。

（3）当开关 SW_1 闭合，电阻 R_3（10Ω）接入时，LED 导通发光（导通电压为 1.92V），使 FD 接收到光照，且光照比接入 R_2 时更强，因此其上出现更大的反向电流（3.5mA），如图 2.53（d）所示。

(a) 仿真电路　　　　　　　　　　　　(b) LED 断开时的情况

(c) 接入电阻 R_2　　　　　　　　　　(d) 接入电阻 R_3

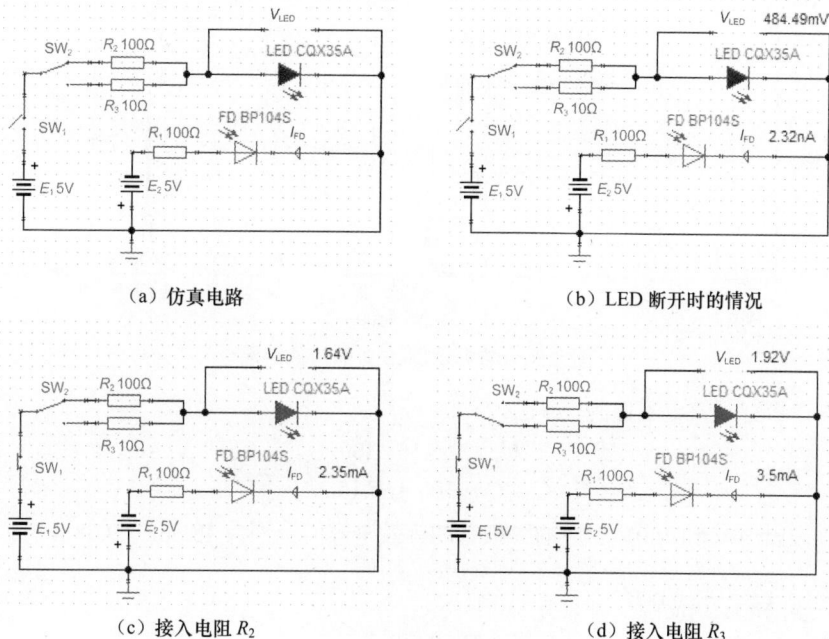

图 2.53　二极管限幅仿真示例

2.5.3　变容二极管

二极管的 PN 结上存在结电容，其大小除与 PN 结的尺寸和工艺有关外，还与外加的电压有关。加反向电压时，二极管的结电容会随反向电压增加而减小（非线性关系）。这种效应显著的二极管称为变容二极管，其电路符号如图 2.54 所示。对于普通二极管，应尽量减小结电容，但对于变容二极管，却要着重利用结电容。变容二极管常用于自动频率控制和调谐电路。

图 2.54　变容
二极管符号

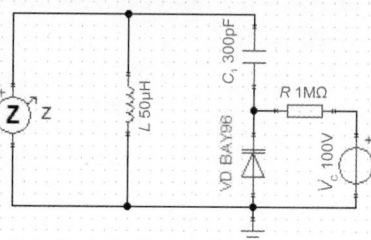

【仿真示例 2.12】　图 2.55 所示为变容二极管仿真电路。其中，VD（型号为 BAY96）为变容二极管，Z 为阻抗表（用于测量电路的阻抗），电路其他参数见图 2.55。电源 V_c 控制 VD 的反向电压，从而控制电路的阻抗（谐振频率）随之变化，电源的变化导致的仿真结果如图 2.56 所示。

仿真结果说明：控制电压 V_c 为 0V 时，电路的谐振频率为 2.79MHz；控制电压 V_c 为 50V 时，电路的谐振频率为 6.31MHz；控制电压 V_c 为 100V 时，电路的谐振频率为 7.39MHz。

已知电路的谐振频率时，可以根据谐振关系和电路结构推导出不同控制电压下变容二极管的等效电容值。例如，分析 V_c 为 0V 时的二极管的等效电容值，步骤如下。

（1）假设 C_2 为变容二极管的电容，C 为总电容，根据电容串联关系得

$$C = \frac{C_1 C_2}{C_1 + C_2} \Rightarrow C_2 = \frac{C C_1}{C_1 - C}$$

（2）根据并联谐振关系求总电容值有

图 2.55　变容二极管仿真电路

$$f = \frac{1}{2\pi\sqrt{LC}} \Rightarrow C = \frac{1}{(2\pi f)^2 L} = \frac{1}{(2 \times 3.14 \times 2.79 \times 10^6)^2 \times 50 \times 10^{-6}} = 65.15\text{pF}$$

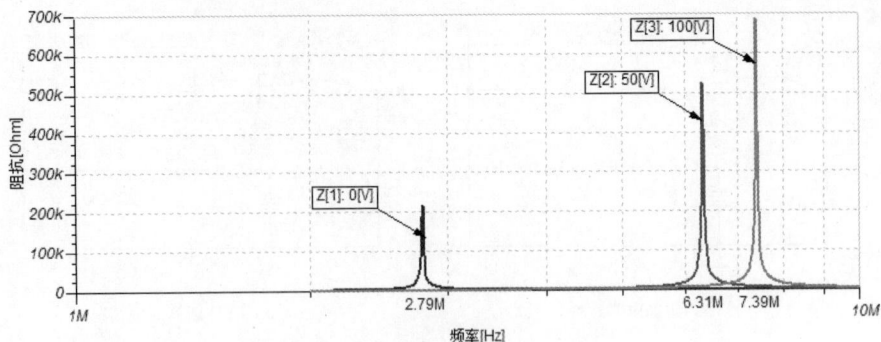

图 2.56 仿真示例 2.12 的仿真结果

（3）变容二极管等效电容值为

$$C_2 = \frac{C\,C_1}{C_1 - C} = \frac{65.15 \times 300}{300 - 65.15} = 83.22\text{pF}$$

同理可以推出 50V 和 100V 对应的二极管的等效电容值分别为 13.3pF、9.58pF。

2.5.4 肖特基二极管

肖特基二极管（SBD，SchottkyBarrierDiode）是一种低功耗、大电流、超高速半导体器件，其反向恢复时间极短（可以小到几纳秒），正向导通压降仅 0.4V 左右，而整流电流却可达到几千毫安。肖特基二极管是一种以金属（金、银、铝、铂等）为阳极，以 N 型半导体为阴极，利用二者接触面上形成的势垒具有整流特性而制成的金属 – 半导体二极管。图 2.57 所示为肖特基二极管的电路符号。

肖特基二极管的主要优点包括两个方面。

（1）由于肖特基势垒高度低于 PN 结势垒高度，故其正向导通门限电压和正向压降都比 PN 结二极管低。

（2）由于肖特基二极管是一种多数载流子导电器件，不存在少数载流子寿命问题和反向恢复问题。肖特基二极管的反向恢复时间只是肖特基势垒电容的充放电时间，故这种二极管的开关速度非常快，开关损耗也特别小，尤其适合高频应用。

图 2.57　肖特基二极管电路符号

但是，由于反向势垒较低，并且在其表面极易发生击穿，所以肖特基二极管的反向击穿电压比较低，且反向漏电流比 PN 结二极管大。

【仿真示例 2.13】　图 2.58 所示为普通二极管与肖特基二极管对比仿真电路。其中，VD（型号为 1N1183）为普通二极管，SBD 为肖特基二极管（型号为 1N5817），电路其他参数见图。在 DC 交互模式下进行仿真，当开关 SW 分别接通 VD 和 SBD 时，可以观察二极管上电压与电流变化，具体如图 2.58 所示。

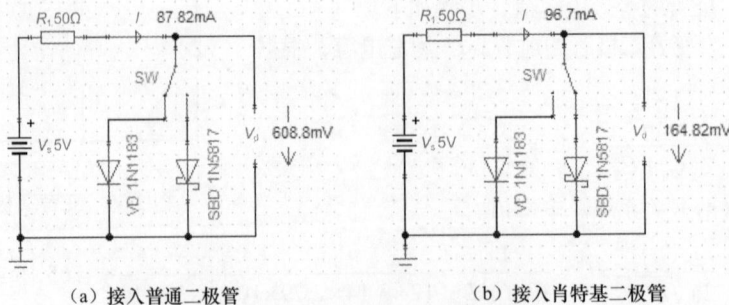

（a）接入普通二极管　　　　　（b）接入肖特基二极管

图 2.58　仿真示例 2.13 仿真电路

2.5.5　小节练习

【知识回顾】

本节主要概念：稳压二极管、稳定电压、稳压二极管的典型稳压电路及稳压原理、稳压电路分析方法、光电二极管、发光二极管、变容二极管、肖特基二极管。

【思考题】

1. 对于稳压管稳压电路，为保证稳压管反向击穿，输入电压是否越高越好？
2. 稳压管稳压电路中的限流电阻有何作用？不接限流电阻对电路有何影响？
3. 光电二极管和发光二极管各有哪些应用？
4. 变容二极管有什么特点？有哪些应用？
5. 肖特基二极管有什么特点？有哪些应用？

特殊二极管
自测题

2.6　综合练习

在本章的学习过程中首先要理解半导体的导电特性，掌握 P 型和 N 型半导体的特点，着重掌握 PN 结的单向导电性和伏安特性；然后重点学习二极管的结构和特性，理解二极管的参数，并着重掌握一般二极管电路的应用和分析方法；最后应了解特殊二极管的特点，并重点掌握稳压管的特性和应用方法。

内容要点

章节随测

2.6.1　仿真练习题

2.1 仿真电路如题 2.1 图所示，二极管选用 1N1183 型号，直流电源均为+5V，电阻为 100Ω，试用 Tina 软件分析该电路的输入输出波形，并理解电路的功能。假设输入为正弦信号（幅值为 10V，频率为 1kHz，相位为 0）。提示：建模后需要选择"分析\瞬时"菜单命令。

2.2 试用 Tina 软件分析题 2.2 图所示电路的电压传输特性。提示：（1）使用"电压源"作输入（电压源参数不用设置），二极管 VD$_1$、VD$_2$ 选用 1N1183；（2）建模后执行"分析\DC 分析\DC 传输特性"菜单命令（在 DC 传输特性对话框中，输入信号选择 V_i，起始值 0，终止值 30V）。

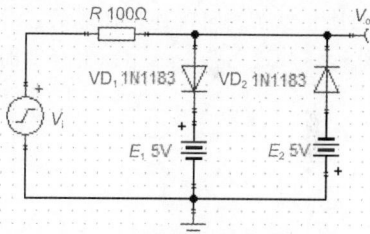

题 2.1 图

2.3 电路如题 2.3 图所示，二极管 VD 选用 1N1183，极性电容 C 为 200μF，限流电阻 R 为 100Ω，稳压管选用 1N2804，负载电阻 R_L 为 1kΩ。试用 Tina 软件分析该电路的输入输出波形，以及电容 C 上的电压波形，并理解电路的功能，假设输入为正弦信号（幅值 10V，频率 50Hz，相位 0）。提示：建模后执行"分析\瞬时"菜单命令。

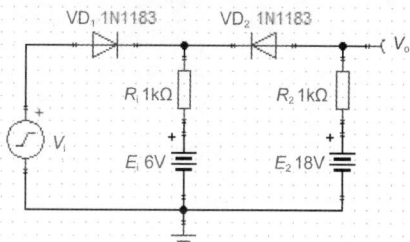

题 2.2 图

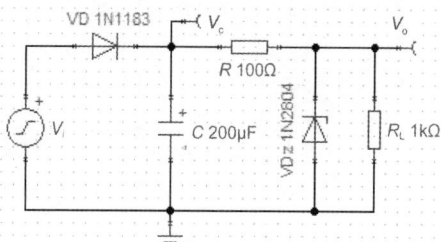

题 2.3 图

2.6.2 小电路设计

2.4 试用光敏电阻控制一盏 LED 灯，要求：有光照时灯亮，无光照时灯不亮。请在 Tina 软件中构建仿真电路。

【解题思路】

（1）如果将电路看成一个小系统，其结构应由"采集""决策"和"执行"三个模块组成，其电路框图如题 2.4 图所示。

（2）这里的采集模块由光敏电阻充当（有光照时电阻较小，无光照时电阻较大），可以将光敏电阻作为开关控制 LED 灯。

（3）光敏电阻与 LED 是串联关系。为保障 LED 正常工作，所需的其他元件（如直流电源、电阻等）请自行补充。

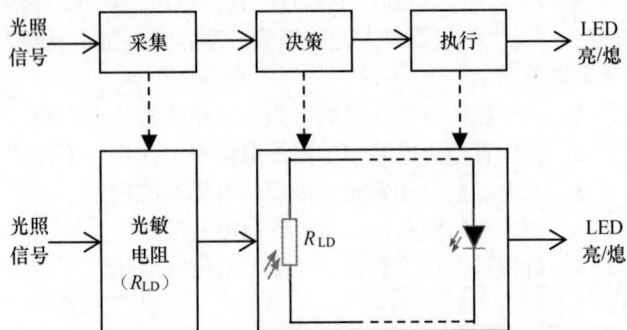

题 2.4 图

（4）在 Tina 软件中，光敏电阻可从"光电子学"面板中选取（第一个器件）。

（5）如果还要仿真光照，可以构建另外一个"电源、开关、电阻、灯"串联的电路，闭合开关时灯亮，模拟有光照情况；断开开关时灯熄，模拟无光照情况。另外，要将该电路中的灯指定为光敏电阻的控制器件。

2.5 试用光敏电阻控制一盏 LED 灯，要求：白天（有光照时）灯不亮，夜晚（无光照时）灯能自动亮。请在 Tina 软件中构建仿真电路。提示：本题与上一题的要求相反，基本控制思路不变，但光敏电阻与 LED 的连接关系需要调整。

2.6 观察题 2.6 图所示的仿真电路，已知光敏器件都受灯 L1 控制。试分析：（1）光敏二极管和光敏电阻在相同条件下性能的差异；（2）如果有光照时，希望光敏二极管控制的 LED1 也要亮，应该如何改进电路？提示：有光照时，光敏二极管上的反向电阻变化不大。

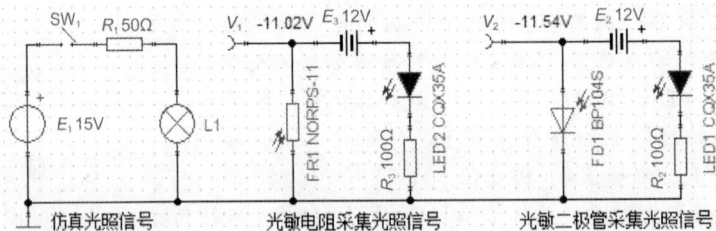

（a）无光照时，两只 LED 都不亮

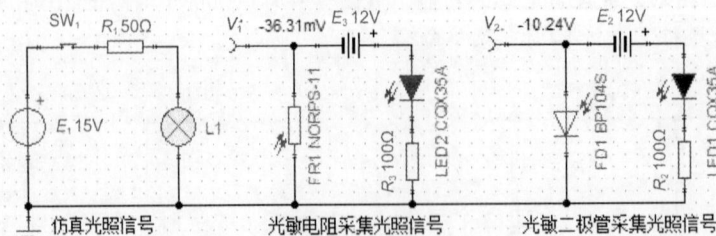

（b）有光照时，LED2 亮，LED1 不亮

题 2.6 图

第 3 章
三极管及其放大电路

三极管[1]（BJT, Bipolar Junction Transistor）是一种三端器件，内部有两个背靠背排列的 PN 结，其上加不同的电压，三极管会呈现出不同的工作特性。三极管是一种电流控制电流的器件，工作时有两种载流子参与导电，属于双极型器件。在模拟电子技术中，三极管主要用来构成各种放大电路，将微弱的电信号不失真地放大。

【仿真示例 3.1】 三极管用于放大信号[2]。

图 3.1（a）所示为三极管共射极仿真电路。信号源 V_s 为 1mV、1kHz 的正弦交流信号，该信号通过电路后，信号的频率没有发生变化，但幅值被放大了近 80 倍，约为 80mV，同时相位改变了 180°，即输出信号与输入信号相位相反，具体波形如图 3.1（b）和图 3.1（c）所示。

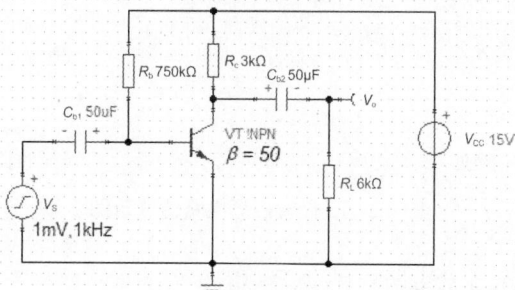

（a）仿真电路

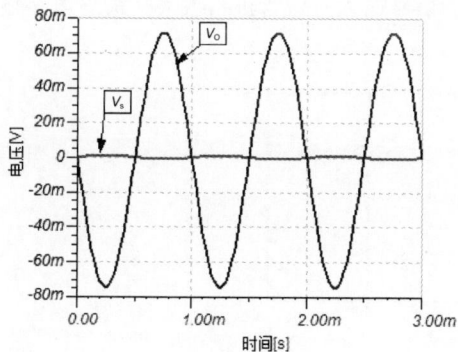

（b）合并显示的波形

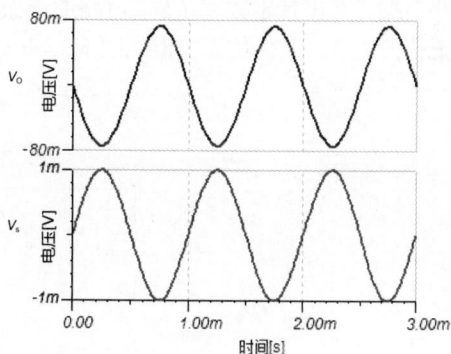

（c）分开显示的波形

图 3.1 三极管放大信号仿真示例

【仿真示例 3.2】 三极管控灯电路。

图 3.2（a）所示为三极管控灯的仿真电路，模拟白天路灯熄灭、夜晚路灯亮起的控制关系。电

---

[1] 有些教材也将其称为晶体三极管，简称晶体管。

[2] 按照"信号与系统"课程的理论，信号通过三极管电路时也应遵循"信号不失真传递"的规则，即信号通过电路时，幅值和相位可以改变，但其频率不能变。

路中，LED 模拟被控电灯：当开关 SW 闭合时，灯 L 亮起，模拟白天，光敏二极管 FD 接收光照而工作，导致三极管 VT 截止，LED 不亮；开关 SW 打开时，灯 L 熄灭，模拟夜晚，光敏二极管 FD 不工作，导致三极管 VT 导通，LED 亮。仿真效果见图 3.2（b）和图 3.2（c）。

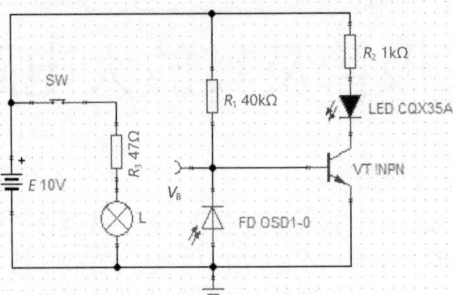

（a）仿真电路

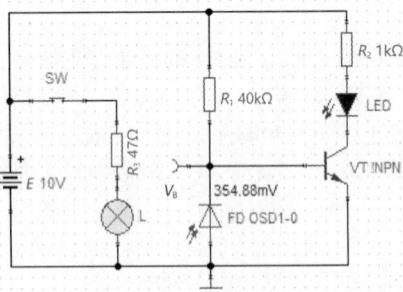

（b）模拟白天的效果

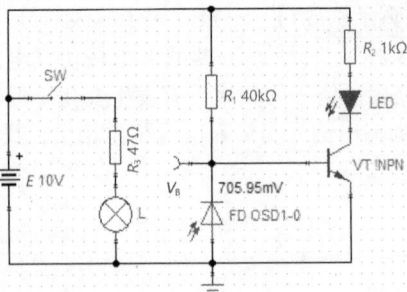

（c）模拟夜晚的效果

图 3.2　三极管控灯电路仿真示例

【仿真示例 3.3】　三极管振荡电路。

图 3.3（a）所示为三极管构成的 *LC* 正弦波振荡仿真电路。接通电源后，电路中的 *LC* 电路发生并联谐振，选出特定频率（*LC* 电路的谐振频率）的信号送入三极管进行放大，最终电路输出稳定的正弦波信号，具体仿真波形见图 3.3（b）。

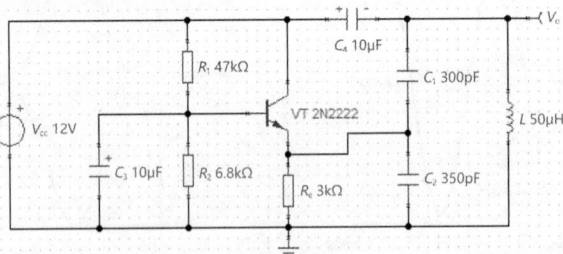

（a）仿真电路

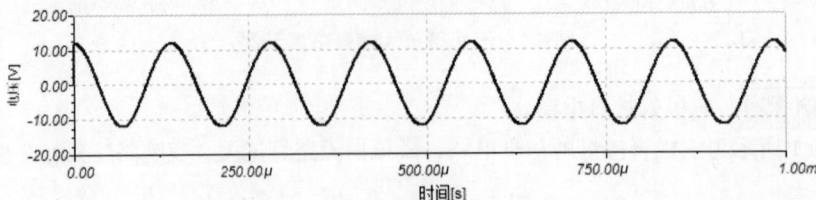

（b）仿真波形

图 3.3　三极管振荡电路仿真示例

三极管因具有放大作用，其应用十分广泛。在实际电路中，三极管通常工作于两种模式——放大模式[1]和开关模式[2]。在模拟电路中常使用的是放大模式，而在数字电路中主要使用的是开关模式。学习三极管及其放大电路，首先要掌握三极管的基本结构、工作原理、特性曲线和相关参数等知识，特别是正确理解三极管的特性曲线对于学习三极管放大电路非常重要；然后要结合电路结构和特点掌握电路的分析方法；最后要熟练掌握共发射极、共集电极和共基极三种典型放大电路的结构、特点和用途。

3.1 三极管

三极管的种类很多，按照所用材料可以分为硅管和锗管；按照内部结构可以分为 NPN 型和 PNP 型；按照工作频率可以分为低频管和高频管；按照功率大小可以分为小功率管和大功率管。

3.1.1 三极管的基本结构

三极管的结构示意图如图 3.4（a）（b）所示，分别为 NPN 型和 PNP 型。三极管内部存在两个 PN 结，将三极管分为三个区——发射区、基区和集电区；发射区与基区之间的 PN 结称为发射结，集电区和基区之间的 PN 结称为集电结；三个区引出的电极分别称为基极、发射极（简称射极）和集电极，并用英文字母 b（Base）、e（Emitter）和 c（Collector）表示。

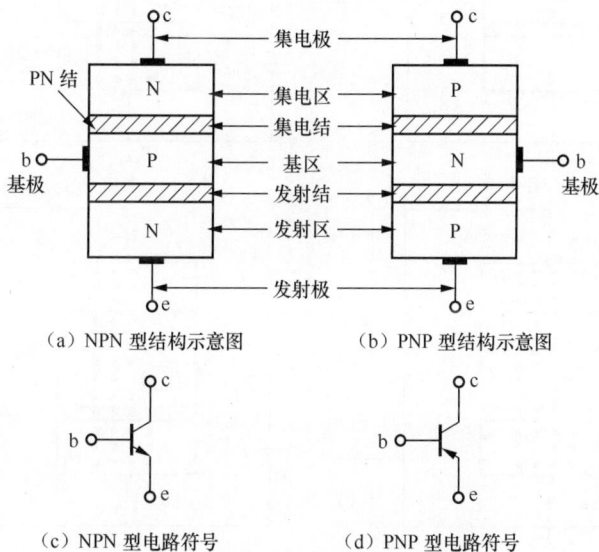

（a）NPN 型结构示意图　　　（b）PNP 型结构示意图

（c）NPN 型电路符号　　　（d）PNP 型电路符号

图 3.4　三极管结构示意图及其电路符号

就结构而言，三极管的集电区和发射区虽然属于同一种类型的杂质半导体，但它们都具有各自的结构特点（这部分内容将在 3.1.2 小节中介绍），因此两个区不能互换，即在电路中使用三极管时不能将集电极和发射极对换使用。

就电路符号来看，两种三极管非常相似，需要通过发射极上箭头的方向来区分：对于 NPN 型三极管来说，箭头方向强调实际电流是从基极流向发射极，而 PNP 型三极管正好相反，电流是从发射极流向基极。

---

[1] 三极管的放大模式，就是让三极管工作在放大区，相关内容后面会专门介绍。

[2] 三极管的开关模式，就是让三极管工作在截止区或饱和区，类似于普通开关的断开或接通状态。

3.1.2　三极管的工作原理

本小节将主要以 NPN 型三极管为例讲解其工作原理，但所得结论同样适用于 PNP 型三极管，只不过两者所需工作电压的极性相反，产生的电流方向相反。

1. 三极管内部多数载流子的运动

三极管工作时，要让其具有放大作用，不论是 NPN 型还是 PNP 型，都需要保证"发射结正偏、集电结反偏"的条件。这个条件可以通过在三极管三个电极上外加直流电源实现。下面以 NPN 型三极管为例进行介绍。

三极管工作原理-多数载流子的运动

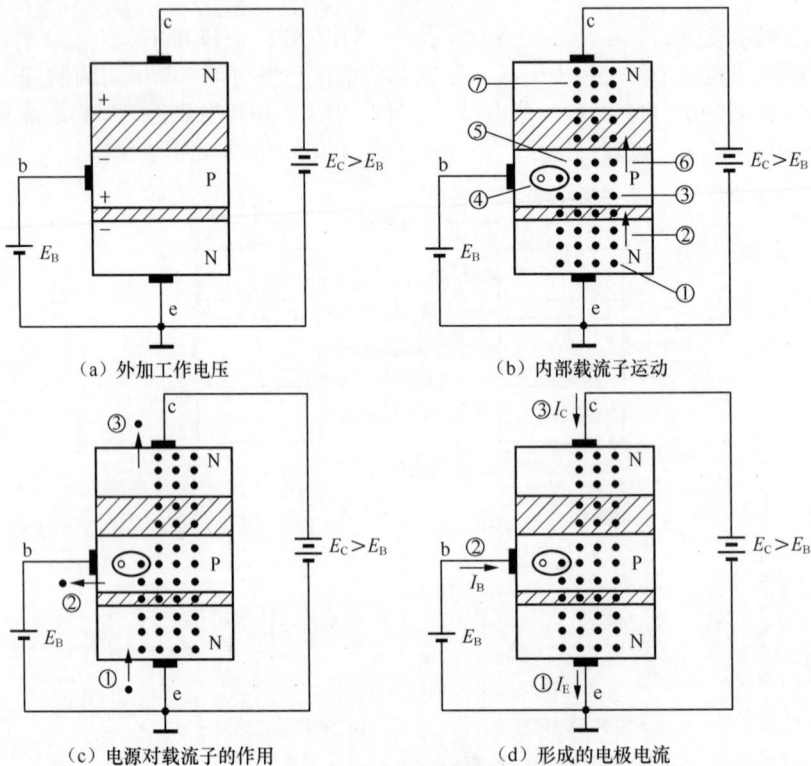

当三个电极加上如图 3.5（a）所示的工作电压时，三极管的发射结处于正偏状态（由电源 E_B 保证），集电结处于反偏状态（由 E_C 和 E_B 共同确保，$E_C > E_B$）。正偏的 PN 结有利于多数载流子的扩散运动，而反偏的 PN 结有利于少数载流子的漂移运动，所以三极管内部会同时存在两种载流子的运动。但为了读者更容易理解三极管的放大工作原理，这里将主要考虑从发射区出来的多数载流子的运动，而忽略少数载流子。

（a）外加工作电压　　　　　　（b）内部载流子运动

（c）电源对载流子的作用　　　　（d）形成的电极电流

图 3.5　多数载流子的运动示意图

微观上，多数载流子在三极管内部的运动可以用图 3.5（b）来理解：① NPN 型三极管的发射区中存在大量的自由电子（是多数载流子）；② 发射结正偏时有利于发射区中的多数载流子（自由电子）向基区扩散；③ 自由电子首先在基区表面累积，形成新的浓度差后，继续向基区内部扩散；④ 在基区的扩散过程中，有一部分自由电子会与基区中的多数载流子的空穴复合；⑤ 剩下的（没有复合的）自由电子则继续扩散而到达集电结表面；⑥ 在反偏的集电结的作用下，自由电子向集电区漂移（自由电子在基区中是少数载流子）；⑦ 自由电子（是从发射区扩散出来的自由电子中的一部分）到达集电区。

宏观上，由于载流子的运动，三极管的三个电极上会出现能够测量的电流，具体可以用图 3.5（c）（d）来理解：① 自由电子从发射区大量扩散到基区的同时，电源的负极向发射区补充自由电子，维持发射区的自由电子浓度不变，从而在发射极上形成向外的电流 I_E（注意，自由电子定向运动的方向与电流方向相反），称为发射极电流或射极电流；② 同理，基区中因复合而消耗的空穴由基极外加的电源补充（电源正极虽然不能向基区注入空穴，但它可以将自由电子从基区中拉出来，拉出一个自由电子就相当于补充了一个空穴），从而在基极上形成向内的电流 I_B，称为基极电流；③ 到达集电区的自由电子被集电极外接的电源正极拉出，从而形成向内的电流 I_C，称为集电极电流。显然，基极、集电极和发射极电流的大小与载流子运动的规模成正比，且满足

$$I_E = I_B + I_C \tag{3.1}$$

综上所述，NPN 型三极管内部多数载流子（自由电子）的运动及其在三个电极上引发的电流可以简单地用图 3.6 来表示。

如果是 PNP 型三极管，为确保其发射结正偏、集电结反偏，其三个电极上所加电压如图 3.7 所示，正好与 NPN 型三极管的工作电压相反。PNP 管发射区中的多数载流子是空穴，其运动过程及其产生的各电极电流也可从图 3.7 看出。

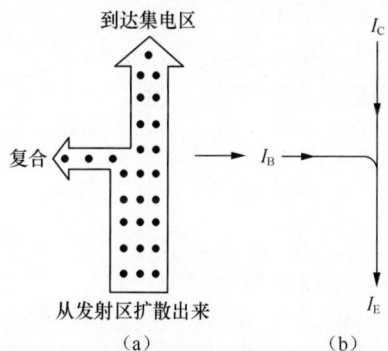

图 3.6 NPN 管内部载流子运动简化图　　　图 3.7 PNP 管内部载流子运动示意图

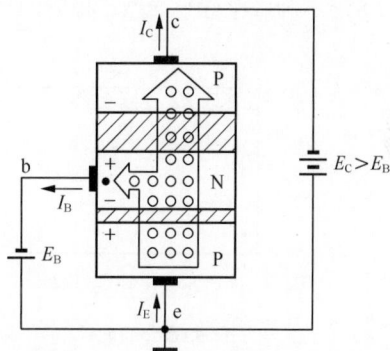

2. 三极管的电流放大系数

当三极管的工作电压满足发射结正偏、集电结反偏时，多数载流子在从发射区到集电区的运动过程中将形成一种较为稳定的比例分配关系，即一部分在基区复合掉，其余的进入集电区。考虑到各电极上所形成的电流大小与载流子的运动规模成正比，故可以用宏观上可测的电极电流关系来描述载流子在运动过程中的比例分配关系，即定义三极管的直流电流放大系数（倍数）[1]为

$$\overline{\beta} = \frac{I_C}{I_B} \tag{3.2}$$

式（3.2）表明，三极管只要满足发射结正偏、集电结反偏的条件，其集电极电流就与基极电流成正比关系，比值为 $\overline{\beta}$。换句话说，在上述条件下，只要知道三极管的电流放大系数，就可以根据其基极电流推导出集电极电流，这体现了基极电流对集电极电流的控制作用。

由式 3.2 可得

$$I_E = I_B + I_C = I_B + \overline{\beta}I_B = (1+\overline{\beta})I_B \tag{3.3}$$

考虑到三极管的 $\overline{\beta}$ 通常较大（能够达到几十甚至上百），而 I_B 较小，故有

$$I_E \approx I_C \tag{3.4}$$

---

[1] 通常情况下，认为在三极管的基极输入一个较小的电流而在集电极上获得一个较大的电流就是一种放大关系。如果基极输入的是一个正弦交流电流，则集电极电流与基极电流相比是同频率、同相位的关系，且幅值有明显增大。

式（3.4）在后续三极管放大电路的分析计算中会经常使用。

3．三极管的结构特点

通常情况下，三极管的 $\overline{\beta}$ 越大，其放大能力越强。所以使用三极管时，需要充分考虑三极管内部结构对载流子运动的影响，尽可能提升到达集电区的载流子数目，减少载流子在基区的复合数目，从而提高三极管的 $\overline{\beta}$ 值。

为达到上述目的，三极管的结构需要满足如下基本特点。

（1）发射区高浓度掺杂。发射区的掺杂浓度越高，其中含有的多数载流子的数量就越多，在发射结正偏程度相同的情况下，从发射区扩散出去的多数载流子的数量就越大，从而有利于其后在运动过程中的比例分配。

（2）基区掺杂浓度应尽可能低，且尽可能做得薄一些。以 NPN 管为例，发射区出来的自由电子在基区中继续扩散时，有一部分会与基区中的多数载流子空穴复合。基区掺杂浓度低和基区较薄都可以有效减小自由电子与空穴的复合概率，从而使更多的自由电子到达集电结的表面。

（3）集电结的结面积尽可能大。如果集电结的结面积越大，在集电结反偏程度相同的情况下，越有利于自由电子（仍以 NPN 管为例）通过集电结而到达集电区。

图 3.8 所示为一个硅平面型三极管的结构示意图。

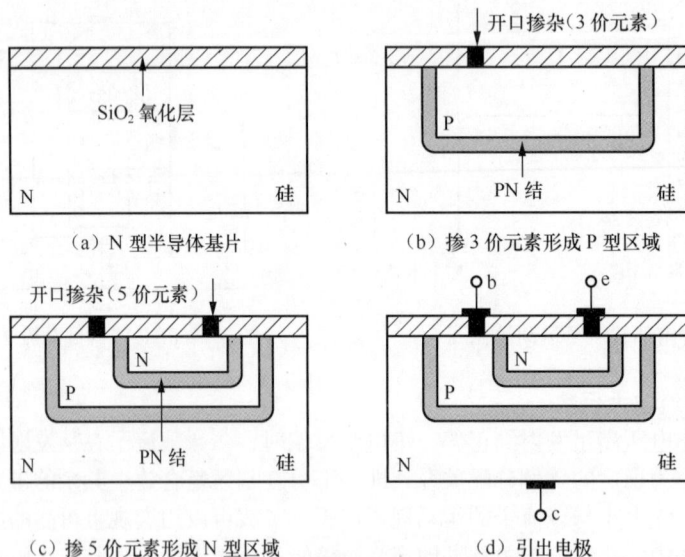

图 3.8　硅平面型三极管结构示意图

① 在 N 型半导体基片上方的氧化层上开口掺入 3 价元素（如硼），以在其中形成新的反型层——P 型区域，其掺杂浓度应高于原 N 型区域的掺杂浓度。

② 在 P 型区域上方的氧化层上开口掺入 5 价元素（如磷），以在其中形成新的反型层——N 型区域，其掺杂浓度应高于原 P 型区域的掺杂浓度。

③ 在三个区域上引出电极。很明显，上方的 N 型区域掺杂浓度最高，是发射区，故引出的电极为发射极；中间的 P 型区域是基区，引出电极为基极；下方的 N 型区域掺杂浓度最低，是集电区，其与基区之间的 PN 结是集电结，结面积较大，故引出电极为集电极。

4．三极管特点及判别方法小结

三极管工作时需要在三个电极上外加电压，同时电极上也会出现相应的电流。三极管各电极上电压和电流的基本关系总结如下。

（1）电压关系

要使三极管具有放大作用，必须确保三极管的发射结正偏、集电结反偏，即三个电极上的电压

应满足图 3.9 所示的关系：① NPN 管满足 $V_C > V_B > V_E$，且 V_{BE} 要超过死区电压（硅管为 0.5V，锗管为 0.1V）；② PNP 管则正好相反，$V_E > V_B > V_C$，但 V_{EB} 同样要超过死区电压。

（2）电流关系

三极管的电流关系如图 3.10 所示：NPN 管的电流关系是"两入一出"，即基极和集电极电流流入三极管，射极电流流出三极管；PNP 管则是"一入两出"，即基极和集电极电流流出三极管，射极电流流入三极管。大小上，两种三极管都满足 $I_E = I_B + I_C$，且 $I_C = \overline{\beta} I_B$。

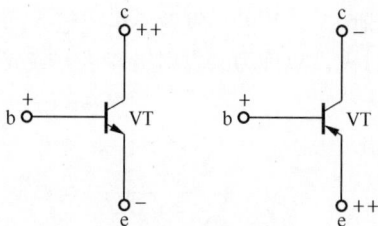

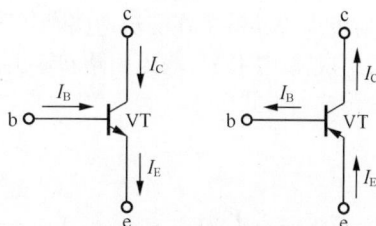

图 3.9　电压关系　　　　　　　　图 3.10　电流关系

（3）分析方法

根据上述特点，当三极管工作在放大状态时，可以利用三极管的电压或电流关系来推导三极管的类型、管脚、材料和电流放大系数等基本信息。如果已知管脚电位（电压），分析步骤如下。

① 确定基极。三个电位中，大小在中间的那个电位对应的管脚是基极。

② 确定发射极和集电极。求基极与剩余两个管脚的电位差，电位差大小在 0.7V 或 0.3V 左右的那个管脚为发射极，剩下的为集电极。注意，正常情况下，放大状态的集射电压差有几伏甚至更高。

③ 确定三极管类型。发射结电压 V_{BE} 为正值的是 NPN 管，为负值的是 PNP 管。

④ 确定三极管材料。如果发射结电压大小为 0.7V 左右是硅管，为 0.3V 左右则是锗管。

如果已知管脚电流，分析步骤如下。

① 确定电流的实际方向。如果已知电流中有负值，则电流的实际方向与参考方向相反。

② 确定三极管类型。实际电流关系为两入一出的为 NPN 管，一入两出的为 PNP 管。

③ 确定电极。电流最大的是发射极，电流最小的是基极，中间的是集电极。

④ 确定电流放大系数。用集电极电流除以基极电流可得电流放大系数。

【例 3.1】　假设三极管处于放大状态，测得其三个管脚上的电位分别为：（1）4V、4.7V 和 9V；（2）−5V、0V 和 0.3V；（3）−6V、−1.6V 和−1V；（4）−0.9V、5V 和−1.1V。试分析三极管的类型、管脚和材料。

【解】（1）4.7V 对应基极，4V 对应发射极，9V 对应集电极；为 NPN 硅管。

（2）0V 对应基极，0.3V 对应发射极，−5V 对应集电极；为 PNP 锗管。

（3）−1.6V 对应基极，−1V 对应发射极，−6V 对应集电极；为 PNP 硅管。

（4）−0.9V 对应基极，−1.1V 对应发射极，5V 对应集电极；为 NPN 锗管。

【例 3.2】　假设三极管处于放大状态，测得其管脚上的电流分别为：（1）1mA、30mA 和−31mA；（2）−2mA、−100mA 和 102mA；（3）1mA 和 30mA；（4）−2mA 和 102mA。试分析三极管的类型、管脚和 β。假设值为正则电流流入三极管，值为负则流出三极管。

【解】（1）1mA 对应基极，30mA 对应集电极，−31mA 对应发射极；NPN 管；$\beta = 30$。

（2）−2mA 对应基极，−100mA 对应集电极，102mA 对应发射极；PNP 管；$\beta = 50$。

（3）1mA 对应基极，30mA 对应集电极，剩下的为发射极；NPN 管；$\beta = 30$。

（4）−2mA 对应基极，102mA 对应发射极，剩下的为集电极；NPN 管；$\beta = 50$。

3.1.3　三极管的连接方式

三极管在构成放大电路[1]时通常有三种连接方式（或者称为连接组态）——共发射极、共集电极和共基极，具体如图 3.11 所示。

（1）共发射极连接方式

如图 3.11（a）所示，以基极为输入端（外加信号由该端输入）、集电极为输出端（信号由此端输出）、发射极为公共端（在交流通路[2]中公共端通常接地），即基极和发射极组成输入回路，集电极和发射极组成输出回路，输入回路和输出回路共用发射极，故称为共发射极连接方式或共射极连接方式（简称共射方式）。

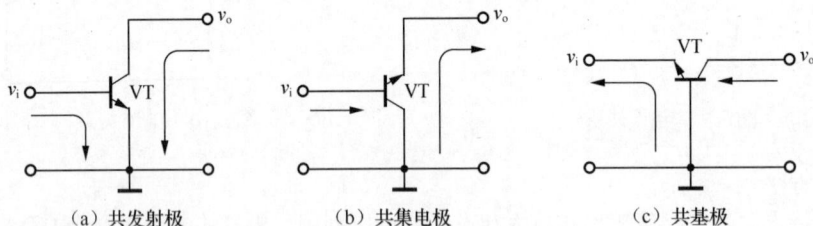

（a）共发射极　　　　　（b）共集电极　　　　　（c）共基极

图 3.11　三极管的三种连接方式

（2）共集电极连接方式

如图 3.11（b）所示，以基极为输入端、发射极为输出端、集电极为公共端，即基极和集电极组成输入回路，发射极和集电极组成输出回路，输入回路和输出回路共用集电极，故称为共集电极连接方式（简称共集方式）。

（3）共基极连接方式

如图 3.11（c）所示，以发射极为输入端、集电极为输出端、基极为公共端，即发射极和基极组成输入回路，集电极和基极组成输出回路，输入回路和输出回路共用基极，故称为共基极连接方式（简称共基方式）。

上述三种连接方式构成的放大电路（共发射极电路、共集电极电路和共基极电路）各有其特点和用途，将在后面作为重点内容介绍，这里还需要注意以下两点。

• 在分析放大电路时，快速、准确地判断三极管的连接方式（组态）非常重要，其关键在于找准电路的输入端和输出端，剩下的便是公共端。

• 无论放大电路采用何种连接方式，为了使三极管有放大作用，都必须保证三极管的发射结正偏、集电结反偏。

3.1.4　三极管的伏安特性

三极管电路通常是一个双口网络，分为输入端口和输出端口，所以三极管的伏安特性包括输入特性和输出特性。理解其含义和变化规律是学习三极管放大电路工作原理的重要基础。下面我们将重点介绍共发射极连接方式下的伏安特性。

1. 输入、输出电压和电流

三极管作共发射极方式连接时，如图 3.11（a）所示，其输入电压（输入端口的电

三极管的伏安
特性-输出特性

---

[1] 这里所谓的放大电路是一种能够将输入信号的幅值有效提高并输出的电路，其具有一个输入回路（端口）和一个输出回路（端口）。另外，放大电路需要满足信号不失真传输关系——通过放大电路时，信号的幅值、相位可以改变，但频率不能变。

[2] 放大电路中同时存在直流电源和交流信号源，当仅考虑交流信号源单独作用时画出的等效电路称为交流通路。

压）为 v_{BE}（这也是基极和发射极之间的电压，后面简称基射电压）[1]，输入电流为 i_B，输出电压（输出端口的电压）为 v_{CE}（这也是集电极和发射极之间的电压，后面简称集射电压），输出电流为 i_C。

2．输入特性曲线

所谓输入特性是指在输出电压一定的情况下，输入电流与输入电压之间的相互关系。共发射极连接方式下的输入特性描述了输入电流 i_B 随输入电压 v_{BE} 的变化规律，具体定义如下。

$$i_B = f(v_{BE})\big|_{v_{CE}=常数} \tag{3.5}$$

共发射极连接方式下的输入特性曲线可以通过图 3.12 所示电路测得：① 首先通过电源 E_C 确定 v_{CE}；② 其次通过改变电源 E_B 而改变 v_{BE}，改变一次 v_{BE} 就测量一次 i_B；③ 不断重复步骤②；④ 最后将测得的电压电流值在坐标（横坐标为 v_{BE}；纵坐标为 i_B）平面上画点并连接成曲线即可。

三极管的伏安
特性−输入特性

图 3.13 所示为 NPN 型硅管共发射极连接时的输入特性曲线。

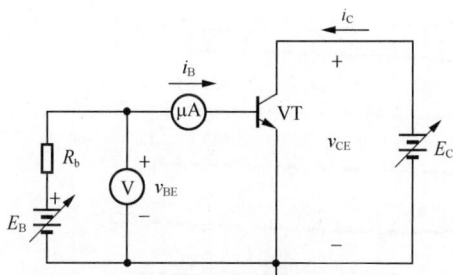

图 3.12　共发射极连接方式输入
特性曲线测量电路

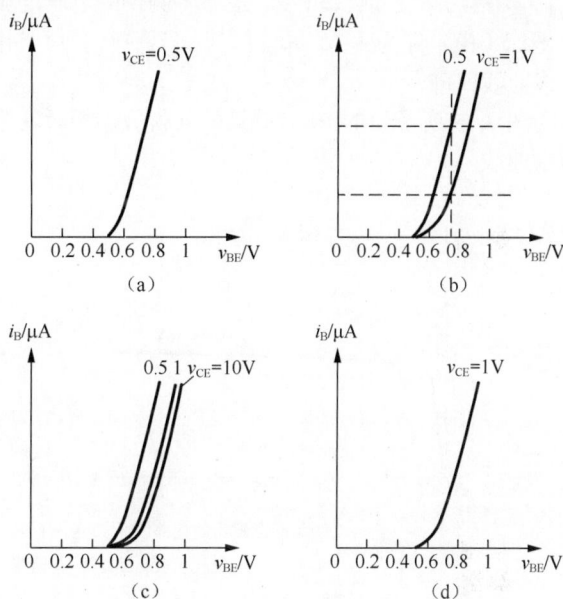

图 3.13　NPN 型硅管共射极连接时的输入特性曲线

输入特性曲线说明如下。

（1）单条输入特性曲线，如图 3.13（a）所示，此曲线类似于 PN 结的伏安特性曲线，因为 i_B 与 v_{BE} 的关系就是发射结上的电压电流关系，发射结是一个 PN 结。

（2）当 v_{CE} 的值较小（硅管低于 1V）时，v_{CE} 越大，对应的输入特性曲线越向右扩展。结合图 3.13（b）所示的参考线来看，当 v_{BE} 一定时，v_{CE} 的增加使集电结的反偏程度增大，收集电子的能力增强，即在相同条件下到达集电区的电子数增加，因而在基区复合的电子数相应减少，故 v_{CE} 越大 i_B 越小，曲线右移。

（3）当 v_{CE} 达到一定值（硅管在 1V 左右）后，v_{CE} 继续增加，曲线的变化趋势仍是向右移，但右移的程度非常小，近似可以看成不变，如图 3.13（c）所示。因为当 v_{CE} 达到一定值后，反偏的集电结收集电子的能力已经足以将能够到达集电区的电子拉入集电区，只要保持 v_{BE} 不变，从

---

[1] 电压或电流符号大写表示稳定的直流信号，小写则表示变化的信号；如果小写且带小写下标，表示纯粹的交流信号；如果小写且带大写下标，则表示信号中包含直流信号和交流信号。由于实际放大电路中同时存在直流信号和交流信号，因此电压或电流的符号采用小写且带大写下标的书写方式。

发射区扩散出来的电子数目就不会变化，故到达集电区的电子数目也不会增加，基极电流也就基本不变。

（4）通常情况下，输入特性曲线往往只需要绘出较为典型的一条曲线即可。例如，对于 NPN 型硅管，常用 $v_{CE}=1V$ 时的曲线来描述输入特性曲线，如图 3.13（d）所示。

3. 输出特性曲线

输出特性是指在输入电流一定的情况下，输出电流与输出电压之间的相互关系。共射极连接方式的输出特性描述了输出电流 i_C 随输出电压 v_{CE} 的变化规律，具体定义如下。

$$i_C = f(v_{CE})\Big|_{i_B=常数} \qquad (3.6)$$

共射极连接方式的输出特性曲线可以通过图 3.14 所示电路测得：① 首先通过电源 E_B 确定 i_B；② 其次通过改变电源 E_C 而改变 v_{CE}，改变一次 v_{CE} 就测量一次 i_C；③ 然后重复步骤②；④ 最后将测得的电压电流值在坐标（横坐标为 v_{CE}，纵坐标为 i_C）平面上画点并连接成曲线即可。

图 3.15 所示为 NPN 型硅管的共射极连接时的输出特性曲线。

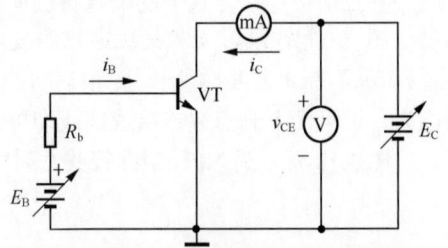

图 3.14 共射极连接方式输出特性曲线测量电路

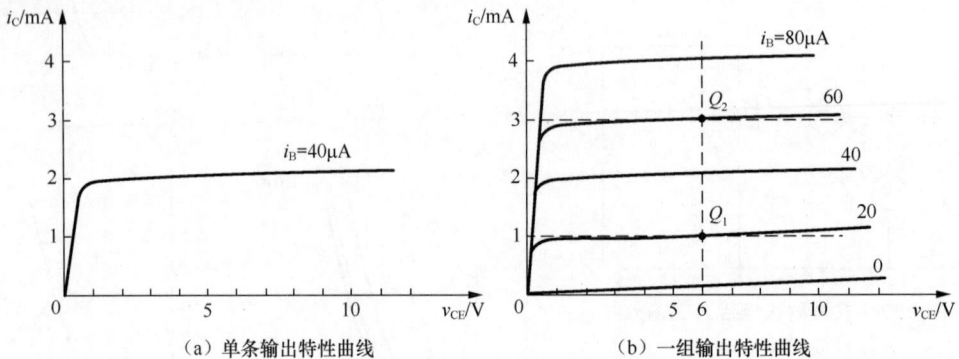

图 3.15 NPN 型硅管的输出特性曲线

（a）单条输出特性曲线　　（b）一组输出特性曲线

输出特性曲线说明如下。

（1）单条输出特性曲线，如图 3.15（a）所示，其变化可以分为两段：① 当 v_{CE} 较小时，i_C 随 v_{CE} 增加而增加。这是因为当 v_{CE} 较小时，随着 v_{CE} 的增大，集电结的反偏程度增加，集电区收集电子的能力也随之增加，即到达集电区的电子数增加，集电极电流增大；② 当 v_{CE} 达到一定值（对于 NPN 硅管来说约为 1V）后，i_C 便稳定下来，不再随 v_{CE} 的增加而增加[1]。这是因为 v_{CE} 继续增加而到达一定值后，使集电结的反偏程度足够大，集电区收集电子的能力足够强，足以将能够到达集电区的电子都拉入集电区而形成集电极电流，故再增加 v_{CE}，虽然集电区收集电子的能力仍在增加，但只要发射区扩散出来的电子不变，集电极电流就不会再增加，即满足 $i_C = \overline{\beta} i_B$。

（2）当 i_B 取不同值时，可以测量得到多条输出特性曲线，把它们绘在同一个坐标平面，就可以得到如图 3.15（b）所示的典型输出特性曲线图。配合图中垂直参考线看，当 v_{CE} 一定时，i_B 越大，i_C 也就越大，所以曲线随着 i_B 的增加向上变化。

（3）图 3.15（b）中 $i_B=0$ 这条输出特性曲线实际上几乎是与横轴重合的，所以一般情况下画三

---

[1] 理论分析时我们常认为 v_{CE} 达到一定值后 i_C 不再随 v_{CE} 的增加而增加，但实际情况是 i_C 会随 v_{CE} 的增加而略有增加。这是因为，v_{CE} 的增加会使集电结变宽而压缩基区使其变薄，进一步减小电子在基区复合的机会，致使到达集电区的电子数目略有增加，集电极电流增大，但其效果不明显，故理论分析时常不予考虑。这种现象也称为基区调制效应。

极管的输出特性曲线时往往不需要专门强调（画出）这条曲线。

（4）在输出特性曲线的基础上还可以引出一个重要概念——三极管的交流电流放大系数。由多条曲线组成的输出特性能够直观地反映出基极电流 i_B 与集电极电流 i_C 之间的相对变化关系。例如，观察图 3.15（b）中所示的 Q_1 和 Q_2 点：从 Q_1 到 Q_2，i_B 变化了 $40\mu A$，相应的 i_C 变化了 $2mA$。我们将集电极电流的变化量与基极电流的变化量之比定义为三极管的交流电流放大系数，用 β 表示，即

$$\beta = \frac{\Delta i_C}{\Delta i_B}\bigg|_{v_{CE} = 常数} \tag{3.7}$$

显然，直流电流放大系数 $\overline{\beta}$ 和交流电流放大系数 β 的含义不同，前者反映了直流工作状态下（即静态时）的电流关系，而后者反映的是交流工作状态下（即动态时）的电流关系。但一般情况下，三极管的 $\overline{\beta}$ 和 β 的大小近似相等，故可以近似等同。

例如，对于图 3.15（b）中的 Q_1（或 Q_2）点可以求出直流 $\overline{\beta}$，即

$$\overline{\beta}_{(Q_1)} = \frac{i_{C(Q_1)}}{i_{B(Q_1)}} = \frac{1mA}{20\mu A} = 50 \quad 或 \quad \overline{\beta}_{(Q_2)} = \frac{i_{C(Q_2)}}{i_{B(Q_2)}} = \frac{3mA}{60\mu A} = 50$$

如果考虑从 Q_1 点到 Q_2 点变化，则可以求得交流 β，即

$$\beta = \frac{\Delta i_C}{\Delta i_B}\bigg|_{v_{CE} = 6V}^{(Q_1 - Q_2)} = \frac{(3-1)mA}{(60-20)\mu A} = \frac{2mA}{40\mu A} = 50$$

注，本书后续内容中将不再明确区分 $\overline{\beta}$ 和 β，符号上统一采用 β。

【仿真示例 3.4】　三极管输出特性的仿真。

图 3.16（a）所示为三极管输出特性的仿真电路。其中，I_B 为电流发生器（电流源），用于产生 $0 \sim 80\mu A$ 的基极电流（间隔 $20\mu A$）；I_C 为安培表，用于测量集电极电流；V_{CE} 为电池，提供集射电压。使用 DC 传输特性分析的仿真波形如图 3.16（b）所示。

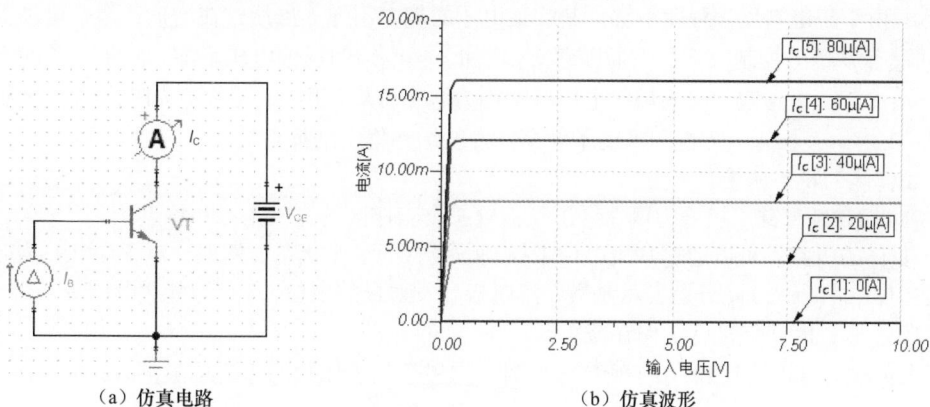

（a）仿真电路　　　　　　　　　（b）仿真波形

图 3.16　三极管输出特性仿真示例

3.1.5　三极管的工作区

三极管的工作区是在三极管的输出特性上定义的，不同的工作区有着不同的进入条件和特点。掌握工作区的进入条件，是了解三极管工作状态的基础；而掌握工作区的特点，则是正确使用三极管的基础。

1．工作区的基本概念

在输出特性曲线上，我们可以划分出三极管的三个工作区：①截止区、②放大区和③饱和区，具体如图 3.17 所示。

三极管的工作区

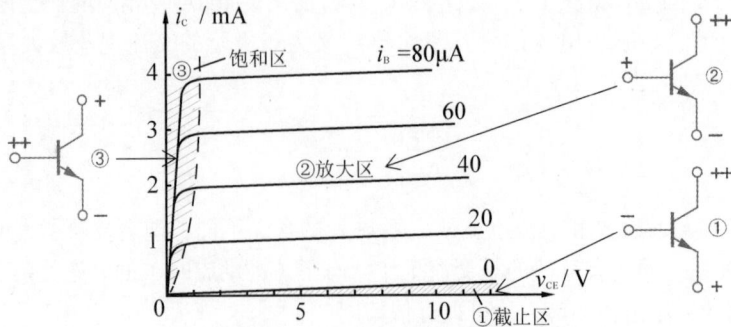

图 3.17　三极管的工作区

（1）截止区

截止区是指 $i_B = 0$ 这条输出特性曲线下方的区域。此时发射结没有正偏，发射区中多数载流子的扩散运动仍然受到抑制而不能扩散出来，即不能形成前面所述的多数载流子运动，所以集电极电流 i_C 非常小（近似为零），可以忽略。三极管进入截止区的条件是：发射结和集电结都反偏[1]。

（2）放大区

放大区是指输出特性曲线中变化较为平缓的这段区域。在放大区，集电极电流和基极电流成比例关系，即 $i_C = \beta i_B$。我们常把这种关系称为一种控制关系，即在放大区，三极管的集电极电流受基极电流控制（基极电流确定，集电极电流也就确定了），控制关系的系数为 β，这也是三极管被称为流控型器件的原因。三极管进入放大区的条件是：发射结正偏、集电结反偏。

（3）饱和区

饱和区是指输出特性曲线中 v_{CE} 较小时（对于 NPN 型硅管，通常小于 1V）对应的这段区域。在饱和区，由于集电结反偏程度不够，其收集电子的能力不强，虽然 i_B 在增加，但 i_C 增加得不多，两者之间没有 β 倍的控制关系。然而随着 v_{CE} 增加，集电结的反偏电压增加，收集电子能力增强，i_C 会随之增加。三极管饱和时的集射电压通常称为饱和压降，用 v_{CES} 表示，如果是深度饱和，该值约为 0.2～0.3V。三极管进入饱和区的条件是：发射结和集电结都正偏。

2．工作区的特点总结

表 3.1 以 NPN 型硅三极管为例总结了三极管三个工作区的进入条件和特点。

对于具体的电路，可以通过基极电位来控制三极管的工作状态。例如，对于 NPN 型硅管（下面的表述中，v_B、v_C、v_E 分别表示基极、集电极和发射极的电位，v_{BE} 为基射电压）：

① 当 $v_B \leqslant v_E$ 时，三极管工作在截止区。

② 当 $v_C > v_B > v_E$，且 v_{BE} 小于死区电压时，三极管的工作状态逐渐从截止向放大过渡。

③ 当 $v_C > v_B > v_E$，且 v_{BE} 大于死区电压时，三极管进入放大工作状态。

④ 当 v_B 继续增加接近 v_C 时，三极管的工作状态逐渐从放大向饱和过渡。

⑤ 当 $v_B > v_C$ 时，三极管进入饱和工作状态。

• 综上所述，基极电位 v_B 在从小变大的过程中，三极管工作区的变化趋势是从截止区到放大区，再到饱和区，v_B 越高三极管越容易饱和；同时，集电极电流 i_C 从小到大变化（截止时最小，饱和时最大），集射电压 v_{CE} 随之从大到小变化（截止时最大，饱和时最小）。

---

[1] 实际上只要发射结没有正偏，三极管就工作在截止状态，只是发射结反偏时能够使三极管可靠截止。

表 3.1　NPN 型三极管工作区的特点总结

工作区（工作状态）	截止区（截止状态）	放大区（放大状态）	饱和区（饱和状态）
进入条件	发射结和集电结均反偏	发射结正偏、集电结反偏	发射结和集电结均正偏
特点　i_C	$i_C \approx 0$ （小）	$i_C = \beta i_B$ （中）	$i_{CS} < \beta i_B$ （大）
v_{CE}	$v_{CE} = V_{CC}$ （大）	$v_{CES} < v_{CE} < V_{CC}$ （中）	$v_{CES} \approx 0$ （小）
电压关系			
开关特性		（作开关使用时不会工作在放大区）	

3．工作区的判断方法

在分析电路时，可以通过如下步骤来判断三极管的工作状态。

（1）首先判断三极管是否处在截止区，判断条件是 $i_B \leqslant 0$ 或者 $v_{BE} \leqslant 0$。

（2）如果不满足截止条件，则判断其是否处在饱和区，判断条件是 $i_{CS} < \beta i_B$。

（3）如果不满足饱和条件，则可以肯定三极管工作在放大区。

【例 3.3】　电路如图 3.18（a）所示，当开关 S 分别接 A、B 和 C 点时，试分析三极管的工作状态，并求相应的集电极电流 i_C 和集射电压 v_{CE}。令 v_{BE} 和饱和压降 v_{CES} 可以忽略。

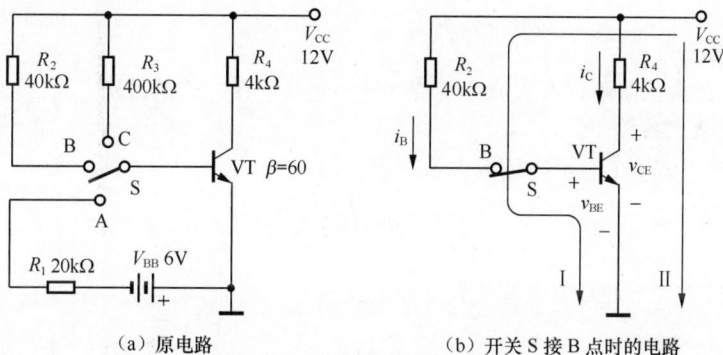

（a）原电路　　　　　　　　（b）开关 S 接 B 点时的电路

图 3.18　例 3.3 的电路图

【解】（1）开关接 A 点时，发射结加反偏电压，故三极管截止，此时有

$$i_C \approx 0 ， \quad v_{CE} = V_{CC}$$

（2）开关接 B 点时，电路等效成图 3.18（b）。此时发射结加的是正偏电压，故三极管应工作在放大区或饱和区。先根据路径①求 i_B

$$V_{CC} = i_B R_2 + v_{BE} \Rightarrow i_B = \frac{V_{CC} - v_{BE}}{R_2} \approx \frac{V_{CC}}{R_2} = \frac{12}{4000} = 0.3\text{mA}$$

然后根据路径②求 i_{CS}

$$V_{CC} = i_{CS} R_4 + v_{CES} \Rightarrow i_{CS} = \frac{V_{CC} - v_{CES}}{R_4} \approx \frac{V_{CC}}{R_4} = \frac{12}{4000} = 3\text{mA} < \beta i_B = 50 \times 0.3 = 15\text{mA}$$

三极管工作在饱和区，故有

$$i_C = i_{CS} = 3\text{mA} , \quad v_{CE} = v_{CES} \approx 0$$

（3）开关接 C 点时，电路分析方法类似接 B 点的情况。根据路径①求 i_B

$$i_B = \frac{V_{CC} - v_{BE}}{R_3} \approx \frac{V_{CC}}{R_3} = \frac{12}{4 \times 10^5} = 0.03\text{mA} = 30\mu\text{A}$$

与 i_{CS} 比较有

$$\beta i_B = 50 \times 0.03 = 1.5\text{mA} < i_{CS} = 3\text{mA}$$

三极管工作在放大区，故有

$$i_C = \beta i_B = 1.5\text{mA} , \quad v_{CE} = V_{CC} - i_C R_3 = 12 - 1.5 \times 4 = 6\text{V}$$

【例 3.4】 假设三极管为 NPN 硅管，测得其管脚电位分别为：（1）$V_B = 2.7\text{V}$，$V_E = 2\text{V}$，$V_C = 8\text{V}$；（2）$V_B = 2.7\text{V}$，$V_E = 3\text{V}$，$V_C = 8\text{V}$；（3）$V_B = 2.7\text{V}$，$V_E = 2.2\text{V}$，$V_C = 8\text{V}$；（4）$V_B = 2.7\text{V}$，$V_E = 2\text{V}$，$V_C = 2.3\text{V}$。试分析这些三极管的工作状态。

【解】（1）放大状态；（2）截止状态；（3）截止状态；（4）饱和状态。

3.1.6　三极管参数及选用原则

三极管的参数用于表征三极管性能的优劣和适用范围，是实际设计电路时合理（正确）选择三极管的重要依据。下面将介绍一些最为常用的三极管参数。

1. 特征频率

特征频率 f_T，是表征三极管工作在高频时放大能力的一个基本参量，定义为三极管电流放大系数下降到 1 时的频率。如果电路的工作频率大于特征频率，三极管将失去电流放大能力，导致电路不能正常工作。

2. 电流放大系数[1]

三极管的电流放大系数不仅有直流和交流之分，还有连接方式的区别。

（1）直流电流放大系数

① 共射极连接方式下的直流电流放大系数定义为

$$\overline{\beta} = \frac{I_C}{I_B}$$

② 共基极连接方式下的直流电流放大系数定义为

$$\overline{\alpha} = \frac{I_C}{I_E} \tag{3.8}$$

（2）交流电流放大系数

① 共射极连接方式下的交流电流放大系数定义为

$$\beta = \frac{\Delta i_C}{\Delta i_B}\bigg|_{v_{CE}=\text{常数}}$$

② 共基极连接方式下的交流电流放大系数定义为

$$\alpha = \frac{\Delta i_C}{\Delta i_E}\bigg|_{v_{CB}=\text{常数}} \tag{3.9}$$

---

[1] 三极管的电流放大系数不是一个常数（其值会随集电极电流的变化而变化），仅在一定条件下（如在放大区）近似认为是常数。教材中，如没有特别说明，都默认三极管的电流放大系数为常数。

在放大区，同样有 $\overline{\alpha} \approx \alpha$，且其大小近似等于 1，但比 1 略小。

3．极间反向电流

当三极管的集电结反偏时，会因少数载流子做漂移运动而引起相应的极间反向电流。极间反向电流通常会受温度的影响——其值会随温度增加而增大（少数载流子的数目随温度增加而增多）。选用三极管时，极间反向电流是重要的参考指标。

（1）集电极-基极反向饱和电流 I_{CBO}

当集电结加上反偏电压时，集电区和基区的少数载流子漂移形成的反向电流即 I_{CBO}。在一定温度下，该电流是个常数，故称为反向饱和电流。I_{CBO} 的值通常较小，对小功率硅管来说小于 $1\,\mu A$，而小功率锗管约为 $10\,\mu A$。所以相同情况下，应尽可能选用硅管。图 3.19 所示电路可以用于测量 I_{CBO}[1]。

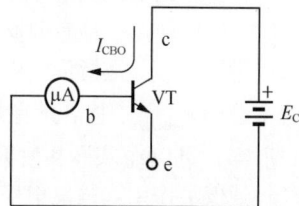

图 3.19　I_{CBO} 测量电路

（2）集电极-发射极反向饱和电流 I_{CEO}

基极开路时，由集电极到发射极的反向饱和电流为 I_{CEO}，这是一个经由三极管集电区、基区到发射区的穿透电流。在一定温度下，该电流也是常数，小功率硅管有几微安，而小功率锗管有几十微安。图 3.20 所示电路可以用于测量 I_{CEO}。

I_{CEO} 与 I_{CBO} 之间存在如下关系

$$I_{CEO} = (1+\beta)I_{CBO} \tag{3.10}$$

该电流关系的推导可以参见图 3.21。

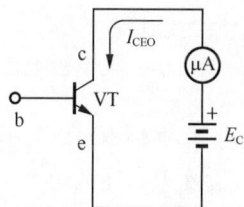

图 3.20　I_{CEO} 测量电路

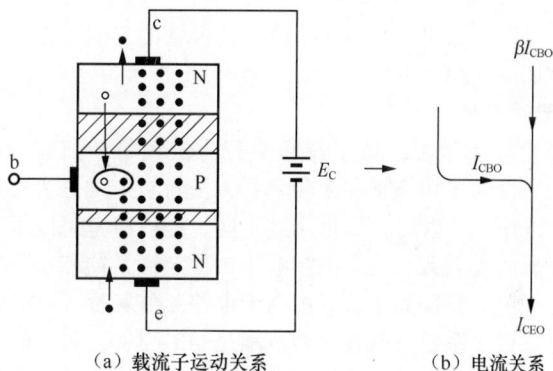

（a）载流子运动关系　　（b）电流关系

图 3.21　反向包含电流 I_{CEO} 形成示意

实际情况下，一般应尽量选择极间反向饱和电流小的三极管，以减小温度对三极管工作性能的影响。因此硅管的应用比锗管更为广泛。

4．极限参数

极限参数用于限定三极管正常工作时所允许的电压和电流范围。

（1）集电极最大允许电流 I_{CM}

如上文所述，三极管的 β 不是一个常数，其值会随 i_C 变化，我们仅能在一定范围内近似认为其值不变。当 i_C 过大时，β 值将下降，从而影响三极管的放大能力。所以在使用三极管时需要限制集电极上的电流，使之不超过 I_{CM}。

（2）集电极最大允许耗散功率 P_{CM}

三极管在工作过程中，内部的两个 PN 结都会消耗功率（大小由结电压和结电流的乘积决定），其结果会使 PN 结的结温升高（PN 结消耗电能并转换为热能释放出来）。如果结温超过三极

[1] 简单测量 I_{CBO} 时，可以将 E_C 调为 10V 左右。

管的承受范围（硅管约为 150℃，锗管约为 70℃），就会导致三极管工作性能下降，甚至被烧毁。考虑到集电结上的电压远大于发射结电压，因此其消耗的功率相对较大，占主要地位，故限制其值 P_C（$=i_\mathrm{C}v_\mathrm{CE}$）不得超过 P_CM。

（3）反向击穿电压

三极管内部的两个 PN 结如果承受的反向电压过高，势必会造成击穿，从而影响三极管的正常工作，所以使用三极管时必须限制其上的反向电压。

① $V_\mathrm{(BR)EBO}$ 是指集电极开路时发射极与基极间的反向击穿电压。小功率管的 $V_\mathrm{(BR)EBO}$ 通常只有几伏。在实际电路中，为了避免发射结被反向击穿，可以在基极和发射极之间并联一个二极管，如图 3.22 所示，以起到保护作用：当发射极和基极间出现反向电压时，很容易导致二极管 VD 导通。二极管一旦导通，其两端电压被钳位（限定）在零点几伏的范围内，从而能够有效保护发射结不被反向击穿。

图 3.22　二极管保护电路

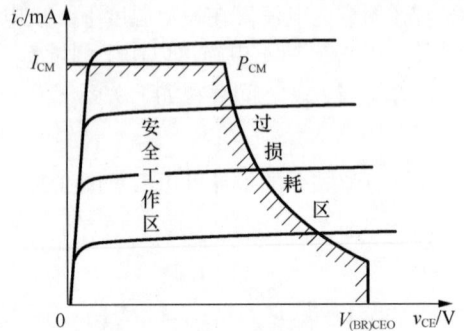

② $V_\mathrm{(BR)CBO}$ 是指发射极开路时集电极-基极间的反向击穿电压，其值较高，通常能够达到几十伏，甚至更高。

③ $V_\mathrm{(BR)CEO}$ 是指基极开路时集电极-发射极间的反向击穿电压，其值主要由集电结的击穿电压决定。

总之，在实际电路中，为了确保三极管安全工作，必须使集电极电流小于 I_CM，集电极-发射极间的电压小于 $V_\mathrm{(BR)CEO}$，集电极耗散功率小于 P_CM。结合上述极限参数，可以在输出特性曲线中绘制三极管的安全工作区，具体如图 3.23 所示。

图 3.23　三极管的安全工作区

5．选用原则

三极管种类繁多，按工作频率分为低频管和高频管，按功率分为小功率管和大功率管，按封装形式分为塑料封装管和金属封装管，等等。

实际选用三极管时，根据用途不同，一般应考虑以下几个因素：工作频率、集电极电流、耗散功率、电流放大系数、反向击穿电压、稳定性及饱和压降等。

具体来说，特征频率一般按高于电路工作频率 3～10 倍的标准选取，特征频率过高易引起高频振荡。电流放大系数一般合适的范围是 40～100，过高时电路的稳定性会变差。耗散功率一般按高于电路输出功率 2～4 倍的标准选取。反向击穿电压应大于电源电压。原则上讲，高频管可以替换低频管，但是高频管的功率一般都比较小，动态范围窄，在替换时应注意功率条件。

例如，假设某电路中，三极管的功耗为 30mW、集电极电流为 2mA，工作频率为 10kHz，在表 3.2 所列三极管中选择最合适的型号应为"3DG6A"（基本参数各型号都满足要求，综合考虑反向电流和 β 值，选用 3DG6A 最合适）。

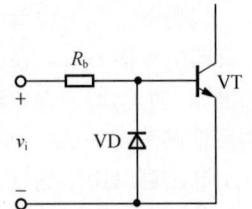

表 3.2　几种常用的小功率 NPN 管

型号（国内）	f_T（MHz）	P_CM（mW）	I_CM（mA）	$V_\mathrm{(BR)CEO}$（V）	I_CBO（μA）	β_min
3DG4C	300	300	50	30	0.1	30
3DG4D	150	300	50	15	0.1	30
3DG4E	300	300	50	30	0.1	20
3DG6A	100	100	20	20	0.01	25
3DG6B	150	100	20	30	0.01	25
3DG6C	250	100	20	30	0.01	25
3DG6D	150	100	20	40	0.01	25

3.1.7　温度对三极管的影响

作为半导体器件，三极管的很多参数和特性都将受到温度的影响，使用时应予以注意。

1．温度对三极管参数的影响

温度升高时，三极管的 I_{CBO}、I_{CEO}、β、$V_{(BR)CBO}$、$V_{(BR)CEO}$ 等参数值都会增大。例如，温度每升高 $10℃$，I_{CBO} 约增加一倍；而温度每升高 $1℃$，β 值约增加 $0.5\% \sim 1\%$。

2．温度对特性曲线的影响

温度升高时，三极管的输入特性曲线会向左移动，如图 3.24 所示（实线为温度升高前，虚线为温度升高后，下同），通常温度每升高 $1℃$，v_{BE} 将减小 $2 \sim 2.5mV$；输出特性曲线会向上移动，且各条曲线的间距加大，如图 3.25 所示。

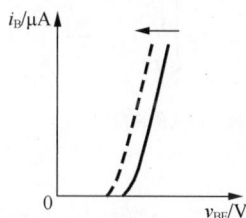

图 3.24　温度升高输入特性曲线左移　　　　　图 3.25　温度升高输出特性曲线上移

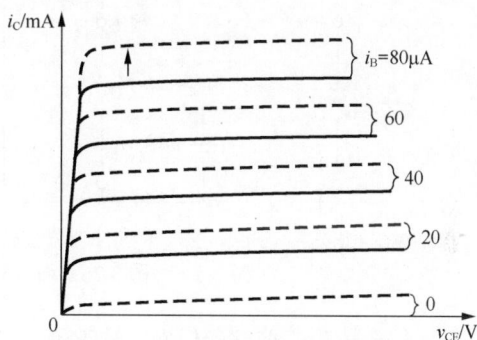

3.1.8　小节练习

【知识回顾】

本节主要概念：三极管的基本结构（两结三区三电极）、NPN 型和 PNP 型三极管的符号和特点、三极管的工作原理、电流放大系数、三极管的连接方式、输入和输出特性、工作区、三极管的参数及选用原则等。

【思考题】

1. 能否用两只二极管构成一只三极管？
2. 如何理解三极管的电流放大作用？
3. 放大状态下，根据三极管各管脚电压的关系能够获得哪些信息？
4. 放大状态下，根据三极管各管脚电流的关系能够获得哪些信息？
5. 如何用万用表判断三极管的三个管脚？

三极管自测题 1

三极管自测题 2

3.2　基本共射极放大电路

在信号的检测和传输过程中，往往由于信号源所产生的信号电压或电流过小，无法直接显示或驱动负载做功（例如，使扬声器发声），此时就需要使用放大电路。放大电路能够在不失真的情况下有效提高输入信号的幅值，从而使输出信号的能量增加，以驱动负载做功。三极管配合其他器件可以组成满足上述功能的多种放大电路，其中，基本共射极电路是学习放大电路的基础电路。

3.2.1　基本共射极放大电路的组成

就名称而言,"共射极"强调电路的核心是三极管,且应按照共射极连接方式连接。而"放大电路",则强调三极管应工作在放大区,以确保电路具有放大作用。另外,"基本"二字强调这是一种最简电路结构,如要提升性能还需要进一步改造电路结构。

下面以 NPN 型三极管为例讲解基本共射极放大电路的组建过程。

（1）引入直流电源

如前所述,三极管要具有放大作用,应工作在放大区,必须保证其"发射结正偏、集电结反偏"。所以在组成放大电路时,首先需要通过引入直流电源来满足该条件,电路具体的连接关系如图 3.26 所示。

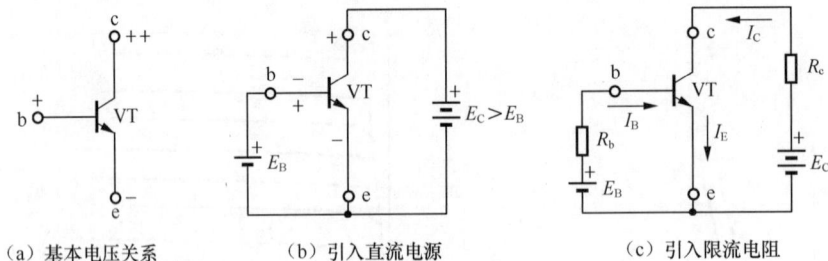

基本共射极放大
电路的组成

(a) 基本电压关系　　　(b) 引入直流电源　　　(c) 引入限流电阻

图 3.26　引入直流电源

其中: ① 直流电源 E_B 能够确保发射结正偏,直流电源 E_C（大于 E_B）能够确保集电结反偏; ② 考虑到发射结上的电流不能太大,需要在基极上外加限流电阻 R_b（也被称为基极电阻或基极偏置电阻[1]）,以免造成三极管损坏; ③ 三极管的集电极电流过大会导致其 β 值降低,进而影响电路的放大能力,故需要引入电阻 R_c,习惯上称其为集电极电阻或集电极负载电阻[2]。

一般情况下, R_b 的取值在几十千欧到几百千欧, R_c 的取值在几千欧到几十千欧; E_B 的取值在几伏到十几伏, E_C 的取值在十几伏到几十伏。

（2）引出输入和输出端

放大电路是一个二端口网络,具有一个供信号输入的端口和一个供信号输出的端口。对于共射极放大电路来说,信号是从三极管的基极引入、集电极取出,而发射极作为公共端,即基极和发射极组成输入端口（回路）,集电极和发射极组成输出端口（回路）,具体的连线关系如图 3.27 所示。

其中: ① v_i 表示输入信号, v_o 表示输出信号; ② R_s 和 v_s 表示交流信号源, R_s 是内阻, v_s 是电源电动势; ③ R_L 是负载电阻; ④ 为避免直流电源干扰交流信号源,在输入端引入极性电容 C_{b1} [3],起到隔直通交的作用,称为输入电容（或耦合电容）; ⑤ 为了只取出交流信号,在输出端引入极性电容 C_{b2},同样是隔直通交的作用,称为输出电容; ⑥ 判断极性电容的正负极:与电源正极靠近的端为电容的正极。

---

[1] 基极电阻 R_b 与直流电源 E_B 配合能够产生合适的基极直流电流 I_B,该电流常称为基极偏流,而提供偏流的电路被称为偏置电路,所以 R_b 又被称为基极偏置电阻。

[2] 在放大区,三极管的集电极电流由基极电流决定,此时 R_c 没有限流作用,是一个负载（消耗能量）;当三极管工作在饱和区时,饱和集电极电流 I_{CS}（集电极上的最大电流）将受到 R_c 的限制。对于 R_c,可以简单理解为"放大时是负载电阻、饱和时是限流电阻"。需要特别指出的是,集电极电阻 R_c 的存在才使该电路在动态时具有放大电压幅值的能力。

[3] 在交流信号作用时,我们希望电容的容抗尽量小一些,以减少电容上的交流损耗,这样就要求电容的容量要足够大（一般在几十微法）,所以需要使用极性电容（电解电容）。目前, $1\mu F$ 以下的电容多为无极性电容, $1\mu F$ 以上的电容均为电解电容。但应注意的是,极性电容只能在带有一定直流分量的电路中应用,不宜用于纯交流情况,并且电容的极性要顺应直流分量的方向,不能反接使用,否则容易造成电容击穿而引发爆管。

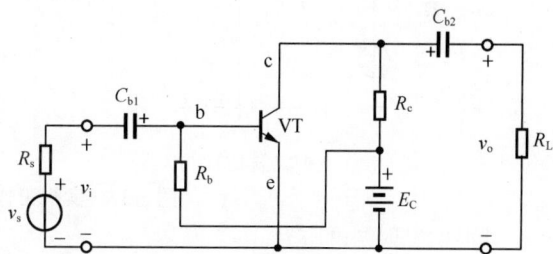

（a）引出输入和输出端　　　　　　　　　　（b）外接信号源和负载

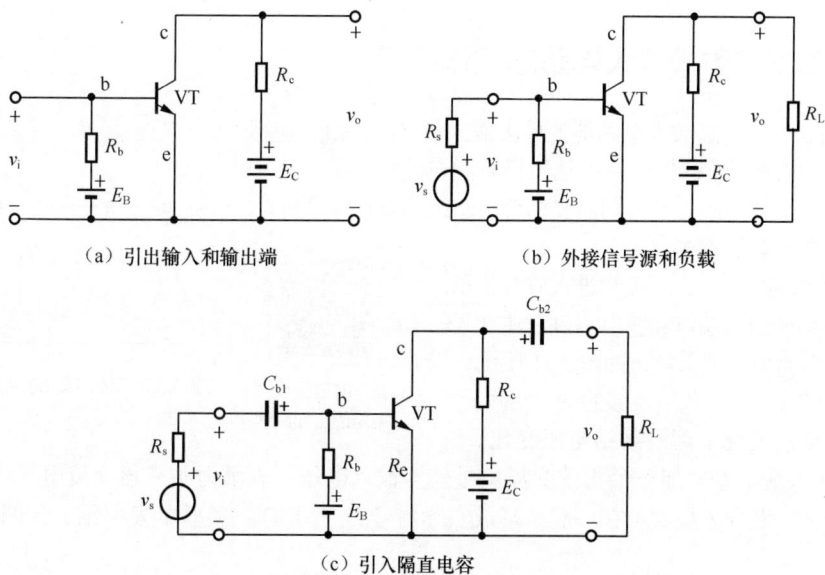

（c）引入隔直电容

图 3.27　引出输入端和输出端

一般情况下，C_{b1} 和 C_{b2} 的取值为几十微法。

（3）减少直流电源

实际进行电路设计时，应尽量减少直流电源的数量，所以需要在上述电路中去掉一个直流电源，但三极管的工作状态不能因此受影响。综合考虑，通常会去掉 E_B，并将 R_b 换接到 E_C 的正极，如图 3.28 所示。因为 $E_C > E_B$，所以同时需要将 R_b 的阻值相应提高。

（4）改画电路

① 为了使放大电路的输入输出关系更加明显、直观，可以将直流电源 E_C 的位置从中间改画到电路的最右边，如图 3.29 所示。

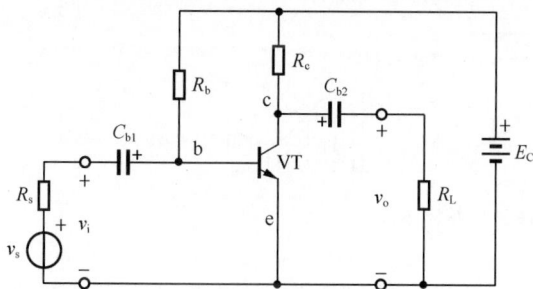

图 3.28　去掉直流电源 E_B

② 电子电路通常采用电位方式表述两点间的电压关系，即画图时不需要画出直流电源，而直接在关键点标出其电位值，这样可以使电路看起来更加简洁。因此，对于基本共射极放大电路，习惯上将发射极选为电路的公共参考点，用符号 ⊥ 表示，而在基极电阻 R_b 和集电极电阻 R_c 的公共连接端标示一个电位 V_{CC}（该电位表述的电压关系与直流电源 E_C 的作用等效），具体如图 3.30 所示。这也是基本共射极放大电路的典型绘图方式，后续放大电路的绘图方式与此类似。

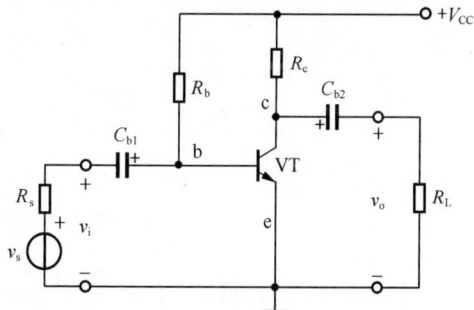

图 3.29　改画直流电源 E_C 的位置　　　　　图 3.30　基本共射极放大电路的典型绘图方式

3.2.2　基本共射极放大电路的工作原理

就作用而言，共射极放大电路能够放大输入信号的幅值（包括电压和电流）。电流幅值的提升可以从三极管的电流放大关系来理解，但要理解电压幅值的提升，则需要结合电路结构来具体分析。

1．电路中的直流信号

在直流电源的作用下，三极管进入放大状态，同时在放大电路的输入端口和输出端口上建立起一定的直流电压和直流电流关系，如图 3.31 所示，以便为后续引入的交流信号预留足够的变化空间。

基本共射极放大电路的工作原理

图 3.31　端口处的直流电压和电流

2．输入电压变化引起发射结电压变化

假设在输入端口处外加一个正弦交流信号作为输入电压，表示为 v_i，该交流电压将与端口处原有的直流电压 V_{BE} 混合（叠加）在一起，形成实际信号 v_{BE} 作用于三极管的发射结，图 3.32 所示。

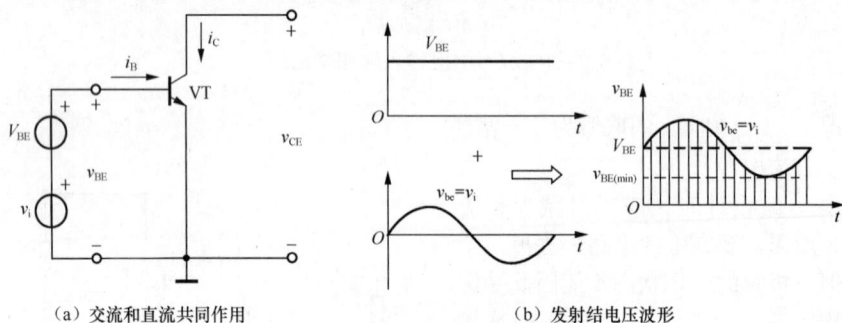

（a）交流和直流共同作用　　　　　　　（b）发射结电压波形

图 3.32　实际工作时的发射结电压

此时的发射结电压为：

$$v_{BE} = V_{BE} + v_i = V_{BE} + v_{be} \tag{3.11}$$

式（3.11）中：V_{BE} 表示直流量[1]；v_{be} 表示纯粹的交流量；v_{BE} 表示直流量与交流量的叠加。显然，v_{BE} 是一个含有交流成分的直流量，其最低值 $v_{BE(min)}$ 应大于发射结的死区电压 V_{th}，以便发射结始终处于正偏状态。

3．发射结电压变化引起基极电流变化

发射结电压（实际上是三极管的输入电压）的变化势必会引起三极管基极电流（三极管的输入电流，也可看成放大电路的输入电流）的变化[2]，如图 3.33 所示。

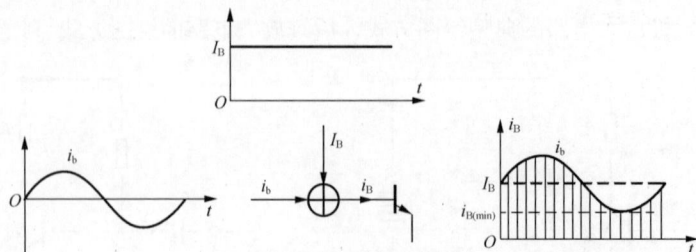

图 3.33　实际工作时的基极电流

---

[1] 只要电流（或电压）的方向不随时间改变，则该电流（或电压）就是直流量。如果直流量的大小不变，则称为恒定的直流；如果大小随时间变化，则表明该直流量中包含交流成分。

[2] 三极管的输入特性描述了三极管基极电流随发射结电压的变化规律，即发射结导通后，基极电流随发射结电压增加而迅速增加。

此时的基极电流可以表示为

$$i_B = I_B + i_b \tag{3.12}$$

式（3.12）中：I_B 表示直流量；i_b 表示纯粹的交流量，是由 v_{be} 变化产生的，且两者之间是同频同相的关系；i_B 表示直流量与交流量的叠加。同样，i_B 也是一个直流量，其最小值 $i_{B(min)}$ 仍然大于零，即 i_B 仍然满足流入基极的关系（单方向通过发射结）。

4．基极电流变化引起集电极电流变化

因为三极管工作在放大区，基极电流与集电极电流间存在控制关系，所以以输入端口上基极电流的变化会引起输出端口上的集电极电流（三极管的输出电流，也可以看作是放大电路的输出电流）的变化。电路示意图和波形变化图如图 3.34 所示，集电极电流的波形如图 3.34（b）所示。

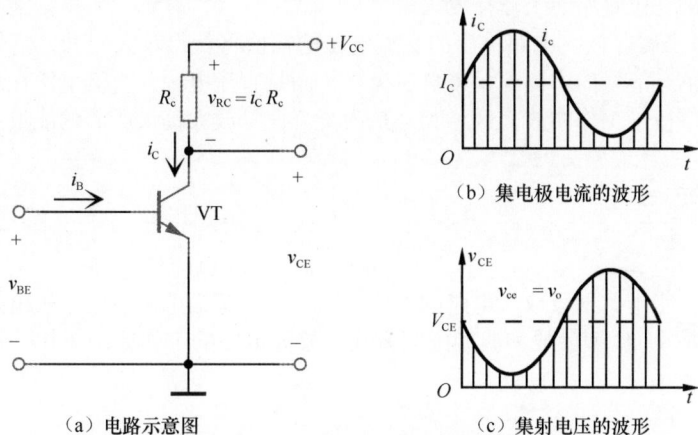

（a）电路示意图　　　　　　（b）集电极电流的波形　　（c）集射电压的波形

图 3.34　电路示意图和波形变化图

此时的集电极电流可以表示为

$$i_C = I_C + i_c \tag{3.13}$$

式（3.13）中：I_C 表示直流量；i_c 表示纯粹的交流量，是由 i_b 变化产生的，且两者之间是同频同相的关系；i_C 表示直流量与交流量的叠加。同样，i_C 也是一个直流量，与 i_B 之间存在 β 倍的比例关系。

5．集电极电流变化引起集射电压变化

集电极电流的变化被集电极电阻 R_c 转换为电压（$i_C R_c$）的变化，从而导致集射电压 v_{CE}（$= V_{CC} - i_C R_c$）[1] 的变化，如图 3.34（c）所示。很明显，i_C 越大，R_c 上的分压也就越大，v_{CE} 变小；反之，i_C 越小，R_c 上的分压也就越小，v_{CE} 变大。故 i_C 与 v_{CE} 之间是同频反相的关系。

此时的集射电压可以表示为

$$v_{CE} = V_{CE} + v_{ce} = V_{CE} + v_o \tag{3.14}$$

注意，v_{ce} 就是输出端口处的交流电压 v_o。

6．输入端口电压与输出端口电压之间的关系

上面描述了输入端口电压 v_{BE} 变化最终导致输出端口电压 v_{CE} 变化的过程，如果仅考虑 v_{CE} 和 v_{BE} 中的交流分量 v_o（v_{ce}）、v_i（v_{be}），则它们之间是同频反相的关系，且 v_o 的幅值有明显增大，具体波形如图 3.35 所示。

放大电路的输入输出电压关系通常表示为

$$v_{ce} = A_v\, v_{be} \quad \text{或} \quad v_o = A_v\, v_i \tag{3.15}$$

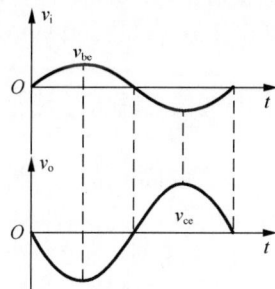

图 3.35　输入输出电压波形

---

[1] 这里只做定性分析，暂不考虑负载电阻 R_L 对 v_{CE} 的影响。

式（3.15）中，A_v 为常数（以后将称之为电压放大倍数或电压增益）。对于基本共射极放大电路，A_v 的值为负，表示输入输出是反相位的关系；而其大小通常远大于 1，所以输出电压 v_o（v_{ce}）的幅值远大于输入电压 v_i（v_{be}）的幅值，即电路的输出电压和输入电压之间存在放大关系。故基本共射极放大电路又被称为反相电压放大器。

7. 关于工作原理的两点说明

这里需要特别指出两点。

① 对于放大电路来说，输入端口处的电压和电流波动，势必会造成输出端口处的电流和电压波动，但只要将输入信号的幅值限制在一定范围内（由相应的直流值决定），三极管各电极的基本电压关系仍然满足发射结正偏、集电结反偏，而电流的基本关系仍然满足基极和集电极电流流入、发射极电流流出，即三极管始终工作在放大区。

② 从交流关系来看，放大电路输出的交流电压的幅值将获得较大提升，信号能量也会随之增加，但应该注意，信号能量的增加不是来自三极管，而是直流电源。直流电源在放大电路中有两个作用，其一是确保三极管工作在放大区，其二是为交流信号放大提供所需的能量。

3.2.3　小节练习

【知识回顾】

本节主要概念：基本共射极放大电路的组成（三极管、基极电阻、集电极电阻、输入电容、输出电容、直流电压源）、典型参数和典型画图方式、放大电路的工作原理（相关物理符号、信号间的相互变换关系）等。

【思考题】

1. 如何理解基极电阻在电路中的作用？
2. 为什么集电极电阻常称为集电极负载电阻，而非限流电阻？
3. 为什么放大电路的输入、输出电容要使用极性电容？
4. 发射结具有单向导电性，为什么交流信号能够通过发射结？
5. 基本共射极放大电路如何将三极管的电流放大作用转变成电压放大作用？

基本共射极放大电路自测题

3.3　放大电路的分析

如上文所述，放大电路实际工作时，直流电源 V_{CC} 和交流信号源 v_s 将同时作用于电路，故电路中各支路上的电压和电流都是由直流分量和交流分量叠加而成的，因此可以利用叠加原理来分析放大电路：① 先考虑直流电源的作用，称为静态分析，以明确三极管的静态工作点是否处在放大区的合适位置；② 然后考虑交流信号源的作用，称为动态分析，用于计算放大电路的动态参数，例如电压放大倍数、输入电阻和输出电阻等。

3.3.1　静态分析

放大电路的静态分析，是以放大电路的直流通路为对象，目的是分析电路在静态时（电路中只有直流量时）三极管的工作点位置是否合适——是否为后续引入的交流信号留出足够的变化空间。静态分析常用的分析方法有计算法和图解法。

1. 直流通路

放大电路的直流通路是进行静态分析的基础，可理解为只考虑直流电源作用时放大电路的等效电路，与交流相关的电源、器件都要去掉，以确保电路中只有直流

基本共射极放大电路的静态分析

分量。

画直流通路的方法是[1]：① 将放大电路输入端口处的交流信号源短接处理；② 将电路中电容所在的支路断开。图 3.36 所示为基本共射极放大电路的直流通路。

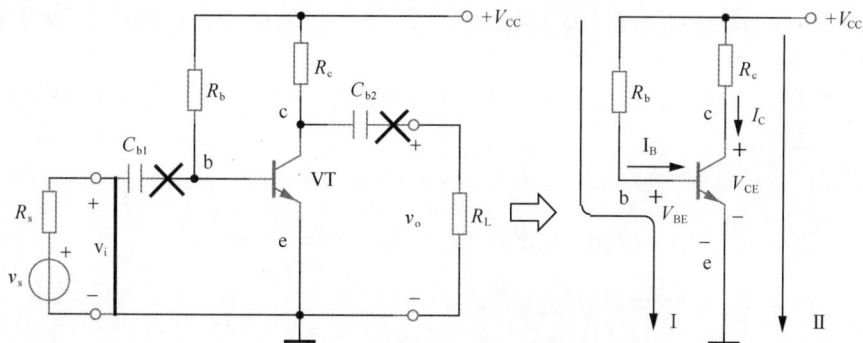

图 3.36 基本共射极放大电路的直流通路

2．直流负载线

根据图 3.36 所示的路径 II，可以列写 KVL 方程，分析出三极管集射电压 V_{CE} 与集电极电流 I_C 之间的关系式。

$$V_{CC} = I_C R_c + V_{CE} \Rightarrow V_{CE} = V_{CC} - I_C R_c \quad \text{或} \quad I_C = -\frac{1}{R_c} V_{CE} + V_{CC} \qquad （3.16）$$

式（3.16）约束了放大电路中三极管集射电压与集电极电流之间的变化关系，但需要特别强调的是，这种约束是由放大电路的结构和参数施加的。如上文所述，三极管的集射电压与集电极电流之间还会受到输出特性的约束，这种约束关系与三极管外接电路无关，是其自身特性的一种表现。显然，三极管工作时要同时满足上述两种约束关系。

从数学的角度来说，式（3.16）描述的是一条斜率为 $-1/R_c$ 的直线，该直线可以在三极管的输出特性上描述：① 令 I_C 为零，可以确定该直线与横轴的交点（0, V_{CC}）；② 令 V_{CE} 为零，可以确定该直线与纵轴的交点（V_{CC}/R_c, 0）；③ 连接上述两点可得一直线，具体如图 3.37 所示，该直线习惯上称为放大电路的直流负载线。

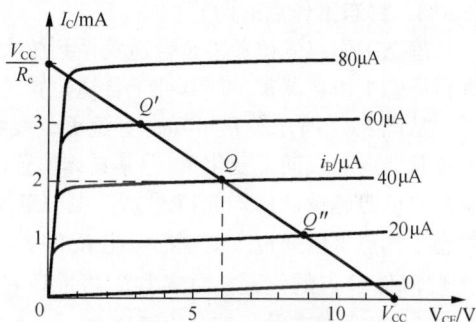

图 3.37 直流负载线

3．静态工作点

显然，直流负载线与输出特性曲线的交点（如 Q、Q'、Q'' 等）就是两者的交集——能够同时满足电路参数和三极管自身集射电压与集电极电流的约束关系，所以这些交点就是放大电路静态时可能的工作点，称为静态工作点，习惯上用字母 Q 来表示。

需要强调的是，放大电路实际工作时，静态工作点只可能有一个，且一定是直流负载线与输出特性曲线交点中的一个，但具体是哪一个点则由当前的静态基极电流 I_B 确定。如图，当 $I_B = 40\mu A$ 时，静态工作点为 Q 点；当 $I_B = 60\mu A$ 时，为 Q' 点；当 $I_B = 20\mu A$ 时，为 Q'' 点。考虑到放大电路输出波形的失真问题（后续会讨论），通常应将静态工作点调整到放大区的中心位置，所以就图 3.37 而言，位置较合适的静态工作点是 Q 点。

---

[1] 对于电源器件，用叠加原理分析电路时，不起作用的电压源应作短路处理（用导线代替），不起作用的电流源应作开路处理（断开所在支路）。另外，对于电容器来说，因其具有隔直通交的特性，在只考虑直流的情况下，电容器相当于开路状态（其所在支路上没有电流通过）。

4．求解静态工作点

由图可知，静态工作点由基极电流 I_B、集电极电流 I_C 和集射电压 V_{CE} 三个参数确定，所以放大电路的静态分析也可以看作是求解这三个参数的过程。另外，考虑到静态工作点用字母 Q 表示，故这三个参数常书写为 I_{BQ}、I_{CQ} 和 V_{CEQ}。图 3.37 中的 Q 点，对应的这三个参数值分别为 40μA、2mA 和 6V。

对于放大电路，如果其 β、R_b、R_c 和 V_{CC} 等参数已知，则可以根据直流通路直接求解静态工作点，分析方法如下。

（1）根据图 3.36 所示路径 I 列 KVL 方程求基极电流

$$V_{CC} = I_{BQ}R_b + V_{BE} \Rightarrow I_{BQ} = \frac{V_{CC} - V_{BE}}{R_b} \tag{3.17}$$

考虑到 V_{BE} 通常较小，计算时可以忽略[1]，即

$$I_{BQ} \approx \frac{V_{CC}}{R_b}$$

（2）根据三极管工作在放大区求集电极电流

$$I_{CQ} = \beta I_{BQ}$$

（3）根据图示路径 II 列 KVL 方程求集射电压

$$V_{CEQ} = V_{CC} - I_{CQ}R_c \tag{3.18}$$

如果需要进一步分析静态工作点的位置是否合适，可以近似看（V_{CEQ}，I_{CQ}）是否在（$V_{CC}/2$，$V_{CC}/2R_c$）附近，即满足如下关系

$$I_{CQ} \approx \frac{V_{CC}}{2R_c} \qquad V_{CEQ} \approx \frac{V_{CC}}{2}$$

5．静态工作点的调节

静态工作点的位置是否合适关系到放大电路能否正常工作，所以使用放大电路之前通常都需要进行静态工作点调整，使其处于合适位置（尽量位于三极管放大区的中间位置）。

从图 3.37 所示关系可知，直流负载线约束了静态工作点的变化范围（静态工作点只能沿着直流负载线向上或向下变化），但其具体位置可以通过静态基极电流 I_{BQ} 来调整：I_{BQ} 越大 Q 点越高；反之，Q 点越低。由式 3.17 可知，电源电压 V_{CC} 一定时，基极电流 I_{BQ} 是由基极电阻 R_b 决定的，故静态工作点可以通过改变基极电阻 R_b 的大小来调节。但应该注意到，I_{BQ} 和 R_b 是反比关系，故增大 R_b 将降低 Q 点的位置，而减小 R_b 将推高 Q 点的位置。

6．关于静态分析的几点说明

关于放大电路的静态分析，可以作如下小结。

① 放大电路静态分析的核心问题是求解静态工作点并确定其位置是否合适。

② 如果电路参数已知，可以通过放大电路的直流通路直接求解静态工作点 Q（I_{BQ}，I_{CQ}，V_{CEQ}）。

③ 如果已知三极管的输出特性，则可以通过画图的方式进行静态分析，即在输出特性上作出放大电路的直流负载线，并确定合适的静态工作点，进而读取相关参数。

④ 静态工作点的调节通常是通过调节基极电阻来实现的。

⑤ 直流负载线由放大电路的参数（如 V_{CC} 和 R_c）决定，所以即便是同一结构的放大电路，使用的是同类型的三极管，如果 V_{CC} 和 R_c 等参数值不同，则直流负载线不同，静态工作点的位置也会

---

[1] 模拟电子技术具有工程性，分析电路时，允许在一定误差范围内进行估算，无须做到完全的精准运算。另外，所谓 V_{BE} 较小是相对 V_{CC} 而言的——V_{BE} 通常为零点几伏，而 V_{CC} 通常为几伏到几十伏。在估算时，两值之间如果存在 10 倍或以上的差距，就可以近似认为满足远远大于的关系，故其中较小的值可忽略。

随之变化。

7. 静态分析举例

【例3.5】　图 3.36 所示直流通路，已知：$R_b = 750\text{k}\Omega$，$R_c = 3\text{k}\Omega$，$V_{CC} = 15\text{V}$，$\beta = 50$，$V_{BE} = 0.7\text{V}$。试求静态工作点，并分析当前工作点是否合适？

【解】因电路参数已知，所以静态工作点可以直接计算。

先求静态工作点。

（1）根据式（3.17）求基极电流

$$I_{BQ} = \frac{V_{CC} - V_{BE}}{R_b} = \frac{15 - 0.7}{75000\text{V}} = 19.07\mu\text{A}$$

（2）根据电流放大关系求集电极电流

$$I_{CQ} = \beta I_{BQ} = 50 \times 19.07 \times 10^{-6} = 0.95\text{mA}$$

（3）根据式（3.18）求集射电压

$$V_{CEQ} = V_{CC} - I_{CQ}R_c = 15 - 0.95 \times 10^{-3} \times 3 \times 10^3 = 12.15\text{V}$$

再分析静态工作点是否合适。

（1）求中心点参数值

$$I_{CO} = \frac{V_{CC}}{2R_c} = \frac{15}{2 \times 3 \times 10^3} = 1.5\text{mA}$$

$$V_{CEO} = \frac{V_{CC}}{2} = \frac{15}{2} = 7.5\text{V}$$

（2）当前静态工作点（12.15V，0.95mA）在中心点（7.5V，1.5mA）下方，且离得较远，故当前静态工作点的位置不合适——偏低。

【仿真示例3.5】　使用 Tina 软件进行放大电路静态分析（已知条件同例 3.5）。

【解】使用 Tina 软件，可以建立直流通路模型，直接测量放大电路的静态值；也可以先测量三极管的输出特性曲线，然后结合电路参数画出直流负载线，进而对静态工作点进行相关分析，类似于图解法。

【方法1】使用 Tina 软件直接测量三极管的静态值。

先在 Tina 软件中建立模型，如图 3.38（a）所示：用电压指针 V_B 和 V_C 分别测量基极电位和集电极电位；用电流箭头 I_B、I_C 和 I_E 分别测量三电极电流；三极管选用默认型号，β 参数设为 50。然后进行 DC 交互模式仿真，结果如图 3.38（b）所示。

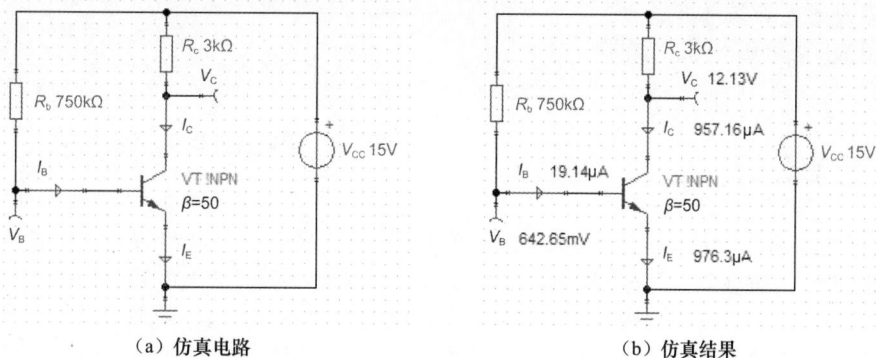

（a）仿真电路　　　　　　　　　　（b）仿真结果

图 3.38　方法 1 图

仿真测得：$I_{BQ} = 19.14\mu\text{A}$，$I_{CQ} = 957.16\mu\text{A} \approx 0.96\text{mA}$，$V_{CEQ} = 12.13\text{V}$。考虑到发射结电压的差异（理论计算假设为 0.7V，仿真结果为 0.64V），可以认为仿真结果与理论计算结果一致。

【方法 2】使用 Tina 软件测量三极管的输出特性曲线，用作图法分析静态工作点。

仿真电路如图 3.39 所示：VT 为三极管（β 设为 50）；I_B 为电流源（发生源\电流发生器，默认参数），提供基极电流；I_C 为电流表（仪表\安培表，默认参数），测量集电极电流；V_{CE} 为电压源（发生源/电压发生器，默认参数），提供集射电压。

仿真操作的步骤如下。

（1）执行"分析\控制对象"菜单命令（或单击工具栏 按钮），选择器件"I_B"，设置基极电流的变化范围为 0～100μA，每隔 10μA 变化一次。

（2）执行"分析\DC 分析\DC 传输特性"菜单命令，设置："V_{CE} 从 0 变化到 20V"，采样数为100。完成后得到图 3.40 所示的输出特性。

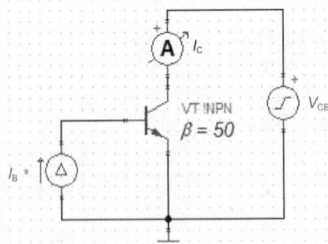

图 3.39 方法 2 仿真电路　　图 3.40 利用方法 2 得到的输出特性曲线

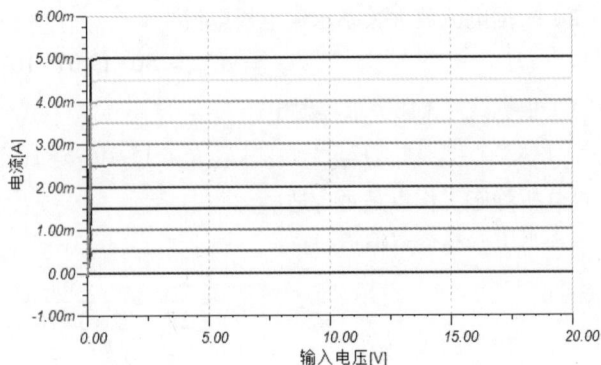

（3）画直流负载线，确定静态工作点。

① 根据电路参数确定直流负载线端点（15V，0）和（0，5mA），并在输出特性上画出该直线，具体如图 3.41 所示。

② 结合前例的计算结果，可以在图中标出当前的静态工作点 Q'（近似位置：I_{BQ}=20μA，I_{CQ}=1mA，V_{CEQ}=11.9V），明显其位置偏低，不能充分利用三极管的放大作用。

③ 如果要将静态工作点调整到更合适的位置 Q（50μA，2.5mA，7.5V），则需要增大静态基极电流，即减小基极电阻 R_b（从 750kΩ 降到 300kΩ 左右）。

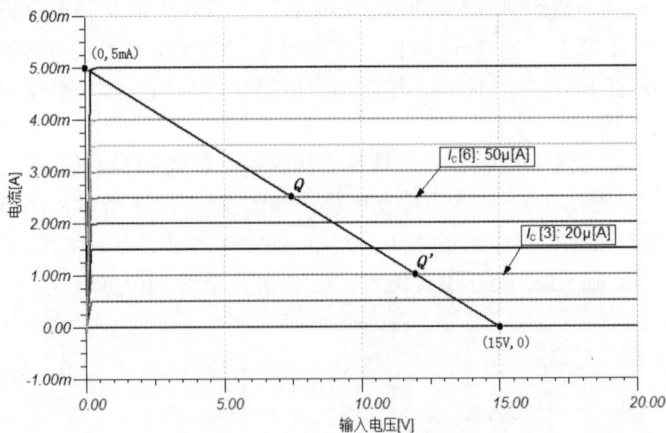

图 3.41 画直流负载线分析工作点

3.3.2 动态分析

放大电路的动态分析是以放大电路的交流通路为对象，研究放大电路的动态性能——放大能力、抗干扰能力、带负载能力等。需要指出的是，动态分析的基础是放大电路已经建立了合适的静态工作点，虽然在分析时只考虑交流量之间的关系，但必须理解这些交流量都是在静态值（直流量）的基础上变化的（可以简单理解为交流量是在直流量的基础上变化的）。

1. 三极管的小信号模型

从输入和输出特性曲线来看，三极管是一种非线性器件，因此由三极管构成的

三极管的小信号模型

放大电路不能直接利用线性电路的原理和方法进行分析计算。为了简化放大电路的分析，需要在一定条件下将三极管线性化，并基于这种线性化模型开展动态分析。

三极管的线性化模型是在交流信号作较小变化（微变化）的条件下定义的，因此习惯上将其称为小信号模型。三极管的小信号模型可以通过两种方法来建立：① 根据三极管的特性曲线推导；② 将三极管电路看成一个双口网络，通过分析其 H 参数[1]来推导。这里主要对前者进行介绍。

图 3.42 所示为三极管的输入和输出特性曲线。从图中可以看出：如果输入信号基于静态工作点 Q 变化，且变化范围足够小，则 Q 点附近的曲线段可以近似认为是直线。

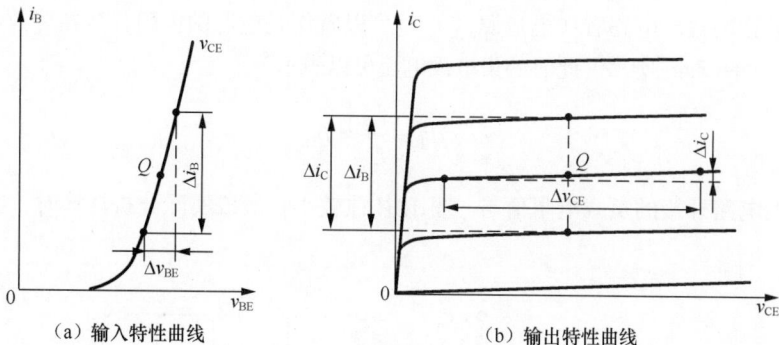

（a）输入特性曲线　　　　　　　　（b）输出特性曲线

图 3.42　三极管的特性曲线

（1）输入端口的等效

在输入特性曲线中，定义三极管的输入电阻 r_{be}

$$r_{be} = \frac{\Delta v_{BE}}{\Delta i_B}\bigg|_{v_{CE}=常数} = \frac{v_{be}}{i_b}\bigg|_{v_{CE}=常数} \tag{3.19}$$

该电阻是一个对交流而言的动态电阻，强调变化电压（v_{be}）与变化电流（i_b）之间的关系。r_{be} 的引入，就将三极管的基极和发射极之间的关系简化为一个电阻关系，如图 3.43 所示。

在小信号的条件下，r_{be} 是一个常数。低频小功率三极管的输入电阻常用下式估算

$$r_{be} \approx r_{bb'} + r_e = 200\Omega + (1+\beta)\frac{26(mV)}{I_E(mA)} = 200\Omega + \frac{26(mV)}{I_B(mA)} \tag{3.20}$$

式（3.20）中：① $r_{bb'}$ 表示基区的体电阻，用来描述基区对电流的阻碍作用；② r_e 表示基极与射极之间的等效电阻，包括发射结的结电阻和发射区的体电阻；③ 在常温下，$r_{bb'}$ 常取 200Ω [2]，而 r_e 可以通过静态时的发射极电流或基极电流来估算。r_{be} 的阻值一般为几百欧到几千欧。

（2）输出端口的等效

在输出特性曲线的放大区，基极电流对集电极电流存在控制关系，所以首先可以使用一个受控电流源来描述它们之间的关系，如图 3.44 所示。注意，这是一个电流控制电流源，基极电流是控制量。

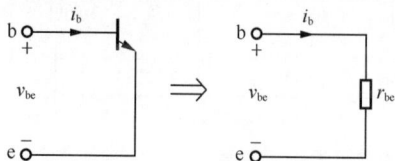

图 3.43　输入端口的等效　　　　　　图 3.44　输出端口的等效

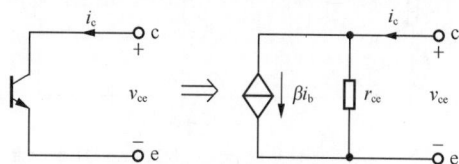

---

[1] H 参数是双口网络的一种混合型伏安关系，由四个子参数组成，分别反映输入电压与输入电流和输出电压的关系，以及输出电流与输入电流和输出电压的关系。至于 H 参数的具体表达形式可以参见"电路"课程相关教材。

[2] 在解题时，如果题设中没有给出 $r_{bb'}$ 的具体值，可以使用 200Ω 进行计算。但如果题设中明确给出了该值，则计算时要用题设给出的值。

另外，类似地定义三极管的输出电阻 r_{ce}

$$r_{ce} = \frac{\Delta v_{CE}}{\Delta i_C}\bigg|_{i_B=常数} = \frac{v_{ce}}{i_c}\bigg|_{i_B=常数} \tag{3.21}$$

这也是一个动态电阻，描述了交流信号 v_{ce} 和 i_c 之间的关系。在小信号的条件下，r_{ce} 也是一个常数。考虑到三极管在放大区时，集电极电流具有恒流性，即电压 v_{ce} 变化很大时，电流 i_c 基本不变（实际上略有上升），所以 r_{ce} 的阻值通常较大，约为几十千欧到几百千欧。

如果将三极管的输出电路看作电流源，r_{ce} 就可以看作是电源的内阻，故在等效电路中可与受控电流源并联，如图 3.45 所示。此时的集电极电流可以表示为

$$i_c = \beta i_b + \frac{v_{ce}}{r_{ce}} \approx \beta i_b \tag{3.22}$$

考虑到放大电路外接的负载电阻值与 r_{ce} 相比往往较小，所以实际分析计算时，通常将 r_{ce} 忽略不计。

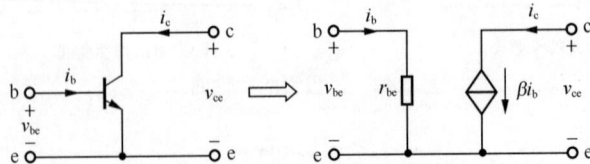

图 3.45　三极管的简化小信号模型

（3）低频简化小信号模型

综上所述，三极管的低频[1]简化小信号模型如图 3.45 所示。

2．放大电路的交流通路

放大电路的交流通路是指仅考虑外加交流信号源作用时的等效电路，其各条支路上电压和电流都是纯交流量，而不含直流量。

画交流通路的步骤是：① 去掉直流电源，即将 $+V_{CC}$ 改画成公共参考点（交流公共参考点）；② 将输入、输出电容用导线代替（通常输入、输出电容的容量足够大，对于交流信号而言可以视作短路）。图 3.46 所示为基本共射极放大电路的交流通路。

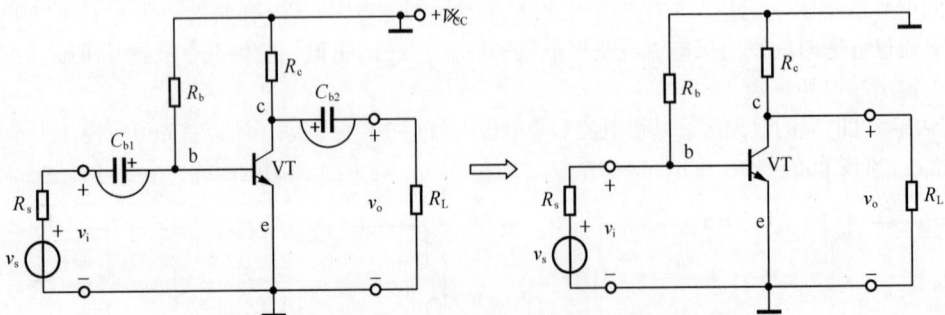

图 3.46　基本共射极放大电路的交流通路

---

[1] 三极管的发射结和集电结上都存在结电容，但其值通常较小，在中低频时通常不予考虑。在高频段，三极管的结电容必须考虑，其小信号模型也有相应的变化。本书没有特别说明时，都是在中低频情况下使用三极管。

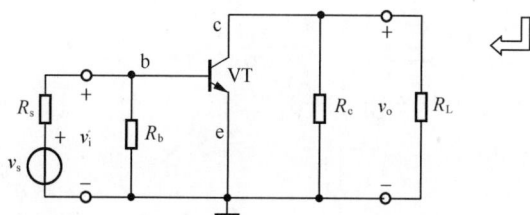

图 3.46　基本共射极放大电路的交流通路（续）

3. 放大电路的小信号等效电路

为了方便后续的分析计算，在交流通路的基础上还需要进一步画出放大电路的小信号等效电路——即将交流通路中的三极管改画为小信号模型，这样能够清晰地描述出各关键电量的关系。图 3.47 所示为基本共射极放大电路的小信号等效电路。

常用的小信号等效电路绘图方法有两种：方法一，先画出放大电路的交流通路，然后将三极管换成其小信号模型；方法二，以三极管小信号模型为基础，直接绘出小信号等效电路。

方法二的绘图步骤如下。

绘制小信号等效电路

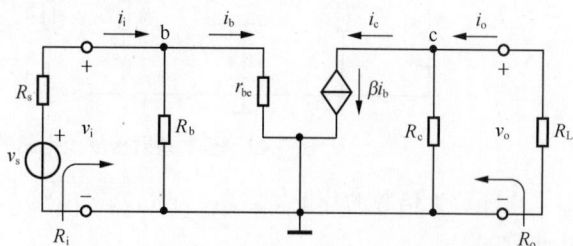

图 3.47　基本共射极放大电路的小信号等效电路

（1）根据放大电路中三极管的连接组态，先确定三极管三个电极的布局位置（布局原则，按照左进、右出、下公共，即输入端画在左边，输出端画在右边，公共端画在下边），然后绘出完整的三极管小信号模型。图 3.48 描述了三极管三种连接组态下的小信号模型布局方式。

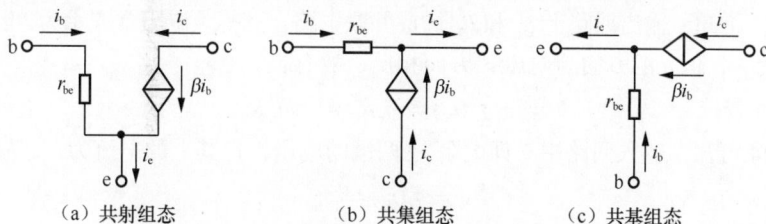

（a）共射组态　　　　　　（b）共集组态　　　　　　（c）共基组态

图 3.48　三种连接组态对应的小信号模型布局方式

（2）从公共端出发，找公共参考点。

（3）分别延长输入端线、输出端线和地线，以明确输入端口和输出端口。

（4）在输出端口连接相关元件，完成输出回路的绘图。

（5）在输入端口连接相关元件，完成输入回路的绘图。

注意，在整个绘图过程中，应把 V_{CC} 看成交流公共参考点，输入、输出电容看成导线。

【例 3.6】　下面以基本共射极放大电路为例简介上述绘图步骤，具体如图 3.49 所示。

4. 动态分析

基于小信号等效电路可以计算放大电路的动态参数：电压放大倍数（电压增益）A_v、输入电阻 R_i 和输出电阻 R_o。电压放大倍数反映了电路的放大能力；输入电阻反映了放大电路的抗干扰能力；输出电阻反映了放大电路的带负载能力。

放大电路的动态分析

（1）求电压放大倍数 A_v

放大电路的电压放大倍数定义为电路的输出电压 v_o 与输入电压 v_i 之比，即

$$A_v = \frac{v_o}{v_i}$$

（3.23）

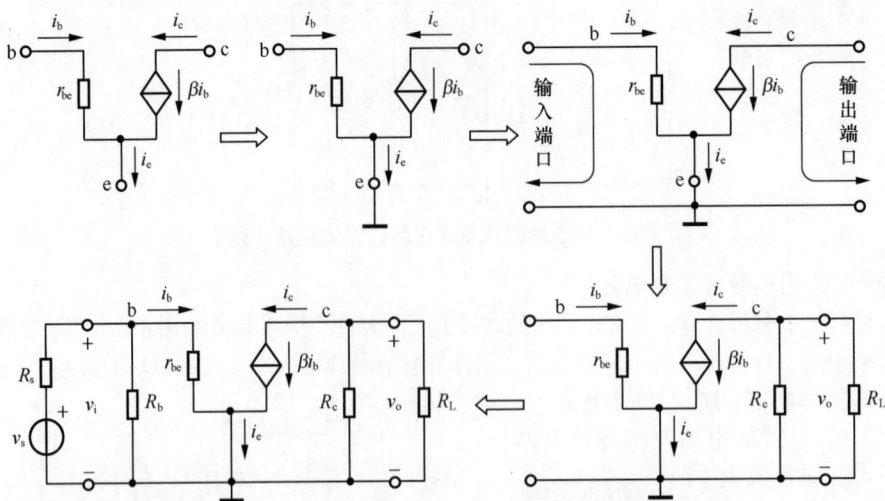

图 3.49　基本共射极放大电路的小信号等效电路绘图步骤

电压放大倍数的分析思路是，通过基极电流 i_b 将输出电压 v_o 和输入电压 v_i 联系起来。具体分析步骤如下。

① 根据输出回路写出输出电压随基极电流变化的关系式，即 $v_o = f_o(i_b)$。

② 根据输入回路写出输入电压随基极电流变化的关系式，即 $v_i = f_i(i_b)$。

③ 将输出电压和输入电压表达式代入定义式，消除中间量（基极电流），得电压放大倍数。

【例 3.7】　分析基本共射极放大电路的电压放大倍数。

① 由图 3.47 可知，输出回路上 R_c 和 R_L 构成并联电路，其等效电阻常表示为 R_L'（$= R_c // R_L$），流过 R_L' 的电流为 i_c，但 i_c 的方向与电压 v_o 方向相反，故有：

$$v_o = f_o(i_b) = -i_c R_L' = -\beta i_b R_L'$$

② 由图 3.44 可知，输入回路中 v_i 即电阻 r_{be} 两端的电压，且其上的电流为 i_b，故有

$$v_i = f_i(i_b) = i_b r_{be}$$

③ 基本共射极放大电路的电压放大倍数为：

$$A_v = \frac{v_o}{v_i} = \frac{-\beta i_b R_L'}{i_b r_{be}} = -\beta \frac{R_L'}{r_{be}} \qquad (3.24)$$

④ 假设 $R_b = 300\text{k}\Omega$，$R_c = 3\text{k}\Omega$，$R_L = 6\text{k}\Omega$，$\beta = 50$，$I_{BQ} = 50\mu\text{A}$，则放大倍数为

$$r_{be} \approx 200 + \frac{26 \times 10^{-3}}{I_{BQ}} = 200 + \frac{26 \times 10^{-3}}{50 \times 10^{-6}} = 720\ \Omega$$

$$A_v = -\beta \frac{R_L'}{r_{be}} = -\beta \frac{R_c // R_L}{r_{be}} = -50 \times \frac{3 \times 10^{-3} // 6 \times 10^{-3}}{720} = -138.89$$

关于放大电路的电压放大倍数作如下几点说明。

① 放大电路的电压放大倍数由自身参数和负载电阻决定，与电路外加的输入信号无关。

② 基本共射极放大电路的电压放大倍数带负号，表示输出电压与输入电压反相位。

③ 放大倍数的大小可以反映出电路的电压放大能力。通常在不失真的条件下，电压放大倍数应该越大越好[1]。

④ 对于基本共射极放大电路来说，由于 β 较大，故其电压放大能力较强。

---

[1] 实际应用时，电压放大倍数过大也不一定好，过大时电路的稳定性会变差，可能使电路产生自激振荡。

⑤ 电路空载（不带负载，或 $R_L = \infty$）时电压放大倍数最大，为

$$\left| A_{v(\max)} \right| = \beta \frac{R_c}{r_{be}} \tag{3.25}$$

⑥ 增益[1]是与放大倍数相关的一个概念，即 $20\lg \left| A_v \right|$ 称为增益，单位为分贝（dB）。例如，放大倍数为 10，则增益为 20dB；放大倍数为 100，则增益为 40dB；放大倍数为 0.1，则增益为 −20dB。增益为正表示信号通过电路时能被放大；增益为负，则表示信号将被衰减（受到抑制）。

（2）求输入电阻 R_i

输入电阻是从放大电路的输入端口看进去的等效电阻值，定义为输入电压 v_i 与输入电流 i_i 之比，即

$$R_i = \frac{v_i}{i_i} \tag{3.26}$$

注意，输入电阻是放大电路自身的参数，与外接元件无关，因此求输入电阻时需将输入端口处外加的信号源（v_s 和 R_s）去掉后再进行分析。

【例 3.8】　求基本共射极放大电路的输入电阻。

① 对于基本共射极放大电路，输入回路和输出回路没有直接的连接关系，即输出回路不影响输入回路，因此输入电阻完全由输入回路决定。从图 3.50 可知，R_b 和 r_{be} 是并联关系，故输入电阻为

$$R_i = R_b // r_{be} \approx r_{be} \tag{3.27}$$

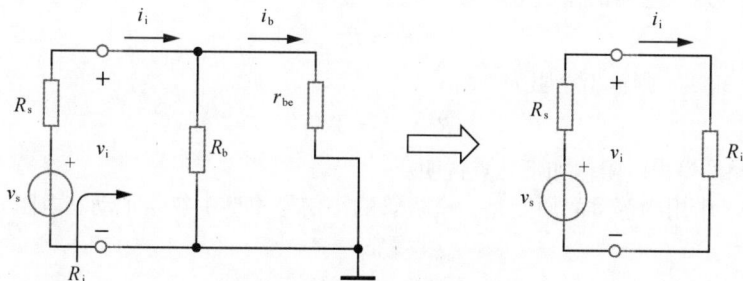

图 3.50　输入回路的等效电路

通常 R_b 远大于 r_{be}，故近似计算时可以忽略 R_b。

② 假设 $R_b = 300\text{k}\Omega$，$r_{be} = 720\Omega$，则输入电阻为

$$R_b \gg r_{be} \Rightarrow R_i \approx r_{be} = 720\,\Omega$$

关于放大电路的输入电阻作如下两点说明。

① 放大电路的输入电阻越大越好。关于这一点可以参见图 3.50，该图描述了外加信号源与放大电路输入回路的等效连接关系。很明显，信号源的内电阻 R_s 与输入电阻 R_i 是串联关系，故 R_i 越大其上分得的电压就越大，即放大电路从信号源获得的有效信号 v_i 就越大。习惯上认为输入电阻越大，放大电路的抗干扰能力就越强。

② 由式（3.27）可知，基本共射极放大电路的输入电阻近似等于 r_{be}。考虑到 r_{be} 一般为几百欧到几千欧，其值不大，故基本共射极放大电路的输入电阻不高。

（3）求输出电阻 R_o

输出电阻是从放大电路的输出端口看进去的等效电阻值，定义为输出电压 v_o 与输出电流 i_o 之比，即

---

[1] 本教材中没有严格区分放大倍数和增益，后续分析放大电路时如求解电压增益，实际求解的是电压放大倍数。

$$R_o = \frac{v_o}{i_o} \qquad (3.28)$$

注意，输出电阻也是放大电路自身的参数，与外接元件无关，故求输出电阻时输出端口处外接的负载电阻 R_L 要去掉后再分析。

【例 3.9】 求基本共射极放大电路的输出电阻。

① 考虑到输入回路会通过受控源影响输出回路，故求解输出电阻时，应先绘制去掉输入端外加信号源 v_s 后的等效电路[1]，如图 3.51 所示。

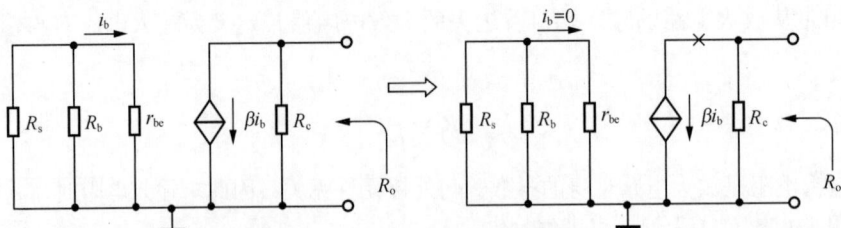

图 3.51　求输出电阻的等效电路

② 从图 3.51 可以看出，如果在输出端口处外加激励，不会影响输入回路，因为两个回路是断开的，即输入回路中的基极电流始终为零。因此，输出回路中受控源支路电流为零，可以作开路处理。

③ 基本共射极放大电路的输出电阻为

$$R_o \approx R_c \qquad (3.29)$$

④ 假设 $R_c = 3\text{k}\Omega$，则输出电阻为

$$R_o \approx R_c = 3\text{k}\Omega$$

关于放大电路的输出电阻作如下几点说明。

① 式（3.29）中用约等号的原因是，三极管的小信号模型中忽略了动态电阻 r_{ce}，实际输出电阻的表达式应该为

$$R_o = R_c // r_{ce}$$

② 以后在分析类似结构的电路时，可以直接引用式（3.29），无须再重新进行推导[2]。

③ 输出电阻应该越小越好，原因是：共射极放大电路属于电压放大器，以输出电压的稳定性为技术指标。故将放大电路的输出回路等效成一个电压源的形式对负载供电，如图 3.52 所示，R_o 就是电压源的内阻，即其值越小放大电路的电压输出特性就越好——当外接负载阻值改变时，负载两端的电压变化相对较小。习惯上认为输出电阻越小，放大电路带负载的能力就越强。

④ 考虑到基本共射极放大电路的输出电阻近似由集电极电阻 R_c 决定，而 R_c 一般为几千欧，故电路的输出电阻较大。

（4）求源电压放大倍数 A_{vs}

有时在分析放大电路时，希望知道放大电路输出电压 v_o 与信号源电压 v_s 之间的关系，故引入源电压放大倍数（简称源压放大倍数）的概念，其定义为

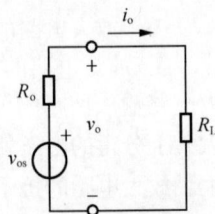

图 3.52　输出回路的等效电路

$$A_{vs} = \frac{v_o}{v_s} \qquad (3.30)$$

---

[1] 求输入电阻时，二端网络中的所有独立电源都要去掉，即电压源短路处理，电流源开路处理。
[2] 学习模拟电子技术时，对于典型电路结构的分析结论可以在后续分析计算中直接引用，无须重复推导。

【例 3.10】 求基本共射极放大电路的源压放大倍数。

① 由图 3.50 可以得到源压放大倍数的求解方法

$$\left. \begin{array}{l} A_{vs} = \dfrac{v_o}{v_s} = \dfrac{v_i}{v_s} \times \dfrac{v_o}{v_i} = \dfrac{v_i}{v_s} A_v \\[2mm] v_i = \dfrac{R_i}{R_i + R_s} v_s \end{array} \right\} \Rightarrow A_{vs} = \dfrac{R_i}{R_i + R_s} A_v \tag{3.31}$$

② 假设 $R_i = 720\,\Omega$，$R_s = 1k\Omega$，$A_v = -138.89$，则源压放大倍数为

$$A_{vs} = -\frac{720}{720 + 1000} \times 138.89 = -58.14$$

根据上述动态分析的结果，基本共射极放大电路的特点总结如下。

① 电路是一种电压放大器，具有较强的电压放大能力。

② 电路是一种反相放大电路，输出电压与输入电压反相（相位差为 180°）。

③ 电路的输入电阻相对较小，抗干扰能力一般。

④ 电路的输出电阻相对较大，带负载能力一般。

3.3.3　综合图解分析

在静态分析和动态分析的基础上，可以用图解法将两种分析的结果合并在一起，即用图形的方式更为直观地表述放大电路中各关键电量（直流量+交流量）的实际组成关系以及相互之间的关系。

1. 交流负载线

放大电路实际工作时，直流电源和交流信号源会同时作用于电路，所以三极管的集射电压 v_{CE} 和集电极电流 i_C 之间的关系可以表示为

$$v_{CE} = V_{CEQ} + v_{ce} = V_{CEQ} - i_c R_L' = V_{CEQ} - (i_C - I_{CQ})R_L' = (V_{CEQ} + I_{CQ}R_L') - i_C R_L' \tag{3.32a}$$

或者

$$i_C = -\frac{1}{R_L'} v_{CE} + \frac{1}{R_L'}(V_{CEQ} + I_{CQ}R_L') \tag{3.32b}$$

其中

$$V_{CEQ} = V_{CC} - I_{CQ}R_c; \quad v_{ce} = -i_c R_L'; \quad i_C = I_{CQ} + i_c$$

这仍然是一种线性关系，该直线称为放大电路的交流负载线。交流负载线限制了放大电路实际工作点的变化范围，即实际工作点只能沿着该直线变化。

很明显，当交流值为零时，放大电路的交流负载线和直流负载线的取值相同，即两者必然相交于静态工作点 Q，如图 3.53 所示。$V_{cem(-)}$ 为 V_{CE} 在负半周期可能变化的范围，$V_{cem(+)}$ 为 V_{CE} 在正半周期可能变化的范围。

其中，变化较平缓的是直流负载线（其斜率为 $-1/R_c$），较陡直的是交流负载线（其斜率为 $-1/R_L'$）。

2. 输出信号的动态变化范围

直流负载线约束了放大电路静态工作点 Q 的变化范围，而交流负载线约束了放大电路实际工作点

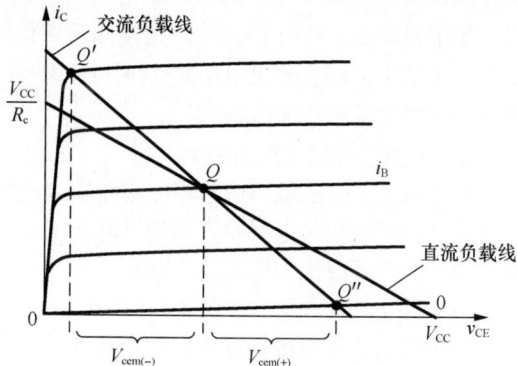

图 3.53　交流负载线和直流负载线

的变化范围，所以动态分析应该基于交流负载线进行，即由交流负载线来确定输出信号的动态变化范围。

如图 3.53 所示，通常情况下，以 Q' 点为进入饱和工作状态的临界点，以 Q'' 点为进入截止工作状态的临界点（如果输出特性曲线中没有给出 i_B 为零的这一条曲线，则 Q'' 点为交流负载线与横轴的交点），这样输出信号 v_{ce} 的动态范围（最大不失真幅值）就限制为

$$V_{cem} = \min(V_{cem(-)}, V_{cem(+)}) \tag{3.33}$$

3．输入信号和输出信号的波形关系

假设输入信号是一个单一频率的正弦交流电压 v_i，则其通过共射极放大电路时，三极管上相关电压、电流的波形关系如图 3.54 所示。

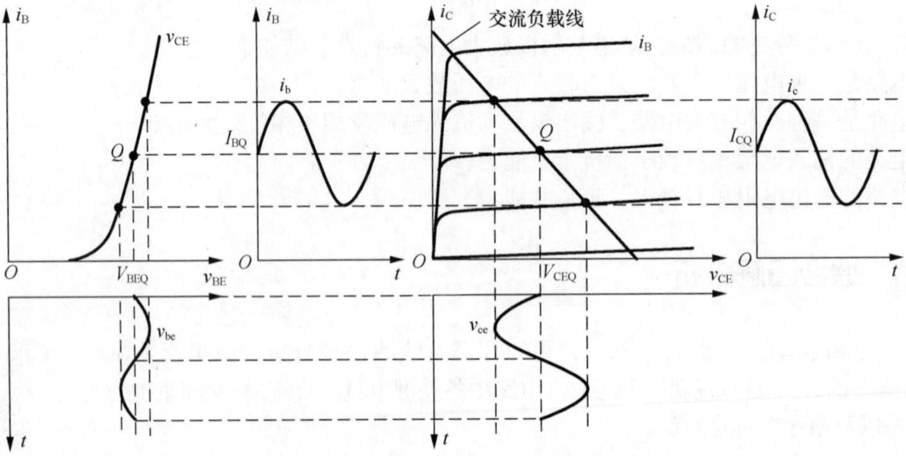

图 3.54　三极管上相关电压、电流的波形关系

对图 3.54 作如下几点说明。

（1）注意：对于共射极放大电路，三极管的基射电压 v_{be} 等于输入电压 v_i，而输出电压 v_o 等于三极管的集射电压 v_{ce}。另外，所有交流信号都是在直流信号（静态值）的基础上变化的。

（2）首先，以三极管的输入特性为中心，观察基极电流 i_b 随输入电压 v_i 变化的规律，这两者之间是同频同相位的关系，大小由动态电阻 r_{be} 决定。

（3）然后，以三极管的输出特性为中心，观察集电极电流 i_c 随基极电流 i_b 变化的规律，这两者之间是同频同相位的关系，大小由三极管的电流放大系数 β 决定。

（4）最后，仍以三极管的输出特性为中心，观察基极电流变化引起实际工作点沿交流负载线变化的规律。当工作点升高时，集电极电流 i_c 增大，而集射电压 v_{ce}（即输出电压 v_o）将减小；而当工作点随基极电流变化降低时，集电极电流 i_c 减小，而集射电压 v_{ce}（即输出电压 v_o）将增大。所以，集电极电流 i_c 和集射电压 v_{ce} 是同频反相位的关系。

（5）综上可知，输出电压 v_o（v_{ce}）和输入电压 v_i（v_{be}）之间是同频反相位的关系，所以共射极放大电路是反相放大电路。

4．输出信号的失真问题

如果放大电路的输出信号不能跟随输入信号变化而变化，就称输出信号失真。对于基本共射极放大电路而言，如果静态工作点的位置选择不合适，实际工作时容易出现截止失真或饱和失真。

放大电路的失真问题

（1）截止失真

如果静态工作点的位置较低，当外加交流信号减小时，容易造成实际工作点进入三极管的截止区，从而导致图 3.55 所示的失真现象发生。这种失真称为截止失真。

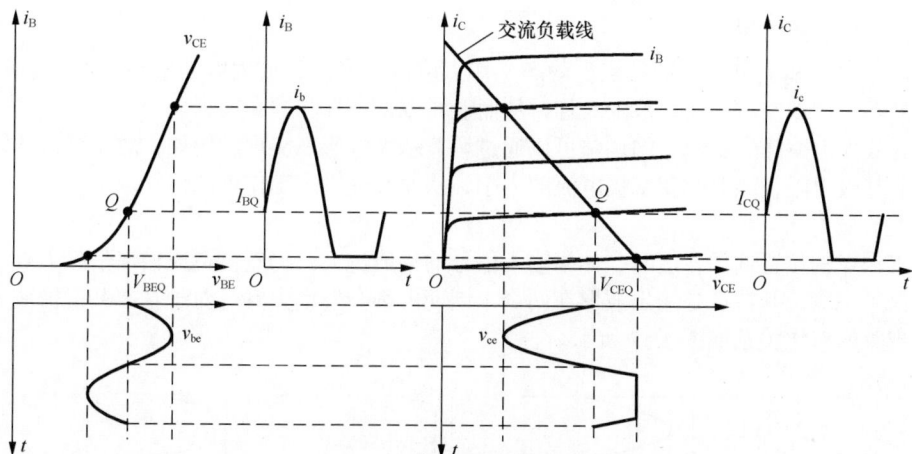

图 3.55 截止失真示意图

截止失真有如下特点。

① 截止失真属于半波失真（仅有半个周期的波形失真），失真发生在发射结正向电压减小的过程中。

② 截止失真属于非线性失真，是由于三极管的实际工作点进入截止区而造成的。此时基极电流和集电极电流都会失真。

③ 如果放大电路出现截止失真，说明其静态工作点的位置偏低，应适当抬升。例如，对于基本共射极放大电路，可以通过减小基极电阻来增大基极电流，从而抬高静态工作点的位置。

（2）饱和失真

如果静态工作点的位置较高，当外加交流信号增加时，容易造成实际工作点进入三极管的饱和区，从而导致图 3.56 所示的失真现象发生，这种失真称为饱和失真。

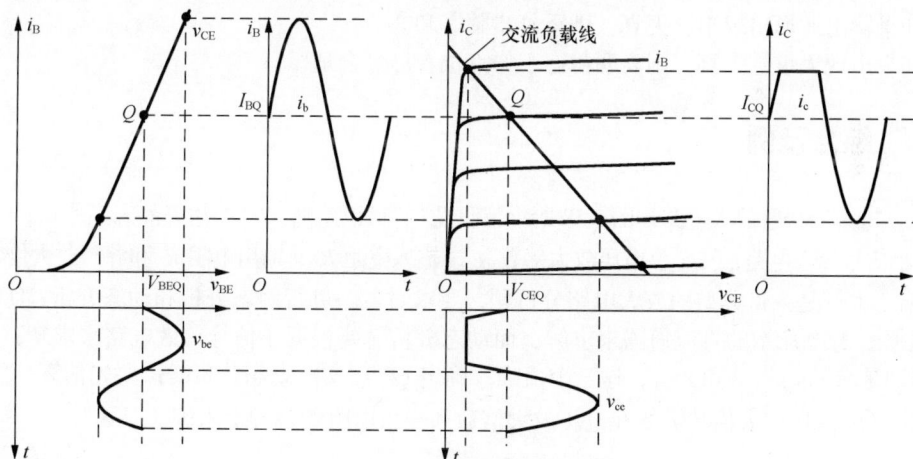

图 3.56 饱和失真示意图

饱和失真有如下特点。

① 饱和失真属于半波失真（仅有半个周期的波形失真），失真发生在发射结正向电压增加的过程中。

② 饱和失真属于非线性失真，是由于三极管的实际工作点进入饱和区而造成的。此时基极电流没有失真，而集电极电流出现失真。

③ 如果放大电路出现饱和失真，说明其静态工作点的位置偏高，应适当调整。例如，对于基本共射极放大电路，可以通过增大基极电阻来减小基极电流，从而降低静态工作点的位置。

（3）合适的静态工作点位置

综合截止失真和饱和失真的特点，静态工作点应该尽量调到放大区的中心位置，如图 3.54 所示，以使静态工作点左右的变化范围对称，从而兼顾截止失真和饱和失真。

三极管放大电路静态工作点的调整可以通过调节基极电流来实现。例如，对于基本共射极放大电路，调节基极电阻就能够改变基极电流的大小，从而改变静态工作点的位置。

（4）大信号失真

静态工作点的位置选择合适时，如果输入信号的幅值过大，仍然会造成输出信号失真。这种失真称为大信号失真，其特点是输出波形在两个半周期内都会发生失真。对于基本共射极放大电路，三种失真现象的对比关系如图 3.57 所示。

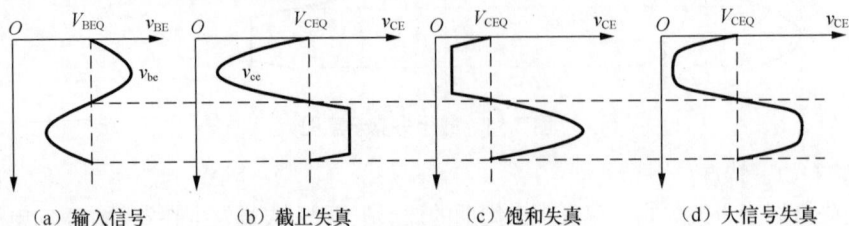

（a）输入信号　　（b）截止失真　　（c）饱和失真　　（d）大信号失真

图 3.57　几种失真波形的对比关系

（5）静态工作点的调节方法

在实验环境下，可以结合输出波形来调节放大电路的静态工作点。例如，对于基本共射极放大电路，具体操作步骤如下。

① 使用函数发生器作信号源，产生一定频率的正弦交流电压加到放大电路的输入端，信号幅值从小到大变化；输出端用示波器观察波形。

② 如果观察到截止（或饱和）失真，就减小（或增大）基极电阻，直至输出波形不失真。

③ 如果输出波形没有失真，则可以逐步增加输入信号的幅值，直至输出波形出现失真。

④ 如果输出波形出现半波失真，则重复步骤②和③。

⑤ 如果出现大信号失真，则表明静态工作点位置已经合适。

3.3.4　综合示例

【例 3.11】　三极管放大电路如图 3.58 所示，假设 V_{BE} 可以忽略。（1）估算静态工作点；（2）画出该电路的小信号等效电路；（3）求电压放大倍数 A_v、输入电阻 R_i、输出电阻 R_o 和源压放大倍数 A_{vs}。

【分析】本例是一道典型的放大电路分析题，要求对电路进行静态分析和动态分析：① 静态分析需要根据图 3.59 所示的直流通路来求解，而动态分析需要根据小信号等效电路来求解；② 求静态工作点即是求 I_{BQ}、I_{CQ} 和 V_{CEQ}，这三个值唯一确定 Q 点；③ 动态分析时需要先估算三极管的输入电阻 r_{be}；④ 源压放大倍数需要在电压放大倍数和输入电阻的基础上求解。

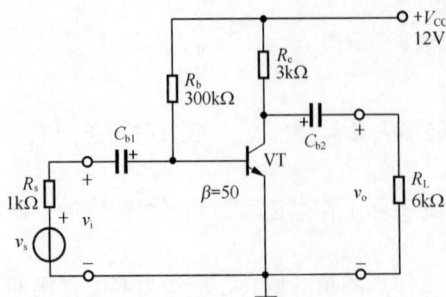

图 3.58　例 3.11 电路

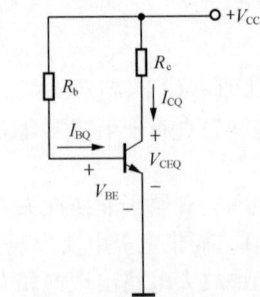

图 3.59　例 3.11 的直流通路

【解】（1）画直流通路，如图 3.59 所示，求静态工作点。

$$I_{BQ} = \frac{V_{CC} - V_{BE}}{R_b} \approx \frac{V_{CC}}{R_b} = \frac{12}{300 \times 10^3} = 40\mu A$$

$$I_{CQ} = \beta I_{BQ} = 50 \times 40 \times 10^{-6} = 2mA$$

$$V_{CEQ} = V_{CC} - I_{CQ}R_c = 12 - 2 \times 10^{-3} \times 3 \times 10^3 = 6\,V$$

（2）画小信号等效电路，如图 3.60 所示。

（3）动态分析。

$$r_{be} \approx 200 + \frac{26mV}{I_{BQ}} = 200 + \frac{26 \times 10^{-3}}{40 \times 10^6} = 850\Omega$$

$$A_v = -\beta \frac{R_L'}{r_{be}} = -50 \times \frac{3//6}{0.85} \approx -117.65$$

$$R_i = R_b // r_{be} \approx r_{be} = 850\Omega$$

$$R_o \approx R_c = 3k\Omega$$

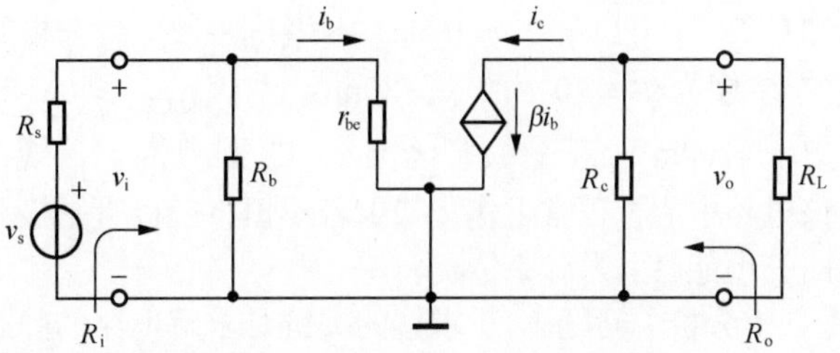

图 3.60　例 3.11 的小信号等效电路

$$A_{vs} = A_v \frac{R_i}{R_s + R_i} = -117.65 \times \frac{850}{1000 + 850} \approx -54.1$$

本题有以下几点需要注意：① 在所画的直流通路、交流通路、小信号等效电路图上应该明确标出关键的物理量，包括其符号和参考方向，以便列写相关的 KCL 或 KVL 方程；② 动态分析时尽可能直接引用典型电路的计算公式，无须推导；③ 计算结果要带上相应的单位；④ 共射极放大电路的放大倍数为负值，表示输入输出波形呈反相位的关系，不要忘了写负号（没有负号，其对应的物理含义也就变了）。

【例 3.12】 假设某放大电路如图 3.58 所示，其中三极管的输出特性曲线如图 3.61 所示，试在输出特性曲线上：（1）画出直流负载线，并确定静态工作点；（2）画出交流负载线，并确定输出电压的动态变化范围（输出电压波形不失真时的最大幅值）。

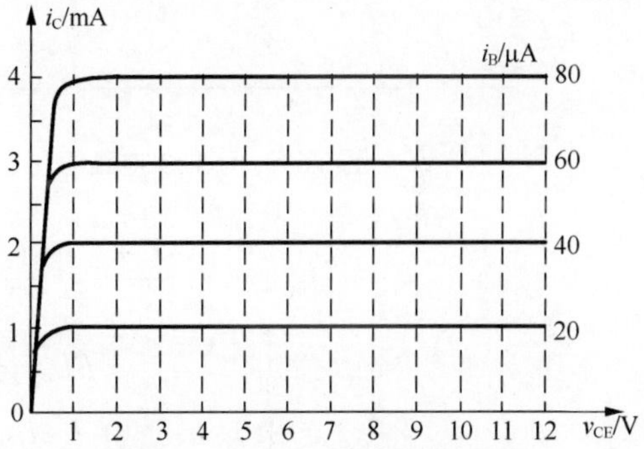

【分析】 本题是一道典型的放大电路图解分析题：① 画直流负载线，首先需要根据直流通路列直流负载线方程，然后用两点确定一条直线的方法画图；② 根据静态工作点应尽量处于放大区的中心来确定 Q 点位置，并读取相关值；③ 交流负载线一定会通过 Q 点，且其斜率为 $-1/R_L'$；④ 输出电压的动态范围由交流负载线决定。

图 3.61　例 3.12 的输出特性曲线

【解】（1）写方程画直流负载线

$$V_{CE} = V_{CC} - I_C R_c$$

令 $V_{CE} = 0 \Rightarrow I_C = \dfrac{V_{CC}}{R_c} = \dfrac{12}{3 \times 10^3} = 4mA \Rightarrow (0, 4)$

令 $I_C = 0 \Rightarrow V_{CE} = V_{CC} = 12V \Rightarrow (12, 0)$

在输出特性曲线上用直线连接点 $(12, 0)$ 和点 $(0, 4)$，即为直流负载线，如图 3.62 所示。考虑到静态工作点应在放大区的中心位置，故 Q 点为直流负载线与 $i_B = 40\mu A$ 这条输出特性曲线的交点。在图中读取 Q 点对应的值，如下

$$I_{BQ} = 40\mu A;\ I_{CQ} = 2mA;\ V_{CEQ} = 6V$$

（2）画交流负载线，确定输出电压的动态范围

斜率：$-\dfrac{1}{R_L'}=-\dfrac{1}{R_c /\!/ R_L}=-\dfrac{1}{3 /\!/ 6}=-\dfrac{1}{2}$

按该斜率画出过 Q 点的直线，即交流负载线，如图 3.62 所示。在横坐标上测出动态范围，取最小值

$$V_{cem}=4\ \text{V}$$

【例 3.13】　三极管放大电路如图 3.63 所示，已知：$R_b=24\text{k}\Omega$、$R_c=0.5\text{k}\Omega$、$V_{CC}=-12\text{V}$，三极管的参数为 $\beta=20$、$I_{CM}=30\text{mA}$、$V_{(BR)CEO}\geqslant 9\text{V}$、$P_{CM}=100\text{mW}$、$V_{BE}$ 可以忽略。（1）试判断三极管在该电路中能否正常工作；（2）若不慎将三极管基极开路，可能会引发什么情况？

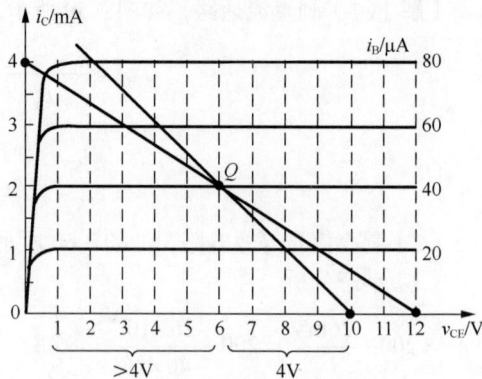

图 3.62　例 3.12 的负载线

【分析】问题（1）求解的关键是求解电路的静态值，并与极限参数比较，判断三极管是否能够正常工作；问题（2）的关键是求基极开路时的静态值，看是否存在关键物理量超过极限值的问题。

【解】（1）画直流通路，如图 3.64 所示，求静态工作点。

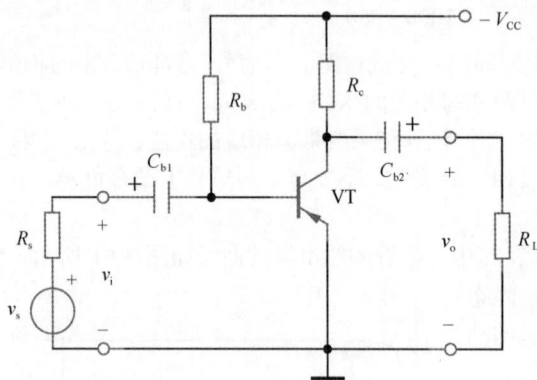

图 3.63　例 3.13 电路

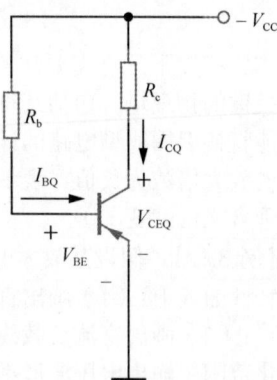

图 3.64　例 3.13 的直流通路

$$I_{BQ}=-\frac{[0-(-V_{CC})]-(-V_{BE})}{R_b}\approx -\frac{V_{CC}}{R_b}=-\frac{12}{24\times 10^{3}}=-0.5\text{mA}$$

$$I_{CQ}=\beta I_{BQ}=-20\times 0.5\times 10^{-3}=-10\text{mA}$$

$$V_{CEQ}=-[(0-(-V_{CC}))-(-I_{CQ}R_c)]=-(12-10\times 10^{-3}\times 0.5\times 10^{3})=-7\ \text{V}$$

将上述直流值与极限值比较得

$$|I_{CQ}|=10\text{mA}<I_{CM}=30\text{mA}，\text{集电极电流符合要求；}$$

$$|V_{CEQ}|=7\ \text{V}<V_{(BR)CEO}=9\ \text{V}，\text{集射电压符合要求；}$$

$$P_C=V_{CEQ}I_{CQ}=7\times 10=70\text{mW}<P_{CM}=100\text{mW}，\text{功率符合要求。}$$

故三极管在电路中能够正常工作。

（2）求基极开路时的静态值

$$I_{BQ}=0\Rightarrow I_{CQ}\approx 0$$

$$V_{CEQ}=-[(0-(-V_{CC}))-(-I_{CQ}R_c)]=-12\ \text{V}$$

$$|V_{CEQ}|>V_{(BR)CEO}$$

实际集射电压超过了耐压，故此时的三极管可能被击穿。

【例 3.14】　试设计一个基本共射极放大电路，要求 $A_{vs} = -100$。已知：$V_{CC} = 12\text{V}$、$R_s = 1\text{k}\Omega$、$R_L = 6\text{k}\Omega$、$r_{bb'} = 300\Omega$、$I_{BQ} = 40\mu\text{A}$、$I_{CS} = 40\text{mA}$，假设 V_{BE} 和 V_{CES}（集射饱和电压）可以忽略，试确定 R_b、R_c 和三极管 β 的值。

【分析】本题在求解过程中可以直接利用前面所学结论进行推导。

【解】（1）根据静态基极电流求 R_b

$$I_{BQ} = \frac{V_{CC} - V_{BE}}{R_b} \approx \frac{V_{CC}}{R_b} \Rightarrow R_b = \frac{V_{CC}}{I_{BQ}} = \frac{12}{40 \times 10^{-6}} = 300\text{k}\Omega$$

（2）根据饱和集电极电流求 R_c

$$I_{CS} = \frac{V_{CC} - V_{CES}}{R_c} \approx \frac{V_{CC}}{R_c} \Rightarrow R_c = \frac{V_{CC}}{I_{CS}} = \frac{12}{40 \times 10^{-3}} = 3\text{k}\Omega$$

（3）根据源压增益求电压放大倍数 A_{vs}

$$r_{be} = r_{bb'} + \frac{26\text{mV}}{I_{BQ}} = 300 + \frac{26 \times 10^{-3}}{40 \times 10^{-6}} = 950\Omega$$

$$R_i = R_b // r_{be} \approx r_{be} = 950\Omega$$

$$A_{vs} = \frac{R_i}{R_i + R_s} A_v \Rightarrow A_v = \frac{R_i + R_s}{R_i} A_{vs} = -\frac{950 + 1000}{950} \times 100 \approx -205$$

（4）根据电压放大倍数求 β

$$A_v = -\beta \frac{R_L'}{r_{be}} \Rightarrow \beta = -\frac{r_{be}}{R_L'} A_v = \frac{950}{3000 // 6000} \times 205 = 97.38$$

若实际制作电路，可用 β 为 100 的三极管。

3.3.5　故障分析

三极管放大电路的故障，可能是由三极管故障引发，也可能是电路参数不合适或其他元件故障造成的。电路的具体故障，可以结合相关电压、电流和波形进行综合分析。

【仿真示例 3.6】　三极管典型故障的仿真。

三极管的典型故障通常有基极开路、集电极开路、基射极短路、基集极短路、集射极短路等。这类故障可以通过测量三极管电压、电流进行判断。具体如图 3.65 所示。图中 V_B、V_C 分别为基极和集电极电位，I_B、I_C、I_E 分别为基极、集电极和发射极电流。

说明：对于图 3.65（b），基极开路故障的特征是发射结上加有足够大的正向电压，但基极电流近似为 0；对于图 3.65（c），集电极开路故障的特征是发射结正常导通，发射结电压和基极电流大小也正常，但集电极电流近似为 0；对于图 3.65（d），基极-射极短路故障的特征是两电极上的电流相等，同时发射结上的电压近似为 0。

【仿真示例 3.7】　放大电路参数不合适导致故障的仿真。

电路参数设置不合适可能会影响电路的静态值和动态性能。例如，偏置电路参数设置不合适，会导致电路静态工作点的位置不合适，造成电路的动态变化范围较小，容易引发非线性失真问题。图 3.66 所示的仿真电路演示了参数不合适的情况。

（1）基极电阻偏大对输出的影响

如果将基极电阻 R_b 设置为 750kΩ，电路其他参数如图 3.66 所示，执行瞬时仿真，观察输入输出波形，结果如图 3.67 所示。显然，电路出现了截止失真（输出 V_o 在 V_s 减小过程中出现失真），即基极电阻值偏大。

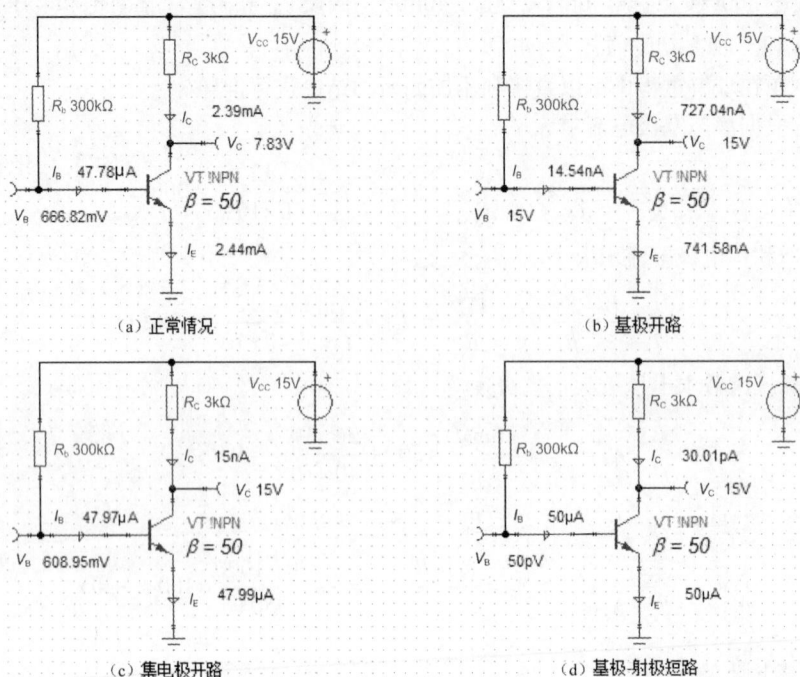

图 3.65　三极管典型故障仿真

（2）基极电阻偏小对输出的影响

如果将基极电阻 R_b 设置为 350kΩ，电路其他参数如图 3.66 所示，执行瞬时仿真，观察输入输出波形，结果如图 3.68 所示。显然，电路出现了饱和失真（输出 V_o 在 V_s 增大过程中出现失真），即基极电阻值偏小。

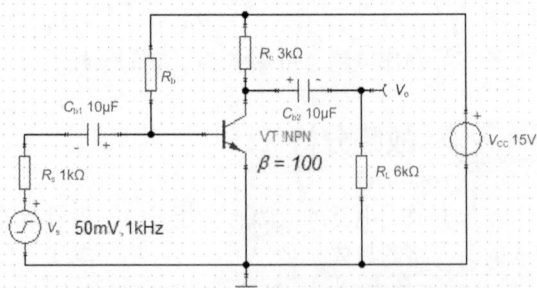

图 3.66　参数不合适导致故障的仿真电路

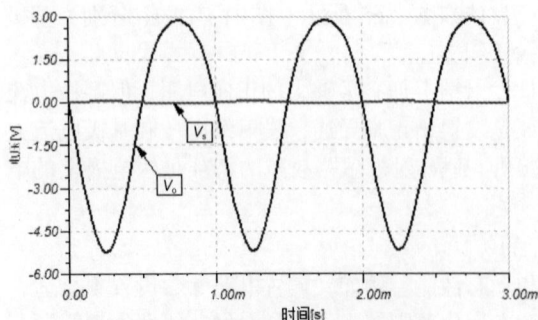

图 3.67　基极电阻偏大的问题

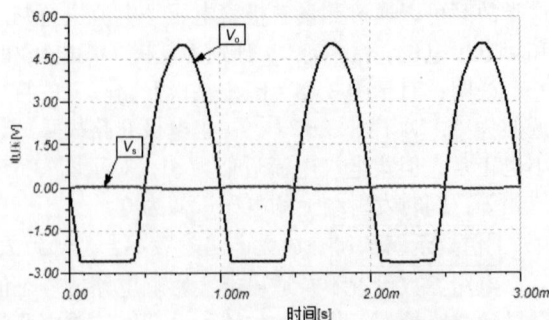

图 3.68　基极电阻偏小的问题

（3）集电极电阻偏大对输出的影响

如果将基极电阻 R_b 设置为 500kΩ，集电极电阻 R_c 增加到 6kΩ，电路其他参数如图 3.66 所示,执行瞬时仿真,观察输入输出波形,结果如图 3.69(a)所示。显然,电路出现了严重的半波失真(输出 V_o 在 V_s 增大过程中出现失真)。如果测量此时电路的静态值,会发现三极管在静态时已处于饱和状态(基极电位远高于集电极电位),具体如图 3.69(b)所示。

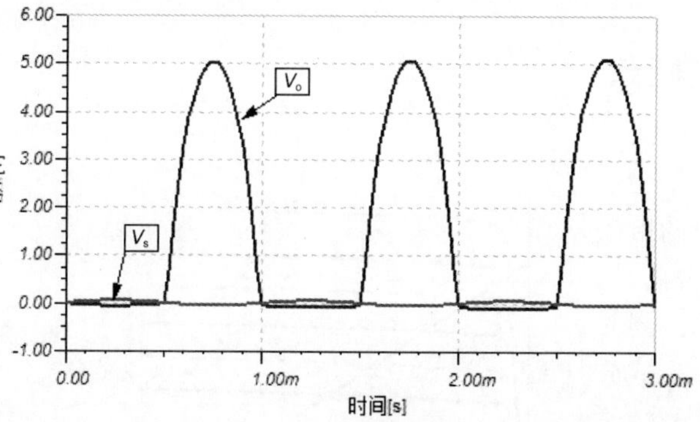

（a）输入输出波形 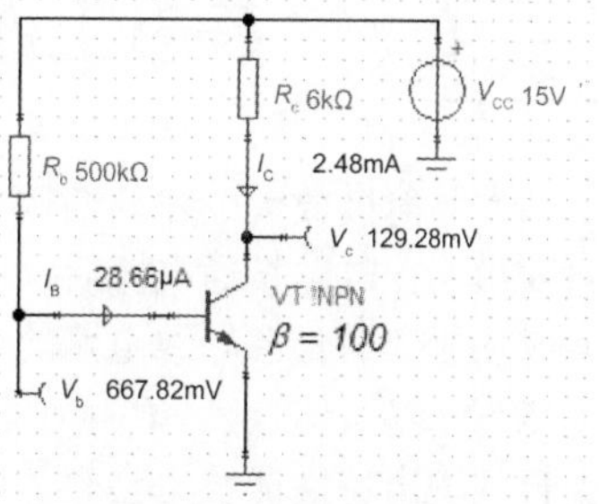   （b）测量静态值

图 3.69 集电极电阻偏大的问题

（4）输出电容短路对输出的影响

将基极电阻 R_b 设置为 500kΩ,集电极电阻 R_c 设置为 3kΩ,信号源幅值设置为 10mV,输出电容 C_{b2} 设置为短路,电路其他参数如图 3.66 所示,执行瞬时仿真,观察输入输出波形,结果如图 3.70 所示。显然,输出波形因含有直流分量,其变化不再以 0 为中心。

（5）输出电容值偏小对输出的影响

去掉输出电容 C_{b2} 的短路故障,并将其值设置为 10pF,电路其他参数如图 3.66 所示,执行瞬时仿真,观察输入输出波形,结果如图 3.71 所示。由于输出电容值偏小,交流信号的通过能力降低,导致输出信号减小,且相位关系受到影响。

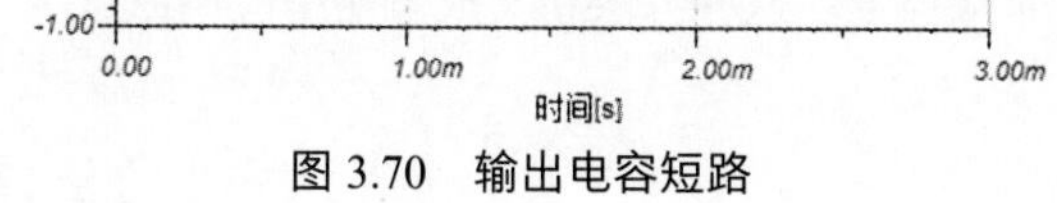

图 3.70 输出电容短路

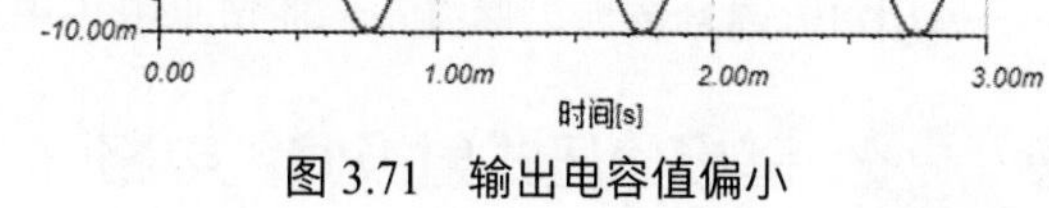

图 3.71 输出电容值偏小

3.3.6 小节练习

【知识回顾】

本节主要概念:放大电路的静态分析(直流通路、静态工作点、直流负载线)、动态分析(交流通路、三极管小信号模型、放大电路小信号等效电路、电压放大倍数、输入电阻、输出电阻、源压放大倍数)、放大电路的失真(截止失真、饱和失真、大信号失真)等。

【思考题】

1. 放大电路的静态分析和动态分析的目的分别是什么?

2. 如何通过输出波形判断放大电路的静态工作点是否合适?

放大电路的
分析自测题 1

3. 放大电路的电压放大倍数是否是越大越好?

4. 从动态性能来看,基本共射极放大电路的特点是什么?

5. 放大电路有输出信号,但输出信号的幅值较小,可能是哪些原因造成的?

放大电路的
分析自测题 2

3.4 静态工作点的稳定

基本共射极放大电路的结构虽然简单,但容易受温度影响:电路接通电源后,由于元器件将电能转换成热能,通常会导致电路的环境温度升高,引起三极管的 β、I_{CBO}、I_{CEO} 等参数的变化,同时三极管的输出特性曲线也会整体向上偏移,造成放大电路的静态工作点向上偏移,具体如图 3.72 所示(温度上升时静态工作点会从 Q 点上移到 Q' 点),进而影响放大电路的动态性能(例如,工作点上移易造成输出信号发生饱和失真)。因此,设计放大电路时需要考虑稳定静态工作点的措施。

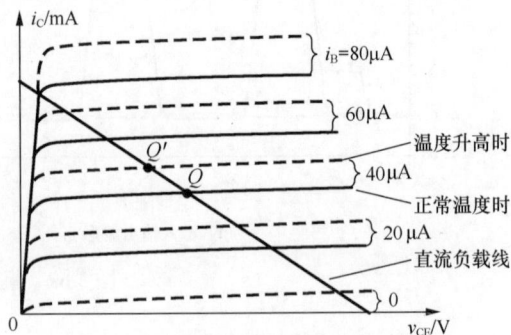

图 3.72 温度升高对静态工作点的影响

3.4.1 稳定静态工作点的方法

稳定静态工作点的基本思路是改进放大电路的偏置电路,以便在温度上升时,能通过偏置电路自动补偿集电极电流的变化,从而使之趋于稳定,实现稳定静态工作点的目的。常用的方法有如下几种。

(1)直流负反馈法[1]

对于共射极放大电路来说,引入发射极电阻能够将集电极电流的变化转变为电压的变化,从而通过改变发射结电压来补偿集电极电流的变化。因此,为了稳定静态工作点,可以采用含射极电阻的射极偏置电路——如基极分压式射极偏置电路、双电源射极偏置电路。

(2)温度补偿法

利用对温度敏感的器件,在温度变化时直接影响放大电路的输入量,以实现对集电极电流的补偿。

(3)恒流源法[2]

利用恒流源直接提供偏流,从而使集电极电流非常稳定。这种方法在集成电路中应用广泛。

3.4.2 基极分压式射极偏置电路

基极分压式射极偏置电路在分立元件电路中最为常见,其典型电路如图 3.73(a)所示。与基本共射极放大电路相比,此电路多了一个基极电阻 R_{b2} 和一个射极电阻 R_e。

1. 稳定静态工作点的原理

基极分压式射极偏置电路稳定静态工作点采用的方法是直流负反馈法。简单来说,就是利用射极电阻将输出端的电流变化转换为输入端电压变化,从而补偿输出电流的变化。静态工作点属于静态分析范畴,因此画出电路的直流通路进行分析,如图 3.73(b)所示。

稳定静态工作点
的原理

---

[1] 关于负反馈的相关内容将在后续章节介绍。

[2] 关于恒流源的相关内容将在后续章节介绍。

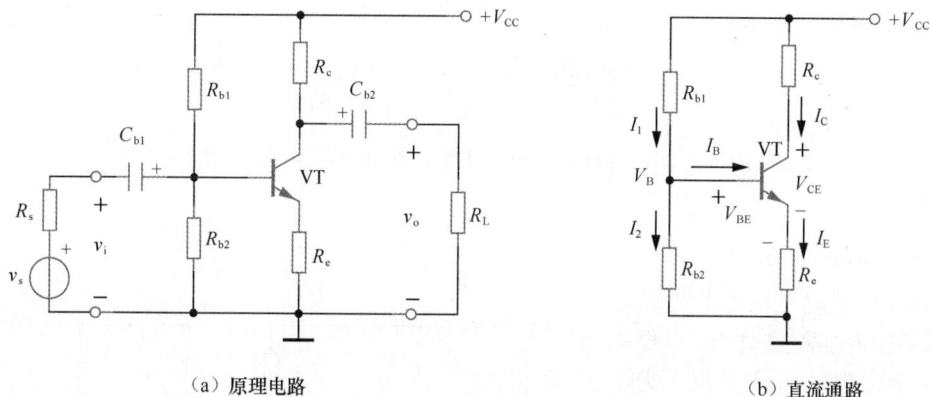

（a）原理电路　　　　　　　　　　　　　（b）直流通路

图 3.73　基极分压式射极偏置电路

（1）R_{b2} 的作用

与基极相关的三个电流 I_1、I_2 和 I_B 的关系为 $I_1 = I_2 + I_B$。通常情况下，基极电流 I_B 较小（微安数量级），如果适当选取 R_{b1} 和 R_{b2} 的阻值，能够满足 $I_2 \gg I_B$，因此有 $I_1 \approx I_2$，即基极电阻 R_{b1} 和 R_{b2} 可以近似看成串联关系。所以，基极直流电位 V_B 的表达式可写为

$$V_B = \frac{R_{b2}}{R_{b1} + R_{b2}} V_{CC} \qquad (3.34)$$

显然，V_B 可以认为是一个固定值，与温度无关。

【小结】R_{b2} 与 R_{b1} 组成了基极串联分压电路，为三极管提供稳定的基极直流电位 V_B。

（2）R_e 的作用

射极电阻 R_e 能够实时监控集电极电流的变化，并将该电流的变化转换为电压的变化，从而影响三极管的基射电压以实现对集电极电流的补偿，具体过程如下

温度 $\uparrow$ $\to$ $\beta \uparrow$ $\to$ $I_C \uparrow$ $\to$ $I_E \uparrow$ $\to$ $V_E(=I_E R_e) \uparrow$ $\to$ $V_{BE}(=V_B - V_E) \downarrow$ $\to$ $I_B \downarrow$ $\to$ $I_C \downarrow$

如果温度下降，上述过程将反向变化。显然，这是一个动态的自动调整过程，在不断的变化过程中使静态工作点的位置趋于稳定。

（3）R_b 与 R_e 的取值关系

为达到较好的静态工作点稳定效果，工程上一般要求满足

$$(1 + \beta)R_e \approx 10 R_b \quad (R_b = R_{b1} /\!/ R_{b2}) \qquad (3.35)$$

2．电路分析

类似基本共射极放大电路，对基极分压式射极偏置电路也要进行静态分析和动态分析，分别求解电路的静态工作点和动态参数。

（1）静态工作点的估算

根据图 3.73（b）所示直流通路，可以首先算出基极电位 V_B，其次通过估算射极电流推导出集电极电流，然后计算基极电流和集射电压，分析结果如下

$$
\begin{aligned}
I_{CQ} &\approx I_{EQ} = \frac{V_E}{R_e} = \frac{V_B - V_{BE}}{R_e} \approx \frac{V_B}{R_e} \\
I_{BQ} &= I_{CQ}/\beta \\
V_{CEQ} &= V_{CC} - I_{CQ} R_c - I_{EQ} R_e \approx V_{CC} - I_{CQ}(R_c + R_e)
\end{aligned}
\qquad (3.36)
$$

（2）动态分析

首先，绘制基极分压式射极偏置电路的小信号等效电路，如图 3.74 所示。绘图时要注意射极电阻 R_e 的连接关系（在公共端射极之下，公共参考点之上），然后基于小信号等效电路求解电压放大倍数、输入电阻、输出电阻等动态参数。

分压式共射极放大电路的动态分析

动态参数分析结果如下。

$$A_v = \frac{v_o}{v_i} = \frac{-\beta i_b (R_L \text{ // } R_c)}{i_b r_{be} + (1+\beta)i_b R_e} = -\frac{\beta R_L'}{r_{be} + (1+\beta)R_e}$$

$$R_i = R_b \text{ // } [r_{be} + (1+\beta)R_e] = (R_{b1} \text{ // } R_{b2}) \text{ // } [r_{be} + (1+\beta)R_e] \qquad (3.37)$$

$$R_o \approx R_c$$

3．电路改进

需要指出，引入射极电阻 R_e 的好处是稳定了电路的静态工作点，并提高了输入电阻（增加了电路的抗干扰能力），但坏处是降低了电路的电压放大能力（R_e 上存在交流损耗，导致输出电压变小），两者之间是一对矛盾关系。下面对电路进行针对性改进。

（1）提升电压增益

为了提升电路的电压放大能力，

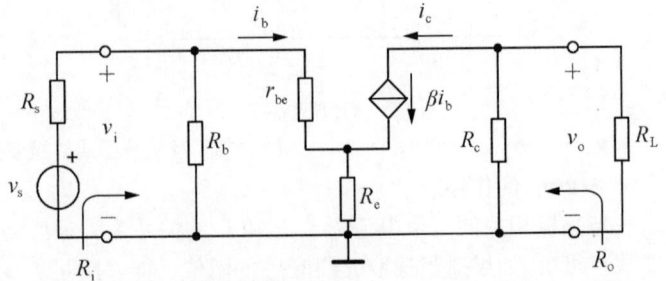

图 3.74　基极分压式射极偏置电路的小信号等效电路

且同时兼顾静态工作点的稳定，可以在射极电阻 R_e 两端并联一只大电容 C_e，如图 3.75 所示。该电容的作用是：① 静态时，电容断开，不影响静态工作点的稳定；② 动态时，电容将电阻 R_e 短接，故射极仍然为交流公共参考点，R_e 上不存在交流损耗，电压放大能力恢复正常。通常将 C_e 称为射极旁路电容，容量为几十微法。

（2）提升输入电阻

旁路电容 C_e 的引入虽然提升了电压放大倍数，但同时也降低了电路的输入电阻。为了兼顾这两者，电路可以作如图 3.76 所示的改进。静态时，R_{e1} 和 R_{e2} 共同作用以稳定工作点；动态时，R_{e2} 被电容 C_e 短接，仅有 R_{e1} 作用于电路。通常，R_{e1} 的阻值为几百欧，而 R_{e2} 的阻值为几千欧。注意，引入 R_{e1} 的实质是通过牺牲放大能力来换取电路抗干扰能力的提升，但 R_{e1} 的值不能太大，否则会使放大倍数下降过多。

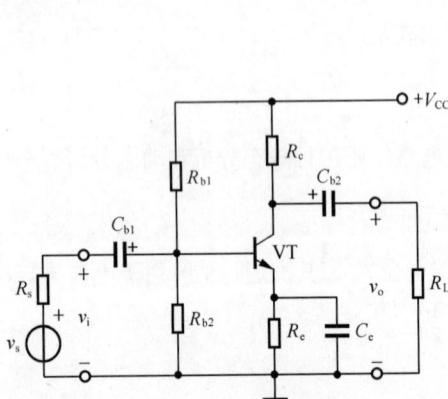

图 3.75　引入旁路电容

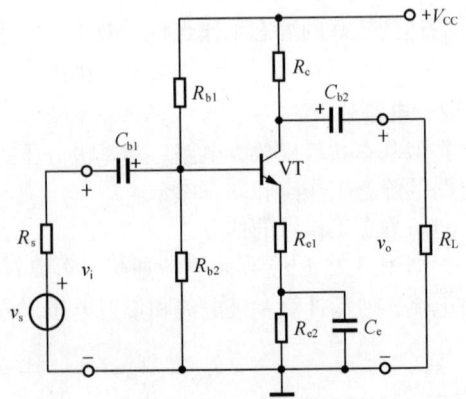

图 3.76　引入双射极电阻

3.4.3　其他射极偏置电路

1．双电源射极偏置电路

双电源射极偏置电路如图 3.77（a）所示。

根据电路的直流通路，如图 3.77（b）所示，静态分析的结果如下

$$I_{BQ} = \frac{0-(-V_{EE})}{R_b+(1+\beta)(R_{e1}+R_{e2})} = \frac{V_{EE}}{R_b+(1+\beta)(R_{e1}+R_{e2})}$$

$$I_{CQ} = \beta I_{BQ} \tag{3.38}$$

$$V_{CEQ} \approx (V_{CC}+V_{EE}) - I_{CQ}(R_c+R_{e1}+R_{e2})$$

电路的小信号等效电路如图 3.74 所示（需将图中的射极电阻 R_e 换成 R_{e1}），分析得

$$A_v = -\frac{\beta R_L'}{r_{be}+(1+\beta)R_{e1}}$$

$$R_i = R_b // [r_{be}+(1+\beta)R_{e1}] \tag{3.39}$$

$$R_o \approx R_c$$

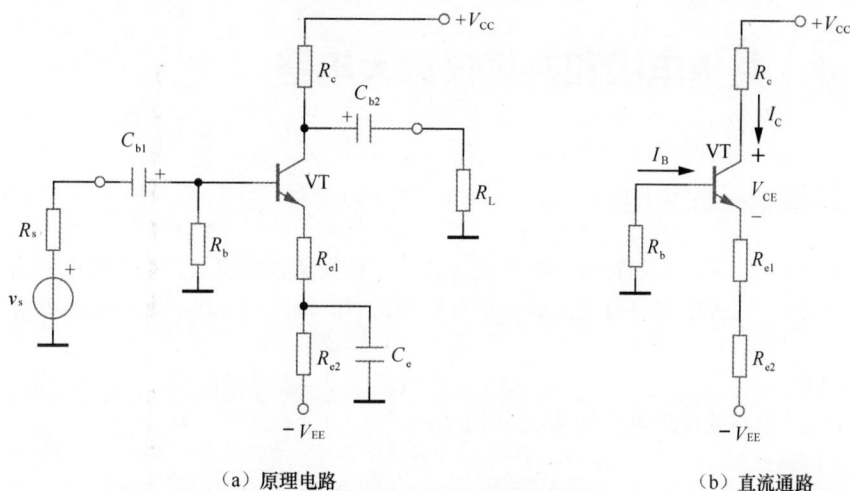

（a）原理电路   （b）直流通路

图 3.77 双电源射极偏置电路

2．电流源射极偏置电路

电流源射极偏置电路如图 3.78 所示，静态电流由电流源 I_s 提供（$I_{EQ}=I_s$）。另外，考虑到电流源的内阻较大，为避免对电路放大能力的影响，也需要并联旁路电容。电路的分析方法略。

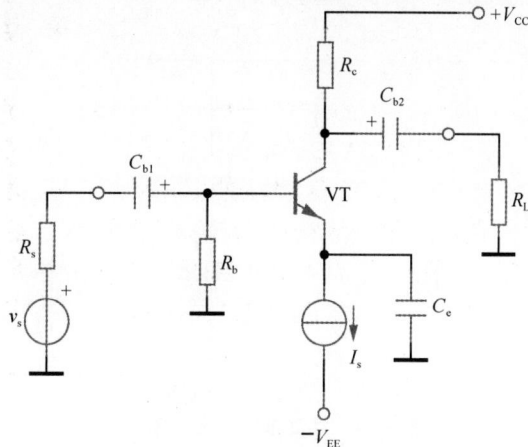

图 3.78 电流源射极偏置电路

3.4.4 小节练习

【知识回顾】

本节主要概念：基本共射极放大电路静态工作点不稳定的原因、稳定静态工作点的常用方法、基极分压式射极偏置电路的典型结构和稳定静态工作点的原理、射极电阻对电路动态参数的影响、射极旁路电容的作用、基极分压式射极偏置电路的分析方法。

【思考题】

1. 试简述静态工作点不稳定对放大电路的工作有何影响。
2. 试简述基极分压式射极偏置电路稳定静态工作点的过程。
3. 试比较基极分压式射极偏置电路中有无射极旁路电容的不同。
4. 改进型的基极分压式射极偏置电路连接两个射极电阻的原因是什么？
5. 在图 3.75 的 R_{b2} 两端并联一个负温度系数热敏电阻[1]，能否稳定静态工作点？为什么？

静态工作点的
稳定自测题

3.5 共集电极和共基极放大电路

3.5.1 共集电极放大电路

共集电极放大电路采用三极管的共集连接方式——信号从基极引入，从发射极取出，而将集电极作为公共端使用。这种电路具有电压放大倍数近似为 1、输入电阻高、输出电阻低的特点，应用十分广泛。

1．电路结构

共集电极放大电路的原理电路如图 3.79（a）所示。

2．静态分析

共集电极放大电路的直流通路如图 3.79（b）所示，静态分析的结果如下。

$$V_{CC} = I_{BQ}R_b + V_{BE} + I_{EQ}R_e \Rightarrow I_{BQ} = \frac{V_{CC} - V_{BE}}{R_b + (1+\beta)R_e}$$

$$I_{EQ} \approx I_{CQ} = \beta I_{BQ}$$

$$V_{CEQ} = V_{CC} - I_{EQ}R_e$$

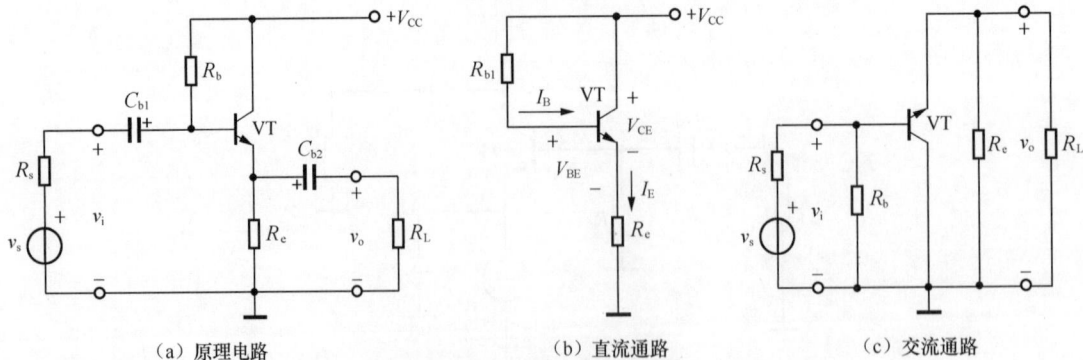

（3.40）

（a）原理电路 （b）直流通路 （c）交流通路

图 3.79　共集电极放大电路

---

[1] 负温度系数热敏电阻又称 NTC 热敏电阻，其电阻值会随温度增大而减小。

3．动态分析

首先，绘制共集电极放大电路的小信号等效电路，如图 3.80 所示。建议采用图 3.80（b）所示的结构——三极管的输入端基极放左边，输出端发射极放右边，公共端集电极放下边；然后基于小信号等效电路求解电压放大倍数、输入电阻、输出电阻等动态参数。

共集电极放大电路的动态分析

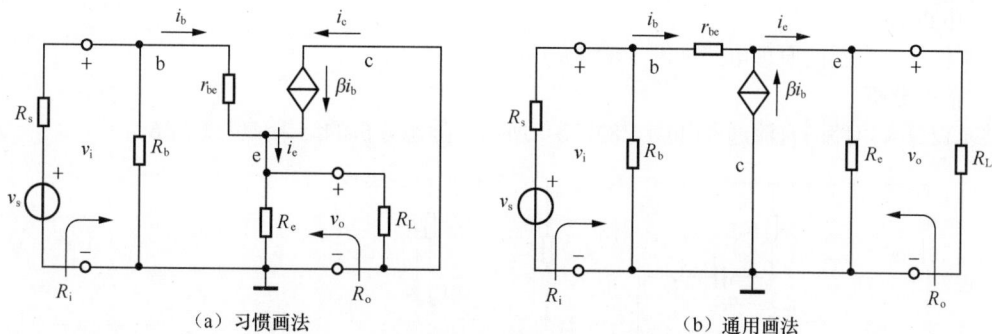

（a）习惯画法　　　　　　　　　（b）通用画法

图 3.80　共集电极放大电路的小信号等效电路

动态分析的结果如下。

$$A_v = \frac{v_o}{v_i} = \frac{i_e(R_L /\!/ R_e)}{i_b r_{be} + i_e(R_L /\!/ R_e)} = \frac{(1+\beta)R_L'}{r_{be} + (1+\beta)R_L'} \approx 1$$

$$R_i = R_b /\!/ [r_{be} + (1+\beta)R_L'] \tag{3.41}$$

$$R_o = R_e /\!/ \frac{(R_s /\!/ R_b + r_{be})}{1+\beta} \approx \frac{R_s' + r_{be}}{1+\beta}$$

其中，输出电阻的分析方法：① 去掉电路中的独立电源，电路如图 3.81 所示；② 输出电阻可以看成 R_e 与 R_o' 的并联；③ 然后求 R_o'（等于端口电压比端口电流）。

分析结果如下。

$$R_o' = \frac{v_o}{-i_e} = \frac{-i_b(R_s /\!/ R_b + r_{be})}{-(1+\beta)\,i_b} = \frac{R_s' + r_{be}}{1+\beta} \Rightarrow R_o = R_o' /\!/ R_e \approx R_o' = \frac{R_s' + r_{be}}{1+\beta}$$

说明：通常 $(R_s' + r_{be})$ 和 R_e 的大小是同量级的，所以前者除以 $(1+\beta)$ 后远小于后者，故计算输出电阻时可以忽略 R_e。

4．电路特点及应用

共集电极放大电路的典型特点是：① 电压放大倍数近似为 1，但略小于 1——输出电压跟随输入电压变化（实际上输出电压与输入电压之间仅相差一个发射结的正向电压），因此电路又称为电压跟随器。显然，这种放大电路没有电压放大能力，但具有电流放大能力，其输出电流 i_e 与输入电流 i_b 之间仍存在 $(1+\beta)$ 倍的关系；② 输入电阻高，电路抗干扰能力强；③ 输出电阻小，带负载能力强。

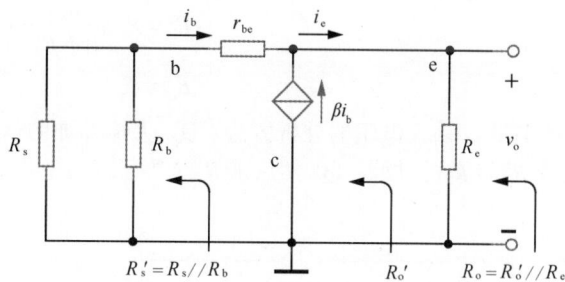

图 3.81　求共集电极放大电路的输出电阻

基于上述特点，共集电极放大电路在多级放大电路中应用广泛：既可作输入级（发挥输入电阻高、抗干扰能力强的特点）；又可作输出级（发挥输出电阻低、带负载能力强的特点）；还可以作中间级，起到隔离缓冲的作用。

需要特别指出的是：与共射极放大电路相比，共集电极放大电路是一种同相放大电路，即输入电压和输出电压是同相位的关系；而共射极放大电路是一种反相放大电路，输入输出之间存在反相位的关系。

3.5.2 共基极放大电路

共基极放大电路采用三极管的共基连接方式——信号从发射极引入，从集电极取出，而将基极作为公共端使用。这种电路的高频特性[1]较好，适合用作高频放大电路或宽频带电路。

1. 电路结构

共基极放大电路的原理电路如图 3.82（a）所示。

2. 静态分析

共基极放大电路的直流通路如图 3.82（b）所示，静态分析的结果如式（3.36）。

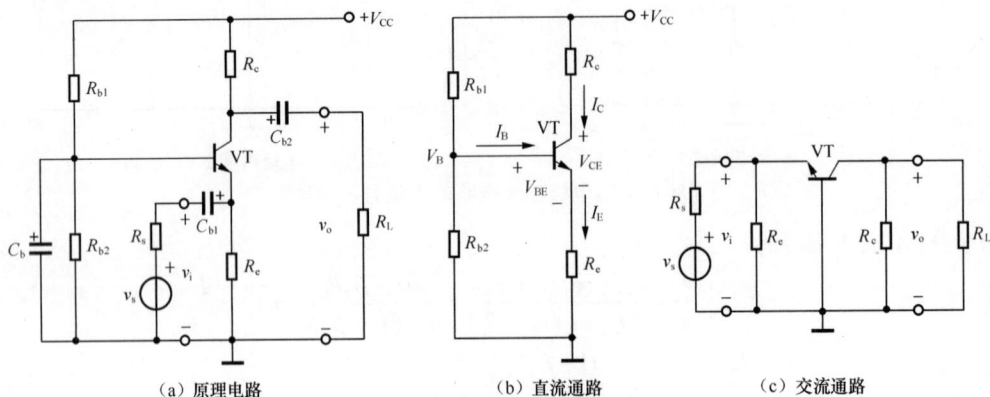

（a）原理电路　　　　　　　　（b）直流通路　　　　　　　　（c）交流通路

图 3.82　共基极放大电路

3. 动态分析

首先，绘制放大电路的小信号等效电路，如图 3.83 所示。三极管小信号等效电路的输入端发射极放左边，输出端集电极放右边，公共端基极放下边。然后基于小信号等效电路求解电压放大倍数、输入电阻、输出电阻等动态参数。

动态分析的结果如下。

共基极放大电路的动态分析

$$A_v = \frac{v_o}{v_i} = \frac{-i_c(R_L /\!/ R_c)}{-i_b r_{be}} = \frac{\beta R'_L}{r_{be}}$$

$$R_i = R_e /\!/ \frac{r_{be}}{1+\beta} \approx \frac{r_{be}}{1+\beta} \qquad (3.42)$$

$$R_o \approx R_c$$

其中，输入电阻的分析方法：① 去掉外加的信号源，电路如图 3.84 所示；② 输出电阻可以看成 R'_o 与 R_e 的并联；③ 然后求 R'_o（等于端口电压比端口电流）。

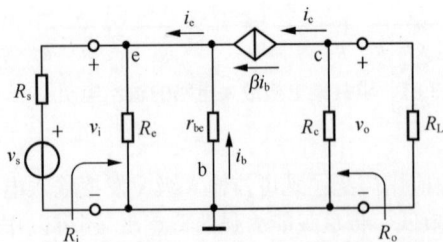

图 3.83　共基极放大电路的小信号等效电路

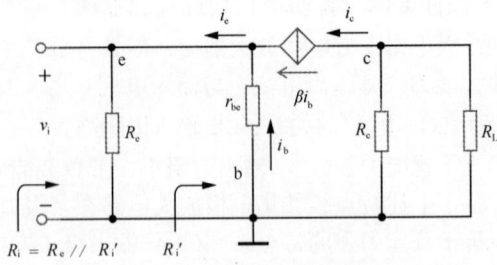

图 3.84　求共基极放大电路的输入电阻

---

[1] 关于放大电路的频率特性将在后续章节中介绍。

分析结果如下。

$$R_i' = \frac{v_i}{-i_e} = \frac{-i_b r_{be}}{-(1+\beta)i_b} = \frac{r_{be}}{1+\beta} \Rightarrow R_i = R_i' \, // \, R_e \approx R_i' = \frac{r_{be}}{1+\beta}$$

说明：通常 r_{be} 和 R_e 的大小是同量级的，所以前者除以 $(1+\beta)$ 后远小于后者，故计算输入电阻时可以忽略 R_e。

4．电路特点及应用

共基极放大电路是一种同相放大电路，输入电压和输出电压是同相位关系，具有较强的电压放大能力，但没有电流放大能力（输入电流是发射极电流，输出电流是集电极电流）。共基极放大电路适合作高频放大电路和宽频电路。

需要注意的是，共基极放大电路的输入电阻较小，不宜单独使用，而需要与其他组态电路联合使用，以提高电路的抗干扰能力。

3.5.3　放大电路性能比较

1．电路组态

三种放大电路的组态由三极管的连接方式决定：① 共射极放大电路，信号从基极进，集电极出，发射极为公共端；② 共集电极放大电路，信号从基极进，发射极出，集电极为公共端；③ 共基极放大电路，信号从发射极进，集电极出，基极为公共端。

在实际分析放大电路的组态时，要注意明确电路的输入输出关系，基本推导原则是：① 如果从基极引入信号，则电路可能是共射（集电极输出）或共集（发射极输出）组态；② 如果从集电极取出信号，则电路可能是共射（基极输入）或共基（发射极输入）组态；③ 如果从发射极引入信号，则电路为共基组态。

2．特点及用途

三种组态放大电路的特点及用途如表 3.3 所示。

表 3.3　三种组态放大电路的特点及用途

电路图	动态参数计算	特点及用途
	$A_v = \dfrac{v_o}{v_i} = -\dfrac{\beta R_L'}{r_{be}}$ $A_i \approx \dfrac{i_c}{i_b} = \beta$ $R_i = R_b \, // \, r_{be}$ $R_o \approx R_c$ $(R_b = R_{b1} \, // \, R_{b2}\quad R_L' = R_L \, // \, R_c)$	①有电压和电流放大能力；②属于反相电压放大器；③适合作多级放大电路的中间级（电压放大）
	$A_v = \dfrac{v_o}{v_i} = \dfrac{(1+\beta)R_L'}{r_{be}+(1+\beta)R_L'} \approx 1$ $A_i \approx \dfrac{i_e}{i_b} = 1+\beta$ $R_i = R_b \, // \, [r_{be}+(1+\beta)R_L']$ $R_o \approx \dfrac{R_s'+r_{be}}{1+\beta}$ $(R_L' = R_L \, // \, R_e\quad R_s' = R_s \, // \, R_b)$	①没有电压放大能力，但有电流放大能力；②属于电压跟随器；③适合作多级放大电路的输入级、中间级（隔离缓冲）和输出级

电路图	动态参数计算	特点及用途
	$A_v = \dfrac{v_o}{v_i} = \dfrac{\beta R_L'}{r_{be}}$ $A_i \approx \dfrac{i_c}{i_e} = \alpha$ $R_i = R_b // \dfrac{r_{be}}{1+\beta} \approx \dfrac{r_{be}}{1+\beta}$ $R_o \approx R_c$ $(R_L' = R_L // R_c)$	①有电压放大能力，但没有电流放大能力；②属于同相电压放大器；③适合作高频放大电路和宽频电路

3.5.4　小节练习

【知识回顾】

本节主要概念：共集电极放大电路和共基极放大电路的典型结构、静态分析方法、小信号等效电路绘图方法、动态分析方法，以及电路的特点和应用；共射、共集和共基三种电路的性能比较。

【思考题】

1. 共集电极放大电路的特点？有何用途？
2. 如果在共集电极放大电路中增加一个集电极电阻，会对电路有何影响？
3. 如果将共集电极放大电路中的射极电阻去掉（开路处理），电路能否正常工作？
4. 共基极放大电路的特点？有何用途？
5. 功率放大不需要电压放大能力，但需要电流放大能力，功率放大应选哪种电路作为原型电路？

共集电极和共基极放大电路自测题

3.6　多级放大电路

上文提到的单级放大电路虽然结构简单，但其功能往往不能满足实际需求，因此很多情况下我们需要将两个或更多放大电路组合在一起，构成多级放大电路使用，以便发挥各种组态电路的优点，从而获得更高的增益、更大的输入电阻、更小的输出电阻。在多级放大电路中，前级电路的输出将作为后级电路的输入信号，电路的分析方法与单级放大电路类似。

3.6.1　耦合方式

多级放大电路常见的耦合方式（前级电路与后级电路的连接方式）有直接耦合、阻容耦合、变压器耦合和光电耦合，前三种方式如图 3.85 所示，光电耦合如图 3.86 所示。

（1）直接耦合

将前一级的输出端直接连接到后一级的输入端，这种耦合方式既可以放大直流信号，也可以放大交流信号。这种耦合方式的优点是：具有良好的频率特性，没有大电容，易于集成；缺点是：工作点相互影响，分析、设计和调试较为困难。

（2）阻容耦合

将放大电路的前级输出端通过电容接到后级输入端，该电容与后级电路的输入电阻构成 RC 阻容耦合电路。这种耦合方式仅能放大交流信号，其优点是：前后级电路相互独立，分析、设计和调试相对容易；缺点是：由于集成电路工艺很难制造大容量电容，因此无法应用于集成放大电路中。

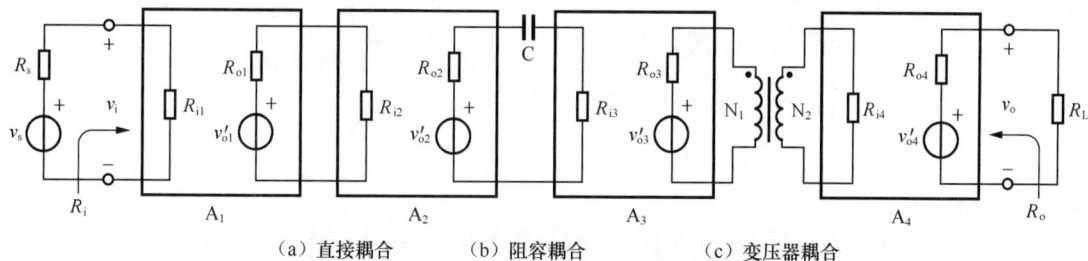

图 3.85　多级放大电路的几种耦合方式

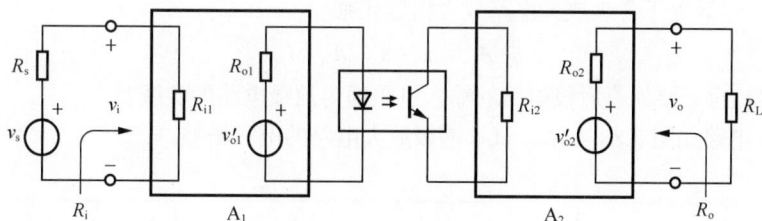

图 3.86　光电耦合方式

（3）变压器耦合

将放大电路前级的输出端通过变压器接到后级的输入端（或负载电阻上），仅能放大交流信号。这种耦合方式的优点是：可以实现阻抗变换，因而在分立元件功率放大电路中得到广泛应用；缺点是：低频特性差，不能放大变化缓慢的信号，且非常笨重，不能集成化。

（4）光电耦合

光电耦合器是实现光电耦合的基本器件，它将发光器件（发光二极管）与光敏器件（光电三极管）相互绝缘地组合在一起。其工作原理是：发光器件为输入回路，它将电能转换成光能；光敏器件为输出回路，它将光能再转换成电能，实现了两部分电路的电气隔离，从而可有效抑制电干扰。

3.6.2　分析方法

下面主要讨论直接耦合与阻容耦合电路的分析方法。

1. 静态分析

对于阻容耦合电路，由于电容的隔直作用，电路各级之间的直流通路不相通，各级的静态工作点相互独立，可以将多级阻容耦合电路拆分成多个单级电路进行分析，分析方法同前。

对于直接耦合电路，前后级的静态工作点相互影响，分析时需要综合考虑。图 3.87 所示为某两级直接耦合放大电路的直流通路。

其中：① R_{c1} 既是前级的集电极负载电阻，又是后级的基极电阻；② 前级的集电极电位即后级的基极电位；③ 后级的发射极必须引入射极电阻 R_{e2} 以提高前级的集电极电位，否则将导致前级输出信号幅值过小（受限于 V_{BE2}）。

【例 3.15】　试分析图 3.87 所示电路，求两级电路的静态工作点。

【解】本题需要分析的物理量是（I_{B1}，I_{C1}，V_{CE1}）和（I_{B2}，I_{C2}，V_{CE2}）。

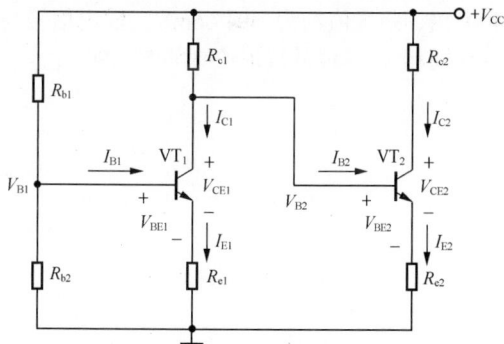

图 3.87　某两级放大电路的直流通路

$$V_{B1} = \frac{R_{b2}}{R_{b1} + R_{b2}} V_{CC} \Rightarrow I_{C1} \approx I_{E1} = \frac{V_{B1} - V_{BE1}}{R_{e1}} \Rightarrow I_{B1} = \frac{I_{C1}}{\beta_1}$$

$$V_{CC} = (I_{C1} + I_{B2})R_{c1} + V_{BE2} + I_{E2}R_{e2} \Rightarrow I_{B2} = \frac{V_{CC} - I_{C1}R_{C1} - V_{BE2}}{R_{C1} + (1+\beta_2)R_{e2}} \quad (3.43)$$

$$\Rightarrow \begin{cases} I_{C2} = \beta_2 I_{B2} \Rightarrow V_{CE2} \approx V_{CC} - I_{C2}(R_{c2} + R_{e2}) \\ V_{CE1} = V_{CC} - (I_{C1} + I_{B2})R_{c1} - I_{E1}R_{e1} \end{cases}$$

2．动态分析

多级放大电路的动态分析类似于单管（单级）放大电路，首先应该画出各级放大电路的小信号等效电路，然后进行分析。相关参数的计算方法如下（其中的表达式都是以图 3.85 为例所写）。

① 电压放大倍数等于各级放大电路放大倍数相乘。

$$A_v = A_{v1} \cdot A_{v2} \cdot A_{v3} \cdot A_{v4} \quad (3.44)$$

在求放大倍数时，要注意后级电路的输入电阻即为前级电路的负载。

【例 3.16】 电路如图 3.88 所示，试求前级放大电路的电压增益。

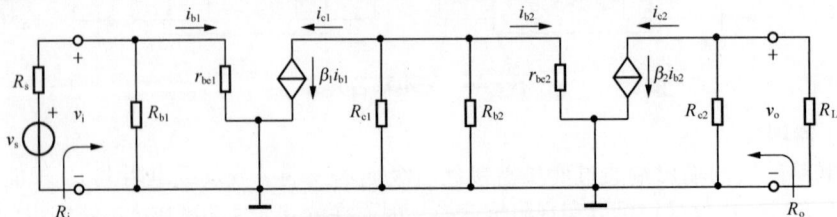

图 3.88　某两级放大电路的小信号等效电路

【解】① 求第 2 级电路的输入电阻，然后求前级电路的增益。

$$R_{i2} = R_{b2} // r_{be2}$$

$$A_{v1} = -\frac{\beta_1 R'_{L1}}{r_{be1}} = -\frac{\beta_1 (R_{i2} // R_{c1})}{r_{be1}}$$

② 输入电阻等于第 1 级放大电路的输入电阻。

$$R_i = R_{i1} \quad (3.45)$$

③ 输出电阻等于末级放大电路的输出电阻。

$$R_o = R_{o2} \approx R_{c2} \quad (3.46)$$

【仿真示例 3.8】 三极管多级放大电路仿真。

图 3.89 所示为三极管两级放大电路仿真示例，其中 VT_1 和 VT_2 都是共射极放大电路。输入信号 V_i 为 1mV、1kHz 的正弦交流信号，该信号通过电路后，信号的频率不变，但幅值被放大了近 400 倍，最大值约为 394.66mV，输出信号与输入信号同相位（一级共射极电路反相，两级共射极电路同相）。具体的波形仿真如图 3.90 所示。

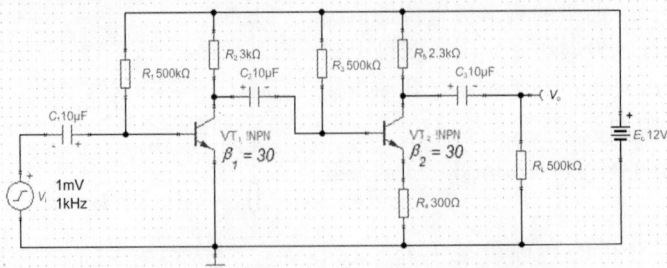

图 3.89　三极管多级放大电路仿真示例

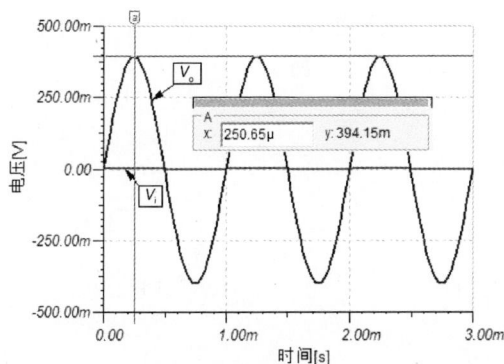

(a) 合并显示的波形　　　　　　　　　　　(b) 分开显示的波形

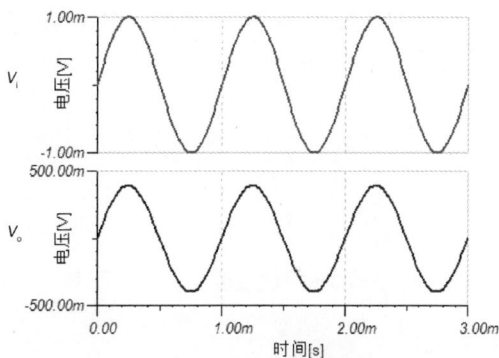

图 3.90　输入输出波形仿真

用半压法测输入电阻。在放大电路的输入端串联一个电阻 R_6，如图 3.91 所示，通过调节该电阻值使电路输出电压的幅值降为之前的一半（约 197mV）[1]，此时 R_6 的阻值为电路的输入电阻，约 1.17kΩ。

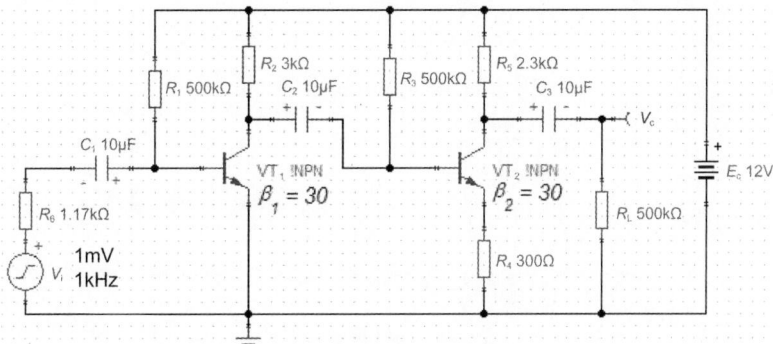

图 3.91　测量输入电阻仿真

计算电路的输出电阻。将负载电阻 R_L 的值调到 10MΩ，模拟负载开路状态，即电路空载。此时进行瞬时仿真，可测得输出电压的幅值约为 396.39mV。根据如下公式得电路的输出电阻。

$$R_o = \left(\frac{v_o}{v_{oL}} - 1\right) R_L = \left(\frac{396.39 \times 10^{-3}}{394.66 \times 10^{-3}} - 1\right) \times 500 \times 10^3 = 2.19\text{k}\Omega \quad (3.47)$$

式（3.47）中，v_o 为电路空载时的输出电压，v_{oL} 为电路带负载时的输出电压。

3.6.3　组合电路

有时为了特定需要，将两种组态的放大电路组合在一起使用，构成组合电路。例如，为提高输入电阻，可以组成共集-共射电路；为减小输出电阻，可以组成共射-共集电路；为增加电压放大能力，可以组成共射-共射电路；为增加电流放大能力，可以组成共集-共集电路；另外，常用的组合电路还有共集-共基电路、共射-共基电路等。上述电路结构如图 3.92 所示。

【仿真示例 3.9】　三极管组合电路仿真。

图 3.93（a）所示为三极管共射-共集电路。输入信号 V_i 为 1mV、10kHz 的正弦交流信号。该

[1] 仿真操作时，可以利用 Tina 软件提供的最优化功能直接测算 R_6 的电阻值。实际操作时，R_6 换成可调电阻，用示波器观察输出电压波形，调节 R_6 使输出电压幅值降为原来的一半。另外，R_6 的阻值在几千欧左右。

信号通过电路后，信号的频率不变，但幅值被放大了近 200 倍，约为 200mV，同时相位改变了 180°，即输出信号与输入信号相位相反，具体的波形仿真如图 3.93（b）（c）所示。

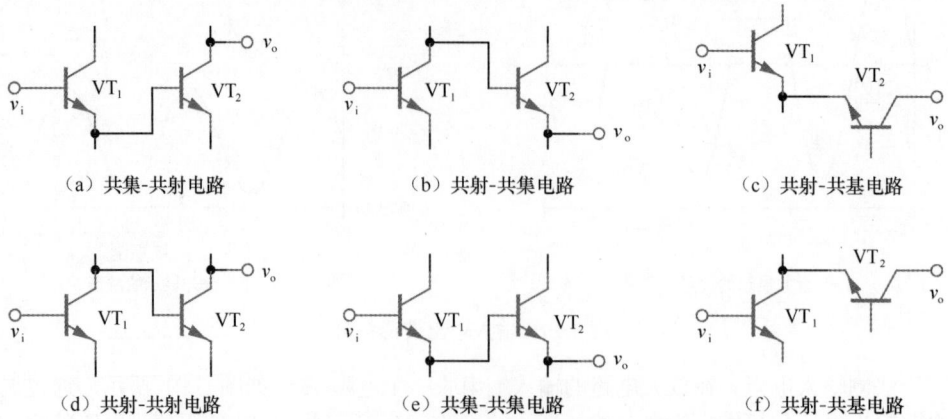

（a）共集-共射电路　　　　（b）共射-共集电路　　　　（c）共射-共基电路

（d）共射-共射电路　　　　（e）共集-共集电路　　　　（f）共射-共基电路

图 3.92　常见的组合电路

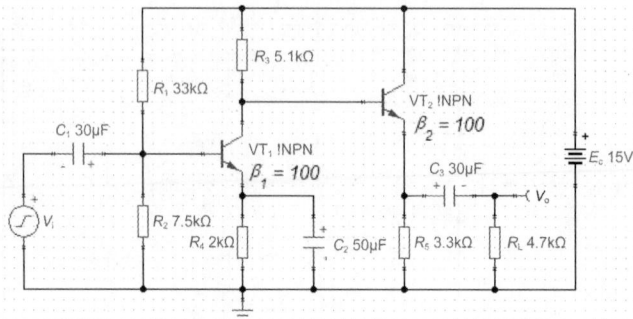

（a）仿真电路

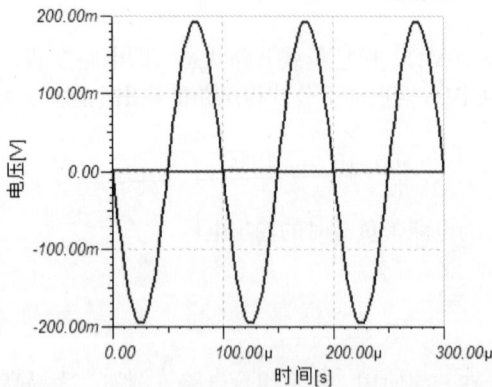

（b）合并显示的波形　　　　　　　（c）分开显示的波形

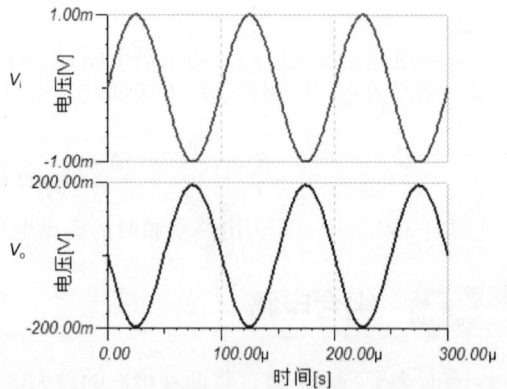

图 3.93　三极管组合电路仿真示例

如果电路不加共集部分，其输出电阻约为 5.1kΩ（共射极电路的输出电阻近似等于集电极电阻）。而构成共射-共集电路后，电路的输出电阻约为 58Ω（测量方法同仿真示例 3.8）。显然，输出级加共集电极电路能够有效降低整个电路的输出电阻。

3.6.4　复合管

所谓复合管是指将两只三极管按照一定的规则连接起来构成一个类似于 NPN 或 PNP 结构的三端器件，习惯上也称为达林顿管。复合管可以为电路提供更高的电流增益，也便于在功率放大电路中配对，应用较为广泛。

1．复合管的结构

复合管的连接原则是：① 对于同类型的三极管，前级（VT_1）的发射极应与后级（VT_2）的基极相连，如图 3.94（a）（c）所示；② 不同类型的三极管，前级（VT_1）的集电极应与后级（VT_2）的基极相连，如图 3.94（b）（d）所示。注意：① 工作时，必须确保构成复合管的两只三极管都工作在放大区；② 复合管的等效类型和管脚分布由前管（VT_1）决定。

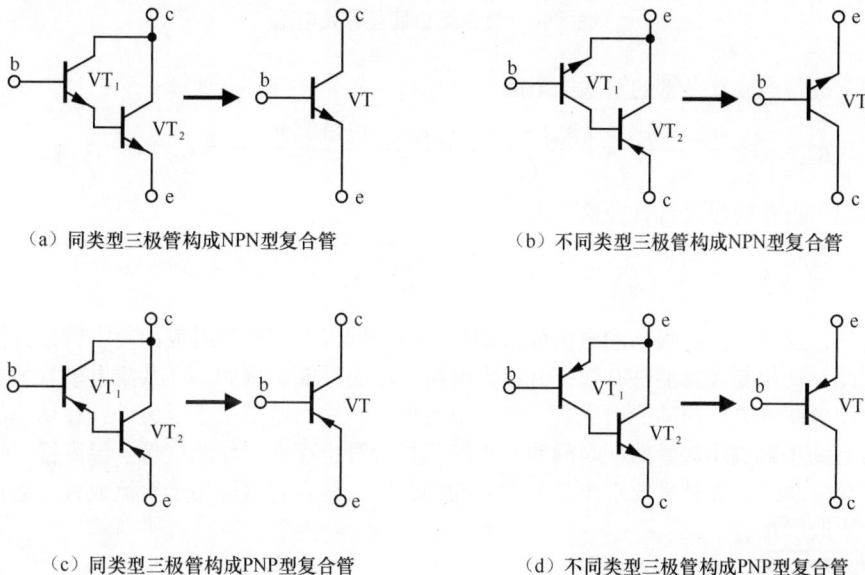

（a）同类型三极管构成NPN型复合管　　　　（b）不同类型三极管构成NPN型复合管

（c）同类型三极管构成PNP型复合管　　　　（d）不同类型三极管构成PNP型复合管

图 3.94　复合管

2．复合管的主要参数

（1）电流放大系数

以两只 NPN 型三极管构成的复合管为例分析复合管的电流放大系数，其电流关系如图 3.95 所示，分析过程如下：① 先在图中标识出关键电流关系；② 根据电流关系推导电流放大系数。

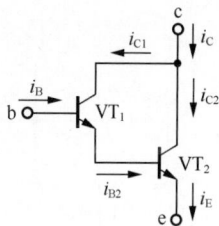

图 3.95　复合管电流关系

$$
\begin{aligned}
i_C = i_{C1} + i_{C2} &= \beta_1 i_{B1} + \beta_2 i_{B2} \\
&= \beta_1 i_{B1} + \beta_2 i_{E1} \\
&= \beta_1 i_{B1} + \beta_2 (1 + \beta_1) i_{B1}
\end{aligned}
\tag{3.48}
$$

$$i_B = i_{B1}$$

$$\beta = \frac{i_C}{i_B} = \beta_1 + \beta_2(1 + \beta_1) = \beta_1 + \beta_2\beta_1 + \beta_2 \approx \beta_1\beta_2$$

考虑到三极管的 β 值一般较大，能够满足 $\beta_1 \gg 1$、$\beta_2 \gg 1$、$\beta_1\beta_2 \gg \beta_1 + \beta_2$，所以通常直接以两管 β 的乘积作为复合管的电流放大系数（其他结构的复合管可用类似方法进行分析）。

（2）输入电阻

通过小信号等效电路可以分析复合管的输入电阻 r_{be} ，下面以图 3.94（a）（b）所示复合管为例分别求同类型和不同类型三极管所构成复合管的输入电阻，相应的小信号等效电路如图 3.96 所示。

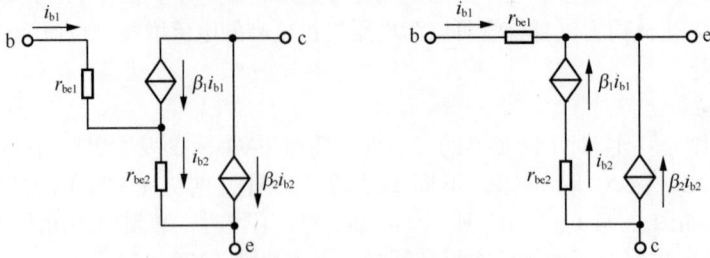

（a）两只 NPN 型三极管构成的复合管　　（b）NPN 型三极管和 PNP 型三极管构成的复合管

图 3.96　复合管小信号等效电路

同类型三极管构成复合管的输入电阻为

$$r_{be} = \frac{v_{be}}{i_{b1}} = \frac{v_{be1} + v_{be2}}{i_{b1}} = \frac{i_{b1}r_{be1} + i_{b2}r_{be2}}{i_{b1}} = \frac{i_{b1}r_{be1} + (1+\beta_1)i_{b1}r_{be2}}{i_{b1}} = r_{be1} + (1+\beta_1)r_{be2} \qquad （3.49a）$$

不同类型三极管构成复合管的输入电阻为

$$r_{be} = \frac{v_{be}}{i_{b1}} = \frac{v_{be1}}{i_{b1}} = r_{be1} \qquad （3.49b）$$

综上所述，复合管具有很高的电流放大系数；使用同类型三极管组成的复合管，其输入电阻也会增加。因此，使用复合管能够有效提升放大电路的动态性能。例如，在共集电极放大电路中使用复合管，会使电路的电压跟随能力更好，输入电阻更大，输出电阻更小。另外，在功率放大电路中使用复合管有助于解决功放管的配对问题。当然，复合管也存在工作速度低、温度稳定性差、穿透电流大等缺点。总之，在精度要求不是非常高的场合中，复合管可以用于直流放大、电位平移、大功率管极性更改等场合。

【仿真示例 3.10】　复合管仿真。

图 3.97（a）所示为复合管共射极放大电路，图 3.97（b）是单管共射极放大电路。输入信号 V_i 为 1mV、10kHz 的正弦交流信号，该信号通过两个电路后，信号的频率不变，但幅值被放大，相位改变了 180°，即输出信号与输入信号相位相反。输入输出波形仿真如图 3.98 所示。

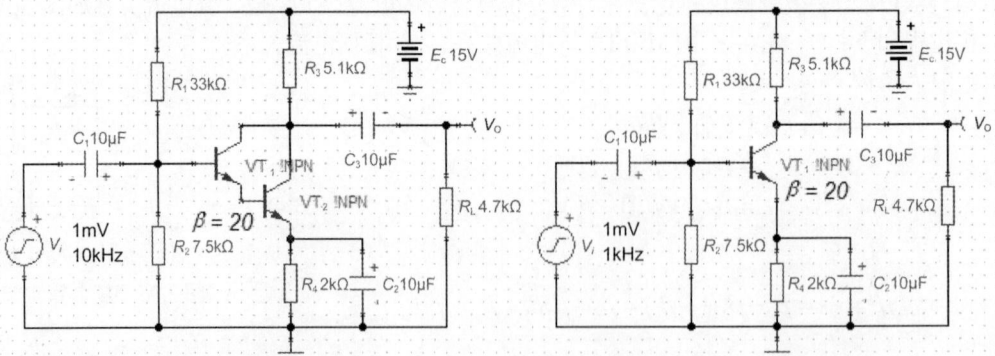

（a）复合管共射极放大电路　　　　　　　　（b）单管共射极放大电路

图 3.97　复合管放大电路仿真示例

从输入输出电压波形来看，两只 NPN 型三极管构成的复合管在放大电路中的作用类似于一只

NPN 型三极管。在同样参数的情况下，其区别在于：① 复合管共射放大电路的电压放大能力要远低于单管共射极放大电路（前者约为 40 倍，后者约为 80 倍）；② 如果进行直流仿真（观察电路的基极电流和集电极电流），可以看到复合管的电流放大能力远高于单管（复合管的电流放大系数约为 440，单管的电流放大系数为 20），具体如图 3.99 所示。

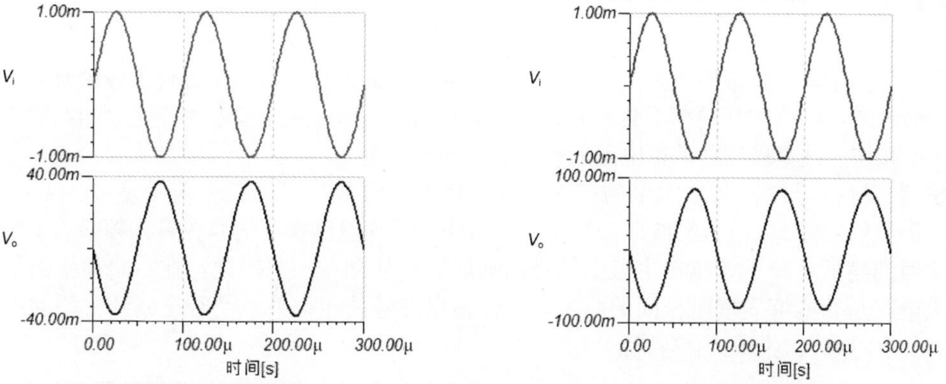

（a）复合管共射极放大电路　　　　　　　　（b）单管共射极放大电路

图 3.98　输入输出波形仿真

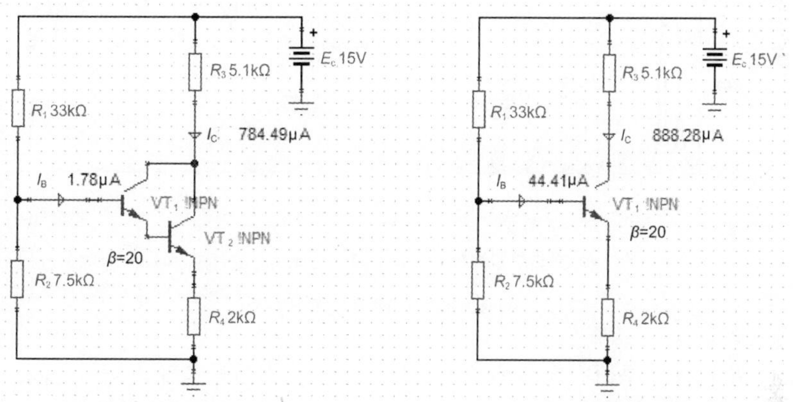

（a）复合管共射极放大电路　　　　　　　　（b）单管共射极放大电路
I_B=1.78μA，I_C=784.49μA　　　　　　　　I_B=44.41μA，I_C=888.28μA

图 3.99　直流电流仿真

3.6.5　小节练习

【知识回顾】

本节主要概念：多级电路的耦合方式（直接耦合、阻容耦合和变压器耦合等）、直接耦合电路的静态分析方法、多级电路的动态分析方法（求电压增益、输入电阻和输出电阻）、组合电路及常见的组合电路结构、复合管及复合管的连接关系和主要参数等。

【思考题】

1. 试比较直接耦合与阻容耦合的区别。
2. 分析多级电路的放大倍数时，需要注意什么？
3. 为获得更高的电压放大倍数，可以采用什么组合电路？
4. 仿真示例 3.10 中的电路，复合管的电流放大系数远高于单管

多级放大电路　多级放大电路
自测题 1　　自测题 2

（复合管的 β 约为 440，单管的 β 为 20），为什么复合管电路的电压放大能力远低于单管电路？

5. 复合管有哪些典型应用？

3.7 放大电路的频率特性

上文主要基于单一频率的正弦交流信号对放大电路的输入和输出关系进行了理论研究，知道了交流信号通过放大电路时其频率不会改变，而幅值和相位会随电路结构发生变化（如共射极电路的输入输出反相位、共集极和共基极电路的输入输出同相位）。

考虑到实际信号往往包含大量的频率成分。例如，音频信号的频率范围是 20Hz ~ 20kHz，图 3.100 所示为一段音频信号的波形及其频谱。谱线中的峰值体现了信号在具体频率点上的分布情况，而峰值的高低反映了相应频率点上信号的强弱。这就存在一个问题：在不同频率的信号作用时，放大电路是否能够表现出相同的放大能力，输出信号的相位关系是否是一致？要回答这个问题，就需要学习放大电路的频率特性。

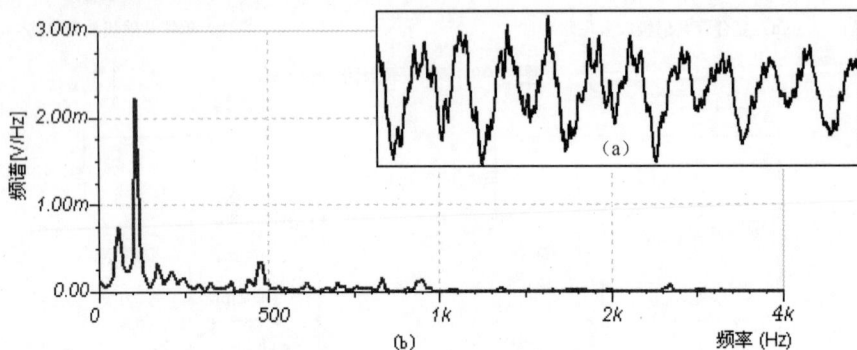

（a）音频信号的电压波形　（b）音频信号的频谱

图 3.100　一段音频信号

放大电路的频率特性就是研究电路增益和信号相位（输出信号与输入信号之间的相位差）随频率的变化规律，分别称为幅频特性和相频特性。从分析方法上讲，属于频域分析[1]。研究放大电路频率特性的意义在于能够有针对性地设计放大电路，使其可以对某类频段范围的信号进行放大。

3.7.1　三极管的高频小信号模型

三极管放大电路的输出之所以会随信号的频率而变化，主要原因是电路中存在电容元件，其一是电路中的耦合电容、旁路电容等，其二是三极管的极间电容。电容对于不同频率的信号表现出的容抗不一样，因此导致电路的参数随信号频率变化，电路的输出也随之变化。要具体研究这种变化规律，首先应了解三极管的高频小信号模型，以便建立放大电路的等效电路，然后在此基础上进行理论分析。

三极管的高频小信号模型的结构模型如图 3.101（a）所示，有如下特点。

- $r_{\mathrm{bb'}}$ 为基区的体电阻，其值为几十至几百欧；r_{e}' 为发射区的体电阻，由于发射区高浓度掺杂，该阻值很小，仅为几欧或更小；r_{c}' 为集电区的体电阻，其值约为几百欧。

- r_{e} 为发射结正偏电阻，常温下近似为 $26(\mathrm{mV})/I_{EQ}(\mathrm{mA})$；$r_{\mathrm{c}}$ 为集电结反偏电阻，阻值很大。

---

[1] 系统的频域分析方法属于"信号与系统"课程的研究领域，通常这门课会在"模电"课程之后开设。

- $C_{b'e}$ 为发射结电容，容量为几十至几百皮法；$C_{b'c}$ 为集电结电容，容量约为几皮法。

三极管的高频小信号模型的电路模型如图 3.101（b）所示，有如下特点。

- $r_{b'e}$ 主要是 r_e 折算到基极回路的阻值，约为 $(1+\beta)r_e$；$r_{b'c}$ 主要是集电结反偏电阻，其值为 $100\,k\Omega \sim 10\,M\Omega$。

- g_m 为受控电流源的互导，与频率无关，反映了电压 $v_{b'e}$ 对受控电流的控制能力[1]，其量纲为电导，单位是毫西（mS），常温下近似为 $I_{EQ}/26(mV)$。

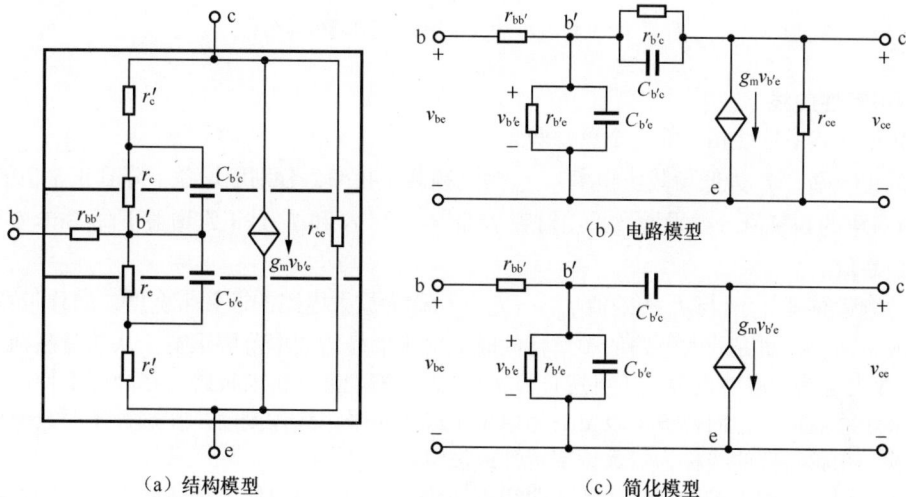

（a）结构模型　　（b）电路模型　　（c）简化模型

图 3.101　三极管的高频小信号模型

考虑到电阻 $r_{b'c}$ 和 r_{ce} 的值较大，故作近似计算时常将它们忽略，而得到图 3.101（c）所示的简化模型。

3.7.2　共射极放大电路的频率特性

下面以共射极放大电路（如图 3.30）为例，利用 Tina 软件分析其频率特性。

利用 Tina 软件仿真出的共射极放大电路的幅频特性和相频特性如图 3.102 所示。从幅频特性可以看出，该电路的低频特性和高频特性较差，中频特性较好。即频率过低（$<f_L$）或频率过高（$>f_H$）的信号进入该电路时将受到抑制，只有在中频段（$f_L \leqslant f \leqslant f_H$）电路的增益基本为一常数，信号能够正常通过，此时信号的相位差也基本为一常数（$-180°$）。

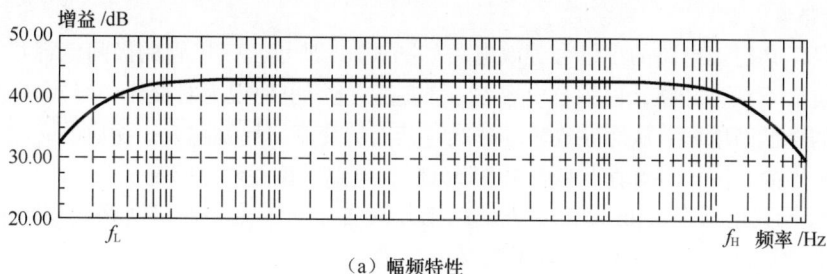

（a）幅频特性

图 3.102　共射极放大电路的频率特性

---

[1] 高频模型中没有使用流控型器件是因为三极管的 β 参数会随频率变化。

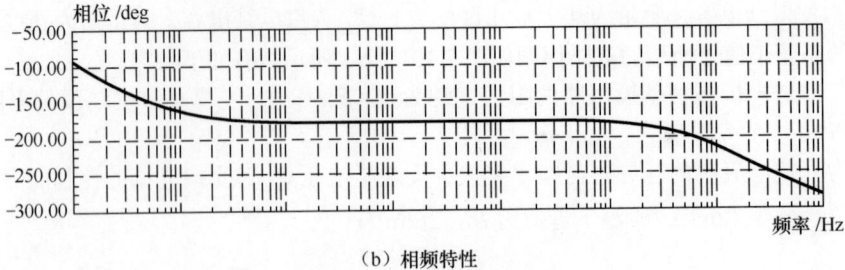

（b）相频特性

图 3.102　共射极放大电路的频率特性（续）

1. 频率特性曲线

下面介绍与频率特性相关的几个重要概念。

（1）截止频率。f_L 为低频截止频率，f_H 为高频截止频率，分别取增益下降到正常值的 $1/\sqrt{2} = 0.707$ 时所对应的频率值。如果增益采用对数 $20\lg|A|$，则 f_L 和 f_H 是正常增益下降 3dB（分贝）时所对应的频率值。

（2）通频带宽度。f_H 与 f_L 的差值 $f_{BW} = f_H - f_L$ 称为放大电路的通频带宽度，简称带宽。

（3）波特图。在研究放大电路的频率特性时，由于信号的频率范围很宽（从几赫兹到几百兆赫兹以上），放大电路的增益也很大（可达百万倍），为压缩坐标、扩大视野，在画频率特性曲线时，频率坐标采用对数刻度，而幅值（以 dB 为单位）或相角采用线性刻度。在这种半对数坐标中画出的幅频特性和相频特性曲线称为对数频率特性或波特图。

（4）折线图。工程上经常把频率特性曲线折线化，即用三段直线来描述幅频特性和相频特性，如图 3.103 所示。虽然存在一定误差，但作为一种近似方法，在工程上是允许的。

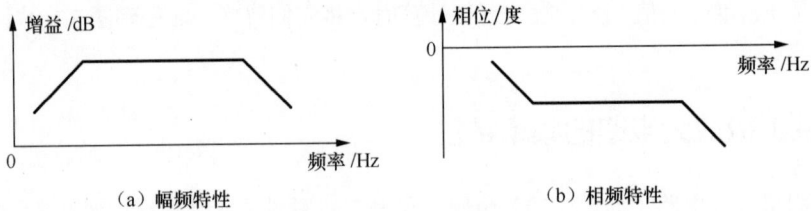

（a）幅频特性　　　　　　　　　　　　　　　　（b）相频特性

图 3.103　折线化的频率特性

（5）十倍频程线。将频率特性折线化处理后，可用 dB/十倍频程或 Deg/十倍频程（相应直线段的斜率）来描述截止区增益或相位的变化快慢。例如，对应幅频特性，+20dB/十倍频程表示每十倍频程增益上升了 20dB；如果增益为-20dB，则表示每十倍频程增益衰减了 20dB。

2. 低频特性

在低频段，共射极电路的小信号等效电路如图 3.104 所示。三极管的极间电容 $C_{b'e}$ 和 $C_{b'c}$ 因容量较小、容抗大而视为开路，但耦合电容 C_{b1} 和 C_{b2} 不能简单地视为对交流信号短接，其容抗会随着信号频率的降低而增大，从而导致频率越低时其上的交流损耗就越大，相应的 $v_{b'e}$ 就越小，输出也就越小，故当输入信号的幅值不变而频率降低时，电路的增益随之降低。

该电路低频截止频率 f_L 的分析方法是：先分别对输入回路和输出回路利用式（3.50）和式（3.51）进行计算，然后由式（3.52）求总的 f_L。

$$f_{L1} = \frac{1}{2\pi(R_s + R_b // r_{be})C_{b1}} \approx \frac{1}{2\pi(R_s + r_{be})C_{b1}} \quad (3.50)$$

$$f_{L2} = \frac{1}{2\pi(R_c + R_L)C_{b2}} \quad (3.51)$$

$$f_L \approx 1.15\sqrt{f_{L1}^2 + f_{L2}^2} \tag{3.52}$$

式（3.50）中，R_s 为电路外加信号源的内阻，r_{be} 为 $r_{bb'}$ 与 $r_{b'e}$ 之和，且通常有 $R_b \gg r_{be}$。

3. 中频特性

在中频段，共射极电路的小信号等效电路如图 3.105 所示。三极管的极间电容仍然视为开路，但当信号频率达到一定值时，耦合电容的容抗就非常小，可以视为短接。此时，电路的参数近似不随信号频率的变化而变化，故电路的增益和信号的相位差基本为一常数。

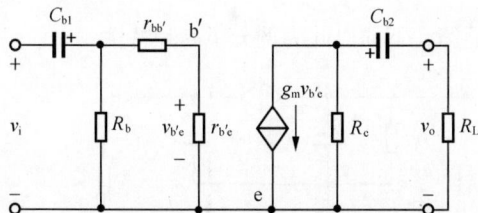

图 3.104　共射极电路的低频小信号等效电路　　　　图 3.105　共射极电路的中频小信号等效电路

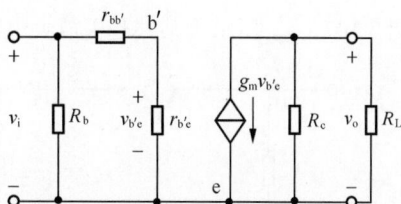

该电路的中频电压增益为

$$A_{vm} = \frac{v_o}{v_i} = \frac{-g_m v_{b'e} R_L'}{v_i} = -g_m R_L' \frac{v_{b'e}}{v_i} = -g_m R_L' \frac{r_{b'e}}{r_{bb'} + r_{b'e}} \tag{3.53}$$

考虑到 $\beta_0 = g_m r_{b'e}$ [1]，上式可以改写为

$$A_{vm} = -\frac{\beta R_L'}{r_{be}}$$

与本书 3.5 节的分析一致。如果求中频源电压增益，则表达式为（式中 R_s 为信号源的内阻）

$$A_{vsm} = \frac{v_o}{v_s} = \frac{v_o}{v_i} \frac{v_i}{v_s} = \frac{R_b /\!/ r_{be}}{R_s + R_b /\!/ r_{be}} A_{vm} \tag{3.54}$$

4. 高频特性

在高频段，共射极电路的小信号等效电路如图 3.106（a）所示。此时，耦合电容视为短接，但随着频率进一步增加，三极管极间电容的容抗随之减小，不能再简单视为开路。为了计算方便，通常把极间电容 $C_{b'c}$ 分别折算到输入回路和输出回路中，用 C_{M1} [2]和 C_{M2} 表示，前者容量远大于 $C_{b'c}$，后者容量近似等于 $C_{b'c}$。由于 $C_{M2} \ll C = C_{b'e} + C_{M1}$，对电路的影响可以忽略，即电路的简化等效电路如图 3.106（b）所示。很明显，信号幅值不变，频率越高时，输入回路中并联部分的阻抗就越小，其分压 $v_{b'e}$ 也就越小，相应的输出也就变小了，故增益随频率增加而下降。

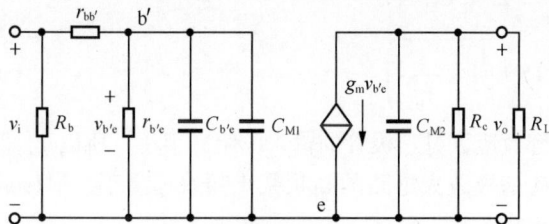

（a）密勒等效电路　　　　　　　　　　　　（b）简化等效电路

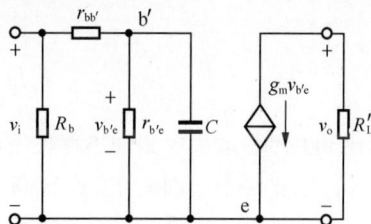

图 3.106　共射极电路的高频小信号等效电路

---

[1] β_0 为三极管低频情况下的电流放大系数，通常器件手册中所给的 β 就是 β_0。

[2] C_{M1} 称为密勒电容，其值为 $(1 + g_m R_L') C_{b'c}$

该电路高频截止频率 f_H 的计算式如下。

$$f_H = \frac{1}{2\pi RC} = \frac{1}{2\pi[(R_s /\!/ R_b + r_{bb'}) /\!/ r_{b'e}](C_{b'e} + C_{M1})} \qquad (3.55)$$

式（3.55）中，R_s 为电路外加信号源的内阻。

3.7.3　共基极放大电路的高频特性

图 3.107（a）所示为某共基极放大电路的交流通路，下面以此为例分析高频特性。

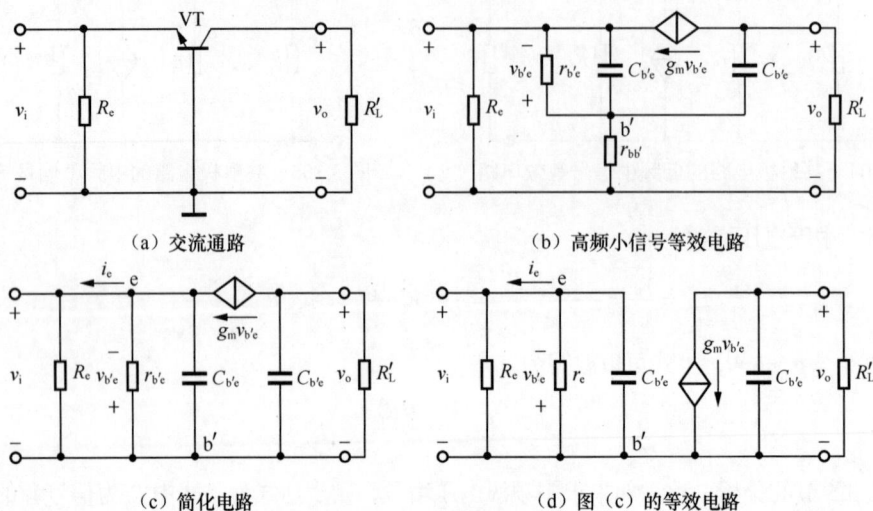

（a）交流通路　　　　　　　　　　　（b）高频小信号等效电路

（c）简化电路　　　　　　　　　　（d）图（c）的等效电路

图 3.107　共基极放大电路

画出该电路的高频小信号等效电路如图 3.107（b）所示，考虑到电阻 $r_{bb'}$ 较小，忽略其对电路的影响，将电路简化成图 3.107（c），然后等效变换成图 3.107（d）[1]。

该电路高频截止频率 f_H 的计算方法：先分别对输入回路和输出回路利用式（3.56）和式（3.57）进行计算，然后由式（3.58）求总的 f_H。

$$f_{H1} = \frac{1}{2\pi(R_s /\!/ R_e /\!/ r_e) C_{b'e}} \approx \frac{1}{2\pi r_e C_{b'e}} \qquad (3.56)$$

$$f_{H2} = \frac{1}{2\pi R_L' C_{b'c}} \qquad (3.57)$$

$$f_H \approx \left(1.15\sqrt{\frac{1}{f_{H1}^2} + \frac{1}{f_{H2}^2}}\right)^{-1} \qquad (3.58)$$

考虑到共基极放大电路中不存在密勒电容效应，且三极管的输入电阻 r_e 很小，所以 f_{H1} 很高；另外，$C_{b'c}$ 也非常小，因此 f_{H2} 也很高。故共基极放大电路的高频截止频率远高于共射极放大电路，即高频特性好，广泛应用于高频或宽频带电路中。

----

[1] 射极电流：$\dot{I}_e = \dot{V}_{b'e}\left(\dfrac{1}{r_{b'e}} + g_m + j\omega C_{b'e}\right) = \dot{V}_{b'e}\left(\dfrac{1}{(1+\beta)r_e} + \dfrac{1}{r_e} + j\omega C_{b'e}\right) \approx \dot{V}_{b'e}\left(\dfrac{1}{r_e} + j\omega C_{b'e}\right)$。

发射极看进去的输入导纳：$\dfrac{\dot{I}_e}{\dot{V}_{b'e}} = \dfrac{1}{r_e} + j\omega C_{b'e}$。

故发射结可等效为电阻 r_e 与电容 $C_{b'e}$ 的并联形式。

3.7.4　多级放大电路的频率特性

通常情况下增益越高，放大电路的通频带宽度就越窄。多级放大电路与单级放大电路相比，在增益提高的同时其带宽也会相应下降。

多级放大电路的低频截止频率 f_L 和高频截止频率 f_H 可用如下公式估算

$$f_L \approx 1.15\sqrt{f_{L1}^2 + f_{L2}^2 + ... + f_{Ln}^2} \tag{3.59}$$

$$f_H \approx \left(1.15\sqrt{\frac{1}{f_{H1}^2} + \frac{1}{f_{H2}^2} + ... + \frac{1}{f_{Hn}^2}}\right)^{-1} \tag{3.60}$$

【仿真示例 3.11】 放大电路频率特性仿真。

通过 Tina 软件的 "AC 传输特性分析" 功能，可以观察放大电路的频率特性。对于仿真示例 3.8 中的多级放大电路，其频率特性仿真结果如图 3.108（a）所示（上图为幅频特性，下图为相频特性）。借助指针工具，在幅频特性上测截止频率，如图 3.108（b）（c）所示。

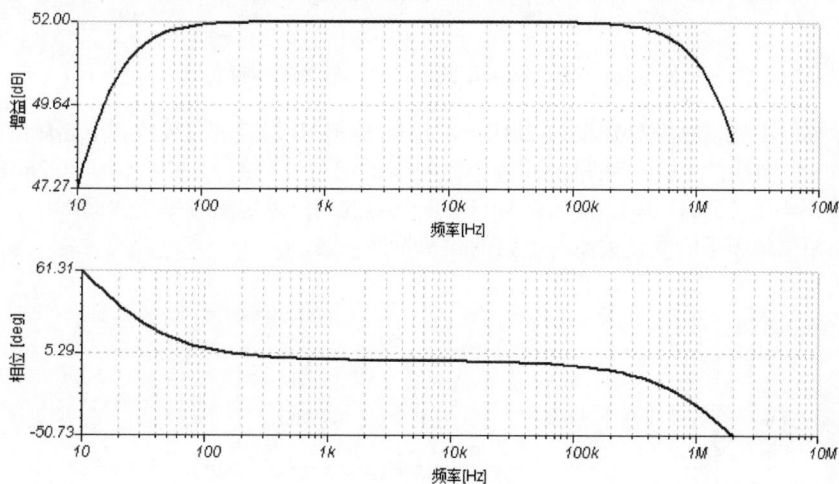

（a）幅频特性和相频特性

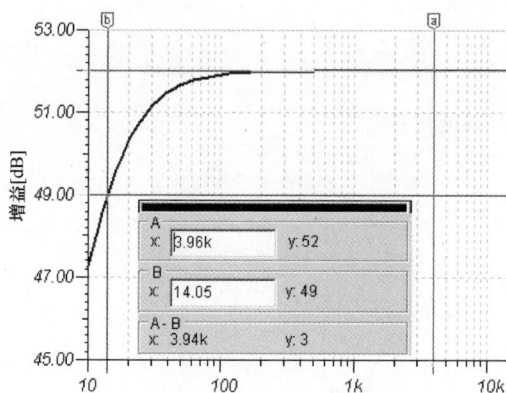

（b）测低频截止频率（3.94kHz）　　（c）测高频截止频率（1.85MHz）

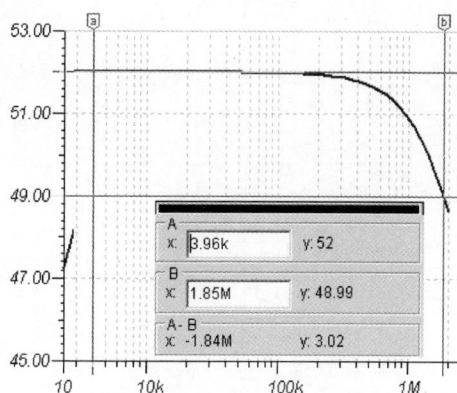

图 3.108　多级放大电路频率特性仿真

通过截止频率可以计算出该电路的带宽近似为 1.85MHz（高频截止频率减去低频截止频率）。如果用同样方法测得该电路中的前级电路（VT₁）的频率特性，如图 3.109 所示，与图 3.108（a）

所示的频率特性进行对比，显然：多级放大电路的电压增益得以提升（多级放大电路为 52dB；单级电路为 37.84dB），但带宽降低。

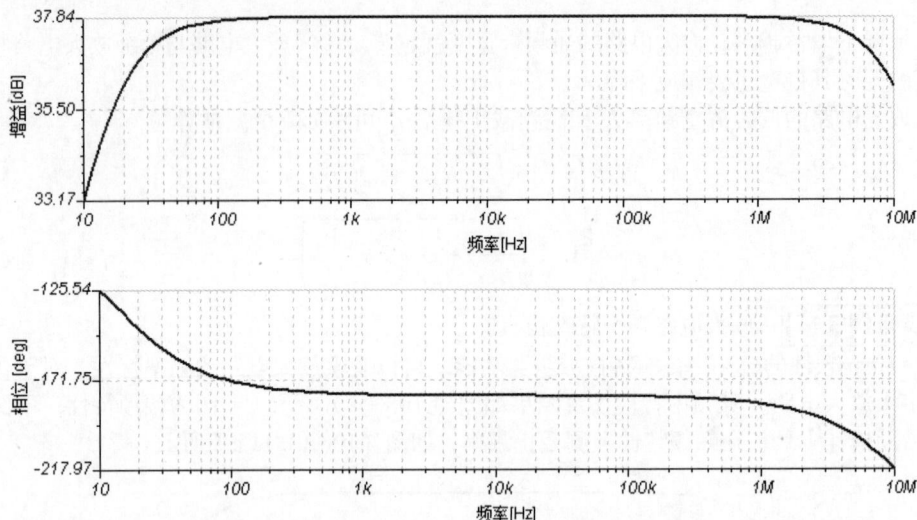

图 3.109　多级放大电路的前级电路频率特性仿真

　　保持信号幅值不变，频率分别设为 20Hz、100Hz 和 1kHz，通过多级放大电路后的仿真波形如图 3.110 所示。借助指针工具，测得不同频率时对应的增益分别约为 326 倍（50.26dB）、373 倍（51.43dB）和 394 倍（51.91dB），输出信号与输入信号的相位差也随频率增大而减小。显然，输出信号的幅值和相位随频率的变化关系与电路的频率特性一致。

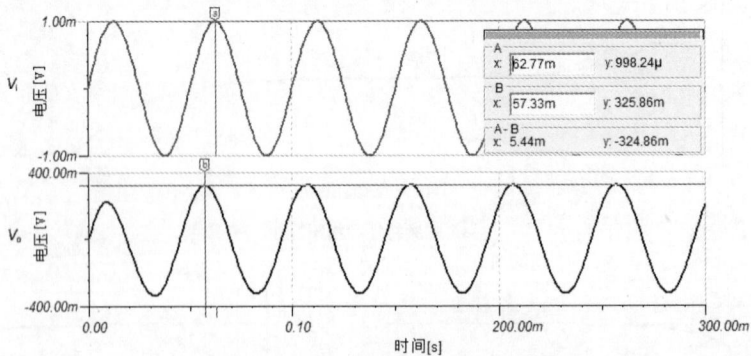

（a）20Hz 时的输入输出波形

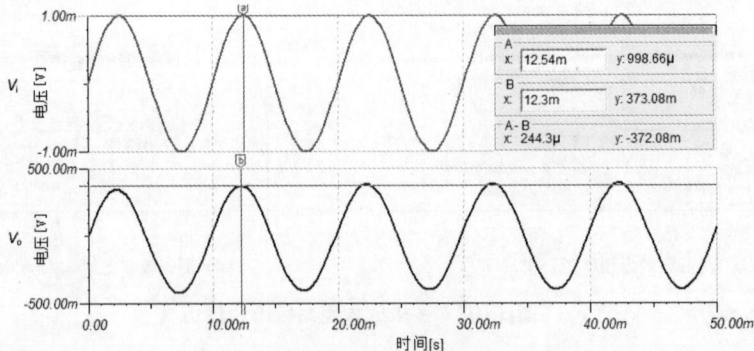

（b）100Hz 时的输入输出波形

图 3.110　不同频率信号的输入输出波形

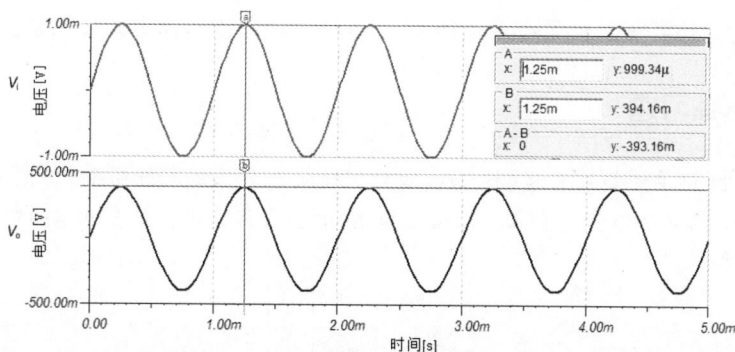

（c）1kHz 时的输入输出波形

图 3.110　不同频率信号的输入输出波形（续）

3.7.5　小节练习

【知识回顾】

本节主要概念：三极管的高频小信号模型、频率特性（幅频特性和相频特性）、截止频率、通频带宽度（带宽）、波特图、折线图、共射极电路的频率特性、共基极电路的频率特性、多级电路的频率特性等。

【思考题】

1. 什么是放大电路的幅频特性？
2. 什么是放大电路的相频特性？
3. 放大电路的截止频率是如何定义的？求解截止频率的意义何在？
4. 如何求解放大电路的通频带宽度（带宽）？带宽是否越大越好？
5. 试结合频率特性判断图 3.110 中所示的输出电压是否被正常放大了？为什么？

放大电路的频率特性自测题

3.8　综合练习

本章是全书的重点，知识点较多，学习难度大，特别是对于初学者来说较难把握。掌握好本章内容，将为后续章节的学习打下坚实的基础。无论是运放电路，还是电流源电路、差分电路、功率放大电路、反馈电路、振荡电路、稳压电路，都与三极管及其放大电路密切相关。

内容要点

本章的学习思路和要点总结如下。

（1）学习三极管时，重点应放在对三极管结构特点、工作原理和特性曲线的理解与把握上。如果概念没有建立起来，很容易导致后续学习的混乱。特别要注意掌握三极管的特性曲线（包括其研究对象、基本形状、变化规律、工作特点），这对于理解三极管放大电路的工作原理非常重要。

章节随测

（2）学习放大电路时，首先要明白建立静态工作环境的意义——为交流信号的动态变化提供所需的直流电压和直流电流。简单来说，就是要让三极管在放大区的合适位置工作，这样电路才能有效放大信号。在学完每种组态的放大电路后，要总结其分析方法，记忆其工作特点和基本的输入输出关系，并与其他组态的放大电路进行对比。

（3）学习多级放大电路的基础是掌握单级放大电路的分析方法以及多级放大电路的耦合关系及其特点，同时要建立起组合电路和复合管的概念。

（4）学习放大电路的频率特性时，重点在于掌握其研究意义和分频段分析方法，以及与频率特性相关的基本概念。还需掌握从频域的角度综合分析放大电路输入输出关系的方法。

3.8.1 仿真练习题

3.1 试在 Tina 软件中绘制基本共射极放大电路，所需元器件及参数如题 3.1 图（a）所示，信号源为 10mV、1kHz 的正弦信号。要求：基极电阻 R_b 的值自行选用，仿真电路的输入输出波形应如题 3.1 图（b）所示。

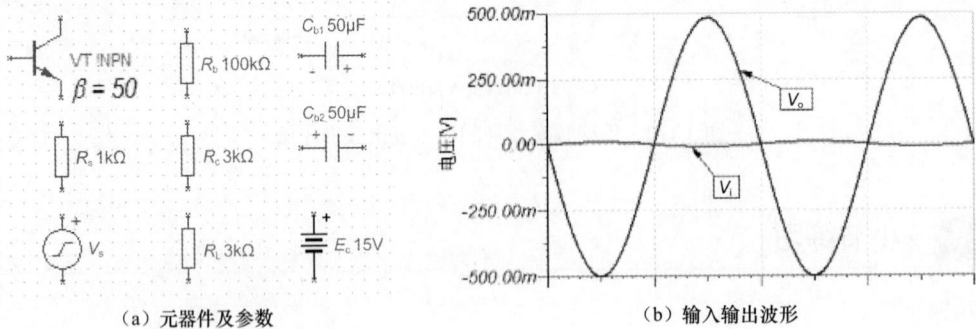

（a）元器件及参数　　　　　　　（b）输入输出波形

题 3.1 图

3.2 试用 Tina 软件仿真测量放大电路的输入输出电阻。要求：就题 3.1 建立的基本共射极放大电路，参考仿示例 3.8 所述方法测量该电路输入电阻和输出电阻。

3.3 试用 Tina 软件绘制图 3.79 所示的共集电极放大电路，相关参数：信号源 v_s 为 50mV、1kHz 的正弦波，$R_s=1$kΩ，$R_b=180$kΩ，$R_e=R_L=5$kΩ，$C_{b1}=C_{b2}=50$μF，$\beta=50$。要求：测量电路的静态值，并观察输入输出波形。

3.4 试用 Tina 软件绘制图 3.82 所示的共基极电路，相关参数：信号源 v_s 为 1mV、100kHz 的正弦波，$R_s=1$kΩ，$R_{b1}=10$kΩ，$R_{b2}=2.5$kΩ，$R_e=7.5$kΩ，$R_c=R_L=5$kΩ，$C_b=C_{b1}=C_{b2}=10$μF，$\beta=50$。要求：测量电路的静态值，并观察输入输出波形。

3.5 试用 Tina 软件仿真测量放大电路的频率特性。要求：就题 3.1 建立的基本共射极放大电路，将输入输出电容值改设为 1μF，测量该电路的频率特性（频率范围取 10Hz～10MHz），并测量低频截止频率、高频截止频率和通频带宽度。

3.8.2 小电路设计

3.6 试设计一个花盆土壤湿度监测电路。要求：使用两根金属探针检测土壤湿度，湿度较大时，缺水指示灯不亮；湿度较小时，指示灯亮。请绘制出符合要求的原理电路。

【设计思路】

（1）按照系统概念，检测电路可由信号采集、分析决策和执行部分三个模块组成，如题 3.6 图所示。

（2）关于信号采集模块：两根金属探针直接插入土壤中。由于土壤含水会导电，且湿度越大，土壤等效电阻（R_t）值越小；反之，值越大。可以利用探针检测的土壤电阻与固定电阻构成串联分压电路，输出的分压会随土壤湿度改变，该电压可以作为后续决策电路的输入信号。

（3）最简分析决策模块和执行部分模块方案：将分压电路获取的信号直接驱动指示灯，即土壤湿度大时，分压电路输出的电压小，不足以驱动指示灯亮；而土壤湿度小时，分压电路输出的电压足够大，驱动指示灯亮。

3.7 改进题 3.6 所设计的电路，要求提升电路的工作灵敏度。请绘制出符合要求的原理电路。

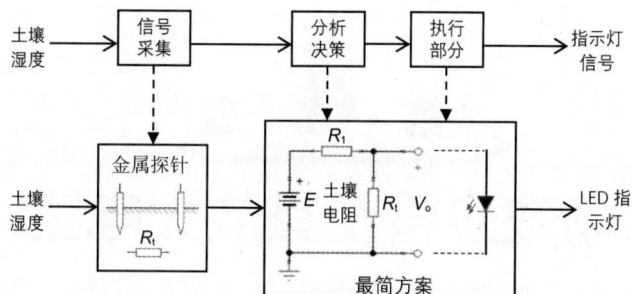

题 3.6 图

【设计思路】

（1）通常金属探针检测到的土壤湿度（电阻值）变化不明显，不能很好地驱动执行电路工作。

（2）鉴于三极管的放大作用，可以考虑使用三极管先对检测信号进行放大，然后用三极管的集电极来驱动指示灯工作（三极管导通时有较大的集电极电流，可以有效驱动小型负载工作）。

（3）这里可以选用 NPN 型三极管共射极放大电路来作决策和执行，即三极管的基极接监测分压电路的输出，集电极接指示灯。合理调整电路参数，让土壤湿度较大时三极管截止，指示灯不亮；反之，三极管导通，指示灯亮。

3.8　改进题 3.7 所设计的电路，要求能差别反映土壤湿度的情况（或缺水的程度）。请绘制出符合要求的原理电路。

3.9　改进题 3.8 所设计的电路，要求土壤湿度越大，指示亮灯越多，反之亮灯越少。请绘制出符合要求的原理电路。

第 4 章

场效应管及其放大电路

思维导图

　　场效应管（FET，Field Effect Transistor）是一种利用电场效应来控制其电流大小的半导体三端器件，其很多特性和应用方向都与上一章介绍的三极管类似。这种器件不仅体积小、重量轻、耗电少、寿命长，而且还具有输入阻抗高、噪声低、热稳定性好、抗辐射能力强、制造工艺简单和便于集成等优点，应用广泛，特别是在大规模和超大规模集成电路中。场效应管从结构上可以分为结型（JFET，Junction FET）和金属氧化物半导体场效应管（MOSFET，Metal Oxide Semiconductor FET，习惯上也称为绝缘栅场效应管）两大类。下面我们通过几个仿真示例来感受场效应管的应用。

【仿真示例 4.1】　场效应管用于放大信号。

　　图 4.1（a）所示为场效应管共源电路。信号源 V_i 为 1mV、10kHz 的正弦交流信号，该信号通过电路后，信号的频率没有发生变化，但幅值被放大了近 15 倍，约为 14.48mV，同时相位改变了 180°，即输出信号与输入信号相位相反，具体的波形如图 4.1（b）（c）所示。

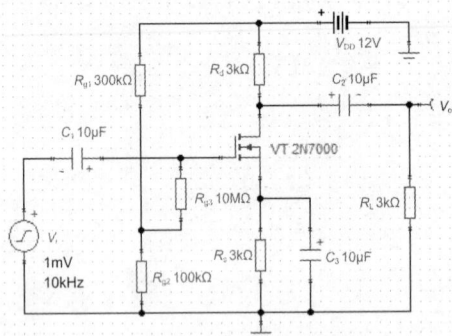

（a）仿真电路

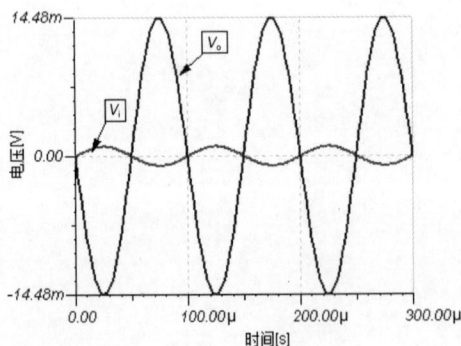

（b）合并显示的波形　　　　　　　　（c）分开显示的波形

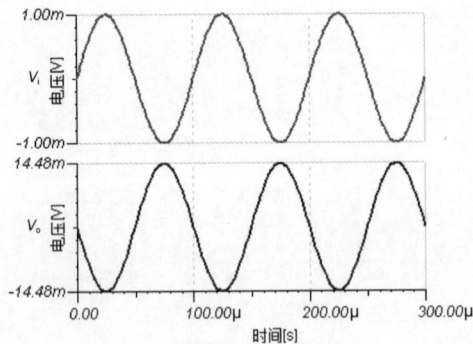

图 4.1　场效应管放大信号仿真示例

【仿真示例 4.2】　场效应管用于升压电路。

　　图 4.2（a）所示为升压（Boost）电路，通过 PWM 脉冲信号（周期 30μs，占空比 50%）控制

场效应管的通断，从而控制电路的工作。如果场效应管的通断频率足够高，则能使电路输出端获得一个高于输入的电压值（其大小与 PWM 信号的占空比有关）。仿真波形见图 4.2（b）。

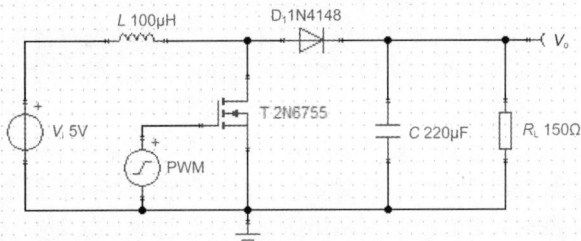

（a）仿真电路

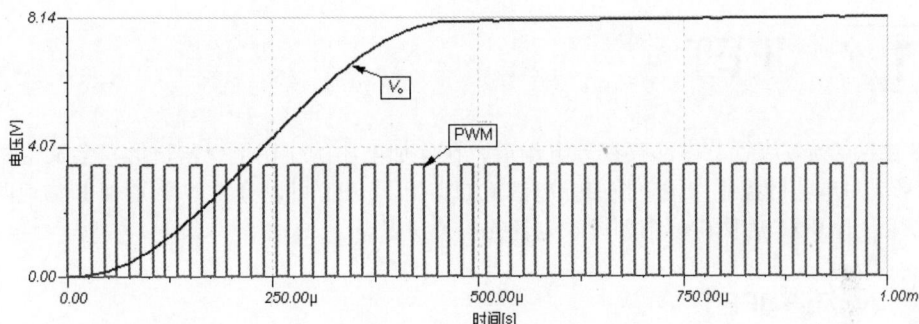

（b）仿真波形

图 4.2 场效应管用于升压电路仿真示例

【仿真示例 4.3】 场效应管用于开关电路（逻辑门电路）。

图 4.3 所示为场效应管构成的开关电路（CMOS 反相器，非门）。电路输入为 0（低电平）时，T_1 截止，T_2 导通，输出为 5V（高电平）；电路输入为 3.5V（高电平）时，T_1 导通，T_2 截止，输出近似为 0（低电平）。

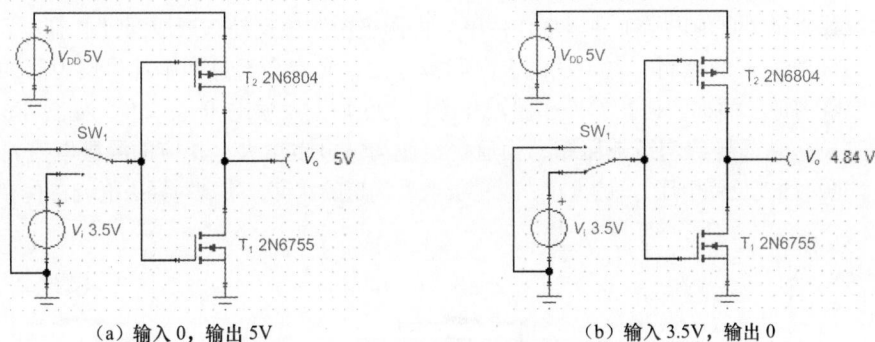

（a）输入 0，输出 5V

（b）输入 3.5V，输出 0

图 4.3 场效应管逻辑电路仿真示例

场效应管是继三极管之后的新一代放大器件，两者对比如下。

（1）场效应管是单极性器件，工作时由多数载流子参与导电；三极管是双极型器件，工作时多数载流子和少数载流子都参与导电。

（2）场效应管是压控型器件，由输入电压控制输出电流（$i_d = g_m v_{gs}$）；三极管是流控型器件，由输入电流控制输出电流（$i_c = \beta i_b$）。

（3）场效应管的输入阻抗高、噪声系数小，在低噪声放大电路的输入级及要求信噪比高的电路中应选用场效应管。

（4）场效应管和三极管均可组成各种放大电路和开关电路，但由于前者制造工艺简单，且具有耗电少，热稳定性好，工作电源电压范围宽等优点，因而被广泛用于大规模和超大规模集成电路中。

总之，场效应管和三极管各自具有不同的应用特点，需要根据具体的应用场景选择合适的器件。在需要高阻抗输入、低噪声、低功耗和高速度的应用中，场效应管更合适；在需要高放大倍数和高输出电流的应用中，三极管更合适。

学习场效应管及其放大电路，首先要熟悉场效应管的类型、基本结构、工作原理、特性曲线和相关参数，首先要正确理解其特性曲线；然后要结合电路结构和特点掌握电路的分析方法；最后要熟练掌握共源、共漏和共栅放大电路的特点和用途。另外，读者如果能够通过场效应管与三极管的类比学习，将会取得事半功倍的效果。

4.1　JFET

JFET（结型场效应管）内部存在导电沟道，在外加电压的作用下，沟道形状会发生相应的改变，从而形成对电流的控制作用。按照导电沟道的类型，JFET 可以分为 N 沟道和 P 沟道两种。下面主要以 N 沟道 JFET 为例讲解结型场效应管的相关知识。

4.1.1　N 沟道 JFET

1．结构

图 4.4（a）所示为 N 沟道 JFET 的结构示意图，其制造过程是：① 在一块 N 型半导体材料两侧扩散出两个高浓度的 P 型半导体区域，其外围会形成两个耗尽层（PN 结）；② 从两个 P 区引出两个电极，并将两个电极连接在一起作为栅极 g，在 N 型半导体两端各引出一个电极，分别称为源极 s 和漏极 d[1]。图 4.4（b）是它的电路符号。

2．工作原理

（1）漏极电流 i_D 的形成：如果在漏极和源极之间加上正电压 $v_{DS} > 0$，如图 4.5 所示，N 型半导体中的多数载流子（自由电子）在电场作用下，由源极向漏极运动，形成漏极电流 i_D。

（2）对漏极电流 i_D 的控制：电子从源极向漏极运动，必然会经过两个耗尽层中间的通道，这个通道称为导电沟道，简称沟道。如果在栅极和源极之间加上反偏电压 $v_{GS} < 0$，如图 4.6 所示，使两个耗尽层变宽，从而导致沟道被压缩，沟道变窄使沟道电阻增大，相应的漏极电流 i_D 就会发生变化。这样，通过改变反偏电压 v_{GS} 的大小，就能够改变沟道的宽度，实现对漏极电流 i_D 的控制。

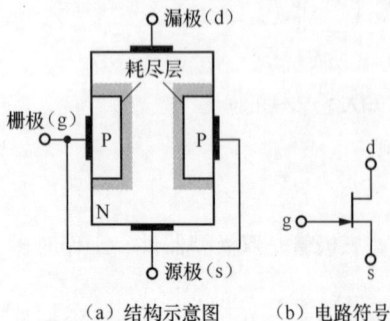

（a）结构示意图　　（b）电路符号
图 4.4　N 型沟道 JFET　　　　图 4.5　形成漏极电流　　　　图 4.6　控制漏极电流

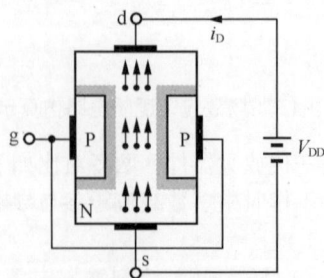

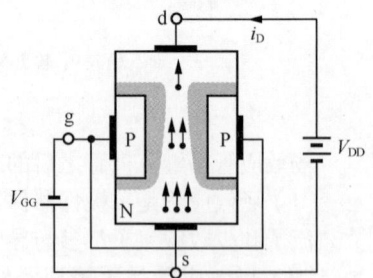

---

[1] 场效应管的栅极 g、源极 s 和漏极 d 分别与三极管的基极 b、射极 e 和集电极 c 相对应。

综上所述,漏极电流 i_D 主要受电压 v_{GS} 和 v_{DS} 的影响,前者通过控制导电沟道来影响 i_D,后者直接作为驱动电压来影响 i_D。

3．特性曲线

场效应管的特性包括转移特性和输出特性,图 4.7 所示为 N 沟道 JFET 特性曲线的测量电路,这是一个共源极电路,类似于三极管的共射极电路。其中,栅极是输入端,漏极是输出端,源极是公共端,栅极与源极组成了输入回路,漏极和源极组成了输出回路。

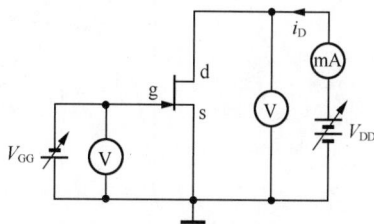

图 4.7 特性曲线测量电路

（1）转移特性曲线

场效应管没有输入特性曲线,这一点与三极管不同。正常工作时,栅极和源极之间所加电压使耗尽层反偏,故 JFET 的栅极电流 i_G 非常小,近似为零,所以不研究 i_G 随 v_{GS} 的变化规律,即输入特性,转而研究输入端电压 v_{GS} 对输出端电流 i_D 的影响,称为转移特性,其数学定义式如下

$$i_D = f(v_{GS})\big|_{v_{DS}=常数} \qquad (4.1)$$

测量转移特性曲线时,首先固定 V_{DD} 为某一电压值,即让 v_{DS} 一定;然后逐渐改变 V_{GG},记下不同的 v_{GS} 及其所对应的 i_D 的值,就可以在 i_D—v_{GS} 直角坐标系中绘出一条曲线,即转移特性曲线,如图 4.8 所示。如果改变 V_{DD},则可得到一组转移特性曲线。

图中:① 当 $v_{GS}=0$ 时的漏极电流称为沟道饱和电流,记为 I_{DSS};② 当栅源电压 v_{GS} 在负值上增加后,耗尽层的宽度逐渐增加,沟道变窄,沟道电阻增大,所以在 v_{DS} 一定时,i_D 会随 v_{GS} 的负值增大而减小;③ 当 i_D 减小到接近于零时,栅源间的电压称为夹断电压,用 V_P 表示。

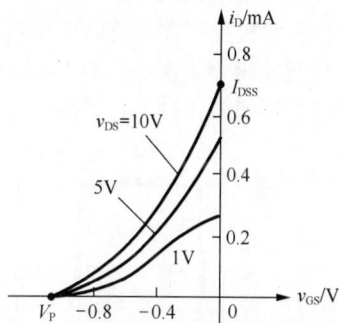

图 4.8 N 沟道 JFET 的转移特性曲线

图 4.9 描述了 $v_{DS}=0$ 时 v_{GS} 对导电沟道的影响。注意:① 图 4.9（c）所示的沟道夹断状态属于完全夹断,其直接原因是 $v_{GS} \le V_P$;② 沟道一旦被完全夹断,不管漏源之间有没有加驱动电压 v_{DS},漏极电流 i_D 都将为 0,这要与后续描述的沟道预夹断状态区分开。

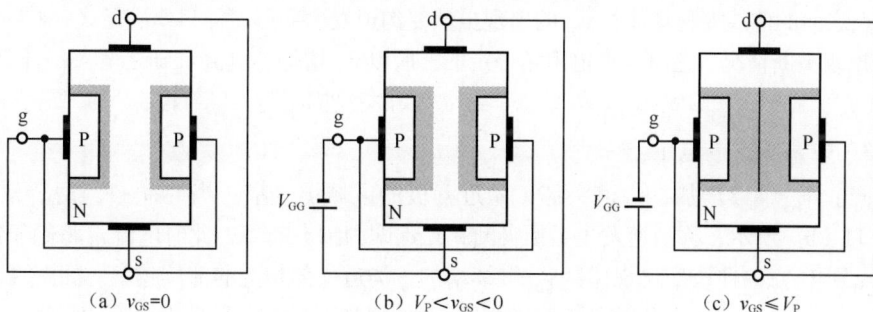

（a）$v_{GS}=0$ （b）$V_P<v_{GS}<0$ （c）$v_{GS} \le V_P$

图 4.9 $v_{DS}=0$ 时 v_{GS} 对导电沟道的影响

（2）输出特性曲线

场效应管的输出特性曲线是指当栅源电压 v_{GS} 为定值时,漏极电流 i_D 与漏源电压 v_{DS} 间的关系曲线,其数学定义式如下。

$$i_D = f(v_{DS})\big|_{v_{GS}=常数} \qquad (4.2)$$

测量输出特性曲线时,先固定一个 v_{GS} 的值,然后改变 v_{DS},记下对应的 i_D 的值,就可以在 i_D—v_{DS} 的直角坐标系中画出一条输出特性曲线。改变 v_{GS} 的值,可以测得一组输出特性曲线,如图 4.1 所示。

(a) $v_{GS}=0$ 时   (b) v_{GS} 变化时

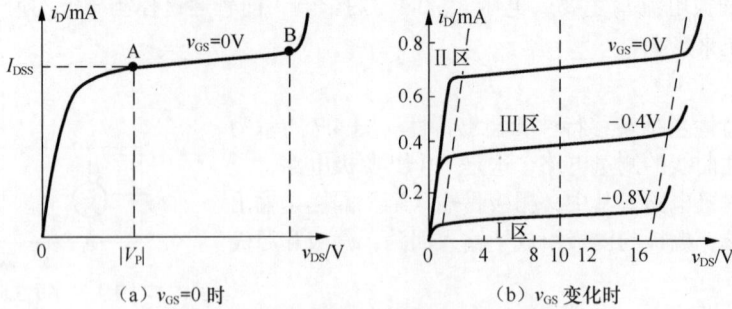

图 4.10   N 沟道 JFET 的输出特性曲线

下面对图 4.10（a）所示的输出特性曲线作简要分析。

① 对 $v_{GS}=0$ 的理解：v_{GS} 是控制沟道电阻的，v_{GS} 一定即可简单认为沟道电阻一定[1]。如果沟道没有被夹断，则此时的电流 i_D 主要受驱动电压 v_{DS} 控制。$v_{GS}=0$ 时沟道无形变，电阻最小，设为 R_{J0}。

② v_{DS} 对沟道形状的影响：$v_{DS}>0$ 的出现，导致靠近漏极处的耗尽层所加的反向电压较大，而靠近源极处所加的反向电压较小，即耗尽层上的反向电压分布不均匀，从漏极向源极逐渐减小，这样就使得靠近漏极的耗尽层会宽一些，靠近源极的耗尽层会窄一些，故沟道呈现上窄下宽的形状，具体如图 4.11（a）所示。

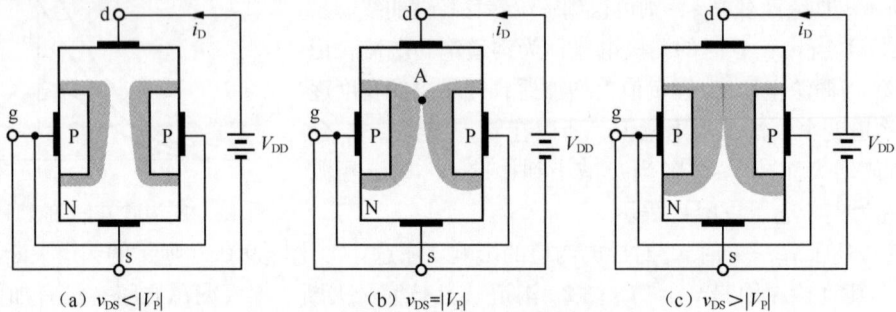

(a) $v_{DS}<|V_P|$ (b) $v_{DS}=|V_P|$ (c) $v_{DS}>|V_P|$

图 4.11 $v_{GS}=0$ 时 v_{DS} 对导电沟道的影响

③ A 点之前的曲线变化规律：v_{DS} 的出现虽然使沟道发生变形，但只要满足式（4.3）的关系，沟道就不会出现夹断情况。这时沟道电阻是一定的，所以 v_{DS} 增加，电流 i_D 随之增大，且变化迅速。

$$v_{GD}=v_{GS}+v_{SD}=0-v_{DS}=-v_{DS}>V_P，即 v_{DS}<-V_P=|V_P| \tag{4.3}$$

式（4.3）中 V_P 为夹断电压。

④ A 点：v_{DS} 继续增加，沟道头部（靠近漏极的区域）变窄。当 $v_{DS}=|V_P|$ 时，沟道头部相交，如图 4.11（b）所示，称沟道发生了预夹断，A 点即为预夹断点，此时电流 i_D 将趋于饱和。

⑤ A 点到 B 点的曲线变化规律：v_{DS} 继续增加，沟道头部相交的部位越多。如图 4.11（c）所示，称沟道进入了夹断状态，此时电流 i_D 不再随 v_{DS} 的增加而变化，呈现出恒流的特性。

关于沟道的夹断，要分清是完全夹断还是预夹断。前者是由 v_{GS} 作用导致的整个沟道出现夹断（即沟道消失），后者是由 v_{DS} 导致的靠近漏极的部分区域出现夹断（即沟道没有消失）。沟道完全夹断时，不会有漏极电流。但预夹断后，需要理解以下几个问题。

漏源电压对漏极电流的影响

① 理解夹断后电流 i_D 为何不消失：此时沟道的夹断状态与前面所述的沟道完全夹断不同，虽然沟道头部出现的耗尽层把沟道阻断，但从漏极向源极看，加在耗尽层上的电压是

---

[1] 实际上沟道电阻还与沟道长度等其他因素相关，这里为了简单起见，忽略了其他因素。

上正下负的关系，且值已足够大，能够促使自由电子以漂移的方式通过该区域而进入漏极。这类似于 NPN 型三极管中反偏的集电结把到达其表面的自由电子拉入集电区形成集电极电流的过程，故夹断后漏极电流 i_D 仍然存在。

② 理解电流 i_D 将趋于饱和：夹断后在漏极和源极之间除了导电沟道，还存在一个反偏的耗尽层，其等效电阻用 R_P 表示，这样可以画出一个简化等效电路，如图 4.12 所示。考虑到 v_{DS} 的增加会使耗尽层上的反偏电压增大，耗尽层等效电阻也就随之增大，因而可以近似认为沟道夹断后 v_{DS} 的增量 Δv_{DS} 都被 R_P 分担了，故 R_{J0} 两端的电压近似不变，处于预夹断时的水平，用 v_{DS0} 表示。又因为 R_{J0} 近似不变，所以电流 i_D 趋于饱和，不再随 v_{DS} 的增加而变化。

③ B 点之后：过了 B 点，过大的 v_{DS} 会导致耗尽层被击穿，此时漏极电流急剧上升。

当 $v_{GS} < 0$ 时，由于沟道电阻随之在反方向增大，如果 v_{DS} 一定，则 i_D 减小，故曲线呈现向下的变化趋势，具体如图 4.10（b）所示。此时，预夹断点所对应的漏源电压 v_{DS} 可以通过下式计算

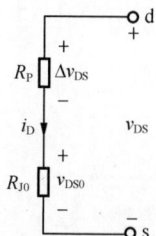

图 4.12　夹断后的简化等效电路

$$v_{GD} = v_{GS} + v_{SD} = v_{GS} - v_{DS} = V_P \Rightarrow v_{DS} = v_{GS} - V_P \tag{4.4}$$

即 $v_{DS} < v_{GS} - V_P$ 时沟道未被夹断，而 $v_{DS} \geq v_{GS} - V_P$ 时沟道进入夹断状态。

4．工作区

类似于三极管，JFET 的输出特性也分为三个区域，如图 4.10（b）所示。

- Ⅰ区，截止区。此时，$v_{GS} < V_P$，导电沟道完全夹断，$i_D = 0$。
- Ⅱ区，可变电阻区（又称不饱和区）。此时，$V_P < v_{GS} \leq 0$，且 $v_{DS} < v_{GS} - V_P$。在该区内，JFET 的沟道尚未夹断，漏极电流 i_D 的计算式为

$$i_D = K_n[2(v_{GS} - V_P)v_{DS} - v_{DS}^2] \tag{4.5}$$

式（4.5）中，K_n 是与场效应管结构相关的系数，其单位为 mA/V^2。

- Ⅲ区，饱和区（又称线性放大区）。此时，$V_P < v_{GS} \leq 0$，且 $v_{DS} \geq v_{GS} - V_P$。在该区内，漏极电流 i_D 随栅源电压 v_{GS} 而变化；当 v_{GS} 一定时，i_D 几乎不随漏源电压 v_{DS} 的变化而变化，是一个常数，i_D 呈现恒流特性，其计算式为

$$i_D = K_n(v_{GS} - V_P)^2 = K_n V_P^2\left(1 - \frac{v_{GS}}{V_P}\right)^2 = I_{DSS}\left(1 - \frac{v_{GS}}{V_P}\right)^2 \tag{4.6}$$

JFET 用作放大器件时就需要工作在饱和区。

4.1.2　P 沟道 JFET

P 沟道 JFET，结构和电路符号如图 4.13 所示。与 N 沟道 JFET 相比，其电路符号不同（P 沟道栅极上的箭头背离器件，而 N 沟道指向器件），工作电源的极性相反，但两者的工作原理相同，特性曲线也很相似，这里就不再重复介绍了。

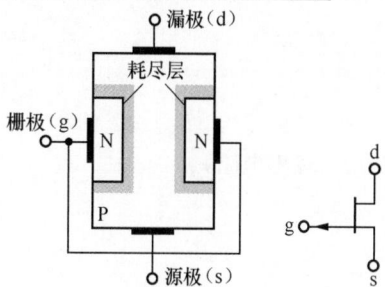

（a）结构示意图　　（b）电路符号

图 4.13　P 沟道 JFET

4.1.3 沟道长度调制效应

理想情况下，当 JFET 工作在饱和区时，漏极电流 i_D 与漏源电压 v_{DS} 无关。但实际上导电沟道的长度对 i_D 也存在一定的影响，表现为在饱和区的输出特性曲线将随 v_{DS} 增加而略有上升。这种影响常用沟道长度调制系数 λ 来修正，具体的表达式如下。

$$i_D = I_{DSS}\left(1 - \frac{v_{GS}}{V_P}\right)^2 (1 + \lambda v_{DS}) \tag{4.7}$$

4.1.4 JFET 的主要参数

1．夹断电压 V_P

当 v_{DS} 为一固定值（如 10V），使 i_D 等于一个微小的电流（如 20μA）时，栅源之间所加的电压称为夹断电压。

2．饱和电流 I_{DSS}

在 $v_{GS} = 0$ 的情况下，当 $|v_{DS}| > |V_P|$ 时的漏极电流称为饱和电流。通常令 $v_{GS} = 0$、$v_{DS} = 10V$ 时测出的 i_D 就是 I_{DSS}。在转移特性曲线上，就是 $v_{GS} = 0$ 时的漏极电流（如图 4.8 所示）。另外，对于 JFET 来说，I_{DSS} 也是场效应管所能输出的最大电流。

3．漏源击穿电压 $V_{(BR)DS}$

$V_{(BR)DS}$ 是指发生雪崩击穿、i_D 开始急剧上升时的 v_{DS} 的值。

4．最大栅源电压 $V_{(BR)GS}$

$V_{(BR)GS}$ 是指栅源间反向电流开始急剧增加时的 v_{GS} 的值。

5．直流输入电阻 R_{GS}

R_{GS} 是指在漏源之间短接的条件下，栅源之间加一定电压时的栅源直流电阻，通常该值较大。

6．低频跨导 g_m

在 v_{DS} 等于常数时，漏极电流的微变量和引起这个变化的栅源电压的微变量之比称为跨导（也可称为互导），即

$$g_m = \left. \frac{\partial i_D}{\partial v_{GS}} \right|_{v_{DS}} \tag{4.8}$$

跨导反映了栅源电压 v_{GS} 对漏极电流 i_D 的控制能力。一般约为 $1 \sim 5$ mS（毫西）。不同栅源电压下的跨导值有如下关系

$$g_m = 2K_n(v_{GS} - V_P) = 2\frac{I_{DSS}}{V_P^2}(v_{GS} - V_P) = -2\frac{I_{DSS}}{V_P}\left(1 - \frac{v_{GS}}{V_P}\right) \tag{4.9}$$

式（4.9）中，$K_n = I_{DSS}/V_P^2$。

7．输出电阻 r_{ds}

$$r_{ds} = \left. \frac{\partial v_{DS}}{\partial i_D} \right|_{v_{GS}} \tag{4.10}$$

r_{ds} 说明漏源电压 v_{DS} 对漏极电流 i_D 的影响，是输出特性曲线上某点切线斜率的倒数。在饱和区，i_D 随 v_{DS} 改变很小，因此 r_{ds} 的数值通常很大，一般在几十千欧到几百千欧之间。

8. 最大耗散功率 P_{DM}

JFET 的耗散功率等于 v_{DS} 和 i_D 的乘积，即 $P_{DM} = i_D v_{DS}$。耗散功率将变为热能，使场效应管的温度升高。为了使它的温度不要升得太高，就要限制它的耗散功率不能超过最大数值 P_{DM}。

JFET 除上述参数外，还有噪声系数、高频参数、极间电容等其他参数。表 4.1 为部分 JFET 的主要参数。

表 4.1　部分 JFET 的主要参数

型号	沟道类型	I_{DSS}/mA	V_P/V	$V_{BR(GS)}$/V	g_m/mS	P_{DM}/mW
3DJ6D	N	0.3	≤−9	>−20	>1	100
3DJ7F	N	1	≤−9	>−20	>3	100
3DJ8F	N	1	≤−9	>−20	>6	100
3DJ9G	N	1	≤−7	>−20	>4	100

4.1.5　小节练习

【知识回顾】

本节主要概念：JFET 的结构、电路符号和特点，N 沟道 JFET 的工作原理（电压控制电流）、转移特性（栅源电压对漏极电流的控制关系）和输出特性（漏源电压对漏极电流的控制关系）、工作区，以及主要参数等。

【思考题】

1. JFET 要建立漏极电流首先应满足什么条件？
2. JFET 的沟道宽度为何能够改变？
3. 漏源电压的引入为什么能使靠近漏极的沟道区变得更窄？
4. 沟道的完全夹断与预夹断有什么区别？
5. JFET 的可变电阻工作区有何特点？有何用途？

JFET 自测题

4.2　MOSFET

MOSFET（金属氧化物半导体场效应管）比 JFET 拥有更高的输入电阻，应用更加广泛，特别是由于其功耗低、制造方便等特点，在中大规模集成电路中得到广泛应用。MOSFET 与 JFET 的结构完全不同，但它们的特性却很相似。与 JFET 一样，根据导电沟道的不同，MOSFET 也分为 N 沟道和 P 沟道两类，而且每一类又分为增强型和耗尽型两种。下面仍以 N 沟道器件为例来介绍 MOSFET。

4.2.1　N 沟道增强型 MOSFET

1. 结构

图 4.14（a）所示为 N 沟道增强型 MOSFET 的结构示意图。它以低掺杂的 P 型硅材料作衬底，在其上制造两个高掺杂的 N 型区，分别引出两个电极，作为源极 s 和漏极 d。在 P 型衬底的表面覆盖一层很薄的氧化膜（二氧化硅）绝缘层，并引出电极作为栅极 g。图 4.14（b）是其电路符号。这种场效应管的栅极 g 与 P 型半导体衬底、漏极 d 及源极 s 之间都是绝缘的，因此也称为绝缘栅场效应管。

2．工作原理

MOSFET 的基本工作原理仍然是利用电压控制电流（压控型器件），但与 JFET 不同的是，MOSFET 的漏极和源极之间不存在原始导电沟道，工作时需要先建立导电沟道。学习 MOSFET 的工作原理，重点在于理解栅源电压、漏源电压与漏极电流的关系。

增强型 MOSFET
的工作原理

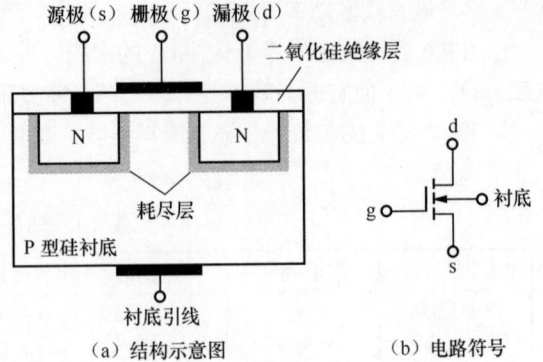

（a）结构示意图   （b）电路符号
图 4.14   N 沟道增强型 MOSFET

（1）建立导电沟道。如图 4.15 所示，当外加正向的栅源电压 $v_{GS} > 0$ 时，在栅极下方的氧化层上出现上正下负的电场，该电场将吸引 P 区中的自由电子，使其在氧化层下方聚集，同时会排斥 P 区中的空穴，使其离开该区域。v_{GS} 越大，电场强度越大，这种效果越明显。当 v_{GS} 达到 V_T 时，该区域聚集的自由电子浓度足够大，从而形成一个新的 N 型区域，像一座桥梁把漏极和源极连接起来。该区域就称为 N 型导电沟道，简称 N 沟道；而 V_T 称为开启电压，$v_{GS} \geq V_T$ 是建立该导电沟道的必备条件。

（2）建立漏极电流。导电沟道建立后，如果漏源之间存在驱动电压 v_{DS}，就能形成漏极电流 i_D。注意，当漏源电压 v_{DS} 出现后，漏极电位高于源极，故 $v_{GS} > v_{GD}$，造成氧化层上的电场分布不均匀，靠近源极强度大，靠近漏极强度小，相应的导电沟道也随之变化，即靠近源极处宽，靠近漏极处窄，如图 4.16 所示。

综上所述，MOSFET 的漏极电流 i_D 主要受电压 v_{GS} 和 v_{DS} 的影响，前者通过控制导电沟道来影响 i_D，后者直接作为驱动来影响 i_D，这与 JFET 的工作原理相似。但需要强调的是，如果导电沟道没有建立，只有 v_{DS}，漏极电流是不会出现的。

3．特性曲线

图 4.17 所示为 MOSFET 特性曲线的测量电路，这仍是一个共源极电路。

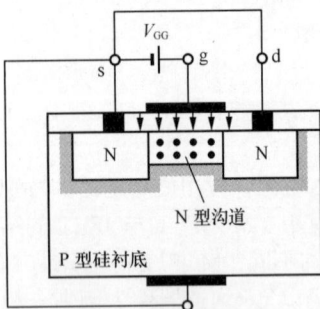

图 4.15   建立导电沟道   图 4.16   建立漏极电流   图 4.17   测量电路

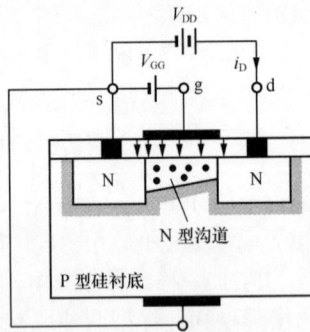

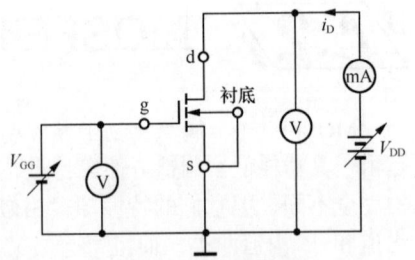

（1）转移特性曲线

N 沟道增强型 MOSFET 的转移特性曲线如图 4.18 所示：① 当 $v_{GS} < V_T$ 时，导电沟道还未建立，没有漏极电流。② 当 $v_{GS} \geq V_T$ 时，导电沟道得以建立，且 v_{GS} 越大，N 沟道中自由电子浓度越大，导电能力越强，即沟道电阻随 v_{GS} 增大而减小，相应形成的电流 i_D 就越大。这也是增强型得名的原因。在 v_{DS} 一定时，i_D 随 v_{GS} 增大而增强。③ 如果改变 v_{DS}，将得到一组转移特性曲线，且 v_{DS} 越大，曲线越靠近纵轴。

（2）输出特性曲线

N 沟道增强型 MOSFET 的输出特性曲线如图 4.19 所示，下面以图 4.19（a）为例讲解其变化规律。

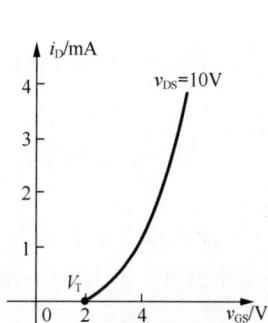

图 4.18　转移特性曲线

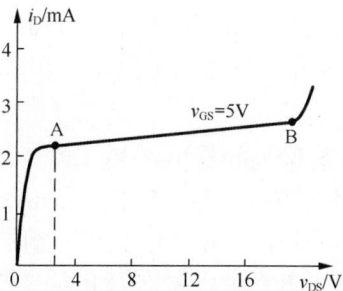

图 4.19　N 沟道 MOSFET 的输出特性曲线

（a）单条输出特性曲线　　（b）一组输出特性曲线

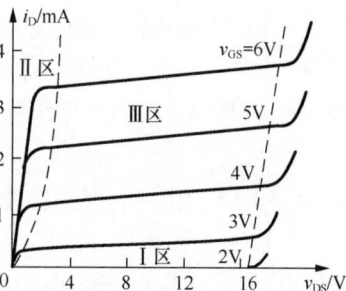

① 理解 v_{GS} 为一定值：首先必须满足 $v_{GS} > V_T$，以确保导电沟道已经建立；v_{GS} 是控制沟道的电压，该值一定，可以简单认为沟道电阻也为定值。

② 理解 v_{DS} 对导电沟道的影响：如前所述，v_{DS} 的出现会使靠近漏极的沟道变窄，且 v_{DS} 越大，这种效果越明显。当 v_{DS} 达到一定值时，靠近漏极的沟道会出现夹断现象，如图 4.20 所示。

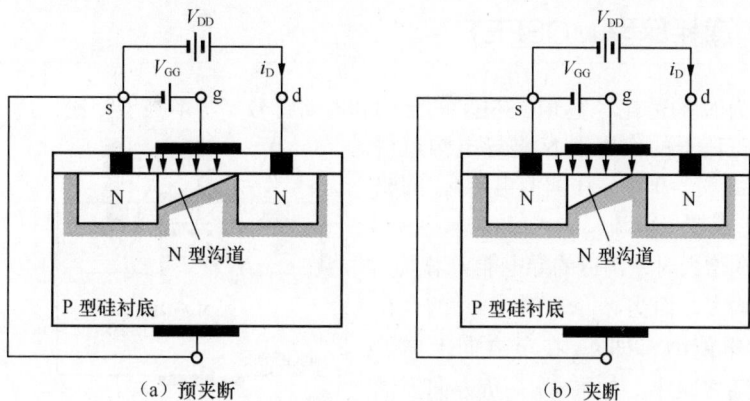

（a）预夹断　　　　　　　　　　（b）夹断

图 4.20　夹断现象

产生夹断的条件推导如下。

$$v_{GD} = v_{GS} + v_{SD} = v_{GS} - v_{DS} = V_T \Rightarrow v_{DS} = v_{GS} - V_T \tag{4.11}$$

即 $v_{DS} < v_{GS} - V_T$ 时，沟道没有夹断；$v_{DS} = v_{GS} - V_T$ 时，沟道处于预夹断状态，如图 4.20（a）所示；而 $v_{DS} > v_{GS} - V_T$ 时，沟道被夹断。

③ A 点之前的曲线变化规律：A 点为预夹断点，在 A 点之前沟道没有夹断，虽然沟道存在形变，但其电阻受 v_{GS} 控制基本为一定值，所以 i_D 随 v_{DS} 的增加而增大，且变化迅速。

④ A 点到 B 点的曲线变化规律：v_{DS} 继续增加，沟道进入了夹断状态，靠近漏极处会出现一小段反偏的耗尽层。一方面，该耗尽层两端的电压关系为左负右正，且电压值足够大，能够驱使自由电子漂移通过耗尽层，从而维持漏极电流 i_D 的存在。另一方面，v_{DS} 越大，该耗尽层的反偏程度就越大，其等效电阻值也就越大，故可以近似认为过了 A 点后，漏源电压的增量 Δv_{DS} 都被该耗尽层分担了，所以加在沟道两端的电压基本不变，而沟道电阻是一定的，其上的电流 i_D 也就基本不变。

⑤ B 点之后的曲线变化规律：B 点之后，足够大的 v_{DS} 造成耗尽层被击穿，电流随之急剧增加。

当 v_{GS} 变化时，可以得到一组输出特性曲线，如图 4.19（b）所示。考虑到栅源电压 v_{GS} 越大，漏极电流 i_D 就越大，故曲线的整体发展趋势是随 v_{GS} 的增加向上延伸。

4．工作区

MOSFET 的输出特性也分为三个区域，如图 4.19（b）所示。

- Ⅰ区，截止区。此时，$v_{GS} < V_T$，导电沟道没有建立，$i_D = 0$。
- Ⅱ区，可变电阻区。此时，$v_{GS} \geqslant V_T$，且 $v_{DS} < v_{GS} - V_T$。在该区内，MOSFET 的沟道还没有夹断，漏极电流 i_D 的计算式为

$$i_D = K_n[2(v_{GS} - V_T)v_{DS} - v_{DS}^2] \tag{4.12}$$

式（4.12）中，K_n 是与场效应管结构相关的系数，其单位为 $\mathrm{mA/V^2}$。

- Ⅲ区，饱和区。此时，$v_{GS} \geqslant V_T$，且 $v_{DS} \geqslant v_{GS} - V_T$。在该区内，漏极电流 i_D 随栅源电压 v_{GS} 的变化而变化；当 v_{GS} 一定时，i_D 几乎不随漏源电压 v_{DS} 的变化而变化，为一个常数，i_D 呈现恒流特性，其计算式为

$$i_D = K_n(v_{GS} - V_T)^2 \tag{4.13}$$

如果考虑沟道长度调制效应，上式应变为

$$i_D = K_n(v_{GS} - V_T)^2(1 + \lambda v_{DS}) \tag{4.14}$$

式（4.14）中，λ 为沟道长度调制系数。注意 MOSFET 用作放大器件时需要工作在饱和区。

4.2.2 N 沟道耗尽型 MOSFET

图 4.21 所示为 N 沟道耗尽型 MOSFET 的结构和电路符号。与增强型相比，其氧化层中掺入了大量正离子，在正离子的作用下 N 型导电沟道得以建立。因此，当 $v_{GS} = 0$ 时，在漏源电压 v_{DS} 的驱动下就能够直接形成漏极电流 i_D。

当 $v_{GS} > 0$ 正向增大时，沟道的导电能力增强，漏极电流 i_D 随之增大。而当 $v_{GS} < 0$ 时，v_{GS} 的存在会削弱沟道的导电能力，即 v_{GS} 在负方向上增强时，漏极电流 i_D 随之减小。如果 v_{GS} 在负方向上继续增加而达到夹断电压 V_P 时，沟道消失（或称为沟道被完全夹断），也就不会再有漏极电流，$i_D = 0$。

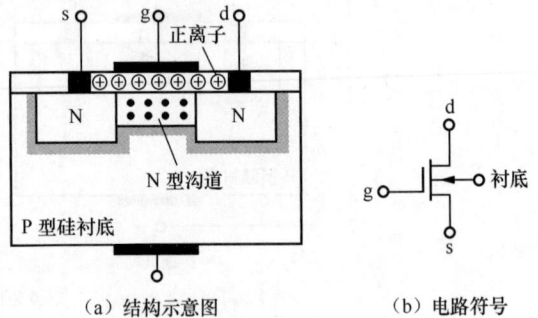

（a）结构示意图　　　　（b）电路符号

图 4.21　N 沟道耗尽型 MOSFET

N 沟道耗尽型 MOSFET 的特性曲线如图 4.22 所示。

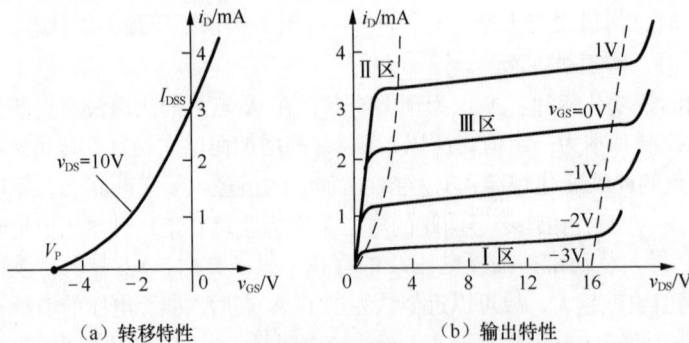

（a）转移特性　　　　　　　　　（b）输出特性

图 4.22　N 沟道耗尽型 MOSFET 的特性曲线

下面对 N 沟道耗尽型 MOSFET 作一个总结。

① N 沟道耗尽型 MOSFET 与增强型相比，其栅源电压 v_{GS} 的变化范围更宽，可以为正值，也可以为负值，应用更加灵活。

② N 沟道耗尽型 MOSFET 与 JFET 相比，从 v_{GS} 变化使沟道导电能力下降的角度说，两者的

工作方式具有相似性，所以 JFET 也可以看作是一种耗尽型的场效应管。

4.2.3　P 沟道 MOSFET

　　P 沟道 MOSFET 与 N 沟道相比较，其电路符号不同，工作电源的极性相反，相应的工作电流也相反，但两者的工作原理相同，特性曲线也很相似，这里就不再详细介绍了。图 4.23 所示为 P 沟道 MOSFET 的电路符号。

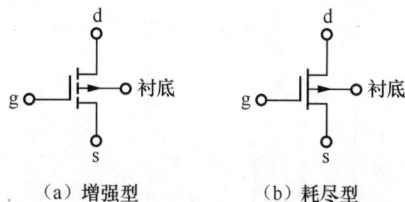

（a）增强型　　　（b）耗尽型

图 4.23　P 沟道 MOSFET 的电路符号

4.2.4　MOSFET 的主要参数

　　MOSFET 的参数与 JFET 的参数基本相同。需要注意的是，在增强型场效应管中不用夹断电压 V_P，而用开启电压 V_T 表征管子的特性。表 4.2 中列出了部分 MOSFET 的主要参数。

表 4.2　部分 MOSFET 的主要参数

型号	类型	$V_T（V_P）$/V	I_{DSS}/mA	$V_{BR(GS)}$/V	g_m/mS	P_{DM}/mW
3CO1A	增强型 P 沟道 MOS	$-2 \sim -4$	15	20	$\leqslant 1$	100
3CO3C	增强型 P 沟道 MOS	$-2 \sim -4$	10	15	$\leqslant 1$	150
3DO3C	增强型 N 沟道 MOS	$2 \sim 8$	10	15	$\leqslant 1$	150
3DO6A	增强型 N 沟道 MOS	$2.5 \sim 5$	> 10	20	> 2	100
3DO1D	耗尽型 N 沟道 MOS	-9	0.3	40	> 1	100
3DO4D	耗尽型 N 沟道 MOS	-9	0.3	25	> 2	100

4.2.5　场效应管的特性

　　为方便读者学习，现将各种场效应管的电路符号，转移特性和输出特性曲线列于表 4.3 中。

表 4.3　场效应管的电路符号，转移极性和输出特性曲线

续表

种类			符号	V_P或V_T	v_{GS}	转移特性	输出特性
绝缘栅	P沟道	耗尽型	d g○—衬底 s	$V_P > 0$	$v_{GS} < V_P$	$-i_D$，v_{GS}，O，V_P	$-i_D$，-1V，$v_{GS}=0$V，$+1$V，$+2$V，O，$-v_{DS}$
		增强型	d g○—衬底 s	$V_T < 0$	$v_{GS} < V_T$	$-i_D$，v_{GS}，V_T，O	$-i_D$，-6V，$v_{GS}=-5$V，-4V，-3V，O，$-v_{DS}$
结型	N沟道	耗尽型	d g s	$V_P < 0$	$V_P < v_{GS} < 0$	i_D，v_{GS}，V_P，O	i_D，0，$v_{GS}=-1$V，-2V，-3V，O，v_{DS}
	P沟道	耗尽型	d g s	$V_P > 0$	$0 < v_{GS} < V_P$	$-i_D$，v_{GS}，O，V_P	$-i_D$，0，$v_{GS}=+1$V，$+2$V，$+3$V，O，$-v_{DS}$

4.2.6　场效应管的使用注意事项

在使用场效应管时应注意如下几点。

（1）JFET 的栅源电压不能接反，否则会因 PN 结处于正偏压而烧坏场效应管。结型场效应管不是利用感应电荷的原理工作，不会形成感应击穿现象，可以在开路状态下保存，其漏极与源极可互换使用。

（2）对于 MOSFET，因为栅极处于绝缘状态，其上的感应电荷很难释放，当积累到一定程度时可能产生很高的电压，容易将管子内部的二氧化硅膜击穿，所以在使用这种类型的场效应管时应注意：

① 运输和储藏中必须将引脚短接或采用金属屏蔽包装，以防外来感应电势将栅极击穿。

② 要求测试仪器、工作台有良好的接地设施。

③ 焊接用的电烙铁外壳要接地，或者利用烙铁断电后的余热焊接。焊接 MOSFET 的顺序是：先焊源极、栅极，后焊漏极。

（3）MOSFET 的衬底要正确地连接。单独使用 MOSFET 时，一般将衬底与源极连在一起。在集成电路中，由于许多 MOSFET 制作在同一衬底上，因此不能使每个 MOSFET 的衬底与源极相连，此时要求衬底的电压极性必须连接正确。N 沟道 MOSFET 的衬底接电路中最低电位；P 沟道 MOSFET 的衬底接电路中最高电位，以保证衬底与各电极、沟道之间形成反向 PN 结隔离，使场效应管能够独立工作。

（4）MOSFET 中，有些产品将衬底引出（四脚），用户可根据电路需要正确连接，此时源极和漏极可以互换使用。但有些产品出厂时，已将衬底与源极连在一起，此时源极和漏极不可以互换使用。

4.2.7　小节练习

【知识回顾】

本节主要概念：MOSFET 的结构、电路符号和特点，增强型和耗尽型 N 沟道 MOSFET 的工作原理（电压控制电流）、转移特性（栅源电压对漏极电流的控制关系）和输出特性（漏源电压对漏极电流的控制关系）、工作区，以及主要参数等。

【思考题】

1. N 沟道增强型 MOSFET 要建立漏极电流首先应满足什么条件？
2. N 沟道增强型 MOSFET 的沟道宽度为何能够改变？
3. 漏源电压的引入为什么能使靠近漏极的沟道区变得更窄？
4. 增强型和耗尽型 MOSFET 有什么区别？
5. 耗尽型 MOSFET 与 JFET 有什么共同点？

MOSFET
自测题

4.3　场效应管放大电路

场效应管具有低噪声、高输入阻抗、输入与输出之间基本上互不影响等优点，是作为输入级或隔离级较理想的放大器件。场效应管可以组成三种组态的放大电路：即共源极放大电路、共漏极放大电路和共栅极放大电路。本节着重分析共源极和共漏极放大电路。

4.3.1　共源极放大电路

图 4.24（a）所示是一个由 N 沟道增强型 MOSFET 构成的共源极放大电路（栅极是输入端，漏极是输出端，源极是公共端）。其中：R_{g1} 和 R_{g2} 构成分压式偏置电路，提供建立静态工作点所需的栅源电压 V_{GS}；R_d 为漏极电阻，R_L 为负载。

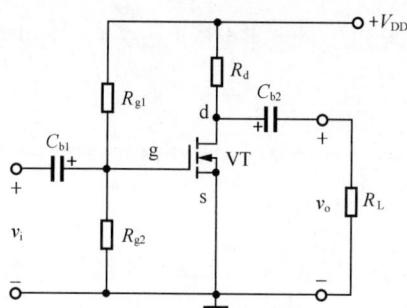

（a）电路结构

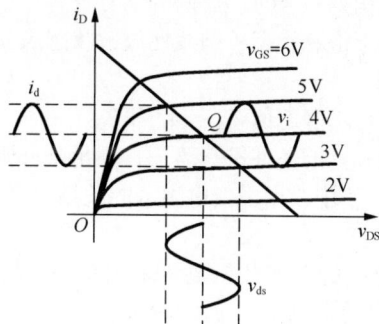

（b）工作原理

共源放大电路

图 4.24　共源极放大电路

该电路要放大信号，首先要确保场效应管工作在饱和区，即栅源电压 $V_{GS} > V_T$（开启电压），

漏源电压 $v_{DS} > v_{GS} - V_T$。

当外加的 v_i 变化时，栅源电压 $v_{GS} = v_i + V_{GS}$ 也随之变化，漏极电流 i_D 因受 v_{GS} 的控制也相应地发生变化。i_D 在 R_d 上产生一个变化的电压，在正常放大情况下，这个变化的电压可以比 v_i 大很多倍。这样就得到一个放大信号，通过隔直电容 C_{b2} 的耦合作用，在 R_L 负载上输出一个交流信号，工作波形如图 4.24（b）所示。图中，Q 点是静态工作点，它是负载线与 $v_{GS} = 4V$ 的输出曲线的交点。

场效应管的共源极放大电路与三极管的共射极放大电路相似，都是反相电压放大器，但从工作原理上讲，前者是通过输入电压控制输出电流，而后者是通过输入电流控制输出电流。另外，共源极放大电路没有输入电流，静态功耗小；而共射极放大电路有输入电流，静态功耗相对较大。

4.3.2 共漏极放大电路

图 4.25 所示是一个由 N 沟道 JFET 构成的共漏极放大电路。其中：源极电阻 R 构成自偏置电路[1]，提供建立静态工作点所需的栅源电压 V_{GS}；栅极电阻 R_g 通常较大，以增加电路的输入电阻值，R_L 为负载。

该电路输入和输出电压的基本关系如下。

$$v_i = v_{gs} + v_o \Rightarrow v_o = v_i - v_{gs} \approx v_i \qquad (4.15)$$

通常共漏电路中的 v_{gs} 较小，可以忽略，即近似有输出电压 v_o 等于输入电压 v_i 的关系。所有共漏极放大电路与三极管共集电极放大电路相似，属于电压跟随器。共漏极放大电路也可以称为源极输出器。

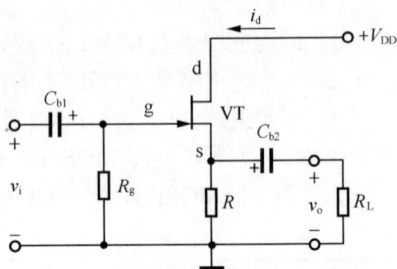

图 4.25 共漏极放大电路

4.3.3 场效应管放大电路分析

场效应管放大电路的分析方法与三极管放大电路类似，分为静态分析和动态分析。静态分析的目的在于判断电路是否已经建立了合适的工作点，而动态分析的目的是计算电路的动态指标——电压增益、输入电阻和输出电阻。

1. 静态分析

场效应管放大电路的静态分析步骤如下。

（1）画出放大电路的直流通路，并在图中标识出关键物理量，如 V_{GS}、I_D 等。

（2）根据电路结构列写 KCL 方程和 KVL 方程。

（3）假设电路处于饱和状态（即线性放大状态），根据 FET 的基本电压电流关系，补出所需表达式。

（4）联立上述方程求静态值 V_{GS}、I_D 和 V_{DS}。

（5）根据进入饱和区的条件进行验证，满足条件则表明上述计算过程是正确的；如果不满足条件，就需要在第（3）步中改用可变电阻区的关系式进行计算。

2. 动态分析

场效应管放大电路的动态分析仍可采用小信号模型法。图 4.26（a）所示为场效应管的低频小信号模型。考虑到动态电阻 r_{ds} 通常较大，故可以将其忽略，从而得到其简化模型，如图 4.26（b）所示。

---

[1] 电路在静态时，源极电阻上的电压充当了栅源电压，即 $V_{GS} = -I_D R < 0$。这种电路不仅可以省掉一个偏置电源 V_{GG}，而且由于反馈还有稳定静态工作点的作用。

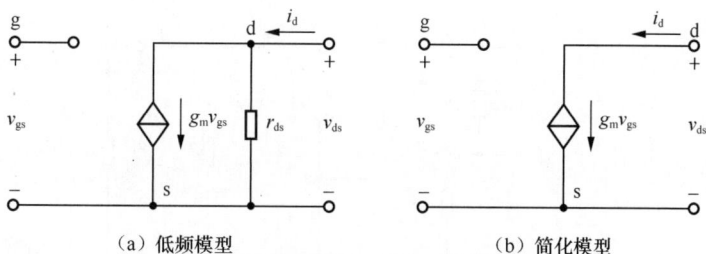

（a）低频模型　　　　　　　　（b）简化模型

图 4.26　场效应管的低频小信号模型

利用小信号模型法作动态分析的步骤如下。

（1）画出整个电路的小信号等效电路。

① 根据电路组态确定输入端、输出端和公共端的位置，并相应画出场效应管的小信号模型（通常将输入端画在左边，输出端画在右边，公共端画在下方）。

② 从公共端出发直至画出公共参考点。

③ 延长输入端、输出端和地线，以明确输入端口和输出端口。

④ 分别在输入端口和输出端口补出其他元件。

⑤ 画图时直流电源作交流参考点处理，耦合电容和旁路电容则视为短接。

（2）根据小信号等效电路分析动态参数 A_v、R_i、R_o 和 A_{vs}。

3．分析举例

【例 4.1】　电路如图 4.27（a）所示，场效应管的 $V_P = -1\,\text{V}$，$I_{DSS} = 0.5\text{mA}$。（1）试确定 Q 点；（2）画小信号等效电路；（3）求 A_v、R_i 和 R_o。

【解】（1）画出直流通路，如图 4.27（b）所示，进行静态分析。

① 根据电路结构有

$$V_{GSQ} = V_G - V_S = \frac{R_{g2}}{R_{g1}+R_{g2}}V_{DD} - I_D R = \frac{47\times18}{2000+47} - 2I_D$$

$$V_{DSQ} = V_{DD} - I_D(R_d + R)$$

② 假设电路工作在饱和区，根据式（4.6）有

$$I_{DQ} = I_{DSS}\left(1 - \frac{v_{GS}}{V_P}\right)^2 = 0.5\times\left(1 + \frac{v_{GS}}{1}\right)^2$$

③ 联立求解得：$V_{GSQ} = -0.22\text{V}$；$I_{DQ} = 0.31\text{mA}$；$V_{DSQ} = 8.1\text{V}$。

④ 验证结果：$V_{DSQ} = 8.1\text{V} > V_{GSQ} - V_P = 0.78\text{V}$，表明场效应管的确工作在饱和区，与假设一致，上述分析正确。

（2）画出小信号等效电路，如图 4.27（c）所示。

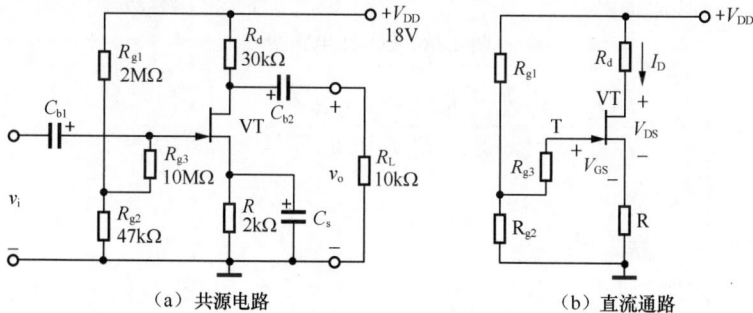

（a）共源电路　　　　　　　（b）直流通路

图 4.27　例 4.1 电路图

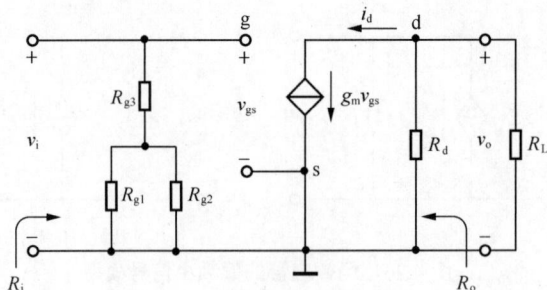

（c）小信号等效电路

图 4.27　例 4.1 电路图（续）

（3）动态分析，先由式（4.9）估算 g_m

$$g_m = -2\frac{I_{DSS}}{V_P}\left(1-\frac{V_{GSQ}}{V_P}\right) = -2\times\frac{0.5}{-1}\times\left(1-\frac{-0.22}{-1}\right) = 0.78\text{mS}$$

电压增益

$$A_v = \frac{v_o}{v_i} = \frac{f_o(v_{gs})}{f_i(v_{gs})} = \frac{-g_m v_{gs} R_L'}{v_{gs}} = -g_m R_L' = -0.78\times\frac{30\times10}{30+10} = -5.85$$

输入电阻

$$R_i = R_{g3} + R_{g1}//R_{g2} \approx R_{g3} = 10\text{M}\Omega$$

输出电阻

$$R_o \approx R_d = 30\text{k}\Omega$$

【例 4.2】　电路如图 4.28（a）所示：（1）画出小信号等效电路；（2）求 A_v、R_i 和 R_o 的表达式。

【解】（1）画出小信号等效电路，如图 4.28（b）所示。

（2）求动态参数的表达式。

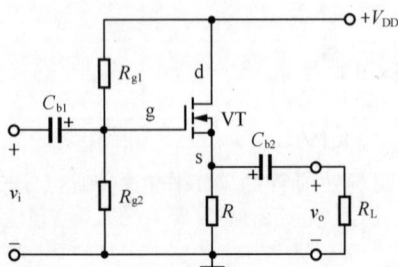

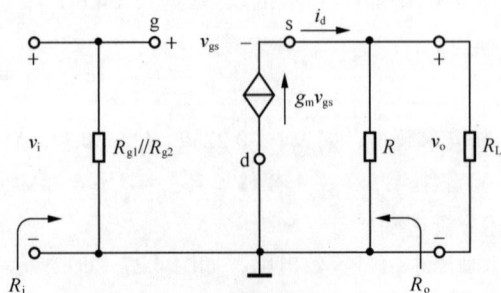

（a）共漏电路　　　　　　　　　　　（b）小信号等效电路

图 4.28　例 4.2 电路图

电压增益：$A_v = \dfrac{v_o}{v_i} = \dfrac{f_o(v_{gs})}{f_i(v_{gs})} = \dfrac{g_m v_{gs} R_L'}{v_{gs}+g_m v_{gs} R_L'} = \dfrac{g_m R_L'}{1+g_m R_L'} \approx 1$。

输入电阻：$R_i = R_{g1}//R_{g2}$。

输出电阻：$R_o \approx \dfrac{1}{g_m}//R$。[1]

---

[1] 共漏极放大电路的输出电阻需要使用外加电源法进行分析，具体求解过程略。

注意，共漏极放大电路与三极管共集电极放大电路一样，具有电压增益近似为 1，但比 1 略小的电压跟随性。同时，电路的输入电阻大、输出电阻小，适合用作多级电路的输入级、输出级或者中间级。

【仿真示例 4.4】　电路如图 4.29（a）所示，试用 Tina 软件分析其静态参数和电压增益，并观察该电路的频率响应曲线（幅频特性和相频特性）。

【解】（1）在 Tina 软件中构建电路模型：信号源为幅值 1mV、频率 10kHz 的正弦信号，场效应管通过搜索 "2N7000" 的方式插入，如图 4.29（b）所示。这是一个宏器件，选择 "进入宏" 命令，可以查看其具体的 SPICE 模型定义[1]，如图 4.29（c）所示，可知其开启电压 V_T 约为 2.1V，K_p 系数约为 $0.35\,\mathrm{A/V^2}$。

（2）测量静态值：按图 4.29（d）所示建立仿真电路，打开 "DC" 交互模式仿真开关，测得栅源电压 $V_\mathrm{GS}=2.18\mathrm{V}$，漏源电压 $V_\mathrm{DS}=8.56\mathrm{V}$，漏极电流 $I_\mathrm{D}=1.15\mathrm{mA}$。

（3）验证场效应管是否处于饱和区

$$V_\mathrm{DS}=8.56\mathrm{V}>(V_\mathrm{GS}-V_\mathrm{T})=(2.18-2.1)=0.08\mathrm{V}$$

满足条件，表明此时场效应管处于放大状态。

（4）测量电路的电压增益：使用 "瞬时分析" 观察电路的输入输出波形，仿真时间范围为 0～300μs，其他选项保持默认值，可以得到图 4.29（e）所示波形，通过 "a 指针" 测得输出信号的幅值为 40.98mV，进而可知电压增益约为 41。

（5）估算电路的电压增益

$$g_\mathrm{m}=\sqrt{2I_\mathrm{D}K_\mathrm{p}}=\sqrt{2\times1.15\mathrm{mA}\times0.35\mathrm{A/V^2}}=28.37\mathrm{mS}$$

$$|A_v|=g_\mathrm{m}R_\mathrm{L}'=28.37\mathrm{mS}\times1.5\times10^3=42.56$$

表明仿真测量值和理论计算值基本一致。另外，跨导也可以用下式进行估算

$$g_\mathrm{m}=\frac{2I_\mathrm{D}}{V_\mathrm{GS}-V_\mathrm{T}}=\frac{2\times1.15\times10^{-3}}{2.18-2.1}=28.75\mathrm{mS}$$

（6）观察电路的频率响应曲线：选择 "分析\AC 分析" 下的 "AC 传输特性" 选项，频率范围设为 10Hz～1MHz，其他选项保持默认值，可以得到图 4.29（f）（g）所示特性曲线。

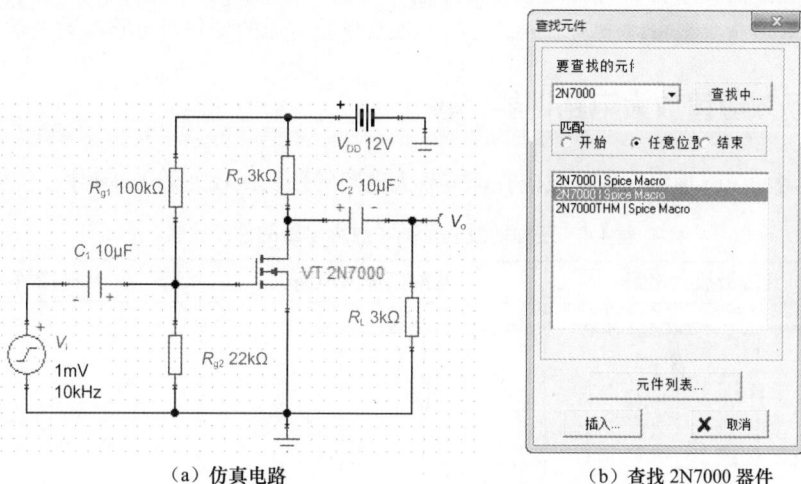

（a）仿真电路　　　　　　　　　（b）查找 2N7000 器件

图 4.29　仿真示例 4.4 图

---

[1] SPICE 模型可对芯片的实际物理结构进行描述，包含了芯片的具体特征和工艺等信息，用文本文件存储。

```
*======================================
*
* 2N7000 ELECTRICAL MODEL (SOT-23 Single N-Ch DMOS)
* ------------------------
.SUBCKT 2N7000 20 10 30
Rg      10    1    1
M1       2    1    3    3     DMOS    L=1u    W=1u
.MODEL DMOS NMOS (VTO={2.1*(-0.0016*TEMP+1.04)}   KP=0.35   THETA=0.086
+ VMAX=2.2E5  LEVEL=3)
Cgs      1    3    60p
Rd      20    4    0.3 TC=0.0075
Dds      3    4    DDS
```

（c）查看 2N7000 模型参数

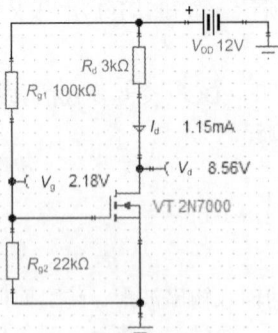

（d）测量静态参数的仿真电路　　　　　（e）观察输入输出波形

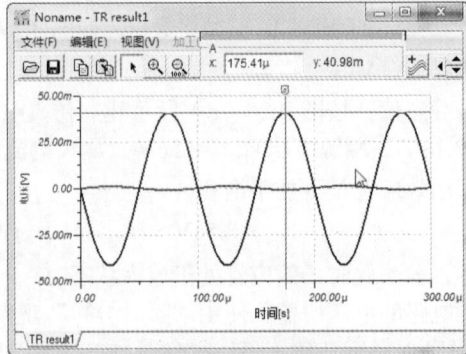

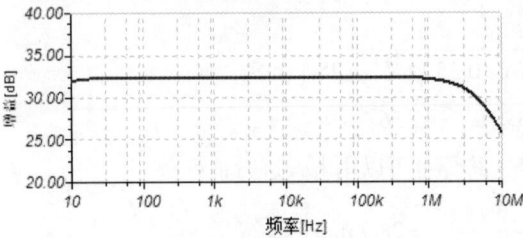

（f）幅频特性曲线　　　　　　　　　（g）相频特性曲线

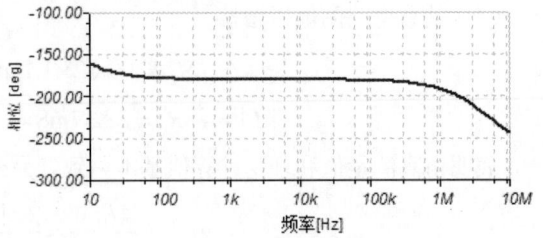

图 4.29　仿真示例 4.4 图（续）

（7）根据电路的频率特性曲线，可以明确电路的通频带。这里可以改变信号源的频率和幅值重新进行上述仿真分析。也可以微调下偏置电阻，观察栅源电压的变化对电路参数及输出的影响。

4.3.4　场效应管放大电路性能比较

为方便读者学习，现将三种场效应管基本放大电路的性能比较列于表 4.4 中。

表 4.4　三种场效应管基本放大电路的性能比较

类型	共源极放大电路	共漏极放大电路	共栅极放大电路
电路图			

续表

类型	共源极放大电路	共漏极放大电路	共栅极放大电路
增益	$A_v = \dfrac{v_o}{v_i} = -g_m R'_L$	$A_v = \dfrac{v_o}{v_i} = \dfrac{g_m R'_L}{1 + g_m R'_L} \approx 1$	$A_v = \dfrac{v_o}{v_i} = g_m R'_L$
输入电阻	$R_i = R_{g3} + R_{g1} // R_{g2}$	$R_i = R_{g3} + R_{g1} // R_{g2}$	$R_i = \dfrac{1}{g_m} // R$
输出电阻	$R_o \approx R_d$	$R_o = \dfrac{1}{g_m} // R$	$R_o \approx R_d$
特点	① 电压增益大 ② 输入输出电压反相 ③ 输入电阻高 ④ 输出电阻由 R_d 决定	① 电压增益小于 1，但接近 1 ② 输入输出电压同相 ③ 输入电阻高 ④ 输出电阻小，可作阻抗变换	① 电压增益大 ② 输入输出电压同相 ③ 输入电阻小 ④ 输出电阻由 R_d 决定

4.3.5 各种放大电路性能比较

至此，我们已经学习了三极管共射极（CE）[1]、共集电极（CC）和共基极（CB）放大电路，和与之对应的场效应管共源极（CS）、共漏极（CD）和共栅极（CG）放大电路。根据电路的输入输出关系，可以将上述放大电路归纳为三种通用组态，即反相电压放大器（如 CE、CS）、电压跟随器（如 CC、CD）和电流跟随器（CB、CG）。下面将它们的电路示意图、主要特征和用途列于表 4.5 中。

表 4.5　各类放大电路的性能比较

类型	反相电压放大器	电压跟随器	电流跟随器
电路示意图			
主要特征	v_o 与 v_i 反相，一般 $\lvert A_v \rvert \gg 1$	$v_o \approx v_i$ 一般 $\lvert A_v \rvert \approx 1$	$i_o \approx i_i$ 一般 $\lvert A_v \rvert \gg 1$
典型电路	共射极放大电路 共源极放大电路	共集电极放大电路 共漏极放大电路	共基极放大电路 共栅极放大电路
用途	电压增益高，输入电阻和输入电容较大，适用于多级放大电路的中间级	输入电阻高，输出电阻低，可用作阻抗变换、输入级、输出级或缓冲级电路	输入电阻和输入电容均较小，适用于高频、宽带电路

对于放大电路的设计，一般步骤是：① 先根据电路的技术要求选择电路类型；② 然后根据技术参数确定具体电子器件；③ 最后画出电路的具体结构并测试。

4.3.6 小节练习

【知识回顾】

本节主要概念：共源极、共漏极放大电路的典型结构和常用的偏置电路形式，场效应管电路放大信号的工作原理、场效应管电路的静态分析和动态分析方法、场效应管的低频小信号等效模型以及场效应管电路的小信号等效电路画图等。

---

[1] CE、CC 和 CB 中的符号 C 为 Common 的开头字母，E、C、B 分别表示发射极、集电极和基极，以下类推。

【思考题】

1. 共源极电路的工作特点是什么？与三极管的什么电路类似？

2. 共漏极电路的工作特点是什么？与三极管的什么电路类似？

3. 为什么音频放大电路的前级会使用场效应管电路？

4. 如果信号源允许取用的电流较小，应首先考虑使用场效应管电路还是三极管电路？

5. 要构成低噪声电路，应首先考虑使用场效应管电路还是三极管电路？

场效应管放大
电路自测题

4.4 综合练习

内容要点

章节随测

4.4.1 仿真练习题

4.1 电路如题 4.1 图所示，场效应管型号为 2N7000，试用 Tina 软件分析该电路：（1）测量电路的静态参数，并验证场效应管是否工作在饱和区；（2）观察电路的输入输出波形；（3）观察电路的频率特性。假设输入为正弦信号（幅值为 100mV，频率为 10kHz，相位为 0）。

4.2 仿真电路如题 4.2 图 1 所示（这是一个利用场效应管漏源电阻控制输出电压的原理电路），场效应管型号为 2N7000，三极管为通用型号（!NPN），β 为 50。试用 Tina 软件构建该电路并观察电路的输入输出关系。假设输入为正弦信号（幅值 1mV，频率 1kHz，相位 0）。仿真步骤如下。

（1）构建电路，并设置电路参数。

（2）选择"分析"菜单下的"选择对象"命令，然后选中 V_{DD} 器件。

（3）在打开的对话框中单击"选择"按钮，打开"参数步进"设置对话框，如题 4.2 图 2 所示。

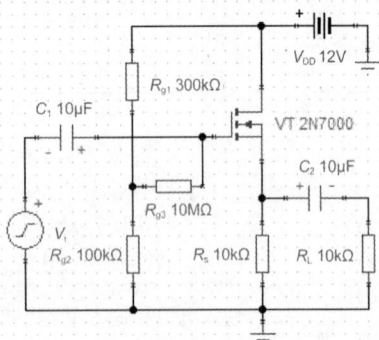

题 4.1 图

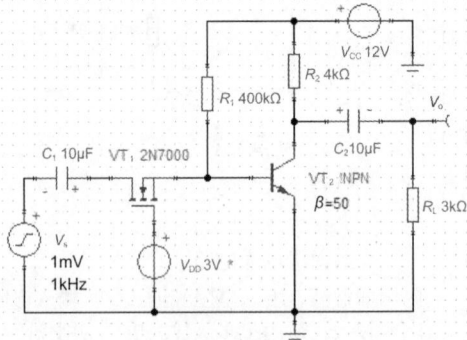

题 4.2 图 1

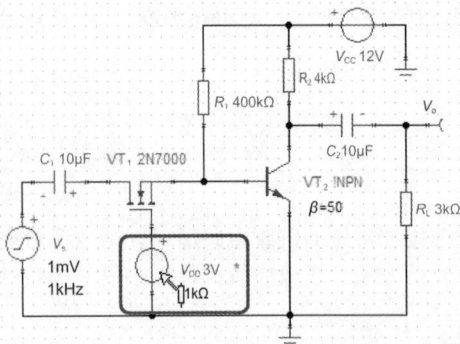

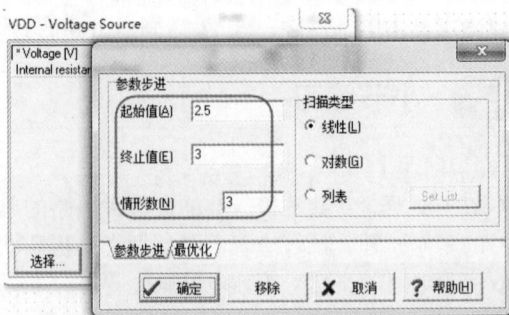

题 4.2 图 2

（4）在对话框中设置"起始值"为 2.5，"终止值"为 3，"情形数"为 3，其他选项保持默认值。该设置表示 V_{DD} 电压在 2.5V 至 3V 间变化，共取 3 个值（2.5V、2.75V 和 3V），完成后单击"确定"退出。

（5）进行"瞬时分析"，观察输入输出波形，可以看到题 4.2 图 3 所示波形。不同的 V_{DD} 会产生不同的栅源电压，形成不同的栅源电阻，从而影响电路的整体增益（栅源电压越大，漏源电阻越小，增益越大，输出信号越强）。

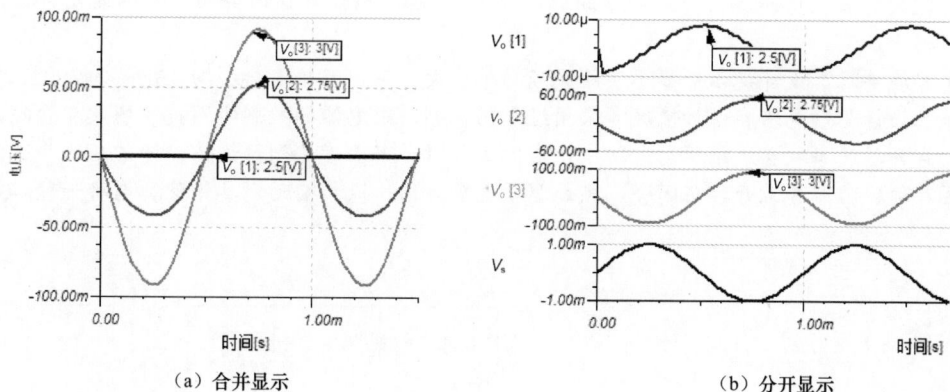

（a）合并显示　　　　　　（b）分开显示

题 4.2 图 3

4.4.2 小电路设计

4.3 电路设计时，原则上电源用得越少越好。对于题 4.2 图 1 所示的原理电路，试用稳压管电路来替代直流电源 V_{DD}。请用 Tina 软件画出替代电路的具体形式。

【设计思路】

（1）首先稳压管从 V_{CC} 上获取一定的稳定电压。

（2）然后使用电位器进行分压，去控制场效应管的栅极电位。

（3）替换电路的大致结构如题 4.3 图所示，虚线处如需使用其他元件，请自行补充。

（4）可以借助 Tina 软件进行辅助设计，如设计合理，则可以看到类似题 4.2 图 3 的波形。建议：

① 稳压管可用 1N2804，其稳定电压为 6.8V。

② 电位器总阻值可以选为 50kΩ 左右，为仿真方便也可用两个电阻代替电位器。

③ 栅极电位的变化应控制在 3V 以内。

4.4 试用场效应管构建一个简易温度检测报警电路：（1）基础要求：温度达到某一设定值时，电路能够显示提示信息；（2）扩展要求 1：增加声音提示信息；（3）扩展要求 2：温度达到预设值后，启动风扇降温。请用 Tina 软件绘制相应的原理电路。

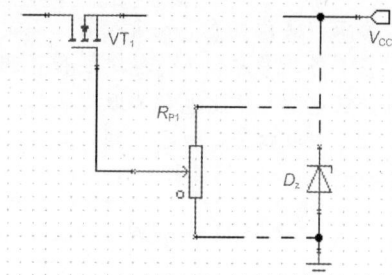

题 4.3 图

【设计思路】

（1）基础要求设计提示。

① 这个电路可以看成一个简易温度检测系统，从结构上讲应由采集、决策和执行三个模块构成，如题 4.4 图 1 所示。

② 采集模块可以使用负温度系数热敏电阻（温度升高时，其电阻值减小）来检测温度的变化，并与固定电阻构成分压电路。温度变化时，分压电路的输出会随之变化。

③ 决策模块可以采用 N 沟道 MOSFET 共源电路，其栅极接前面的分压电路输出。即温度越

高，栅极电位越高，越有利于场效应管的导通。

④ 执行模块由场效应管的漏极充当，发光二极管连接在场效应管的漏极。温度低时，栅极电位低，场效应管不导通，发光二极管不亮；而温度升高时，栅极电位升高，场效应管逐步导通。只要合理选择电阻参数，满足温度达到预设值的条件时，栅极电位即可使场效应管正常导通，驱动发光二极管亮，从而发出报警信号。

（2）扩展要求 1 设计提示：在场效应管的漏极接一个有源蜂鸣器（有源蜂鸣器内部已集成振荡电路，可直接将直流电转变为一定频率的脉冲信号），场效应管导通时会驱动蜂鸣器发声，这也是一个执行模块。

（3）扩展要求 2 设计提示：鉴于实际风扇功率较大，不便直接连接在场效应管的漏极上工作，需为其单独设计驱动电路。这种情况多采用继电器控制。继电器的控制线圈接在场效应管的漏极，其控制的常开触头串联在风扇驱动电路中。实际工作时，若温度达到预设值，场效应管导通，继电器的线圈导通，控制其常开触头闭合，风扇驱动电路导通，风扇启动。具体仿真电路如题 4.4 图 2 所示。

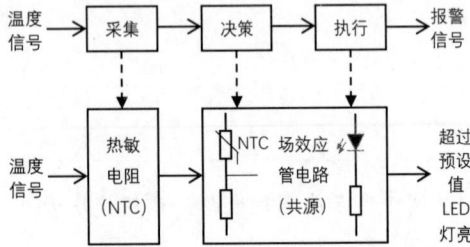

题 4.4 图 1

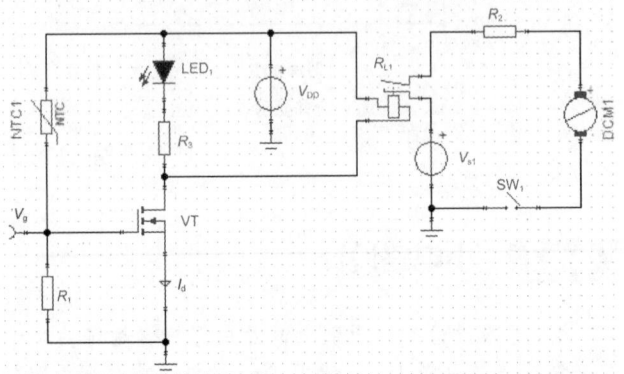

题 4.4 图 2

4.5 已知输入电压为一定频率的正弦信号（其幅值会随时间从 0 逐步增大到几伏），要求用该信号控制一只场效应管（假设为 N 沟道 JFET），使得场效应管的漏源等效电阻 R_{DS} 能够随输入信号幅值的增强而增大。试用 Tina 软件绘制出符合要求的原理电路。

【设计思路】

（1）可以用输入电压控制场效应管的栅源电压，从而控制场效应管的漏源电阻。

（2）需要注意的是，输入电压为正弦信号，有正有负，但 JFET 的栅源电压只能是单极性的，要么为正，要么为负，故输入电压不能直接与场效应管的栅极相连，需要进行预处理。

（3）另外考虑到工作稳定性和可调性，控制电压通常还需要进行分压后再接入场效应管栅极。这种分压电路习惯上也称为取样电路，广泛应用于电子电路的设计。

（4）本电路设计方案如题 4.5 图所示。

题 4.5 图

第 5 章
集成运放

思维导图

集成运放（全称集成运算放大器）是具有高输入阻抗、低输出阻抗的高增益直流放大器，其主要应用场景有信号的放大电路、运算电路（比例、加、减、微分、积分、指数、对数等）、产生电路（振荡电路）、处理电路（有源滤波器）等。集成运放属于模拟集成电路，其内部是一个多级电路，主要包括差分电路、电压放大器、功率放大器、电流源等典型电路结构。下面我们通过几个仿真示例来了解运放的相关概念。

【仿真示例 5.1】 集成运放用于放大信号。

图 5.1（a）所示为集成运放构成的反相放大电路。信号源 V_i 为 1V、50Hz 的正弦交流信号，该信号通过电路后，信号的频率没有发生变化，但幅值被放大了近 10 倍，同时相位改变了 180°，即输出信号与输入信号相位相反，输入输出波形如图 5.1（b）所示。

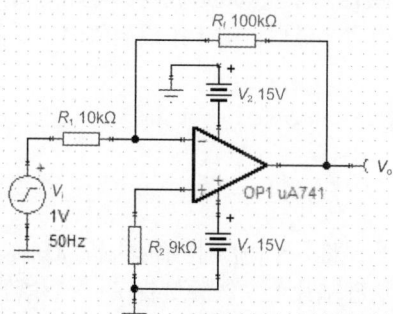

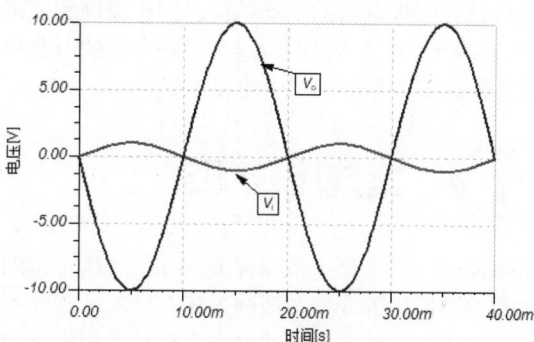

（a）仿真电路 　　　　　　　　　（b）输入输出波形

图 5.1　集成运放用于放大信号仿真示例

【仿真示例 5.2】 电流源电路带负载工作。

图 5.2（a）所示为三极管构成的镜像电流源电路，其中两只三极管的结构和参数具有对称性，电路利用三极管处于放大状态时具有恒流的特性（集电极电流近似不随集射电压变化而变化）构成。仿真波形见图 5.2（b）（输出电流随负载阻值变化关系）。

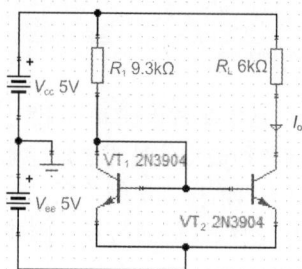

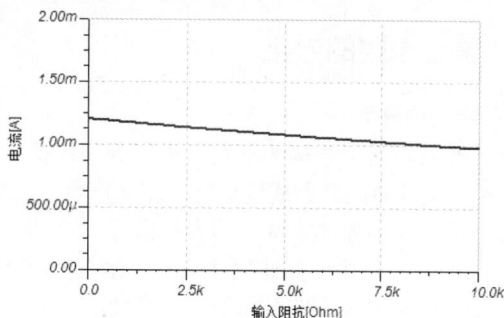

（a）仿真电路 　　　　　　　　　（b）仿真波形

图 5.2　电流源电路仿真示例

【仿真示例 5.3】 差分电路用于消除共模干扰信号。

图 5.3 所示为三极管构成的差分电路，电路具有对称性。差分电路可以有效消除电路中的共模干扰信号，这里信号源 V_i 为电路提供有效信号，V_s 用于模拟共模干扰信号。仿真波形见图 5.3（b）（输出电压中完全不包含干扰信号）。

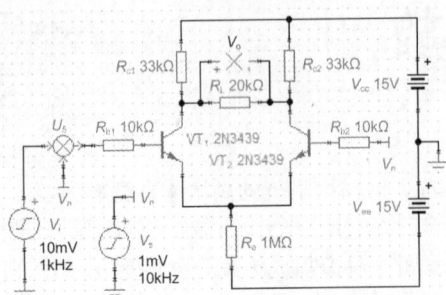

（a）仿真电路

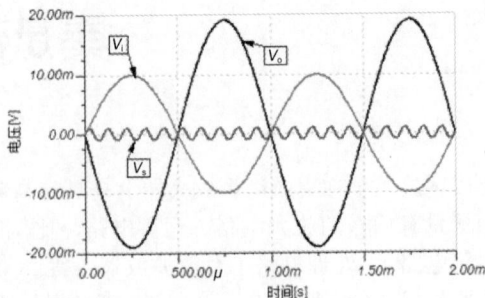

（b）仿真波形

图 5.3　差分电路消除共模干扰仿真示例

学习集成运放，首先要掌握电流源电路和差分电路，这两种电路是集成运放的基本组成部分。电流源电路为集成运放提供直流偏置，并充当有源负载（大电阻）；而差分电路用于解决集成运放的零漂问题。对电流源电路的学习重点应放在把握电路结构和理解工作原理上；而对于差分电路，学习重点应放在掌握电路的基本结构、工作原理和分析计算上。由于集成运放内部电路对初学者来说已经比较复杂，所以学习中应逐步培养自己的电路识图能力。最后，对于集成运放的主要参数、性能和实际使用等问题要形成一个基本概念。

5.1 集成电路概述

集成电路是一种微型电子器件或部件，采用一定的工艺，将一个电路中所需的晶体管、二极管、电阻等元件及布线连接在一起，制作在一块硅基片上，然后封装在一个管壳内，构成具有特定功能的电子电路。集成电路内部的所有元件在结构上已组成一个整体，从而使电子元件向微小型化、低功耗和高可靠性方面迈进了一大步。它在电路中用字母 IC（Integrated Circuit）表示。

集成电路概述

集成电路具有体积小、重量轻、引出线和焊接点少、寿命长、可靠性高、性能好等优点，同时成本低，便于大规模生产。它不仅在工业、民用电子设备方面得到广泛应用，同时在军事、通信、遥控等方面也得到了广泛应用。用集成电路来装配电子设备，其装配密度比晶体管可提高几十倍至几千倍，设备的稳定工作时间也可大大提高。

5.1.1 集成电路的分类

1. 按功能结构分类

集成电路按其功能、结构的不同，可以分为模拟集成电路、数字集成电路和数/模混合集成电路三大类。模拟集成电路又称线性电路，用来产生、放大和处理各种模拟信号（指幅度随时间连续变化的信号，例如，半导体收音机的音频信号），其输入信号和输出信号成比例关系。而数字集成电路用来产生、放大和处理各种数字信号（指在时间上和幅度上离散取值的信号，例如，数码相机、电脑 CPU、数字电视中的音频信号和视频信号）。

2. 按集成度高低分类

集成电路按集成度高低的不同可分为以下几种。

- 小规模集成电路（SSI，Small Scale Integrated circuits）。
- 中规模集成电路（MSI，Medium Scale Integrated circuits）。
- 大规模集成电路（LSI，Large Scale Integrated circuits）。
- 超大规模集成电路（VLSI，Very Large Scale Integrated circuits）。
- 特大规模集成电路（ULSI，Ultra Large Scale Integrated circuits)。
- 巨大规模集成电路（GSI，Giga Scale Integration）。

3．按导电类型分类

集成电路按导电类型可分为双极型集成电路和单极型集成电路，都是数字集成电路。双极型集成电路的制作工艺复杂，功耗较大，代表集成电路有 TTL、ECL、HTL、LST-TL、STTL 等。单极型集成电路的制作工艺简单，功耗较低，易于制成大规模集成电路，代表集成电路有 CMOS、NMOS、PMOS 等类型。

4．按用途分类

集成电路按用途可分为电视机用集成电路、音响用集成电路、录像机用集成电路、电子琴用集成电路、通信用集成电路、照相机用集成电路、遥控集成电路、语言集成电路、报警器用集成电路及各种专用集成电路。

5．按应用领域分类

集成电路按应用领域可分为标准通用集成电路和专用集成电路。

6．按外形分类

集成电路按外形特点可分为圆形（金属外壳晶体管封装型，一般适合用于大功率的场合）、扁平形（稳定性好，体积小）、单列直插型和双列直插型。

5.1.2　模拟集成电路的特点

模拟集成电路的种类繁多，如运算放大器、模拟乘法器、锁相环、电源管理芯片等。模拟集成电路的主要构成电路有：放大器、滤波器、反馈电路、基准源电路、开关电容电路等。

在电路构成方面，模拟集成电路具有以下特点。

（1）电路结构与元件参数具有对称性

虽然集成电路工艺制作的元器件参数精度不高，但是相同元器件的制作工艺相同，当它们的结构相同且几何尺寸相同时，它们的特性和参数就比较一致。因此，在模拟集成电路中，往往采用结构对称或元件参数彼此匹配的电路形式，利用参数补偿的原理来提高电路的性能。

（2）用有源器件代替无源器件

由于集成化的晶体管占用的芯片面积小，参数也易于匹配，因此在模拟集成电路中常用双极型晶体管或场效应管等有源器件代替电阻、电容等无源器件。

（3）采用复合结构的电路

由于复合结构电路的性能较佳且制作起来不会增加多少困难，因此在模拟集成电路中多采用诸如复合晶体管、共射-共基组合，以及共集-共基组合等复合结构电路。

（4）级间均采用直接耦合

集成电路通常为多级电路，受硅基片上不便制作大电容的限制，因此集成电路级与级之间均采用直接耦合的连接方式。

（5）用三极管充当二极管

考虑到集成电路的工艺特点，制作一个三极管比二极管更容易[1]，因此除了对 PN 结有特殊要

---

[1] 对于硅衬底工艺，一般外延都是 N 型的，发射区也是 N 型的，因此一般制作发射区时，先做一个基区，然后在基区中再做发射区。如果单独制作二极管会增加新的工序。

求的二极管，一般的二极管都由三极管充当。例如，将三极管的集电极与基极短接，如图 5.4 所示，即把发射结作二极管用。这样接成的二极管与同类三极管的发射结具有相同特性，故能较好地补偿三极管发射结的温度特性，保持集成电路的工作稳定。

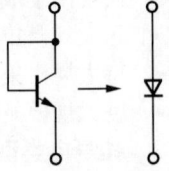

（6）外接少量分立元件

由于目前集成电路工艺还不宜制作电感和大容量的电容，并且阻值较小和阻值较大的电阻也难以集成，因此，模拟集成电路在应用时还需外接部分电感、电阻和电容等元件。另外，某些模拟集成电路中往往需要在不同的应用条件下调整偏置，因此也需要外接部分分立元件。

图 5.4　发射结作二极管

5.1.3　集成运放简介

1. 组成结构

集成运放是一个多级电路，分为输入级、中间级和输出级，外加偏置电路，其组成框图如图 5.5 所示。

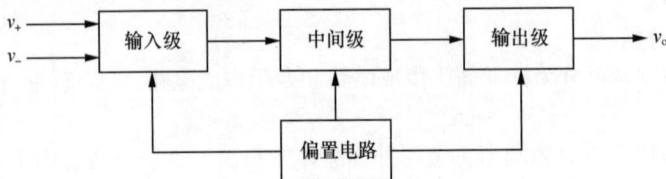

图 5.5　集成运放的结构框图

（1）输入级

集成运放的输入级是一个双输入的高性能差分电路，具有输入电阻高、差模放大倍数大、抑制共模信号能力强的特点。

（2）中间级

集成运放的中间级是一个电压放大器（共射或共源电路）。为了获得更高的电压增益，中间级经常采用复合管作为放大器，用恒流源作集电极负载。其电压增益可达数千倍以上。

（3）输出级

集成运放的输出级是一个功放电路，具有输出电压线性范围宽、输出电阻小（即带负载能力强）、非线性失真小等特点。

（4）偏置电路

集成运放的偏置电路由电流源电路充当，主要为各级放大电路提供稳定的静态工作点。

2. 内部电路

741 是一款通用型集成运放，其内部原理电路如图 5.6 所示。图中：① VT_1 和 VT_3、VT_2 和 VT_4 是共集-共基组合电路，组成差分电路，充当集成运放的输入级；② VT_{16} 和 VT_{17} 构成共集-共射组合电路，充当集成运放的中间级；③ VT_{14} 和 VT_{20} 构成功率放大电路，充当集成运放的输出级；④ $VT_8 \sim VT_{13}$ 等构成电流源电路，充当集成运放的偏置电路。

3. 电路符号

集成运放的电路符号及其管脚图如图 5.7 所示，图 5.7（a）为国家标准规定的符号，图 5.7（b）为国内外常用的符号[1]。图中，符号 ▷ 强调信号的流向——从输入端流向输出端，字母 A 为集成运放在电路图中的标识符号。

集成运放有两个输入端，分别称为同相输入端（简称同相端，即图 5.6 中的第 3 端）和反相输

[1] 如果没有作特别说明，中本书默认使用图 5.7（b）所示的电路符号。

入端（简称反相端，即图 5.6 中的第 2 端），分别用符号 v_+ 和 v_- [1]表示。同相端强调输入输出信号同相位，而反相端强调输入输出信号反相位。

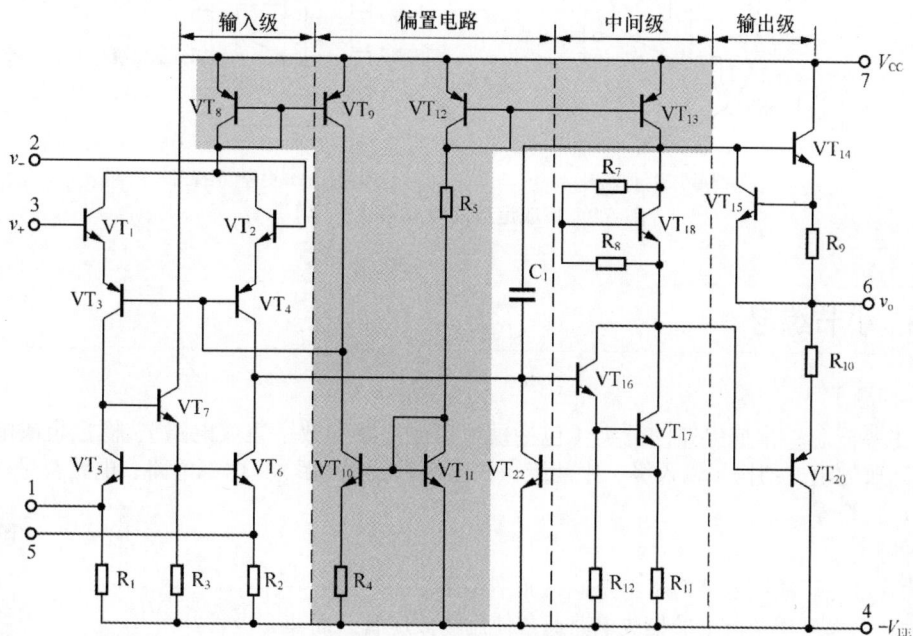

图 5.6　741 的原理电路

集成运放有两个直流电源输入端（即图 5.6 中的第 7 端和第 4 端，7 端接正电源，4 端接负电源），分别用 $+V_{CC}$ 和 $-V_{EE}$ 表示。通常集成运放以图 5.8 所示的两种方式连接电源[2]——正负双电源供电方式和单电源供电方式。注意，集成运放输出电压的范围由供电方式决定。

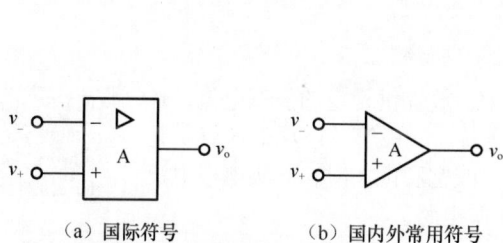

（a）国际符号　　　　（b）国内外常用符号

图 5.7　集成运放的电路符号

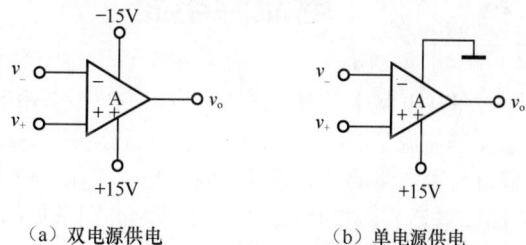

（a）双电源供电　　　　（b）单电源供电

图 5.8　集成运放接电源

4．外观形状

集成运放常用的外观形状有圆形（金属外壳晶体管封装型）和双列直插式（DIP 封装），具体如图 5.9 所示。

（a）圆形（外观）　　　　　　　（b）双列直插式（外观）

图 5.9　集成运放的外观形状

---

[1] 有些教材使用 v_P 和 v_N 来表示同相端和反相端。

[2] 一般作理论分析时，默认集成运放采用正负双电源供电方式，如图 5.8（a）所示，所以画电路图时常将电源端省略。如果采用单电源供电方式，如图 5.8（b）所示，画电路图时应该明确画出电源端的连接关系。

（c）圆形引脚（仰视图）　　　　　（d）双列直插式引脚（顶视图）

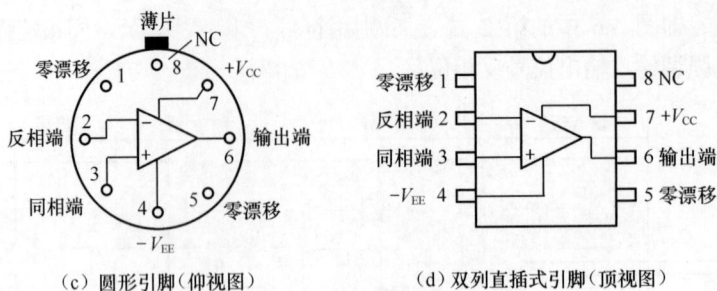

图 5.9　集成运放的外观形状（续）

5.1.4　小节练习

【知识回顾】

本节主要概念：集成电路的分类（包括模拟集成电路和数字集成电路）、模拟集成电路的特点、集成运放的组成结构（输入级、中间级、输出级和偏置电路）、内部电路、电路符号、供电方式、外观形状等等。

【思考题】

1. 为什么生产集成电路的基材是硅，而不是锗？
2. 为什么大规模及以上的集成电路通常使用场效应管，而非三极管？
3. 在集成电路中，如果要用到二极管，通常会如何处理？
4. 集成运放是直接耦合的多级电路，所以哪些问题需要在首级做好处理？
5. 集成运放采用双电源供电比单电源供电有何优势？

集成电路概述
自测题

5.2　电流源电路

在集成电路中，电流源不仅可以充当偏置电路，为运放提供稳定的静态电流，还可以充当有源负载（大电阻），以使运放获得更高的增益。三极管（或场效应管）是构成电流源电路的核心器件，因为当其工作在放大区（或饱和区）时，其集电极电流（或漏极电流）具有恒流特性。本节将介绍常见的电流源电路。

电流源电路

5.2.1　基本电流源

1. 镜像电流源

图 5.10（a）所示为镜像电流源原理电路，它由两只特性完全相同的三极管 VT_1 和 VT_2 构成。

（1）工作原理

对于 VT_2 管来说，VT_1 管等效成二极管，如图 5.10（b）所示，为 VT_2 管提供稳定的基射电压 V_{BE2}，V_{BE2} 稳定则 I_{B2} 稳定、I_{C2} 稳定，而 I_{C2} 就是电路的输出电流 I_o。注意，本电路中 VT_2 管应工作在放大状态。

（2）参数计算

① 对于 VT_1 管来说，由于集基电压 $V_{CB}=0$，故 VT_1 管工作在放大和饱和之间的临界状态[1]，故

---

[1] 三极管的基极电位接近集电极电位时，电路开始趋于饱和；基极电位等于集电极电位时，电路饱和；基极电位高于集电极电位时，电路处于深度饱和状态。

有 I_{C1} 略小于 $\beta_1 I_{B1}$。

② 由于两管特性相同，则有 $\beta = \beta_1 = \beta_2$，而发射结电压相同，则有 $I_B = I_{B1} = I_{B2}$。

③ 根据如图 5.10（a）所示电流关系得（通常 $\beta \gg 2$）

$$I_{REF} = I_{C1} + 2I_B \lessgtr \beta I_B + 2I_B = (\beta + 2)I_B = (\beta + 2)\frac{I_{C2}}{\beta} \approx I_{C2} = I_o$$

④ 根据图 5.10（a）所示，求基准电流 I_{REF} 得（通常 V_{BE} 可以忽略）

$$I_o \approx I_{REF} = \frac{V_{CC} + V_{EE} - V_{BE}}{R} \approx \frac{V_{CC} + V_{EE}}{R} \tag{5.1}$$

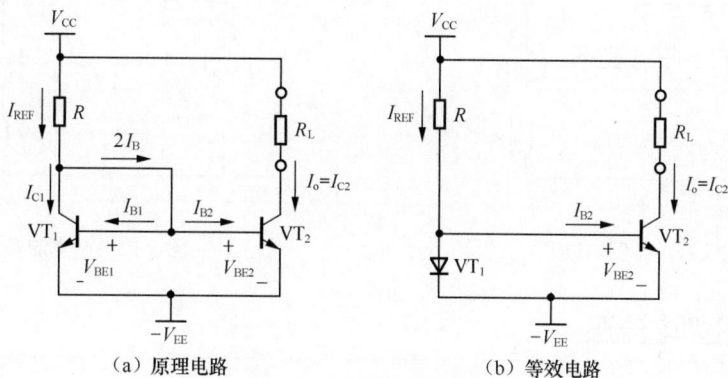

（a）原理电路　　　　　　　　　　（b）等效电路

图 5.10　镜像电流源

由式（5.1）可以看出，当 R 确定后，I_{REF} 就确定了，I_o 也就随之确定。常将 I_o 看成 I_{REF} 的镜像，所以如图 5.10（a）所示电路称为镜像电流源。

（3）电路特点

① 镜像电流源结构简单，但输出电流的稳定性依赖于电阻 R 和直流电源，对它们的要求较高。

② 镜像电流源适用于较大工作电流（毫安数量级）的场合。但在电源电压一定时，输出 I_o 大，则 I_{REF} 势必大，R 的功耗也就大，这是集成电路中应当避免的情况。另外，如果要求输出 I_o 小，则 R 的数值就必须大，这在集成电路中也很难做到。

③ 镜像电流源具有一定的温度补偿作用，其原理如下。

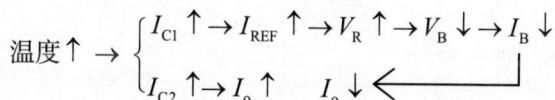

2．比例电流源

比例电流源如图 5.11 所示。当电流在一定范围内变化时，两个射极电阻上的电压近似相等，故有

$$I_{E1}R_{e1} \approx I_{E2}R_{e2} \Rightarrow I_{C1}R_{e1} \approx I_{C2}R_{e2} \Rightarrow I_{REF}R_{e1} \approx I_o R_{e2} \Rightarrow I_o \approx \frac{R_{e1}}{R_{e2}}I_{REF} \tag{5.2}$$

式（5.2）中基准电流 I_{REF} 为

$$I_{REF} = \frac{V_{CC} + V_{EE} - V_{BE}}{R + R_{e1}} \tag{5.3}$$

比例电流源改变了镜像电流源中 $I_o \approx I_{REF}$ 的关系，使输出 I_o 可以大于或者小于基准电流 I_{REF}，调整也非常方便，只需改变两个射极电阻的比值。

3．微电流源

微电流源如图 5.12 所示。当 β 足够大时，有

$$I_{\mathrm{o}} \approx I_{\mathrm{E2}} = \frac{V_{\mathrm{BE1}} - V_{\mathrm{BE2}}}{R_{\mathrm{e}}} \tag{5.4}$$

考虑到两管发射结电压相差非常小（约几十毫伏），故只需使用几千欧的 R_{e}，就可以得到几十微安的输出电流。

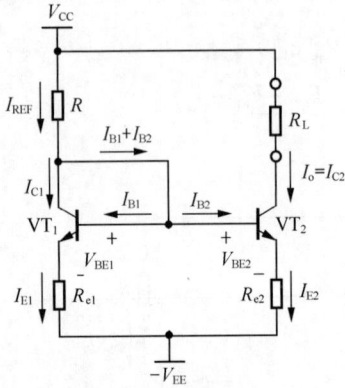

图 5.11　比例电流源　　　　　图 5.12　微电流源

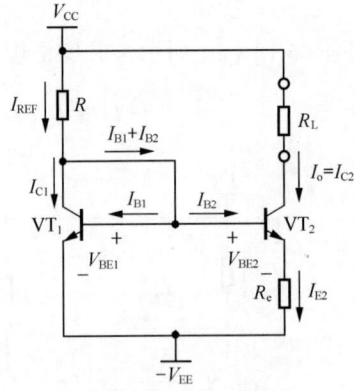

5.2.2　改进型电流源

基本电流源中对三极管的 β 值往往要求较高，以便忽略基极电流对输出电流的影响。改进型电流源通过增加三极管的数量可以有效降低电路对 β 值的要求。

1．加射极输出器的电流源

在镜像电流源 VT_1 管的集电极与基极之间加一只从射极输出的 VT_3 管[1]，如图 5.13 所示。利用 VT_3 管的电流放大作用，可以有效减小 I_{B1} 和 I_{B2} 对基准电流 I_{REF} 的分流作用。

输出电流的分析过程如下。

① 假设三只三极管特性完全相同，故有

$$\beta = \beta_1 = \beta_2 = \beta_3, \quad I_{\mathrm{B}} = I_{\mathrm{B1}} = I_{\mathrm{B2}}$$

② 根据图 5.13 所示的电流关系得

图 5.13　加射极输出器的电流源

$$I_{\mathrm{REF}} = I_{\mathrm{C1}} + I_{\mathrm{B3}} = I_{\mathrm{C1}} + \frac{I_{\mathrm{E3}}}{1+\beta} = \beta I_{\mathrm{B}} + \frac{2I_{\mathrm{B}}}{1+\beta} = \left(\beta + \frac{2}{1+\beta}\right)\frac{I_{\mathrm{C2}}}{\beta} = \left(1 + \frac{2}{\beta+\beta^2}\right)I_{\mathrm{o}}$$

③ 故使用 β 值不大的三极管就能满足 $I_{\mathrm{o}} \approx I_{\mathrm{REF}}$。例如，$\beta = 10 \Rightarrow I_{\mathrm{o}} \approx 0.982 I_{\mathrm{REF}}$。

2．威尔逊电流源

威尔逊电流源如图 5.14 所示。VT_2 管的集射电阻充当了 VT_3 管的射极电阻，由于该电阻非常大，其引入的负反馈使 VT_3 管的集电极电流（即输出电流）高度稳定。

输出电流的分析过程如下。

① 假设三只三极管特性完全相同，故有：$\beta = \beta_1 = \beta_2 = \beta_3$，$I_{\mathrm{B}} = I_{\mathrm{B1}} = I_{\mathrm{B2}}$，$I_{\mathrm{C}} = I_{\mathrm{C1}} = I_{\mathrm{C2}}$。

② VT_3 管的射极电流为

$$I_{\mathrm{E3}} = I_{\mathrm{C}} + 2I_{\mathrm{B}} = I_{\mathrm{C}} + \frac{2I_{\mathrm{C}}}{\beta} = I_{\mathrm{C}}\left(\frac{\beta+2}{\beta}\right)$$

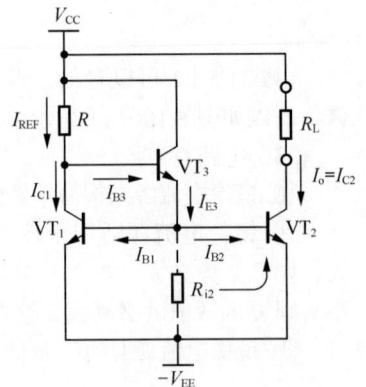

[1] VT_3 管的射极电阻是由 VT_2 管的输入电阻 R_{i2} 充当的，因为在集成电路中制作一只精密电阻比三极管的难度还大。

③ 由上式得

$$I_{\rm C} = \left(\frac{\beta}{\beta+2}\right)I_{\rm E3} = \left(\frac{\beta}{\beta+2}\right)\left(\frac{\beta+1}{\beta}\right)I_{\rm C3} = \left(\frac{\beta+1}{\beta+2}\right)I_{\rm o}$$

④ 根据图 5.14 所示电流关系得

$$I_{\rm REF} = I_{\rm C} + I_{\rm B3} = \left(\frac{\beta+1}{\beta+2}\right)I_{\rm o} + \frac{I_{\rm o}}{\beta} = \left(\frac{\beta^2+2\beta+2}{\beta^2+2\beta}\right)I_{\rm o} = \left(1+\frac{2}{\beta^2+2\beta}\right)I_{\rm o}$$

⑤ 故使用 β 值不大的三极管就能满足 $I_{\rm o} \approx I_{\rm REF}$。例如，$\beta = 10 \Rightarrow I_{\rm o} \approx 0.984 I_{\rm REF}$。

3. 多路输出电流源

在图 5.11 所示的比例电流源的基础上进行扩展就能够得到图 5.15 所示的多路输出电流源。

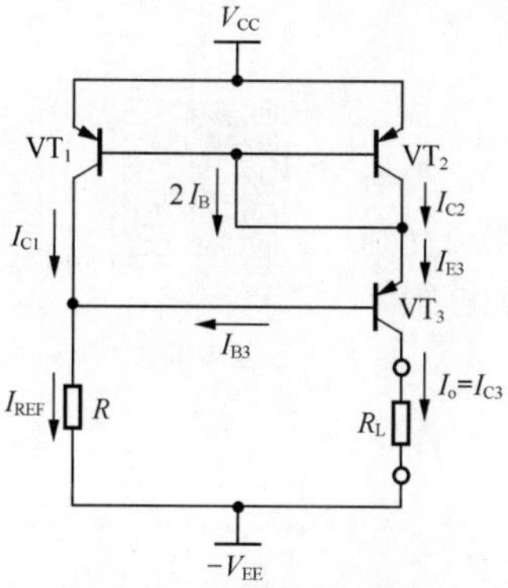

图 5.14　威尔逊电流源

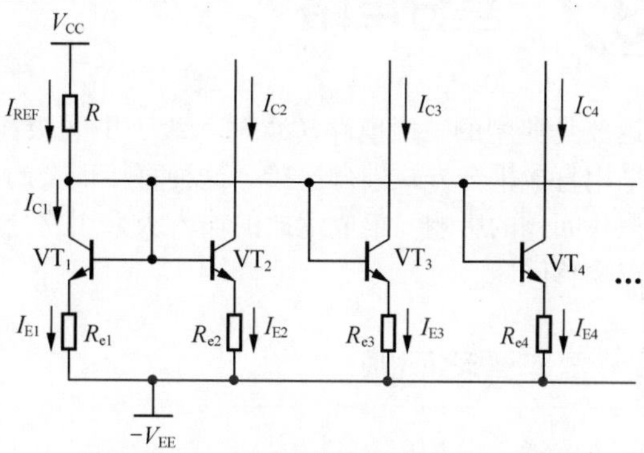

图 5.15　三极管构成的多路输出电流源

考虑到各管特性相同，其基射电压相差很小，故有

$$I_{\rm E1}R_{\rm e1} \approx I_{\rm E2}R_{\rm e2} \approx I_{\rm E3}R_{\rm e3} \approx I_{\rm E4}R_{\rm e4} \approx \cdots \tag{5.5}$$

只要 $I_{\rm E1}$ 确定后，各级选择合适的电阻就能够得到所需的输出电流。

4. 场效应管电流源

当场效应管工作在饱和区时，与三极管一样具有恒流特性，所以场效应管同样可以组成镜像电流源、比例电流源等。图 5.16 所示为场效应管构成的多路输出电流源。

当场效应管的特性相同时，如果其栅源电压相同，则漏极电流正比于沟道的宽长比。设宽长比为 $S = W/L$，且图 5.16 中各管的宽长比分别为 S_1、S_2、S_3 和 S_4，则有

$$\frac{I_{\rm D2}}{I_{\rm D1}} = \frac{S_2}{S_1}, \ \frac{I_{\rm D3}}{I_{\rm D1}} = \frac{S_3}{S_1}, \ \frac{I_{\rm D4}}{I_{\rm D1}} = \frac{S_4}{S_1} \tag{5.6}$$

即通过改变场效应管的几何尺寸就可以获得所需数值的输出电流。

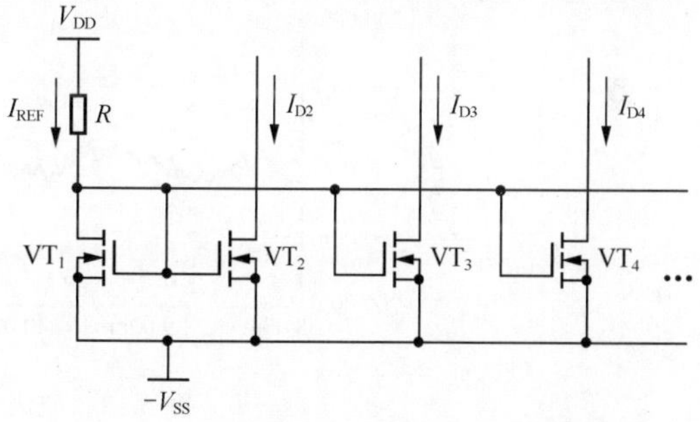

图 5.16　场效应管构成的多路输出电流源

电流源相关电路的仿真测量方法具体包括：电流源带负载特性的测量、镜像电流源的仿真、三种电流电路（镜像电流源、三晶体管电流源、威尔逊电流源）带负载性能的对比。

电流源电路
仿真

5.2.3　小节练习

【知识回顾】

本节主要概念：电流源在集成电路中的用途（为电路提供稳定的偏流和充当有源负载）、镜像

电流源、比例电流源和微电流源的结构、工作原理、参数计算，以及一些电流源电路的改进类型，如三晶体管电流源、威尔逊电流源、多路输出电流源等。

【思考题】

1. 电流源的性能好坏主要看什么？
2. 电流源充当有源负载时，应工作在静态还是动态？
3. 对于镜像电流源，为什么三极管的 β 需要尽可能大一些？
4. 为什么微电流不需要阻值太大的电阻就能获得微安数量级的小电流？
5. 多路输出电流源为什么要用比例电流源来构成？

电流源电路
自测题

5.3 差分电路

差分电路(1)-
基本概念

差分电路(2)-
增益分析

集成运放是典型的三级电路（含输入级、中间级和输出级），级与级之间均采用直接耦合方式进行连接。这种直接耦合的多级电路会受到所谓零点漂移问题的影响。集成运放的输入级采用差分电路，能够很好地解决零点漂移问题。

5.3.1 零点漂移问题

对于放大电路，在进行理论分析时，通常简单地认为没有输入就没有输出，即输入信号为零则输出信号也为零。但在实际工作中，放大电路都会存在零点漂移的问题。所谓零点漂移（简称零漂）是指放大电路实际工作时，在没有外加输入信号的情况下，放大电路的输出端会产生一种杂乱无章、缓慢变化且毫无规律可循的随机假信号的现象，具体如图 5.17 所示。

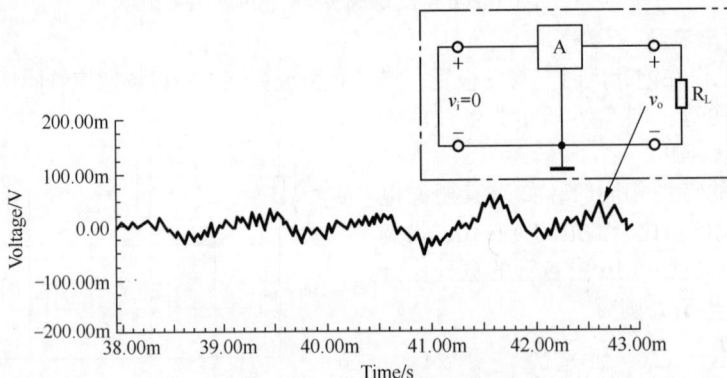

图 5.17　放大电路的零点漂移现象

虽然由零漂引起的假信号数值较小，对单级放大电路的工作影响不大，但是对于多级放大电路，特别是直接耦合的多级放大电路来说，第一级产生的零漂会被后续电路逐级放大，到输出端时，其值很可能严重影响电路的正常输出信号。因此，对于多级放大电路来说，解决零漂问题显得尤为重要。

产生零漂的原因很多，其中最主要的是温度。当温度升高后，放大电路中相关元件，特别是半导体器件的参数多会随温度变化，例如，三极管的 I_{CBO}、I_{CEO} 和 β，从而在放大电路内部随机引发一些缓慢变化的微弱信号，导致零漂产生。正因为温度是引起零漂的主要原因，我们通常也把零漂称作温漂。

目前解决零漂问题的最好方法是使用差分电路。

5.3.2　差分电路的工作原理

假设有两个完全相同的放大器 A_1 和 A_2，现在将它们放在一起（强调距离非常接近）同时工作，我们有理由认为这两个电路产生的零漂 Δv_{o1} 和 Δv_{o2} 应该是近似相等的（实际情况也是如此），故用求差的方式就能使两个电路产生的零漂相互抵消，具体如图 5.18 所示。图中，$v_o = \Delta v_{o1} - \Delta v_{o2} \approx 0$，即零漂被消除了。

接下来，在电路有外加输入信号的情况下，我们分三种情况讨论，看不同输入对应的输出 v_o。假设两个放大电路的电压增益都为 A_v，零漂都为 Δv_o。

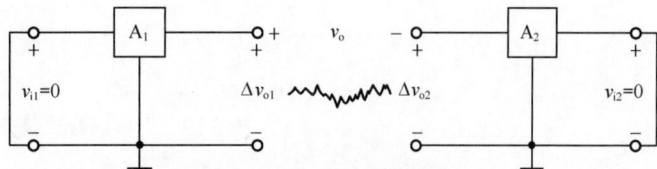

图 5.18　消除零漂的原理电路

（1）共模输入情况

当 $v_{i1} = v_{i2} \neq 0$ 时，我们称 v_{i1} 和 v_{i2} 为共模信号（大小和方向都相同的两个信号），此时输出为

$$\left.\begin{array}{c} v_{o1} = A_v v_{i1} + \Delta v_o \\ v_{o2} = A_v v_{i2} + \Delta v_o \end{array}\right\} \Rightarrow v_o = v_{o1} - v_{o2} = 0$$

显然，电路在消除零漂的同时，共模信号也被消除了，电路没有输出。

（2）差模输入情况

当 $v_{i1} = -v_{i2} \neq 0$ 时，我们称 v_{i1} 和 v_{i2} 为差模信号（大小相同、方向相反的两个信号），此时输出为

$$\left.\begin{array}{c} v_{o1} = A_v v_{i1} + \Delta v_o \\ v_{o2} = A_v v_{i2} + \Delta v_o \end{array}\right\} \Rightarrow v_o = v_{o1} - v_{o2} = 2A_v v_{i1}$$

显然，电路在消除零漂的同时，差模信号得到了保留，并被两倍放大。

（3）任意输入的情况

当 v_{i1} 和 v_{i2} 既不是共模电压也不是差模电压时，我们可以引入中间变量 v_{id} 和 v_{ic} 来重写输入表达式，其定义式为

$$v_{id} = v_{i1} - v_{i2} \tag{5.7}$$

$$v_{ic} = \frac{v_{i1} + v_{i2}}{2} \tag{5.8}$$

v_{id} 称为差模电压，v_{ic} 称为共模电压。这样两个输入电压可以重写为

$$v_{i1} = \frac{v_{id}}{2} + v_{ic} \tag{5.9}$$

$$v_{i2} = -\frac{v_{id}}{2} + v_{ic} \tag{5.10}$$

显然，输入信号就可以看成共模信号与差模信号的叠加，其中共模部分 v_{ic} 不能被电路放大，而差模部分 v_{id} 则可以。

5.3.3　差分电路的基本形式

根据上述工作原理，可以设计出如图 5.19 所示的射极耦合式差分电路。图中，① 两只三极管的特性应完全相同；② 两个集电极电阻相同；③ 两管射极耦合在一起，下方连接一个电阻或者电流源，使用电流源有助于提升差分电路的工作性能。

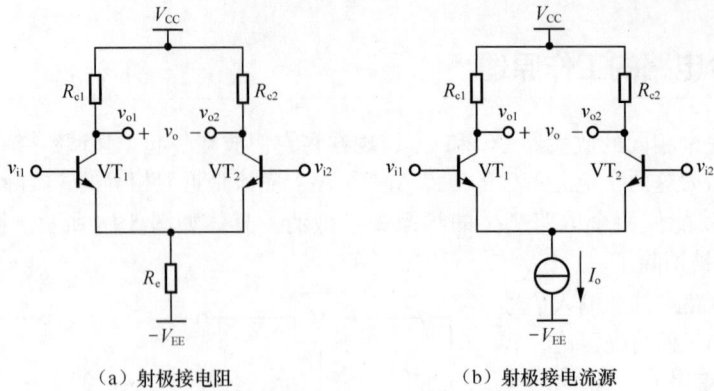

（a）射极接电阻   （b）射极接电流源

图 5.19   射极耦合式差分电路

1．工作模式

差分电路的工作模式如下。

（1）输入模式

① 双端输入：信号从两个输入端送入。

② 单端输入：信号从一个输入端送入，另一个输入端接地。

（2）输出模式

① 双端输出：输出信号取至 $v_o = v_{o1} - v_{o2}$。

② 单端输出：输出信号取至 v_{o1} 或 v_{o2}。注意，v_{o1} 和 v_{o2} 是单级放大电路的输出，强调的是对地电压，在概念上不要与双端输出电压 v_o 混淆。

综上所述，差分电路可能的工作模式有双入双出、双入单出、单入双出和单入单出。

2．工作状态

差分电路的基本工作状态可以分为差模和共模两种。在不同的工作状态下，差分电路的交流通路也具有不同的结构特点。

（1）差模工作状态

在差模工作状态下，两个输入电压 v_{i1} 和 v_{i2} 的大小相等、相位相反。由于电路的对称性，v_{i1} 和 v_{i2} 驱动形成的电流 i_{e1} 和 i_{e2} 同样具有大小相等、相位相反的特点，故射极耦合支路上的实际动态电流为零，即三极管的发射极为交流公共参考点。动态分析时无须考虑耦合支路，此时的交流通路如图 5.20 所示。

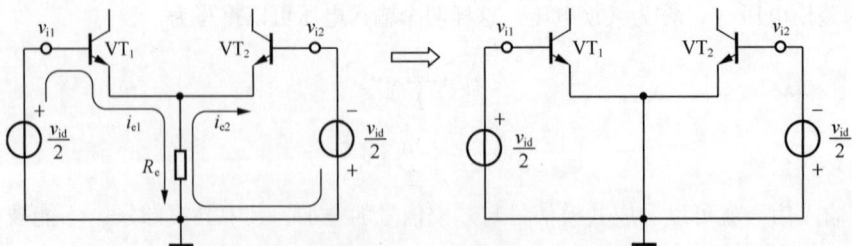

图 5.20   差模工作状态下发射极的交流通路

（2）共模工作状态

在共模工作状态下，两个输入电压 v_{i1} 和 v_{i2} 的大小相同、相位相同。由于电路的对称性，v_{i1} 和 v_{i2} 驱动形成的电流 i_{e1} 和 i_{e2} 同样具有大小相等、相位相同的特点，故射极耦合支路上的动态电流不为零，即动态分析时需要考虑耦合支路。为了方便计算，动态分析时需要将射极耦合支路上的电阻值 R_e 或 r_o（电流源的动态内阻）折算到两个三极管的发射极上，其折算电阻值为 $2R_e$ 或 $2r_o$（单管射极电流仅为耦合支路的一半，在电流值减半时，要确保射极电位不变，应将电阻值加倍）。此时的交流通路如图 5.21 所示。

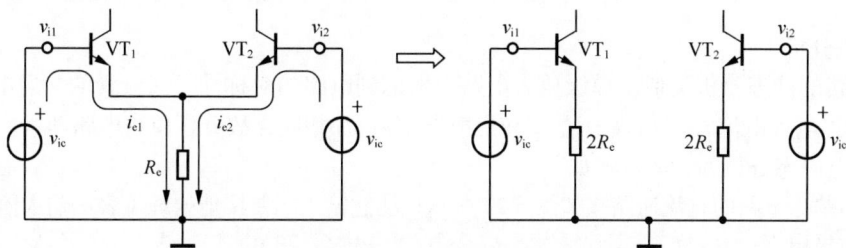

图 5.21 共模工作状态下发射极的交流通路

3．动态参数

（1）电压增益

考虑到差分电路有差模和共模两种基本工作状态，差分电路的电压增益分为差模电压增益 A_{vd} 和共模电压增益 A_{vc}，分别定义为

$$A_{vd} = \frac{v_{od}}{v_{id}} \tag{5.11}$$

$$A_{vc} = \frac{v_{oc}}{v_{ic}} \tag{5.12}$$

式（5.11）和式（5.12）中，v_{od} 为差模输出电压（由差模输入电压 v_{id} 引起的输出），v_{oc} 为共模输出电压（由共模输入电压 v_{ic} 引起的输出）。v_{od}、v_{oc} 与输出电压 v_{o1} 和 v_{o2} 的关系如下。

$$v_{od} = v_{o1} - v_{o2} \tag{5.13}$$

$$v_{oc} = \frac{v_{o1} + v_{o2}}{2} \tag{5.14}$$

有了上述概念后，差分电路的输出表达式可以写为

$$v_o = v_{od} + v_{oc} = A_{vd}v_{id} + A_{vc}v_{ic} \tag{5.15}$$

（2）输入电阻

差分电路的输入电阻是指从 v_{i1} 和 v_{i2} 两个输入端看进去的等效电阻值，同样分为差模输入电阻 R_{id} 和共模输入电阻 R_{ic}。当 $v_{i1} = -v_{i2}$ 时，为差模输入电阻 R_{id}；而当 $v_{i1} = v_{i2}$ 时，为共模输入电阻 R_{ic}。对输入电阻的理解，可以参见图 5.22。

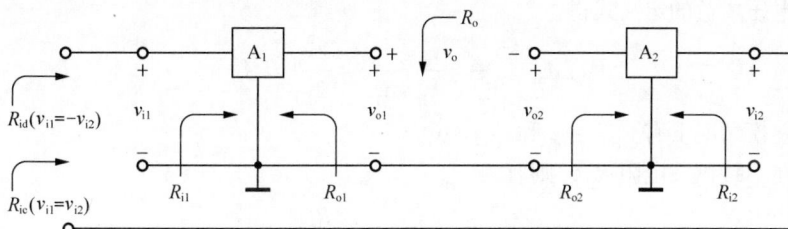

图 5.22 输入电阻和输出电阻的示意图

（3）输出电阻

差分电路的输出电阻分为双端输出电阻 R_o 和单端输出电阻 R_{o1}、R_{o2}。双端输出电阻 R_o 强调从 v_{o1} 和 v_{o2} 两个输出端看进去的等效电阻值；而单端输出电阻 R_{o1}、R_{o2} 分别是两个单级放大电路的输出电阻。对输出电阻的理解，可以参见图 5.22。

5.3.4 差分电路的分析

1．静态分析

差分电路的静态分析类似于单级放大电路。考虑到电路的对称性，三极管的基射电压 V_{BE}、基极电流 I_B、集电极电流 I_C、射极电流 I_E 和集射电压 V_{CE} 都相同，故分析单边电路即可。

差分电路静态分析的一般步骤如下。

① 画出单边电路的直流通路，如图 5.23 所示，注意输入端要接地处理（表示输入信号为零）。

② 求射极电流。

- 如果射极接电阻，如图 5.23（a）所示，根据路径 I 有

$$V_{EE} = V_{BE} + 2I_E R_e \Rightarrow I_E = \frac{V_{EE} - V_{BE}}{2R_e}$$

- 如果射极接电流源，如图 5.23（b）所示，则 $I_E = I_o / 2$。

③ 由射极电流可以推出集电极电流 $I_C \approx I_E$ 和基极电流 $I_B = I_C / \beta$。

④ 求射极电位，根据基射电压 V_{BE} 可以求得射极电位 $V_E = V_B - V_{BE} = -V_{BE}$。

⑤ 根据路径 II 求得集射电压 $V_{CE} = V_{CC} - V_E - I_C R_c = V_{CC} + V_{BE} - I_C R_c$。

2．差模增益分析

（1）双端输入、双端输出的差模电压增益

在差模工作状态下，差分电路的差模交流通路如图 5.24 所示。

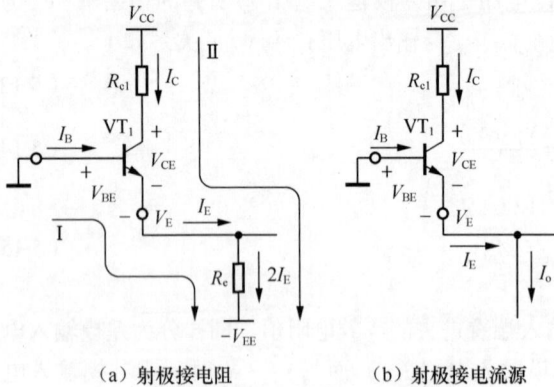

（a）射极接电阻   （b）射极接电流源
图 5.23 射极耦合式差分电路的直流通路

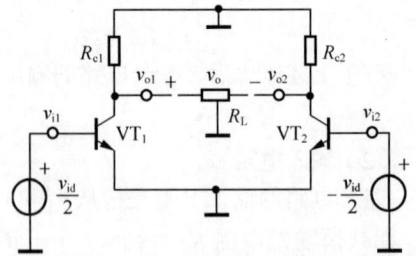

图 5.24 差模交流通路

根据差模电压增益的定义式得

$$A_{vd} = \frac{v_{od}}{v_{id}} = \frac{v_{o1} - v_{o2}}{v_{i1} - v_{i2}} = \frac{2v_{o1}}{2v_{i1}} = A_{v1} \tag{5.16}$$

注意，在差模情况下有 $v_{i1} = -v_{i2}$ 和 $v_{o1} = -v_{o2}$。

如果输出端不接负载电阻 R_L，则有

$$A_{vd} = A_{v1} = -\beta \frac{R_c}{r_{be}}$$

如果输出端接负载电阻 R_L，则有

$$A'_{vd} = A'_{v1} = -\beta \frac{R'_L}{r_{be}} = -\beta \frac{R_c // \frac{1}{2} R_L}{r_{be}}$$

注意：① 根据电路的对称性可知，双端输出所接负载电阻 R_L 的中心点即为交流公共参考点；②就

单级放大电路而言，其负载电阻是对地电阻，即 $R_L/2$。

分析时要注意以下两点：① 分析差分电路的双入双出差模电压增益，其实就是求解单级放大电路的电压增益，因此单级放大电路的分析是学习差分电路的重要基础；② 差分电路双入双出的差模电压增益等于单级放大电路的电压增益，由此可见，差分电路以成倍的元器件数量换取了抑制共模信号的能力。

（2）双端输入、单端输出的差模电压增益

根据定义式可得，差分电路双入单出的差模电压增益为

$$A_{vd1} = \frac{v_{o1}}{v_{id}} = \frac{v_{o1}}{v_{i1}-v_{i2}} = \frac{v_{o1}}{2v_{i1}} = \frac{1}{2}A_{v1} = \frac{1}{2}A_{vd} \qquad (5.17)$$

$$A_{vd2} = \frac{v_{o2}}{v_{id}} = \frac{-v_{o1}}{v_{i1}-v_{i2}} = \frac{-v_{o1}}{2v_{i1}} = -\frac{1}{2}A_{v1} = -\frac{1}{2}A_{vd} \qquad (5.18)$$

注意：分析双入单出差模电压增益的关键是先求解差分电路的双入双出差模电压增益。

（3）单端输入的差模电压增益

当单端输入时，差分电路的交流通路如图 5.25（a）所示。射极电流的关系为 $i_{e1} = i_e + i_{e2}$，如果满足关系 $R_e \gg r_{be2}$，则有 $i_{e1} \approx i_{e2}$，电路可以近似为图 5.25（b）。根据电路的对称性可知，两个三极管的发射结电压近似相等（R_e 越大，两个电压越相近），大小为 $v_{id}/2$，电路可以进一步等效为图 5.25（c）。显然，只要满足关系 $R_e \gg r_{be2}$，就可以将单端输入的情况近似转换为双端输入的差模情况来考虑。

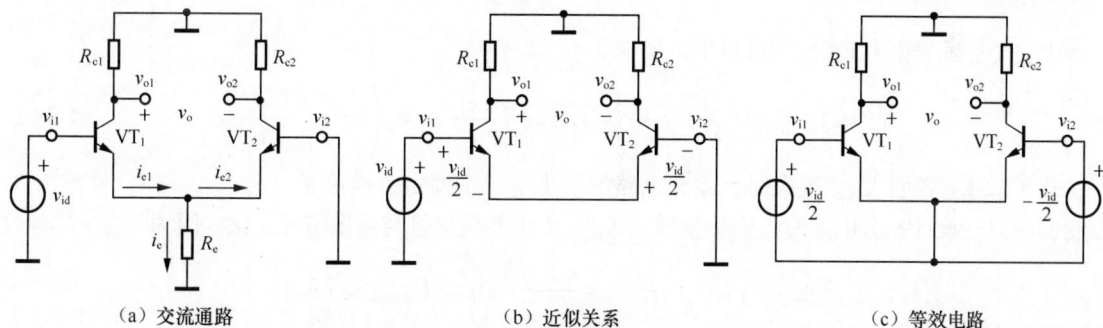

(a) 交流通路　　　(b) 近似关系　　　(c) 等效电路

图 5.25　单端输入

差分电路的射极耦合支路使用电流源能够很好地满足关系 $R_e \gg r_{be2}$，因为电流源的动态内阻 r_o 非常大，通常能够达到几十千欧到几百千欧。

3．共模增益分析

（1）双端输出的共模电压增益

在共模工作状态下，差分电路的交流通路如图 5.26 所示。根据共模电压增益的定义式得

$$A_{vc} = \frac{v_{oc}}{v_{ic}} = \frac{v_{o1}-v_{o2}}{v_{ic}} = 0 \qquad (5.19)$$

注意：① 在共模情况下有 $v_{i1}=v_{i2}$ 和 $v_{o1}=v_{o2}$；② A_{vc} 为零这是一个理论值，实际上电路完全对称是不可能的；③ 差分电路的对称性越好，电路抑制共模信号的能力就越强，电路的性能也就越好。

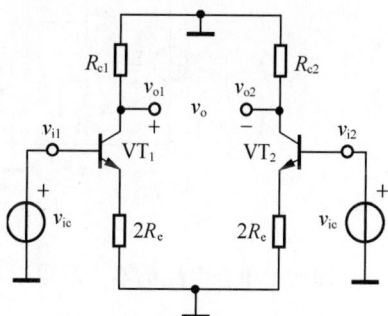

图 5.26　共模交流通路

（2）单端输出的共模电压增益

根据定义式得

$$A_{vc2} = A_{vc1} = \frac{v_{o1}}{v_{ic}} = \frac{v_{o1}}{(v_{i1}+v_{i2})/2} = \frac{v_{o1}}{v_{i1}} = A_{v1} \qquad (5.20)$$

不接负载时，根据单管共射极放大电路的分析可得

$$A_{vc2} = A_{vc1} = A_{v1} = -\frac{\beta R_c}{r_{be} + (1+\beta)2R_e} \approx -\frac{R_c}{2R_e}$$

上式中，由于 β 较大，满足 $(1+\beta)2R_e \gg r_{be}$。显然，射极耦合电阻 R_e 越大，A_{vc1}、A_{vc2} 越小，电路对共模信号的抑制能力就越强，所以在射极耦合支路上使用电流源能够有效提高差分电路的性能。

4. 共模抑制比

为了表征差分电路对共模信号的抑制能力，需要引入共模抑制比这个概念。所谓共模抑制比 K_{CMR} 是指差分电路的差模电压增益 A_{vd} 与共模电压增益 A_{vc} 之比，其值越大越好。

$$K_{CMR} = \left| \frac{A_{vd}}{A_{vc}} \right| \tag{5.21}$$

如果取对数，则有（单位为分贝）

$$K_{CMR} = 20\lg\left| \frac{A_{vd}}{A_{vc}} \right| (\text{dB}) \tag{5.22}$$

如果信号从单端输出，则有

$$K_{CMR1} = \left| \frac{A_{vd1}}{A_{vc1}} \right| \tag{5.23}$$

由式（5.15）和式（5.21）可以推出如下关系

$$v_o = v_{od} + v_{oc} = v_{od}\left(1 + \frac{v_{oc}}{v_{od}}\right) = v_{od}\left(1 + \frac{A_{vc}v_{ic}}{A_{vd}v_{id}}\right) = v_{od}\left(1 + \frac{1}{K_{CMR}}\frac{v_{ic}}{v_{id}}\right) \tag{5.24}$$

式（5.24）表明 K_{CMR} 很大时，差分电路的输出电压主要由差模信号决定，而共模信号被大大抑制。所以在设计差分电路时，应尽量满足 K_{CMR} 大于共模信号与差模信号之比，因为

$$v_o \approx v_{od} \Rightarrow \frac{1}{K_{CMR}}\frac{v_{ic}}{v_{id}} = \frac{v_{ic}/v_{id}}{K_{CMR}} \approx 0 \Rightarrow K_{CMR} \gg \frac{v_{ic}}{v_{id}}$$

5. 输入电阻

（1）差模输入电阻

当差模信号作用时，差分电路的输入端可以等效画成图 5.27 所示的形式。

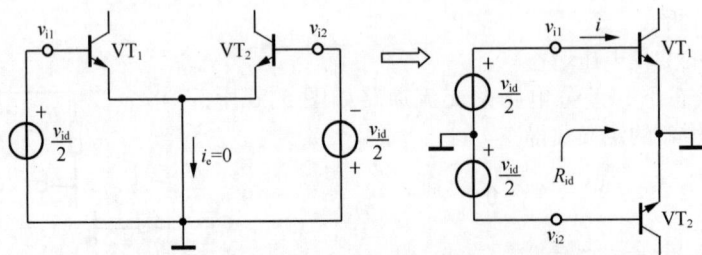

图 5.27　差模信号作用时输入端的等效电路

即两个单管电路的输入端可以看成串联关系，故差模输入电阻 R_{id} 为

$$R_{id} = \frac{v_{id}}{i} = 2r_{be} \tag{5.25}$$

（2）共模输入电阻

当共模信号作用时，差分电路的输入端可以等效画成图 5.28 所示的形式。

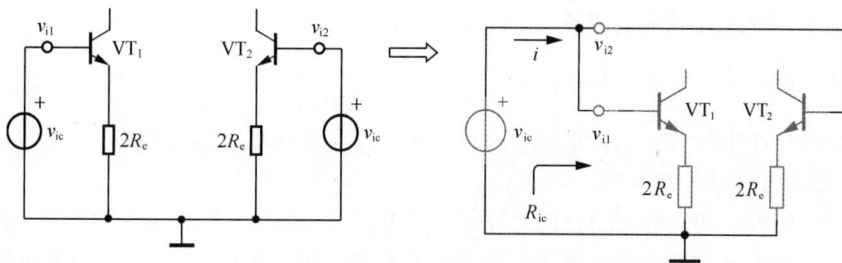

图 5.28　共模信号作用时输入端的等效电路

即两个单级电路的输入端可以看成并联关系，故共模输入电阻 R_{ic} 为

$$R_{ic} = \frac{v_{ic}}{i} = \frac{1}{2}\left[r_{be} + (1+\beta)2R_e\right] \tag{5.26}$$

如果差分电路的射极接的是电流源，上式中的 R_e 用电流源的内阻 r_o 替换便可。另外，如果共模信号 v_{ic} 是由两个独立的信号源提供，共模输入电阻为式（5.26）的两倍。实际分析电路时，如果没有特别说明，默认按同源方式处理。

6．输出电阻

单端输出电阻由单级放大电路的输出电阻决定，双端输出电阻值等于两倍的单端输出电阻值，即：

$$R_o = 2R_{o1} = 2R_{o2} \tag{5.27}$$

因为双端输出时，两个单级电路的输出端可以看作是串联关系，具体参见图 5.22。

【例5.1】 差分电路如图 5.29（a）所示。设 $\beta_1 = \beta_2 = 60$，$V_{BE1} = V_{BE2} = 0.7V$，$r_{be1} = r_{be2} = 1k\Omega$，$R_w = 2k\Omega$，其滑动头调在中间，$R_{c1} = R_{c2} = 10k\Omega$，$R_e = 5.1k\Omega$，$R_{b1} = R_{b2} = 2k\Omega$，$V_{CC} = V_{EE} = 12V$。试求：（1）电路的静态工作点；（2）$A_{vd}$、$R_{id}$ 和 R_o。

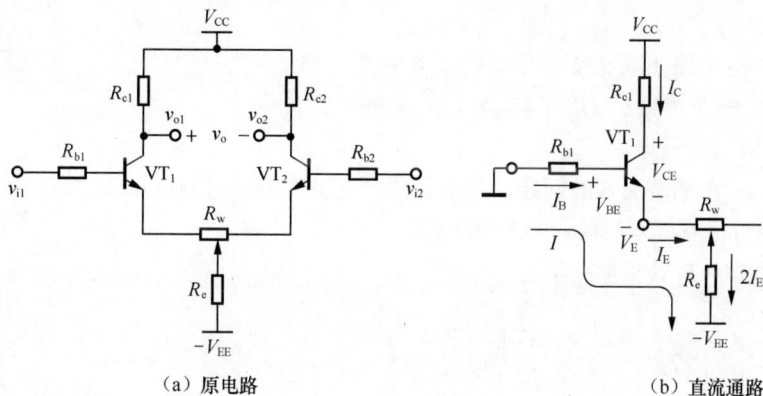

（a）原电路　　　　　　　　　　　（b）直流通路

图 5.29　例 5.1 电路

【解】（1）画出单边直流通路，如图 5.29（b）所示。

① 根据路径 I 列 KVL 方程得

$$V_{EE} = I_B R_{b1} + V_{BE} + I_E R_w / 2 + 2I_E R_e$$

整理得：$I_B = \dfrac{V_{EE} - V_{BE1}}{R_{b1} + (1+\beta_1)(R_w/2 + 2R_e)} = \dfrac{12 - 0.7}{2 + 61 \times 11.2} \approx 16.5\mu A$。

② 求集电极电流：$I_C = \beta_1 I_B = 60 \times 16.5\mu A = 0.99mA$。

③ 求射极电位：$V_E = -V_{BE} - I_B R_{b1} = -0.7 - 16.5 \times 10^{-6} \times 2 \times 10^3 = -0.73V$。

④ 求集射电压：$V_{CE} = (V_{CC} - V_E) - I_C R_{c1} = 12.73 - 0.99 \times 10 = 2.83V$。

（2）根据 T_1 构成的单管共射极放大电路进行动态分析。

① 求差模电压增益：$A_{\text{vd}} = A_{v1} = -\dfrac{\beta_1 R_{\text{c1}}}{(R_{\text{b1}} + r_{\text{be1}}) + (1 + \beta_1)R_{\text{w}}/2} \approx -\dfrac{R_{\text{c1}}}{R_{\text{w}}/2} = -10$。

② 求差模输入电阻：$R_{\text{id}} = 2[(R_{\text{b1}} + r_{\text{be}}) + (1 + \beta)R_{\text{w}}/2] = 2 \times (3 + 61) = 128\text{k}\Omega$。

③ 求双端输出电阻：$R_{\text{o}} = 2R_{\text{c1}} = 20\text{k}\Omega$。

这是一道非常典型的差分电路分析计算题。从电路结构来说，射极引入的滑动变阻器 R_{w} 能够调节电路的对称性。从解题的角度来说，其关键点在于处理射极电阻 $R_{\text{w}}/2$ 和基极电阻 R_{b1} 对电路的影响：① 先从基本共射放大电路的电压增益公式出发；② 考虑射极电阻的引入；③ 考虑基极电阻的引入，如图 5.30 所示（串联的 R_{b} 要影响 v_{i}，而并联的 R_{b} 不会影响 v_{i}）。具体的计算式如下

$$① \ A_v = -\frac{\beta R_{\text{L}}'}{r_{\text{be}}} \xrightarrow{\text{引入} R_{\text{e}}} ② \ A_v = -\frac{\beta R_{\text{L}}'}{r_{\text{be}} + (1+\beta)R_{\text{e}}} \xrightarrow[\text{基极电阻} R_{\text{b}}]{\text{引入串联的}} ③ \ A_v = -\frac{\beta R_{\text{L}}'}{(R_{\text{b}} + r_{\text{be}}) + (1+\beta)R_{\text{e}}}$$

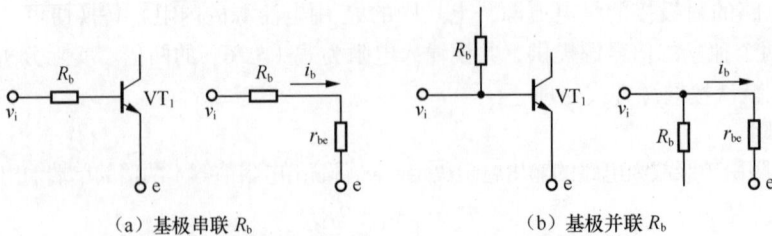

（a）基极串联 R_{b}　　　　　　　　　　（b）基极并联 R_{b}

图 5.30　基极电阻在小信号等效电路中的串并联关系

前面已经指出，差分电路的分析基础是单级放大电路。建议在对差分电路进行动态分析时，直接从相应单级电路的分析结果出发考虑，尽量避免绘制小信号等效电路。但需要注意电路结构的细节变化，以便对计算式进行相应调整。这方面的能力需要逐步培养，并在学习单级放大电路时做好相关内容的总结工作。

【例 5.2】　差分电路如图 5.31 所示。已知 $\beta_1 = \beta_2 = 75$，$r_{\text{be1}} = r_{\text{be2}} = 1\text{k}\Omega$，$R_{\text{c1}} = R_{\text{c2}} = 47\text{k}\Omega$，$R_{\text{e}} = 43\text{k}\Omega$，$v_{\text{i1}} = 2\text{mV}$，$V_{\text{CC}} = V_{\text{EE}} = 9\text{V}$。试求输出电压 v_{o}。

【分析】这是一个单端输入的问题，考虑到耦合电阻 R_{e} 远大于 r_{be}，故电路可以近似看成双端输入的差模问题。

【解】（1）根据 VT_1 管求电路增益

$$A_v = A_{\text{vd1}} = \frac{1}{2}A_{\text{vd}} = \frac{1}{2}A_{v1} = \frac{1}{2}\left(-\frac{\beta_1 R_{\text{c1}}}{r_{\text{be1}}}\right) = -47$$

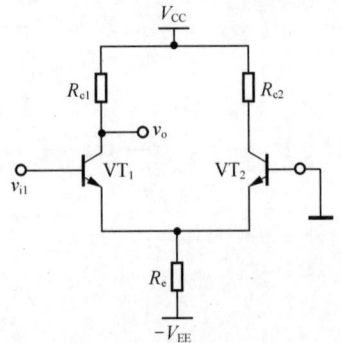

图 5.31　例 5.2 电路

（2）求交流输出电压 v_{o}：$v_{\text{o}} = A_v v_{\text{i1}} = -94\text{mV}$。

【例 5.3】　差分电路如图 5.32 所示。已知 $\beta_1 = \beta_2 = \beta_3 = 75$，$r_{\text{be1}} = r_{\text{be2}} = 1\text{k}\Omega$，$R_{\text{c1}} = R_{\text{c2}} = 10\text{k}\Omega$，$R_{\text{L}} = 10\text{k}\Omega$，$T_3$、$R_1$、$R_2$ 和 R_3 组成一个电流源电路，其动态内阻 $r_{\text{o}} = 100\text{k}\Omega$。试求共模电压增益 A_{vc1}。

【分析】① 结构特点：VT_3 管工作在放大区，充当电流源，为差分电路提供稳定的静态偏流。同时其动态内阻很大，有助于提高电路的共模抑制能力。② 负载 R_{L} 接在单口上，计算时不用折半。③ 电流源的内阻 r_{o} 在计算共模增益时需要折算到两个单管的发射极上。

【解】根据 VT_1 管求电路共模增益

$$A_{\text{vc1}} = A_{v1} = -\frac{\beta_1(R_{\text{c}} /\!/ R_{\text{L}})}{r_{\text{be1}} + (1 + \beta_1)2r_{\text{o}}} = -\frac{75 \times 5}{1 + 76 \times 2 \times 100} \approx -24.7 \times 10^{-3}$$

（a）原理电路　　　　　　　　　　（b）等效电路

差分电路的
仿真

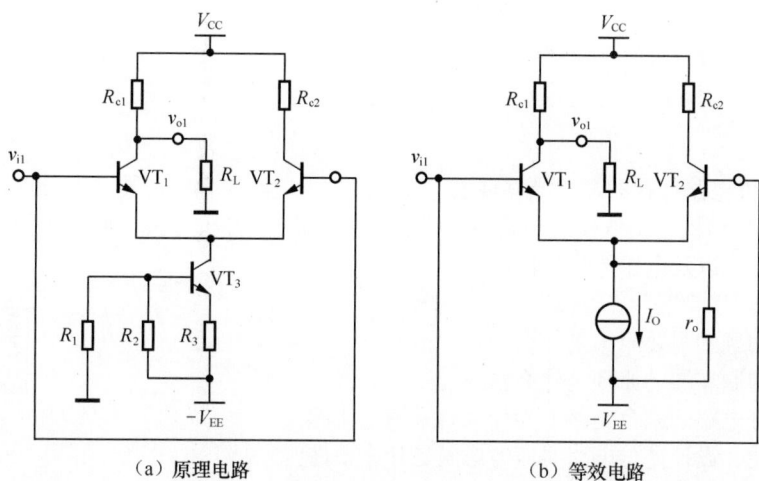

图 5.32　例 5.3 电路

　　差分电路最大的特点是具有共模信号抑制能力，可以用共模抑制比来表征。原则上双端输出的共模抑制能力最强，但单端输出时同样具有共模抑制能力。实际上差分电路经常作双入单出应用。

5.3.5　场效应管差分电路

　　如果将图 5.19 中的三极管用合适的 JFET 或者 MOSFET 替换，就可以构成源极耦合差分电路，如图 5.33 所示。同样具有三极管差分电路的特点，分析方法也是类似的，这里不再赘述。注意，在差分电路中使用场效应管可以有效提高电路的输入阻抗。

5.3.6　差分电路的传输特性

　　传输特性用来描述电路输出信号随输入信号的变化规律。差分电路的电压传输特性如图 5.34 所示，由图可知：

（1）当 $v_{id} = v_{i1} - v_{i2} = 0$ 时，电路处于静态工作点 Q。

（2）当 $-V_T \leqslant v_{id} \leqslant +V_T$ [1]时，电路处于线性放大区。

（3）当 $-4V_T \leqslant v_{id} < -V_T$ 或 $V_T < v_{id} \leqslant +4V_T$ 时，电路处于非线性区。

（4）当 $v_{id} < -4V_T$ 或 $v_{id} > +4V_T$ 时，电路处于饱和区。

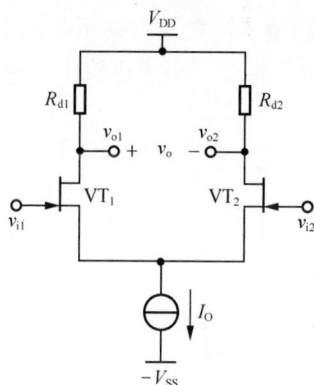

图 5.33　源极耦合差分电路

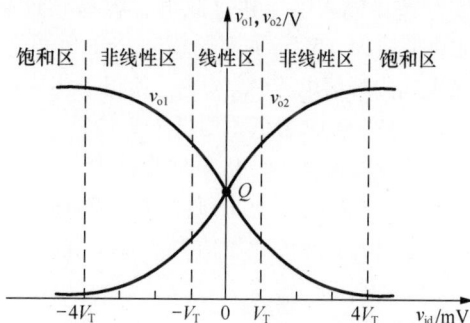

图 5.34　差分电路的电压传输特性

[1] V_T 为温度电压当量，常温时 $V_T = 26\text{mV}$。

5.3.7　小节练习

【知识回顾】

本节主要概念：放大电路存在的零点漂移现象、零漂对放大电路工作的影响、差分电路抑制零漂的原理差分电路的典型结构、工作模式（共模方式和差模方式）、分析方法（如求解差模增益和共模增益）。共模抑制比，以及电压传输特性等。

【思考题】

1. 引起零点漂移问题的主要原因是什么？
2. 差分电路能够抑制零漂的原理是什么？
3. 射极耦合式差分电路的耦合支路上为什么要采用电流源？
4. 关于共模抑制比，设计差分电路时应考虑满足什么条件？
5. 通常情况下，差分电路的线性放大区较宽还是较窄？

差分电路
自测题

5.4　集成运放的应用

5.4.1　集成运放的特性参数

集成运放的特性参数很多，下面对一些主要参数作简单介绍。

（1）输入失调电压 V_{IO}：V_{IO} 是指使输出为零时在输入端所加的补偿电压。V_{IO} 的典型值为 1mV，最大可以达到 6mV。注意，典型值是使用集成运放时通常期望获得的值，而在考虑最差情况时，应该采用最大值进行分析。

（2）输入失调电流 I_{IO}：I_{IO} 用于反映输入级差放管输入电流的不对称性。I_{IO} 的典型值为 20nA，最大值为 200nA。

（3）输入偏置电流 I_{IB}：I_{IB} 是输入级差放管的基极（或栅极）偏置电流的平均值。I_{IB} 的典型值为 80nA，最大值可达 500nA。

（4）最大共模输入电压 V_{ICM}：V_{ICM} 是输入级能够正常放大差模信号情况下允许输入的最大共模信号。如果实际共模输入电压高于此值，则集成运放不能对差模信号进行放大。V_{ICM} 的典型值为 ±13V（供电电压为 ±15V 时）。

（5）最大差模输入电压 V_{IDM}：V_{IDM} 是集成运放同相和反相输入端之间能够承受的最大电压值。如果实际差模输入电压超过此值，容易导致输入级的差放管损坏。集成运放中，对于 NPN 管，V_{IDM} 的典型值为 ±5V；而对于横向 PNP 管可达 ±30V。

（6）最大输出峰值电压 V_{OM}：V_{OM} 给出了集成运放输出电压的变化范围。V_{OM} 的典型值为 ±14V（供电电压为 ±15V 时），最低不要低于 ±12V。

（7）开环电压增益 A_{vd}：A_{vd} 的典型值为 2×10^5，最小值为 2×10^4。

（8）差模输入电阻 r_{id}：r_{id} 的典型值为 2MΩ，最小为 300kΩ。

（9）输出电阻 r_o：r_o 的典型值为 75Ω，通常小于 200Ω。

（10）共模抑制比 K_{CMR}：K_{CMR} 反映差分电路抑制共模信号的能力。K_{CMR} 的典型值为 90dB，最小可以为 70dB。

（11）转换速率 S_R：S_R 是指放大电路在闭环状态下，输入大信号时，放大电路输出电压对时间的最大变化率。S_R 的典型值为 0.5 V/μs。

（12）全功率带宽 BW_p：BW_p 是指集成运放输出最大峰值电压时允许的最高频率。

（13）总功耗 P_D：P_D 的典型值为 50mW，最高可达 85mW。

5.4.2　集成运放的种类

（1）按结构特点分类。可分为双极型（主要由三极管构成）、CMOS 型（由相反极性的 MOSFET 构成）和 BiMOS 型（三极管与 MOSFET 构成）。双极型集成运放种类多、功能强，但功耗较大；CMOS 型集成运放输出阻抗高、功耗小；BiMOS 型集成运放则兼有双极型集成运放和 CMOS 型集成运放的优点。

（2）按供电方式分类。可以分为单电源供电和双电源供电。在双电源供电中又分为正负电源对称型供电和不对称型供电。

（3）按集成度分类。可以分为单运放、双运放和四运放。

（4）按工作原理分类。

① 电压放大型，用于电压放大，其输出回路等效为由输入电压控制的电压源，如 F007、F324 等产品。

② 电流放大型，用于电流放大，其输出回路等效成为输入电流控制的电流源，如 LM3900、F1900 等产品。

③ 跨导型，用于将电压转换成电流，输出回路等效为由输入电压控制的电流源，如 LM3080、F3080 等产品。

④ 互阻型，用于将电流转换成电压，输出回路等效为由输入电流控制的电压源，如 AD8009、AD8011 等产品。

注意，输出等效为电压源的集成运放时，输出电阻很小，通常为几十欧；输出等效为电流源的集成运放时，输出电阻较大，通常为几千欧以上。

（5）按性能指标分类。可以分为通用型和特殊型。通用型集成运放用于无特殊要求的电路，而特殊型集成运放为了适应特殊要求，其某一方面的性能特别突出，例如，高阻型、高速型、高精度型、低功耗型等。

5.4.3　集成运放的选用策略

集成运放是模拟集成电路中应用最广泛的一种器件。在由集成运放组成的各种系统中，由于应用要求不同，对集成运放的性能要求也不同。

在没有特殊要求的场合，尽量选用通用型集成运放，这样既可降低成本，又容易保证产品质量。当一个系统中使用多个集成运放时，尽可能选用多运放集成电路，例如，LM324、LF347 等都是将四个集成运放封装在一起的集成电路。

对于放大音频、视频等交流信号的电路，选用 S_R（转换速率）大的集成运放比较合适；对于处理微弱直流信号的电路，选用精度较高（即失调电流、失调电压及温漂均较小）的集成运放比较合适。

下面就集成运放的选用给出一个基本策略。

（1）设计目标的综合考虑

设计者必须综合考虑设计目标的信号电平、闭环增益、要求精度、所需带宽、电路阻抗、环境条件及其他因素，并把设计要求的性能转换成集成运放的参数，建立各个参数的取值以及它们随温度、时间、电流电压等变化的范围。

（2）深刻理解电路手册中特性指标的意义

不同的制造商可能给出不同的特性指标，这些指标可能是通过不同的测量技术获得的，这就给集成运放的选择带来了困难。为避免这些困难，设计者必须深刻理解电路手册中特性指标的意义，同时必须了解这些参数是如何测得的，然后把这些特性指标转换成对设计要求有意义的参数。

（3）选择具有最优性价比的集成运放

设计者必须把设计目标的性能、所选择器件的性能指标与价格联系起来，尽可能以最低的价格获得符合设计目标提出的物理、电气和环境要求。

5.4.4 集成运放的使用要点

1．电源供电方式

集成运放有两个电源接线端+V_{CC} 和−V_{EE} ，可以采用不同的电源供电方式。供电方式不同，集成运放对输入信号的要求也是不同的。

（1）对称双电源供电方式：集成运放多采用这种方式供电。相对于将公共参考点的正电源与负电源分别接于集成运放的+V_{CC} 和−V_{EE} 管脚上的方式，在这种方式下，可以把信号源直接接到集成运放的输入脚上，而输出电压的幅值可以接近正负对称电源的电压值。

（2）单电源供电方式：单电源供电是将集成运放的−V_{EE} 管脚接地。此时，为了保证集成运放内部单元电路具有合适的静态工作点，在集成运放的输入端通常需要附加一直流电位，如图 5.35 所示。此时，集成运放的输出可在某一直流电位的基础上随输入信号变化。

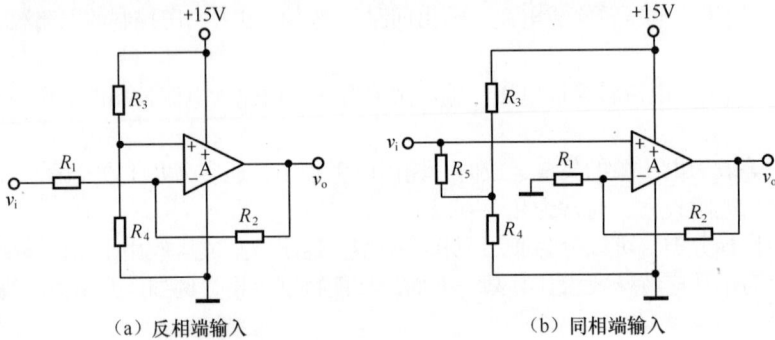

（a）反相端输入   （b）同相端输入

图 5.35　集成运放单电源供电电路

2．集成运放的调零问题

由于集成运放的输入失调电压和输入失调电流的影响，当集成运放组成的线性电路输入信号为零时，输出往往不等于零。为了提高电路的运算精度，需要对失调电压和失调电流造成的误差进行补偿，这就是集成运放的调零。常用的调零方法有内部调零和外部调零。对于没有内部调零端子的集成运放，需要采用外部调零的方法。下面以 741 为例，图 5.36 所示为集成运放常用调零电路。

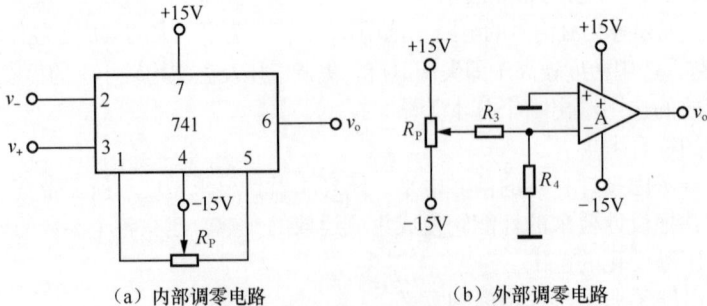

（a）内部调零电路   （b）外部调零电路

图 5.36　集成运放的调零电路

3．集成运放的自激振荡问题

集成运放是一个高放大倍数的多级放大器，在接成深度负反馈的情况下，很容易产生自激振荡。为了使放大器能够稳定工作，就需要外加一定的频率补偿网络，以消除自激振荡。如图 5.37 所示，是进行相位补偿所使用的电路。

另外，为防止通过电源内阻造成低频振荡或高频振荡，措施是在集成运放的正、负电源输入端对地分别加入一电解电容（大小约为 $10\mu F$）和一高频滤波电容（大小为 $0.01\mu F \sim 0.1\mu F$），如图 5.37 所示。

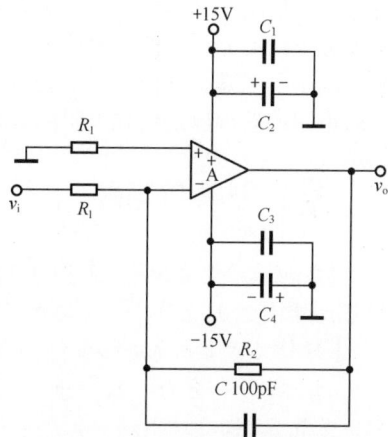

图 5.37　消除自激振荡的电路

4．集成运放的保护问题

集成运放的安全保护有三个方面：电源保护、输入保护和输出保护。

（1）电源保护

电源的常见故障是电源极性接反和电压跳变。典型的电源保护电路如图 5.38 所示，是利用二极管的单向导电性实现电源保护。

（2）输入保护

集成运放的差模或者共模输入电压过高（超出该集成运放的极限参数范围），容易造成集成运放工作不稳定甚至损坏。图 5.39 所示为典型的输入保护电路。

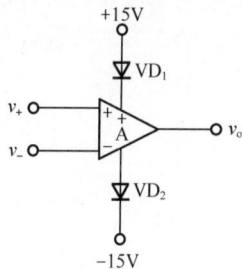

图 5.38　电源保护电路

（3）输出保护

当出现超载或输出端短路时，若没有保护电路，集成运放就会损坏。但有些集成运放内部设置了限流保护或短路保护，使用这些器件无须再加输出保护。对于内部没有限流或短路保护的集成运放，可以采用图 5.40 所示的输出保护电路。

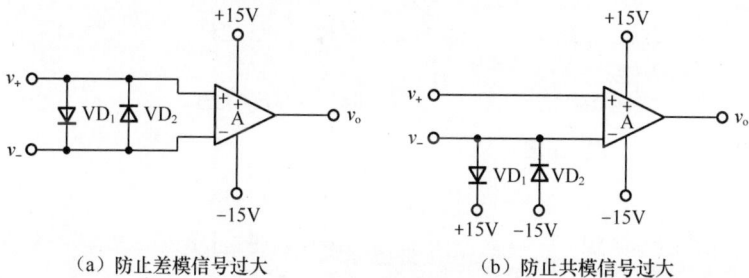

（a）防止差模信号过大　　　　（b）防止共模信号过大

图 5.39　输入保护电路

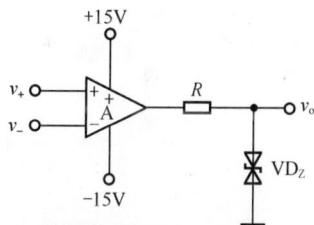

图 5.40　输出保护电路

5.5 综合练习

内容要点　　章节随测

本章内容主要围绕集成运放展开，首先对集成电路作了简介，其中模拟集成电路的分类、结构特点、集成运放的相关知识应重点把握；其次对电流源电路进行介绍，其中的基本电流源电路是读者学习的重点，在此基础上可以进一步了解改进型电流源电路；再者对差分电路进行了较为详细的介绍，其中差分电路的引入原因、工作原理、工作方式、分析方法是读者学习的重点；最后对集成运放的应用作了简单介绍，其中集成运放的特性参数、种类、选用规则和使用方法都应予以相应的了解。

差分电路是本章的重点和难点。差分电路涉及的基本概念较多，例如，零漂、温漂、差模信号、共模信号、差模增益、共模增益、双入双出、双入单出、单入问题等，初学时容易混乱，一定要先把握住这些基本概念。在概念建立起来后，可以结合单级放大电路的分析方法、分析结论去学习差分电路的分析，但又要注意差分电路的特点，特别需要注意的细节是射极耦合电阻的处理，差模情况下不考虑、共模情况下要折算到单级电路的发射极上进行考虑，且阻值要翻倍。另外，基极串联电阻的处理以及负载电阻的处理方法也需要自己去总结。

5.5.1 仿真练习题

5.1 电流源电路如题 5.1 图 1 所示，三极管型号均为 2N3904，其他电路参数如图，要求：（1）试用 Tina 软件绘制电路；（2）通过"直流传输特性"分析和比较两种电路的带负载能力。

【操作提示】测试电路带载能力的步骤如下。

（1）选择"分析"菜单下的"DC 分析/DC 传输特性"菜单项，打开"DC 传输特性"对话框，如题 5.1 图 2 所示。

（2）在对话框中先选择输入为"R_L"，然后设置起始值和终止值分别为"0"和"10k"（即让负载电阻从 0 变到 10kΩ），采样数保持"100"不变。

（3）完成设置后单击"确定"按钮，可得相应的传输特性曲线。

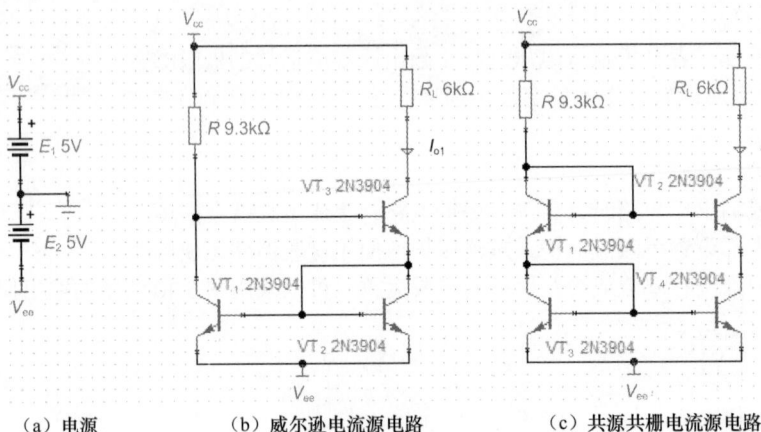

题 5.1 图 1

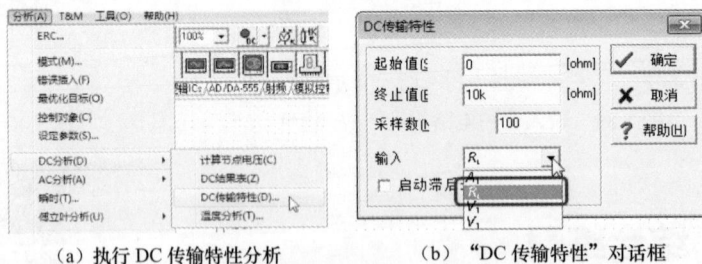

题 5.1 图 2

5.2 差分电路如题 5.2 图所示，NPN 三极管型号均为 2N3904，PNP 三极管型号为 2N3906，其他电路参数如图，要求：（1）试用 Tina 软件绘制电路；（2）通过瞬时分析观察输入输出波形。

【操作提示】瞬时分析操作步骤如下。

（1）选择"分析"菜单下的"瞬时"菜单项，打开"瞬时分析对话框"。

（2）在对话框中设置起始显示和终止显示分别为"0"和"2m"（即观察 0～2ms 之间的波形），其他设置保持默认值。

（3）单击"确定"按钮观察波形。

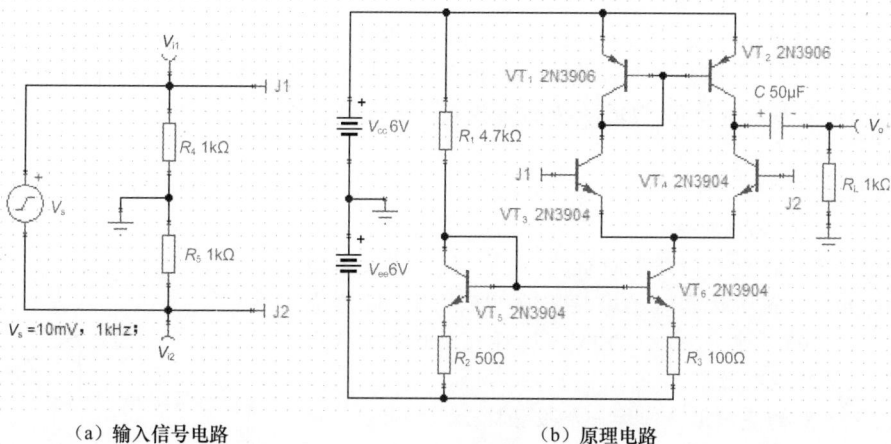

(a) 输入信号电路   (b) 原理电路

题 5.2 图

5.5.2   小电路设计

5.3 一个信号源正常工作时输出的电压值在 0~0.5V, 如果输出超过 0.5V, 需要报警提示。试设计相应的电压监测报警电路。假设用 LED 指示灯为提示器件, 输出超过 0.5V 时灯亮, 反之不亮。

【设计分析】鉴于被监测的电压较小, 不足以直接驱动 LED 灯正常工作(LED 正常工作需要 2V 左右或更高的电压, 不同颜色的 LED 所需工作电压也有差异), 所以可以考虑用放大电路对监控电压先进行放大, 在满足条件时以驱动 LED 工作。

【设计方案】根据上述分析, 该监控电路的系统框图如题 5.3 图 1 所示。

(1) 被监测电压直接送入, 经放大处理后根据条件驱动 LED 工作。

(2) 放大模块可采用集成运放构成的同相电路, 将输入电压提升到足够驱动 LED 的程度。

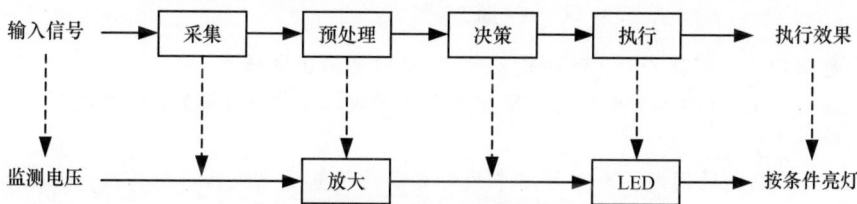

题 5.3 图 1   系统框图

【模块电路】

(1) 在 Tina 软件中建立 LED 监测电路, 如题 5.3 图 2 所示, 首先要确定 LED 的工作电压(约 1.5V)和电流(约 5mA)。注意: 实际设计电路时, 这一步可以根据选用的 LED 型号查阅其手册获取。

(2) 集成运放构成的同相电路如题 5.3 图 3 所示, 其放大倍数为 $1+R_4/R_3$, R_2 值取 $R_3//R_4$。

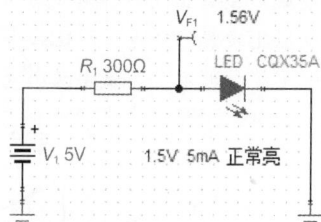

题 5.3 图 2   LED 监测电路

【参数计算】

(1) 确定初始条件: 假设 LED 亮的基本条件为电压 1.5V、电流 5mA, 限流电阻选 300Ω。

(2) 确定放大倍数: 根据输入电压 $V_i \geqslant 0.5V$ 时要求灯亮, 可以计算出放大器对应的输出电压为 3V($=1.5+300 \times 0.005$), 其放大倍数应为 6($=3/0.5$)。

（3）确定电路参数：根据放大器放大倍数关系式，R_4 可以取 5kΩ，R_3 可以取 1kΩ，R_2 可以取 700Ω。另外，集成运放的输出电压受电源电压限制，这里电源电压取 ±10V。

【测试电路】根据上述分析和计算，设计出满足要求的原理电路，如题 5.3 图 4（a）所示。在 Tina 软件中进行建模，并使用"DC 交互仿真模式"进行测试。

电路的提示如下。

（1）电压指针"V_{F1}"和"V_{F2}"可以监控集成运放的输出电压和 LED 的工作电压。

（2）可以在 V_i 属性对话框中选择电压值，在其右侧列表中选择"F2"键，在打开的列表中选择"F3"键，在文本框中输入"100m"，表示仿真时，每按一次"F2"键 V_i 增大 0.1V，按一次"F3"键 V_i 减小 0.1V。这样可以改变输入电压，便于观察电路运行效果。

5.4 在题 5.3 的基础上，增加一个报警提示，要求输入电压超过 0.8V 时，指示灯 LED2 亮，试设计相应电路。

【设计提示】在集成运放的输出端增加一路 LED2 指示电路（限流电阻+LED）。可以结合 LED 灯亮的工作电压和电流去计算其限流电阻的大小，即：

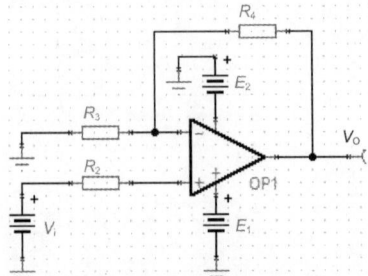

题 5.3 图 3   集成运放构成的同相放大电路

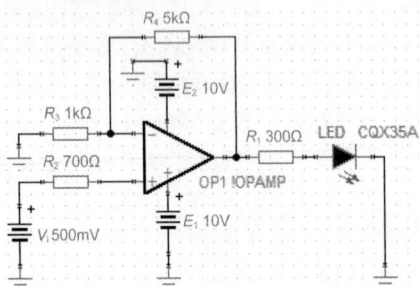

（a）原理电路

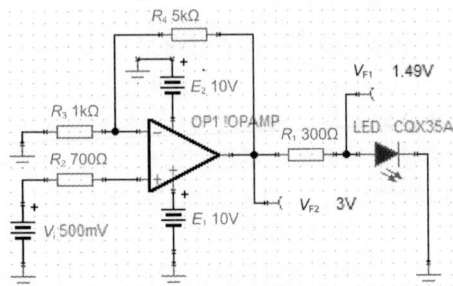

（b）仿真测试

题 5.3 图 4

（1）放大电路的放大倍数不变，可得输入为 0.8V 时的输出电压。

（2）该电压减去 LED 的工作电压可得限流电阻上的电压，根据 LED 工作电流可以估算出新增支路的限流电阻大小。

5.5 就电压大小判断的问题，电子电路中用得更多的是电压比较器。电压比较器也可以用集成运放构成，其结构如题 5.5 图所示。当 $V_i > V_{REF}$ 时，对于题 5.5 图（a）来说，即同相输入端电压高于反相端，集成运放输出为正饱和电压（值略小于正电源电压值）；对于题 5.5 图（b）来说则相反，集成运放输出为负饱和电压（值略小于负电源电压值）。至于 $V_i < V_{REF}$ 时，上述结果则反过来。利用电压比较器的特点可以比较电压大小。对于题 5.3 的要求，只需将图（a）中的 V_{REF} 设置为 0.5V，其他元件参数不变。试用两个电压比较器设计题 5.4 要求的电路，并进行仿真测试。

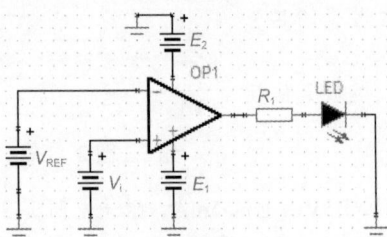

（a）同相电压比较器

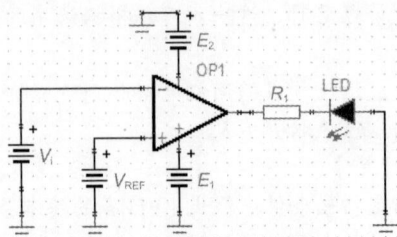

（b）反相电压比较器

题 5.5 图

第 6 章

信号运算与处理电路

　　模拟电路的一个重要用途就是进行信号的处理（诸如信号的产生、运算、转换等）。本章介绍信号的基本运算，包括比例、加法、减法、乘法、积分和微分等运算方法，以及信号的常见处理方法，包括电压信号的大小比较、滤波、整形变换等。构成信号运算和处理电路的核心器件是集成运放（集成运放得名的原因也在于其早期主要被应用于信号运算）。下面我们通过几个仿真示例来感受集成运放在信号处理方面的应用。

　　【仿真示例 6.1】 信号的求和（相加）处理。

　　图 6.1（a）所示为集成运放构成的反相加法仿真电路。信号源 V_{i1} 和 V_{i2} 分别为 1V、50Hz 和 0.1V、1kHz 的正弦交流信号，两个信号通过电路后混合在一起（V_{i1} 放大 4 倍，V_{i2} 放大 2 倍，然后相加），输入输出波形仿真如图 6.1（b）所示。

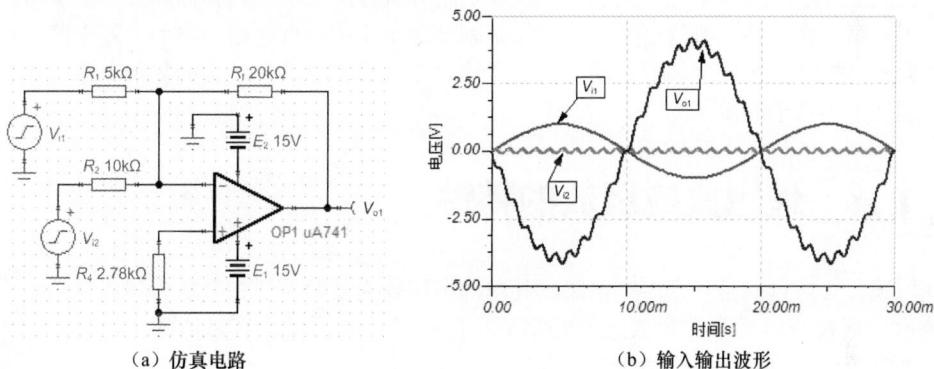

(a) 仿真电路　　　　　　　　　　　　(b) 输入输出波形

图 6.1　仅相加法电路仿真示例

　　【仿真示例 6.2】 信号的低通滤波处理。

　　图 6.2（a）所示为集成运放构成的低通滤波仿真电路，其低频截止频率约 100Hz。如果让图 6.1（a）所示电路的输出信号通过该滤波电路，其中 1kHz 的信号将被滤除，仅 50Hz 的信号能正常通过，仿真波形如图 6.2（b）所示。

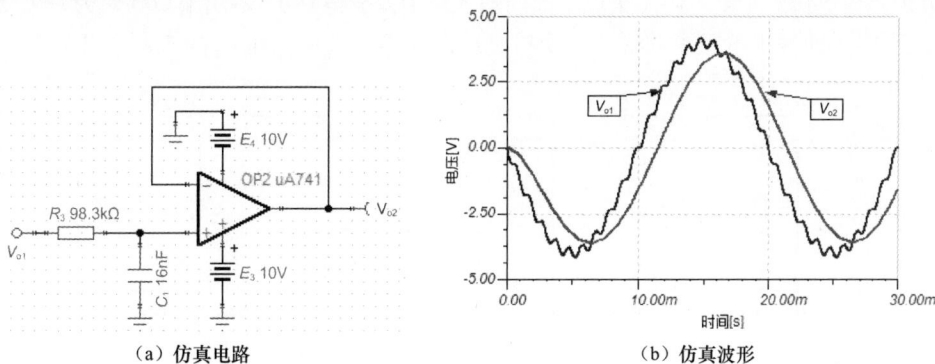

(a) 仿真电路　　　　　　　　　　　　(b) 仿真波形

图 6.2　低通滤波电路仿真示例

【仿真示例 6.3】 信号的转换处理。

图 6.3 所示为信号转换仿真电路，其中集成运放 OP1 构成过零电压比较器，能将信号源 V_i 输出的 1V、50Hz 正弦交流信号转换为方波信号；集成运放 OP2 构成积分电路，能将方波信号转换为三角波。仿真波形见图 6.3（b）。

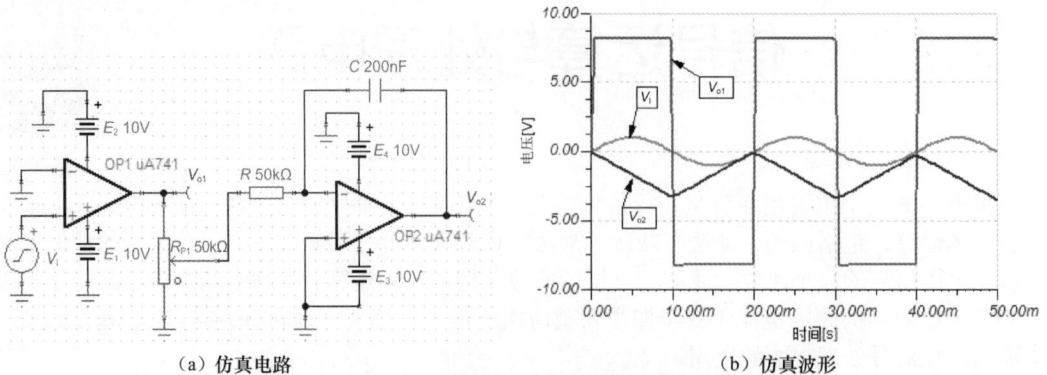

（a）仿真电路   （b）仿真波形

图 6.3   正弦信号转方波、三角波电路仿真示例

本章的学习思路是从理想集成运放的特性（开环增益无穷大、输入电阻无穷大、输出电阻为零）出发去理解虚短和虚断的概念，从而推导出同相和反相比例运算电路的输入输出关系。在熟练掌握两种比例运算电路的基础上，结合各种线性电路分析方法（特别是叠加原理）去学习其他信号运算和处理电路。本章的学习技巧是首先记住基础电路（比例运算电路、典型求差电路、积分微分电路）的典型结构、工作原理和输入输出关系，然后在分析含有这些结构的复杂电路时直接引用相关结论，起到事半功倍的效果。

6.1 理想集成运放的特性

如前所述，集成运放是一个多级电路，其内部结构较为复杂。但在分析含集成运放的电路时，通常只需要掌握集成运放的相关特性便可，无须考虑其具体的内部电路。下面通过集成运放的电路模型来介绍其相关特性。

集成运放

6.1.1 集成运放的电路模型及其特性

1. 集成运放的电路模型

集成运放的实际电路模型如图 6.4（a）所示，输入端口等效为一个电阻 R_i（即输入电阻），用于接收外加差模电压 $v_{id} = v_+ - v_-$（集成运放的输入级为差分电路）；输出端口等效为一个受控电压源串联电阻 R_o（即输出电阻）的形式，受控电压源受输入差模电压 v_{id} 的控制，开环电压增益为 A_{vo}，输出电压 $v_o = A_{vo} v_{id}$。

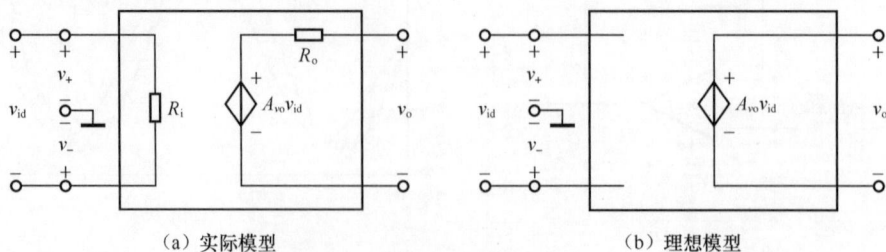

（a）实际模型   （b）理想模型

图 6.4   集成运放的电路模型

考虑到集成运放的输入电阻 R_i（约 $10^6\Omega$或更高）和开环电压增益 A_{vo}（约 $10^5\sim 10^7$）都很大，而输出电阻 R_o（约 100Ω或更小）很小，所以在进行理论分析时，往往近似认为 $R_i=\infty$、$A_{vo}=\infty$、$R_o=0$，进而得到集成运放的理想模型特性，如图 6.4（b）所示。

注意，本书后续内容中都默认使用集成运放的理想模型特性来进行相关电路分析。

2．集成运放的电压传输特性

根据电路模型，很容易得到集成运放的电压传输特性，具体如图 6.5 所示。集成运放输出的正向饱和电压 V_{OH} 和负向饱和电压 V_{OL} 受电源电压限制，比电源电压略低。

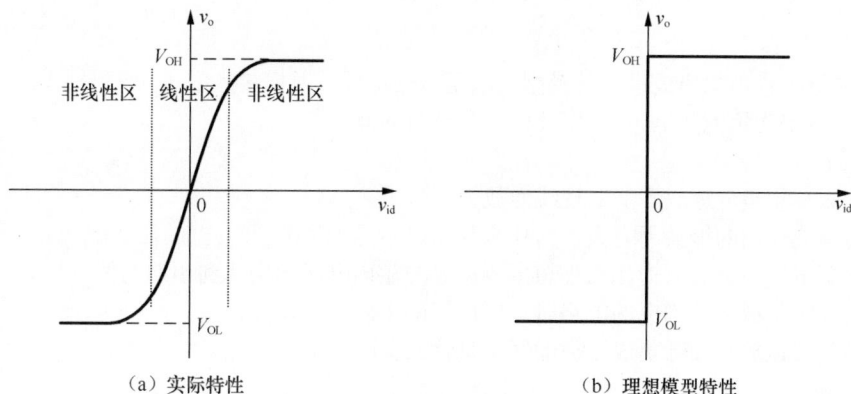

（a）实际特性　　　　　　　　（b）理想模型特性

图 6.5　集成运放的电压传输特性

注意，由于集成运放的电压增益非常高，很小的输入信号都有可能导致输出达到饱和，实际考虑问题时必须注意这一点，即不能简单使用关系式 $v_o=A_{vo}v_{id}$ 求输出电压值。

【例 6.1】　已知某集成运放的电压增益 $A_{vo}=2\times 10^5$，正向饱和电压 $V_{OH}=+12V$，负向饱和电压 $V_{OL}=-12V$，试在如下两种情况下求输出电压值：（1）$v_{id1}=50\mu V$；（2）$v_{id2}=5mV$。

【解】（1）先用公式计算输出电压值，然后与饱和电压值比较，以决定最终的输出值

$$v_{o1}=A_{vo}v_{id1}=2\times 10^5\times 50\times 10^{-6}=10V<V_{OH}=+12V\Rightarrow v_{o1}=10V$$

（2）同理计算得

$$v_{o2}=A_{vo}v_{id2}=2\times 10^5\times 5\times 10^{-3}=1000V>V_{OH}=+12V\Rightarrow v_{o2}=12V$$

3．理想集成运放的重要结论

如前所述，理想集成运放有增益无穷大、输入电阻无穷大、输出电阻为零的特点，由这些特点可以导出与理想集成运放相关的两个重要结论。

（1）虚短的概念

根据理想集成运放的输入输出关系得

$$\left.\begin{array}{l}v_o=A_{vo}v_{id}=A_{vo}(v_+-v_-)\Rightarrow v_+-v_-=\dfrac{v_o}{A_{vo}}\\[2mm]V_{OL}\leqslant v_o\leqslant V_{OH},\ A_{vo}\to\infty\end{array}\right\}\Rightarrow v_+-v_-\approx 0\Rightarrow v_+\approx v_- \qquad (6.1)$$

式（6.1）表明理想集成运放正常工作时，其同相端的电位 v_+ 与反相端的电位 v_- 近似相等。由于同相端和反相端实际没有短接关系，所以将这种关系称为虚短。虚短的实际含义是强调在线性工作区，集成运放两个输入端的电位非常接近，其差值 $v_{id}=v_+-v_-$ 趋近于零。

根据虚短的概念可以引出虚地的概念，具体如图 6.6 所示。图中集成运放的同相端接地，从而导致反相端具有地电位，但反相端实际没有接地，这就是所谓的虚地。

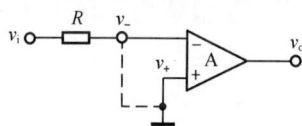

图 6.6　虚地的概念

（2）虚断的概念

根据输入电阻无穷大可以推出理想集成运放的输入电流近似为零，即集成运放正常工作时两个输入端上都没有电流，这就是虚断的概念——实际上集成运放的两个输入端之间是存在连接关系的，并没有真正断开。根据虚断的概念，图 6.7 所示电路中的电流关系为 $i_1 = i_i + i_2 \Rightarrow i_1 \approx i_2$（$i_i \approx 0$）。

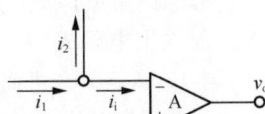

图 6.7　虚断的概念

6.1.2　小节练习

【知识回顾】

本节主要概念：理想集成运放的模型、电压传输特性（差模输入电压大于零，输出为正饱和电压；小于零，输出为负饱和电压），以及虚短和虚断的概念。

【思考题】

1. 为什么理想集成运放不能实现线性放大？
2. 理想集成运放的增益无穷大，为什么其输出不是无穷大？
3. 当电源电压不足时，为什么理想集成运放的输出电压无法达到预期的值？
4. 分析理想集成运放构成的电路时，要依据的重要概念是什么？
5. 理想集成运放和实际集成运放的区别是什么？

理想集成运放
的特性自测题

6.2 运算电路

常用的运算电路有比例运算、加法运算、减法运算、微分运算和积分运算等。

6.2.1　比例运算

集成运放可以构成反相比例和同相比例运算电路，这两种比例运算电路都是构建后续运算电路的基础。掌握其典型结构、分析方法和输入输出关系，对于后续复杂集成运放电路（包括多级集成运放电路）的分析十分重要（明确电路结构后可以直接引用比例运算电路分析结论）。

比例运算电路

1. 反相比例

反相比例运算电路如图 6.8 所示，该电路的结构特点是：① 信号从反相端输入，输出电压 v_o 与输入电压 v_i 之间存在反相位的关系；② R_2 为反馈电阻，其作用是引入深度负反馈来稳定电路的工作[1]；③ R_3 是平衡电阻，其作用是维持集成运放输入级差分电路的对称性，其值为 $R_3 = R_1 // R_2$。

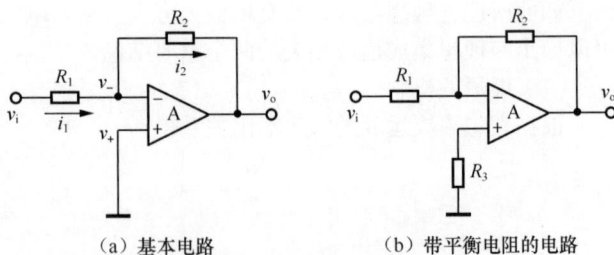

（a）基本电路　　　　（b）带平衡电阻的电路

图 6.8　反相比例运算电路

下面以图 6.8（a）为例来推导反相比例运算电路的输入输出关系，过程如下。

① 根据集成运放的虚短概念有 $v_- \approx v_+ = 0$。

② 根据集成运放的虚断概念有 $i_1 \approx i_2$。

③ 根据电位关系写电流表达式得

[1] 关于反馈的概念，本书将在第 7 章详细介绍。

$$\left(i_1 = \frac{v_i - v_-}{R_1} = \frac{v_i}{R_1}, \; i_2 = \frac{v_- - v_o}{R_2} = -\frac{v_o}{R_2}\right) \Rightarrow \frac{v_i}{R_1} = -\frac{v_o}{R_2} \Rightarrow v_o = -\frac{R_2}{R_1} v_i \qquad (6.2)$$

由式（6.2）可知，电路的输入输出电压大小成比例，且相位相差 180°。当然，也可以将该电路用作反相放大电路，其电压增益由 R_2 与 R_1 的比值决定，非常便于调节。

对于图 6.8（b）所示电路，虽然多了一个平衡电阻 R_3，但考虑到同相输入端上没有电流，R_3 也就没有压降，故 v_+ 仍然为零，即 R_3 的存在并不会影响电路的基本关系。

2. 同相比例

同相比例运算电路如图 6.9 所示，该电路的结构特点是：① 信号从同相端输入，输出电压 v_o 与输入电压 v_i 之间是同相位的关系；② 输入信号可以直接加到同相端，如图 6.9（a）所示，也可以通过一个分压电路加到同相端，如图 6.9（b）所示。注意，图中 R_3 和 R_4 因同相端上没有电流，而看成串联关系。

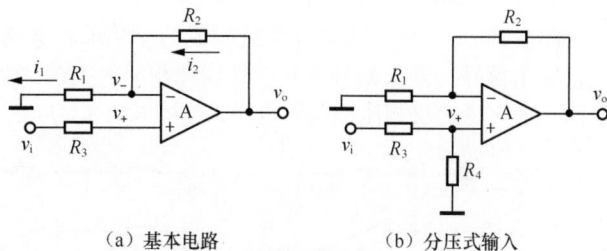

图 6.9 同相比例运算电路

同相比例运算电路的分析思路是先推导输出电压与同相端电压的关系式 $v_o = f(v_+)$，然后找到同相端电压与输入电压的关系式 $v_+ = f(v_i)$，最后消除中间变量 v_+ 得输入输出关系式。具体过程如下。

① 根据集成运放的虚短概念有 $v_- \approx v_+$。

② 根据集成运放的虚断概念有 $i_1 \approx i_2$。

③ 根据电位关系写电流表达式得

$$\left(i_1 = \frac{v_- - 0}{R_1} = \frac{v_+}{R_1}, \; i_2 = \frac{v_o - v_-}{R_2} = \frac{v_o - v_+}{R_2}\right) \Rightarrow \frac{v_+}{R_1} = \frac{v_o - v_+}{R_2} \Rightarrow v_o = \left(1 + \frac{R_2}{R_1}\right)v_+ \qquad (6.3)$$

④ 对于图 6.9（a）所示电路，输出电压为

$$v_+ = v_i \Rightarrow v_o = \left(1 + \frac{R_2}{R_1}\right)v_i \qquad (6.4)$$

⑤ 对于图 6.9（b）所示电路，输出电压为

$$v_+ = \left(\frac{R_4}{R_3 + R_4}\right)v_i \Rightarrow v_o = \left(1 + \frac{R_2}{R_1}\right)\left(\frac{R_4}{R_3 + R_4}\right)v_i \qquad (6.5)$$

由式（6.4）和（6.5）可知，电路的输出电压与输入电压大小成比例、相位相差 0°。当然，也可以将该电路用作同相放大电路，其电压增益主要由 R_2 与 R_1 的比值决定。

6.2.2 电压跟随器

电压跟随器如图 6.10 所示，该电路的结构特点是：① 信号从同相端输入；② 反相输入端与输出端用导线相连。

根据虚短概念可得该电路的输入输出关系为

$$v_o = v_- \approx v_+ = v_i \Rightarrow v_o = v_i \qquad (6.6)$$

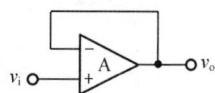

图 6.10 电压跟随器

集成运放构成的电压跟随器与三极管射极输出器、场效应管源极输出器的功能相似，只是其跟随性能更好（增益精确为 1）、隔离效果更好（输入电阻更大）、带负载能力更强（输出电阻更小）。由于其优异的性能，这种电路常被用作信号采集电路的输入级。

6.2.3　加法运算

集成运放可以构成加法运算电路（求和运算电路），分为反相求和电路（信号从反相端输入）与同相求和电路（信号从同相端输入）。这两种电路在结构上可以看作是反相比例运算电路、同相比例运算电路的延伸。加法电路的分析可以使用叠加原理与比例运算电路的相关结论。

加法运算电路

1．反相求和

图 6.11（a）所示为集成运放构成的反相求和电路，其结构特点是：① 求和信号由反相端输入，输出信号与输入信号之和存在相位相反的关系；② 如果仅考虑单个输入信号的作用，电路可以简化成典型的反相比例运算电路，如图 6.11（b）（c）所示，故可以采用叠加原理进行分析。

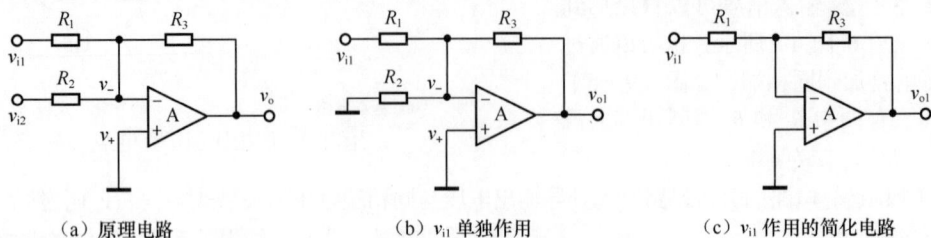

（a）原理电路　　　　　（b）v_{i1} 单独作用　　　　　（c）v_{i1} 作用的简化电路

图 6.11　反相求和电路

反相求和电路的输入输出关系推导如下。

① 让 v_{i1} 单独作用，电路简化成图 6.11（c）所示形式，故有

$$v_{o1} = -\frac{R_3}{R_1}v_{i1}$$

② 让 v_{i2} 单独作用，同理可求得

$$v_{o2} = -\frac{R_3}{R_2}v_{i2}$$

③ 根据叠加原理求和得

$$v_o = v_{o1} + v_{o2} = -\frac{R_3}{R_1}v_{i1} - \frac{R_3}{R_2}v_{i2} = -\left(\frac{R_3}{R_1}v_{i1} + \frac{R_3}{R_2}v_{i2}\right)$$

若 $R_1 = R_2 \Rightarrow v_o = -\frac{R_3}{R_1}(v_{i1} + v_{i2})$　　　　　　　　（6.7）

若 $R_1 = R_2 = R_3 \Rightarrow v_o = -(v_{i1} + v_{i2})$

2．同相求和

同相求和电路如图 6.12 所示，其结构特点是：① 求和信号从同相端输入，输出信号与输入信号之和是同相位的关系；② 如果仅考虑单个信号作用，电路可以简化成典型的同相比例运算电路，如图 6.12（b）（c）所示，可以采用叠加原理进行分析。

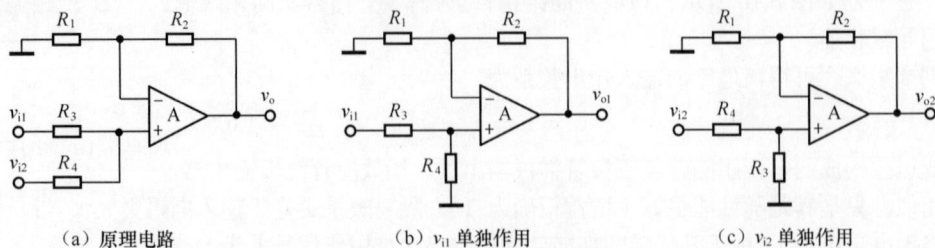

（a）原理电路　　　　　（b）v_{i1} 单独作用　　　　　（c）v_{i2} 单独作用

图 6.12　同相求和电路

同相求和电路的输入输出关系推导如下。

① 让 v_{i1} 单独作用，电路简化成图 6.12（b）所示形式，故有

$$v_{o1} = \left(1 + \frac{R_2}{R_1}\right)\frac{R_4}{R_3 + R_4}v_{i1}$$

② 让 v_{i2} 单独作用，电路简化成图 6.12（c）所示形式，故有

$$v_{o2} = \left(1 + \frac{R_2}{R_1}\right)\frac{R_3}{R_3 + R_4}v_{i2}$$

③ 根据叠加原理求和得

$$v_o = v_{o1} + v_{o2} = \left(1 + \frac{R_2}{R_1}\right)\frac{R_4 v_{i1} + R_3 v_{i2}}{R_3 + R_4}$$

$$\text{若 } R_3 = R_4 \Rightarrow v_o = \left(1 + \frac{R_2}{R_1}\right)\frac{v_{i1} + v_{i2}}{2} \qquad (6.8)$$

$$\text{若 } R_1 = R_2 \text{、} R_3 = R_4 \Rightarrow v_o = v_{i1} + v_{i2}$$

此电路也可以用节点电压法进行分析[1]，具体过程如下。

① 令同相端和反相端的电位（v_+ 和 v_-）为未知的节点电压。

② 根据节点电压分析法分别对 v_+ 和 v_- 列写节点电压方程

$$\left(\frac{1}{R_3} + \frac{1}{R_4}\right)v_+ = \frac{v_{i1}}{R_3} + \frac{v_{i2}}{R_4} \Rightarrow v_+ = \frac{R_4 v_{i1} + R_3 v_{i2}}{R_3 + R_4}$$

$$\left(\frac{1}{R_1} + \frac{1}{R_2}\right)v_- = \frac{v_o}{R_2} \Rightarrow v_- = \frac{v_o}{1 + R_2/R_1}$$

③ 根据虚短的概念可得

$$v_+ = v_- \Rightarrow v_o = \left(1 + \frac{R_2}{R_1}\right)\frac{R_4 v_{i1} + R_3 v_{i2}}{R_3 + R_4}$$

6.2.4　减法运算

　　集成运放可以构成减法运算电路（求差运算电路），信号同时从反相端和同相端输入，结构上可以看成反相比例运算电路和同相比例运算电路的综合应用。减法电路的分析仍可以使用叠加原理与比例运算电路的相关结论。

减法运算电路

　　图 6.13（a）所示为减法运算电路的原理电路，也称为求差电路，其结构特点是：① 信号分别从反相端和同相端输入，输出信号与输入信号之差成比例关系；② 如果考虑反相端信号单独作用电路，电路可以简化成反相比例运算电路，如图 6.13（b）所示；③ 如果考虑同相端信号单独作用电路，电路可以简化成同相比例运算电路，如图 6.13（c）所示。

　　减法运算电路的输入输出关系推导如下。

① 让 v_{i1} 单独作用，电路简化成图 6.13（b）所示形式，故有

$$v_{o1} = -\frac{R_2}{R_1}v_{i1}$$

② 让 v_{i2} 单独作用，电路简化成图 6.13（c）所示形式，故有

---

[1] 当集成运放电路中有多个输入信号作用时，可以使用叠加原理或节点电压法进行分析。输入信号相对较少时可以首先考虑使用叠加原理；输入信号相对较多时，可以考虑使用节点电压法。

$$v_{o2} = \left(1 + \frac{R_2}{R_1}\right)\frac{R_4}{R_3 + R_4}v_{i2}$$

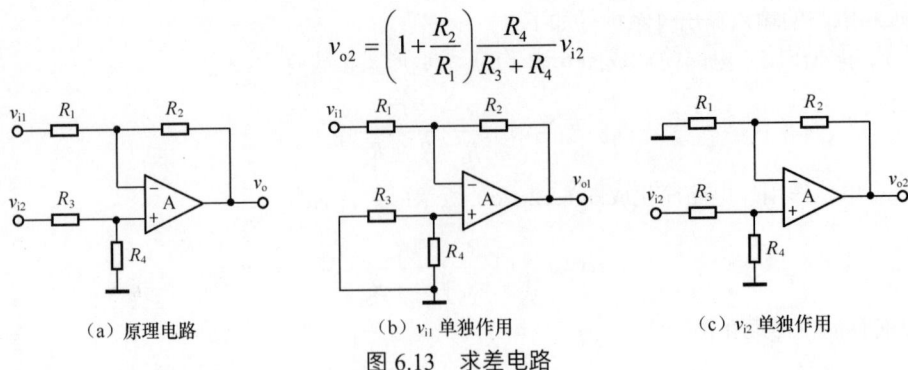

（a）原理电路   （b）v_{i1} 单独作用   （c）v_{i2} 单独作用

图 6.13   求差电路

③ 根据叠加原理求和得

$$v_o = v_{o1} + v_{o2} = -\frac{R_2}{R_1}v_{i1} + \left(1 + \frac{R_2}{R_1}\right)\frac{R_4}{R_3 + R_4}v_{i2}$$

$$若\ \frac{R_2}{R_1} = \frac{R_4}{R_3} \Rightarrow v_o = -\frac{R_2}{R_1}v_{i1} + \left(1 + \frac{R_2}{R_1}\right)\frac{R_4/R_3}{1 + R_4/R_3}v_{i2} = \frac{R_2}{R_1}\left(v_{i2} - v_{i1}\right) \qquad (6.9)$$

$$若\ R_1 = R_2 = R_3 = R_4 \Rightarrow v_o = v_{i2} - v_{i1}$$

分析集成运放电路的基础是虚短和虚断的概念，重点是要尽量应用已知典型电路（例如反相比例运算电路、同相比例运算电路，以及两种典型求差电路等）的结论去表示输入输出关系。对于多输入的情况，可以利用叠加原理展开分析。微课视频"集成运放电路分析示例"中分析了例 6.3、例 6.5 和例 6.6。

集成运放电路
分析示例

【例 6.2】   电路如图 6.14 所示，试求输出电压 v_o 的表达式。

【解】本题可用节点电压法分析。

① 对 v_+ 和 v_- 分别列写节点电压方程

$$\left(\frac{1}{R} + \frac{1}{R}\right)v_+ = \frac{v_{i2}}{R} + \frac{v_o}{R} \Rightarrow v_+ = \frac{1}{2}\left(v_{i2} + v_o\right)$$

$$\left(\frac{1}{R} + \frac{1}{R}\right)v_- = \frac{v_{i1}}{R} \Rightarrow v_- = \frac{1}{2}v_{i1}$$

② 根据虚短的概念可得

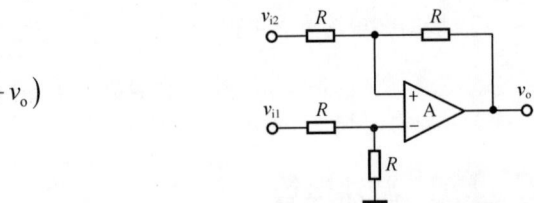

图 6.14   例 6.2 电路

$$v_+ = v_- \Rightarrow v_o = v_{i1} - v_{i2} \qquad (6.10)$$

图 6.13（a）和图 6.14 所示电路就结构而言具有相似性，但一定要注意它们输入端的连接关系刚好是相反的，在所有电阻都相同的情况下，其结果也相反。这里暂且把所有电阻都相同的上述两个电路称为典型求差电路，建议大家记住这两个电路及其输入输出关系式，以便在分析含有这种结构的电路时可直接引用结论。

【例 6.3】   电路如图 6.15 所示，试求输出电压 v_o 的表达式。

【解】这是一个两级集成运放电路，前级 A_1 是一个同相比例运算电路，其输出 v_{o1} 作为后级电路的输入；后级 A_2 是一个典型的求差电路。所以两级电路的分析都可以直接引用前面推导的结论式。

① 根据同相比例运算电路的结论求 v_{o1} 有

$$v_{o1} = \left(1 + \frac{R}{R}\right)v_{i1} = 2v_{i1}$$

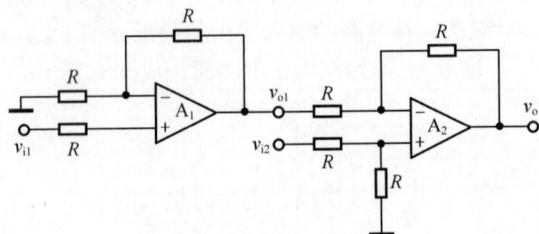

图 6.15   例 6.3 电路

② 根据典型求差电路的结论求 v_o 有

$$v_o = v_{i2} - v_{o1} = v_{i2} - 2v_{i1}$$

【例 6.4】 电路如图 6.16（a）所示，试求输出电压 v_o 的表达式。

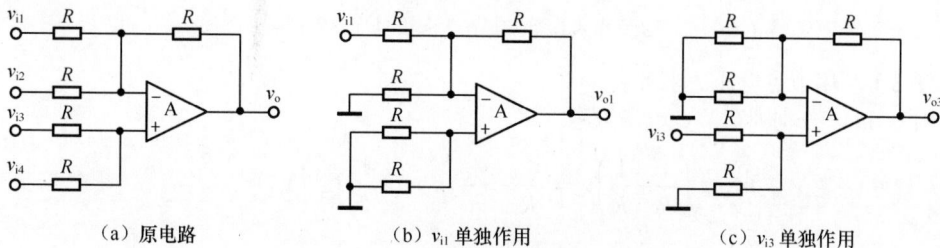

（a）原电路　　　　　　　　（b）v_{i1} 单独作用　　　　　　　（c）v_{i3} 单独作用

图 6.16　例 6.4 电路

【解法 1】利用叠加原理求解。

① 让 v_{i1} 单独作用，电路简化成图 6.16（b）所示的形式，是一个反相比例运算电路，故有：

$$v_{o1} = -\frac{R}{R}v_{i1} = -v_{i1}$$

② 让 v_{i2} 单独作用，同理可得

$$v_{o2} = -\frac{R}{R}v_{i2} = -v_{i2}$$

③ 让 v_{i3} 单独作用，电路简化成图 6.16（c）所示形式，是一个同相比例运算电路，故有

$$v_{o3} = \left(1 + \frac{R}{R/2}\right)\frac{R}{R+R}v_{i3} = \frac{3}{2}v_{i3}$$

④ 让 v_{i4} 单独作用，同理可得

$$v_{o4} = \left(1 + \frac{R}{R/2}\right)\frac{R}{R+R}v_{i4} = \frac{3}{2}v_{i4}$$

⑤ 根据叠加原理求和得

$$v_o = v_{o1} + v_{o2} + v_{o3} + v_{o4} = -v_{i1} - v_{i2} + \frac{3}{2}v_{i3} + \frac{3}{2}v_{i4} = \frac{3}{2}(v_{i3} + v_{i4}) - (v_{i1} + v_{i2})$$

【解法 2】分别考虑反相输入求和与同相输入求和电路的输出，然后进行叠加。

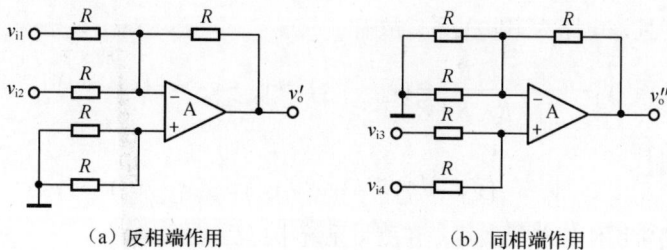

（a）反相端作用　　　　　　　　　　（b）同相端作用

图 6.17　例 6.4 解法 2 电路

① 让 v_{i1} 和 v_{i2} 同时作用，电路简化成图 6.17（a）所示形式，是一个反相求和电路，由式（6.7）得

$$v_o' = -(v_{i1} + v_{i2})$$

② 让 v_{i3} 和 v_{i4} 同时作用，电路简化成图 6.17（b）所示形式，是一个同相求和电路，由式（6.8）得

$$v_o'' = \left(1 + \frac{R}{R/2}\right)\frac{v_{i3} + v_{i4}}{2} = \frac{3}{2}(v_{i3} + v_{i4})$$

③ 根据叠加原理求和得

$$v_o = v_o' + v_o'' = \frac{3}{2}(v_{i3} + v_{i4}) - (v_{i1} + v_{i2})$$

【解法 3】 利用节点电压法求解。

① 对 v_+ 和 v_- 分别列写节点电压方程

$$\left(\frac{1}{R} + \frac{1}{R}\right)v_+ = \frac{v_{i3}}{R} + \frac{v_{i4}}{R} \Rightarrow v_+ = \frac{1}{2}(v_{i3} + v_{i4})$$

$$\left(\frac{1}{R} + \frac{1}{R} + \frac{1}{R}\right)v_- = \frac{v_{i1}}{R} + \frac{v_{i2}}{R} + \frac{v_o}{R} \Rightarrow v_- = \frac{1}{3}(v_{i1} + v_{i2} + v_o)$$

② 根据虚短的概念可得

$$v_+ = v_- \Rightarrow \frac{1}{2}(v_{i3} + v_{i4}) = \frac{1}{3}(v_{i1} + v_{i2} + v_o) \Rightarrow v_o = \frac{3}{2}(v_{i3} + v_{i4}) - (v_{i1} + v_{i2})$$

【例 6.5】 电路如图 6.18（a）所示，试求输出电压 v_o 的表达式。

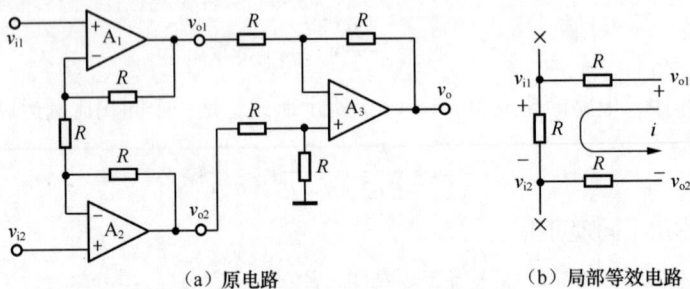

图 6.18　例 6.5 电路

【解】 这是一个三级集成运放电路，A_1 和 A_2 是输入级，A_3 构成典型的求差电路，v_{o1} 和 v_{o2} 作为其输入信号。故 v_o 与 v_{o1}、v_{o2} 的关系非常容易导出，本题求解的关键是找到 v_{i1}、v_{i2} 与 v_{o1}、v_{o2} 的关系式。

① 将输入级中的部分电路等效绘制成图 6.18（b）所示形式，根据集成运放的虚短和虚断关系可知电路各点电位，且该电路为串联关系，故有

$$v_{i1} - v_{i2} = \frac{R}{R + R + R}(v_{o1} - v_{o2}) \Rightarrow v_{o1} - v_{o2} = 3(v_{i1} - v_{i2})$$

② 根据 A_3 电路有

$$v_o = -(v_{o1} - v_{o2}) = -3(v_{i1} - v_{i2}) = 3(v_{i2} - v_{i1})$$

这种结构的电路常用作仪器放大器，在测量系统中广泛应用。

【例 6.6】 电路如图 6.19（a）所示，试求输出电压 v_o 的表达式。

【解】 这是一个多级集成运放电路，A_1 和 A_2 是电压跟随器，作输入级；A_3 用于组成一个求差电路，其结构如图 6.19（b）所示，v_{o4} 和 v_{o1}、v_{o2} 的关系与图 6.14 所示电路中的 v_o 和 v_{i1}、v_{i2} 的关系相似[1]；A_4 是一个反相比例运算电路，v_o 是其输入信号，而 v_{o4} 是其输出信号。

---

[1] 虽然图 6.19（b）中 v_{o4} 没有与 A_3 的输出端相连接，而图 6.14 中 v_o 是连接在集成运放的输出端上，但电路的输入输出表达式是按电位关系推导出来的，与输出端的连接关系无关。

（a）原电路　　　　　　　　　　　　（b）求差电路

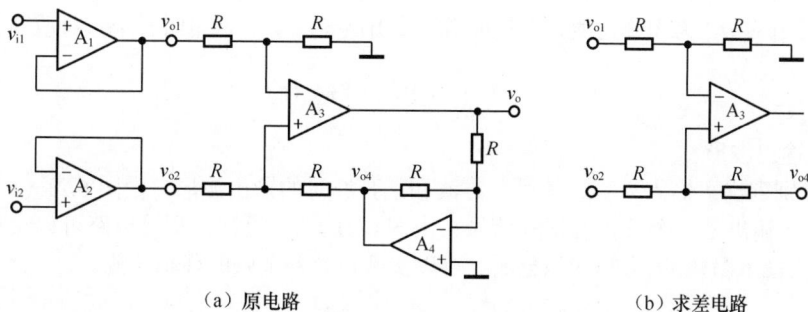

图 6.19　例 6.6 电路

① 由 A_1 和 A_2 可得

$$v_{o1} = v_{i1}，\quad v_{o2} = v_{i2}$$

② 由 A_3 可得

$$v_{o4} = v_{o1} - v_{o2} = v_{i1} - v_{i2}$$

③ 由 A_4 可得

$$v_{o4} = -v_o \Rightarrow v_o = -v_{o4} = v_{i2} - v_{i1}$$

通过此题可以看出，熟练掌握基本集成运放电路的输入输出关系式，在分析复杂集成运放电路时能够取得事半功倍的效果。

6.2.5　微积分运算

集成运放可以构成微积分运算电路。在控制系统中，常用积分电路和微分电路作为调节环节，例如，PID 控制系统中，I 指积分控制，D 指微分控制。另外，微积分电路还广泛应用于波形的产生和变换，以及仪器仪表之中。

1．积分电路

积分电路如图 6.20 所示[1]，其结构特点是：① 由集成运放和 RC 电路构成；② 电容充当反馈元件（前面所述的运算电路主要以电阻作反馈）；③ 信号从反相端输入，输出信号与输入信号相位相反，大小呈积分关系。

微积分运算
电路

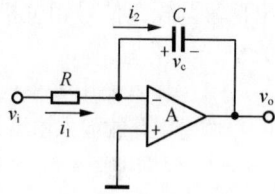

图 6.20　积分电路

（1）输入输出关系式

积分电路的输入输出关系推导如下。

① 根据虚短的概念有

$$v_- \approx v_+ = 0$$

② 根据节点电压关系写电流方程得

$$i_1 = \frac{v_i - v_-}{R} = \frac{v_i}{R}、\quad i_2 = C\frac{dv_c}{dt} = C\frac{d(v_- - v_o)}{dt} = -C\frac{dv_o}{dt}$$

③ 根据虚断的概念得

$$i_1 \approx i_2 \Rightarrow \frac{v_i}{R} = -C\frac{dv_o}{dt} \Rightarrow \int \frac{v_i}{R} = -C\int \frac{dv_o}{dt} \Rightarrow v_o = -\frac{1}{RC}\int v_i dt \qquad (6.11)$$

在实际求解 t_1 到 t_2 时间段的输出值时，计算式如下

$$v_o = -\frac{1}{RC}\int_{t_1}^{t_2} v_i dt + v_o(t_1) \qquad (6.12)$$

---

[1] 在实际应用积分电路时，为防止低频信号的增益过大，常在电容上并联一个电阻予以限制。

式（6.13）中 $v_o(t_1)$ 为积分初值，即 t_1 时刻的输出值。当 v_i 为常量时，上式可改写为

$$v_o = -\frac{1}{RC}v_i(t_2 - t_1) + v_o(t_1) \tag{6.13}$$

（2）输入输出波形

图 6.21 分别列出了输入为阶跃信号、方波和正弦波时的输出波形。由图 6.21（a）可知，当电容初值为零时，输出是一个反相的斜升信号；由图 6.21（b）可知，积分电路可以实现方波到三角波的转换[1]；由图 6.21（c）可知，积分电路可以实现正弦到余弦的移相功能。

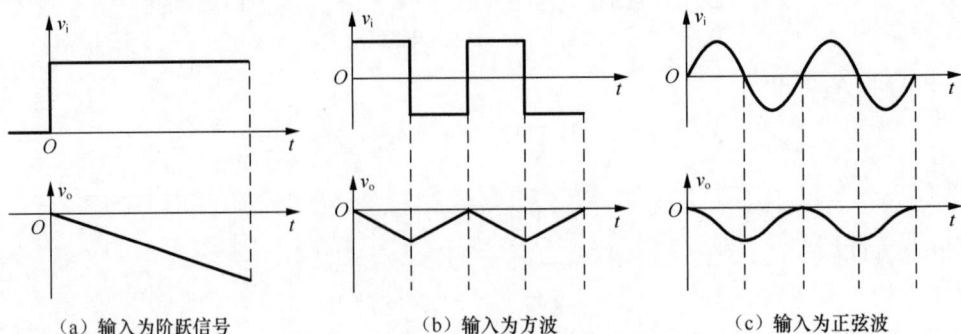

（a）输入为阶跃信号   （b）输入为方波   （c）输入为正弦波

图 6.21　积分电路的常见输入输出波形

2．微分电路

微分电路的原理电路如图 6.22（a）所示，其结构特点是：① 由集成运放和 RC 电路构成；② 电容接在输入端，电阻充当反馈元件；③ 信号从反相端输入，输出信号与输入信号相位相反，大小呈微分关系。

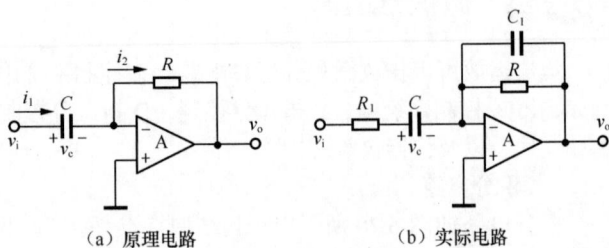

（a）原理电路   （b）实际电路

图 6.22　微分电路

（1）输入输出关系式

微分电路的输入输出关系推导如下。

① 根据虚短的概念有

$$v_- \approx v_+ = 0$$

② 根据电位关系写电流方程得

$$i_1 = C\frac{dv_c}{dt} = C\frac{d(v_i - v_-)}{dt} = C\frac{dv_i}{dt} \,、\, i_2 = \frac{v_- - v_o}{R} = -\frac{v_o}{R}$$

③ 根据虚断的概念得

$$i_1 \approx i_2 \Rightarrow C\frac{dv_i}{dt} = -\frac{v_o}{R} \Rightarrow v_o = -RC\frac{dv_i}{dt} \tag{6.14}$$

在实际使用微分电路时，通常会在输入端串联一个小电阻 R_1，以限制输入电流；同时在 R 上并联一个小电容 C_1，起相位补偿的作用，以增加电路的稳定性。实际电路如图 6.22（b）所示。

（2）输入输出波形

在方波的作用下，微分电路的输入输出波形如图 6.23 所示，输出波形是典型的尖脉冲。注意，与方波的周期相比，RC 电路的时间常数要尽可能小。

【例 6.7】 电路如图 6.24 所示，试求输出电压 v_o 的表达式。

---

[1] 注意，积分电路的积分时间常数（RC）必须大于或等于 10 倍方波的宽度，才能获得平滑的三角波。

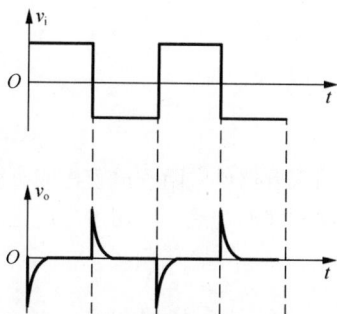

图 6.23　微分电路的输入输出波形

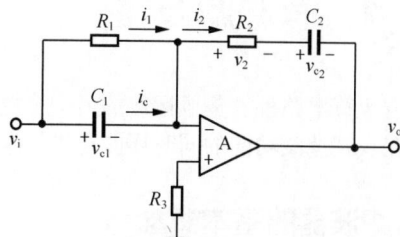

图 6.24　例 6.7 电路

【解】该电路直接使用电流关系进行分析。

① 根据虚短的概念有

$$v_- \approx v_+ = 0$$

② 根据电位关系写输入端的电流方程得

$$i_1 = \frac{v_i - v_-}{R_1} = \frac{v_i}{R_1} \quad、\quad i_c = C_1 \frac{\mathrm{d}v_{c1}}{\mathrm{d}t} = C_1 \frac{\mathrm{d}(v_i - v_-)}{\mathrm{d}t} = C_1 \frac{\mathrm{d}v_i}{\mathrm{d}t}$$

③ 根据虚断的概念得

$$i_2 \approx i_1 + i_c = \frac{v_i}{R_1} + C_1 \frac{\mathrm{d}v_i}{\mathrm{d}t}$$

④ 根据反馈支路求输出电压

$$v_2 = i_2 R_2 = \frac{R_2}{R_1} v_i + R_2 C_1 \frac{\mathrm{d}v_i}{\mathrm{d}t}$$

$$i_2 = C_2 \frac{\mathrm{d}v_{c2}}{\mathrm{d}t} \Rightarrow v_{c2} = \frac{1}{C_2} \int i_2 \mathrm{d}t = \frac{1}{C_2} \int \left(\frac{v_i}{R_1} + C_1 \frac{\mathrm{d}v_i}{\mathrm{d}t} \right) \mathrm{d}t = \frac{C_1}{C_2} v_i + \frac{1}{R_1 C_2} \int v_i \mathrm{d}t$$

$$v_o = -(v_2 + v_{c2}) = -\left(\frac{R_2}{R_1} + \frac{C_1}{C_2} \right) v_i - R_2 C_1 \frac{\mathrm{d}v_i}{\mathrm{d}t} - \frac{1}{R_1 C_2} \int v_i \mathrm{d}t$$

　　掌握反相比例运算电路、同相比例运算电路、电压跟随器、求差电路、求和电路、积分电路、微分电路的仿真分析方法是十分必要的，通过仿真分析可以直观地了解电路的输入输出波形的关系。另外，此处的微课视频也演示了集成运放电路电压传输特性的测量方法。

集成运放电路
仿真演示

6.2.6　小节练习

【知识回顾】

　　本节主要概念：比例运算电路（反相比例运算电路和同相比例运算电路）、电压跟随器、减法运算电路（求差电路）、加法运算电路（求和电路）、微分运算电路、积分运算电路的结构、工作原理、分析方法和输入输出关系。

【思考题】

1. 试比较共射极电路和集成运放构成的反相比例运算电路的性能？
2. 试比较共基极电路和集成运放构成的同相比例运算电路的性能？
3. 试比较共集电极电路和集成运放构成的电压跟随器的性能？
4. 对于积分电路，输入方波信号，输出要产生平滑的三角波信号，应满足什么条件？
5. 对于微分电路，输入方波信号，输出要产生正负尖脉冲信号，应满足什么条件？

运算电路
自测题

6.3 有源滤波器

除了构成运算电路外，集成运放的另一个主要应用是与无源器件电阻和电容构成有源滤波器。有源滤波器在实现滤波功能的同时还能提供信号放大、隔离和缓冲功能，应用十分广泛。

6.3.1 滤波器的基本概念

1. 分析方法

实际的滤波电路，由于电容的存在，在时域中列写的输入输出关系式通常是一个微分方程，求解过程较为复杂，所以滤波电路的分析往往要借助拉普拉斯变换（简称拉氏变换）进行变域分析[1]。通过拉氏变换可以将时域中的微分方程转换为复频域中的代数方程，从而简化求解过程。

2. 频率响应

在时域中，如果假设系统的输入为 $f(t)$[2]，输出为 $y(t)$，系统的冲激响应为 $h(t)$，三者的关系为

$$y(t) = f(t) * h(t) = \int_{-\infty}^{+\infty} f(\tau) h(t - \tau) \, d\tau \tag{6.15}$$

这是一种积分关系，在信号与系统中将之称为卷积积分。如果使用拉氏变换将上述时域信号转换到复频域，则表示符号变为 $F(s)$、$Y(s)$ 和 $H(s)$，其关系式相应地变为

$$Y(s) = F(s) \cdot H(s) \tag{6.16}$$

这是一种代数运算关系，其中的 s 变量为复数。对于实际频率 $s = j\omega$，由式（6.16）进一步可以定义出系统的频率响应 $H(j\omega)$

$$H(s) = \frac{Y(s)}{F(s)} \Rightarrow H(j\omega) = \frac{Y(j\omega)}{F(j\omega)} = \frac{|Y(j\omega)| e^{j\varphi_y(\omega)}}{|F(j\omega)| e^{j\varphi_f(\omega)}} = |H(j\omega)| e^{j\varphi(\omega)} \tag{6.17}$$

其中，① $H(s)$ 称为系统函数或者传递函数；② $|H(j\omega)|$ 称为幅频响应，描述输出信号与输入信号大小之比随频率 ω 的变化规律；③ $\varphi(\omega)$ 称为相频响应，描述输出信号与输入信号相位差随频率 ω 的变化规律。幅频响应和相频响应的表达式如下

$$|H(j\omega)| = \frac{|Y(j\omega)|}{|F(j\omega)|} \tag{6.18}$$

$$\varphi(\omega) = \varphi_y(\omega) - \varphi_f(\omega) \tag{6.19}$$

3. 常见类型

根据电路的幅频响应，可以将滤波器分成低通（LPF，…）、高通（HPF，…）、带通（BPF，…）、带阻（BEF，…）等[3]类型，具体如图 6.25 所示。图中：① 粗实线为实际特性，细实线为理想特性；② 能够通过的信号频率范围称为通带；③ 受阻或衰减的信号频率范围称为阻带；④ 通带和阻带的界限频率称为截止频率。

注意，理想滤波器是不可能实现的，实际设计滤波器时只能力求器件性能向理想特性逼近[4]。

---

[1] 具体的变域分析方法需要在"信号与系统"这门课程中学习。

[2] 在"信号与系统"课程中常用符号 f 表示输入，y 表示输出。对应于模电，将符号 f 换成 v_i，y 换成 v_o 便可。

[3] Low Pass Filter、High Pass Filter、Band Pass Filter、Band Elimination Filter

[4] 滤波器的设计需要考虑的因素很多，包括截止频率的选取、衰减速度、元器件选值与误差等。如果单纯靠手工计算，将非常复杂，特别是对于高阶滤波器，几乎是不可能完成的任务。而借助于成熟的滤波器设计软件，如 ADI 滤波器设计向导、TI 滤波器设计工具、FilterLab 等，可以进行快速设计，然后仿真验证，基本就能保证滤波器设计的正确性。

（a）低通电路　　　　　　　　　　（b）高通电路

（c）带通电路　　　　　　　　　　（d）带阻电路

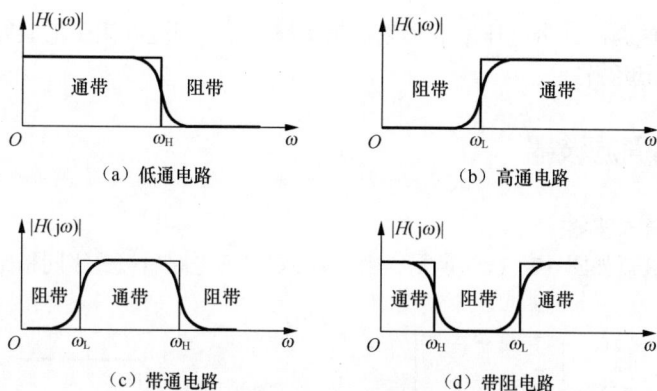

图 6.25　滤波器的幅频响应

6.3.2　有源低通滤波器

1．一阶有源低通滤波器[1]

一阶有源低通滤波器如图 6.26（a）所示，由一级 RC 低通电路后接一级同相比例运算电路组成。

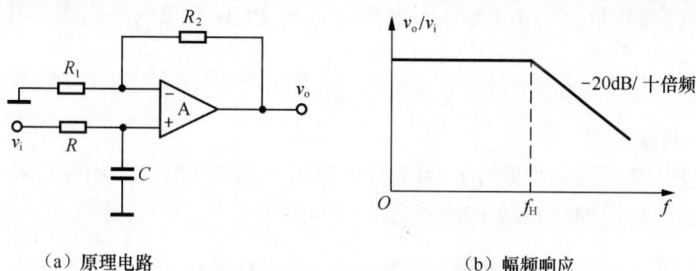

（a）原理电路　　　　　　　　　　（b）幅频响应

图 6.26　一阶有源低通滤波器

该电路的通带电压增益为

$$A_v = 1 + \frac{R_2}{R_1} \tag{6.20}$$

该电路的幅频响应如图 6.26（b）所示，其阻带具有–20dB/十倍频的斜率，其截止频率为

$$f_H = \frac{1}{2\pi RC} \tag{6.21}$$

2．二阶有源低通滤波器

由两级 RC 低通电路后接一级同相比例运算电路可以构成如图 6.27（a）所示的二阶有源低通滤波器。该电路的幅频响应如图 6.27（b）所示。

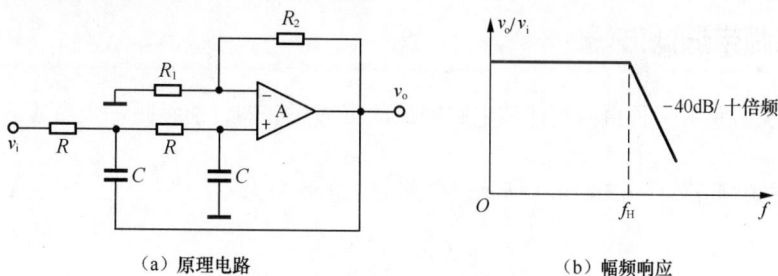

（a）原理电路　　　　　　　　　　（b）幅频响应

图 6.27　二阶有源低通滤波器

---

[1] 一阶强调的是电路的输入输出关系式为一阶微分方程。相应的，如果关系式为二阶微分方程则称为二阶电路。

二阶电路与一阶电路的通带电压增益和截止频率都一样，只是在阻带的衰减速度更快（–40dB/十倍频），更加接近理想特性。

6.3.3 有源高通滤波器

1．一阶有源高通滤波器

一阶有源高通滤波器如图 6.28（a）所示，由一级 RC 高通电路后接一级同相比例运算电路组成。

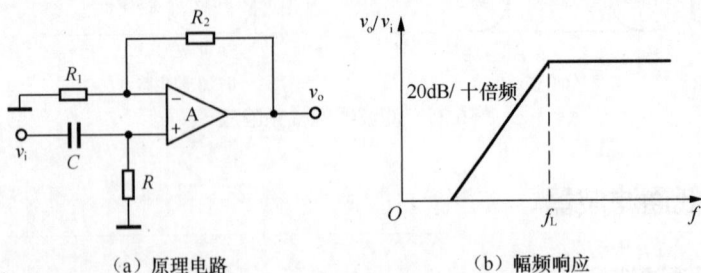

（a）原理电路　　　　　（b）幅频响应

图 6.28　一阶有源高通滤波器

该电路的幅频响应如图 6.28（b）所示，其阻带具有 20dB/十倍频的斜率，其截止频率为

$$f_L = \frac{1}{2\pi RC} \tag{6.22}$$

2．二阶有源高通滤波器

由两级 RC 高通电路后接一级同相比例运算电路可以构成如图 6.29（a）所示的二阶有源高通滤波器。该电路的幅频响应如图 6.29（b）所示。

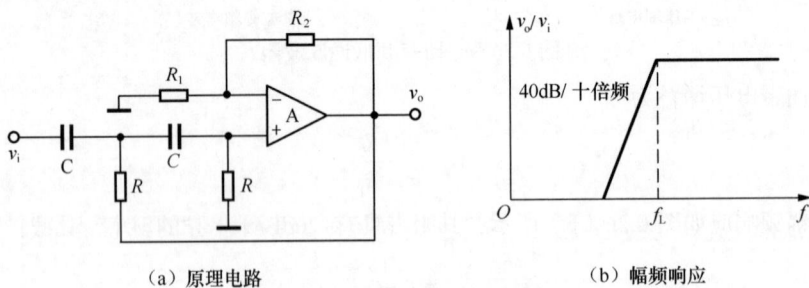

（a）原理电路　　　　　（b）幅频响应

图 6.29　二阶有源高通滤波器

二阶电路与一阶电路的通带电压增益和截止频率都一样，只是在阻带的上升速度更快（40dB/十倍频），更加接近理想特性。

6.3.4 有源带通滤波器

图 6.30（a）所示为一种由两级滤波电路构成的带通滤波器，前级是一个高通滤波器，后级是一个低通滤波器。

该电路的幅频响应如图 6.30（b）所示。电路的截止频率为

$$f_L = \frac{1}{2\pi R_1 C_1} \tag{6.23a}$$

$$f_H = \frac{1}{2\pi R_2 C_2} \tag{6.23b}$$

（a）原理电路　　　　　　　　　（b）幅频响应

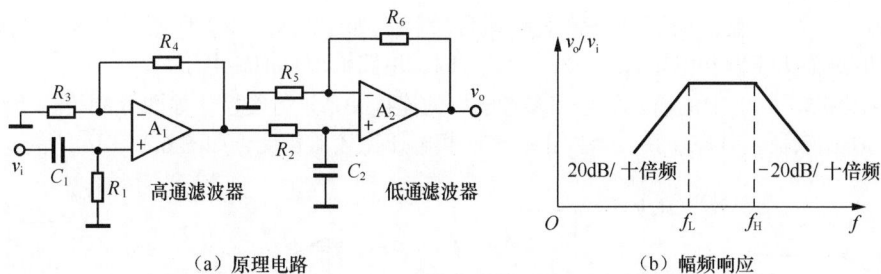

图 6.30　有源带通滤波器

注意，高通滤波器的截止频率 f_L 应低于低通滤波器的截止频率 f_H，这样才能确保频率 f 介于 f_L 和 f_H 之间的信号通过。

微课视频"滤波器应用示例"主要介绍的是信号通过调制方式进行传输的过程，首先在发送端对信号进行调制，然后进行传输，到接收端后再进行解调和滤波处理，最终还原出原信号。鉴于示例电路的分析涉及频域计算，建议读者从定性的角度进行学习。

滤波器应用
示例

6.3.5　小节练习

【知识回顾】

本节主要概念：有源滤波器的概念、频率响应的概念、滤波器的常见类型及其特性、一阶和二阶有源低通滤波器、一阶和二阶有源高通滤波器、有源带通滤波器，以及滤波器在信号传输中的应用。

【思考题】

1. 有源滤波器与无源滤波器相比有什么优势？

2. 含储能元件的电路在频域分析时相比时域有什么优势？

3. 1kHz、10kHz、30kHz 三个信号混在一起，取出 1kHz 的信号应该使用何种滤波器？

4. 对于第 3 题，如要取出 30kHz 的信号应该使用何种滤波器？

5. 对于第 3 题，如何使用一个低通滤波器和一个高通滤波器分离出 10kHz 的信号？

有源滤波器
自测题

6.4　电压比较器

电压比较器能够比较输入信号 v_i 和参考电压 V_{REF} 的大小关系，并根据比较结果输出相应的电压信号，其电路符号为"C"。如果在数字电路中，利用电压比较器可以将线性变化的电压信号转换为数字形式的输出信号。

集成运放可以作比较器使用，也可以选择专门的集成电路比较器。但后者更为适合，因为它在以下方面更有优势：① 在两个输出状态的转换更快；② 具有内部噪声抑制功能，能够防止由参考信号输入产生的自激；③ 输出可以直接驱动各种负载。

考虑到读者对集成运放更为熟悉，本节首先基于集成运放讲解电压比较器的相关电路，然后再对集成电路比较器作简单介绍。

电压比较器

6.4.1　集成运放作比较器的应用

1. 基本的电压比较器

图 6.31（a）所示为一个同相电压比较器，参考电压 V_{REF} 加在集成运放的反相端，外加信号 v_i

从同相端输入。在理想情况下，电路的电压传输特性如图 6.31（b）所示。显然，当输入信号 $v_i > V_{REF}$ 时电路输出正饱和电压 V_{OH}；当 $v_i < V_{REF}$ 时，电路输出负饱和电压 V_{OL}。

如果将图 6.31（a）中的输入信号和参考电压的连接关系进行交换，如图 6.32（a）所示，则构成了反相电压比较器，其电压传输特性正好与同相电压比较器相反，如图 6.32（b）所示。

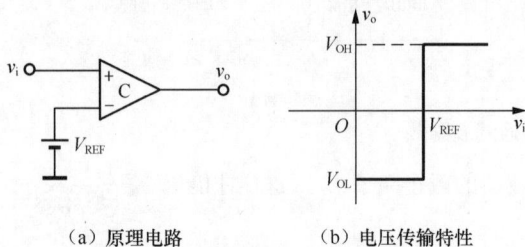

（a）原理电路　　　（b）电压传输特性
图 6.31　同相电压比较器

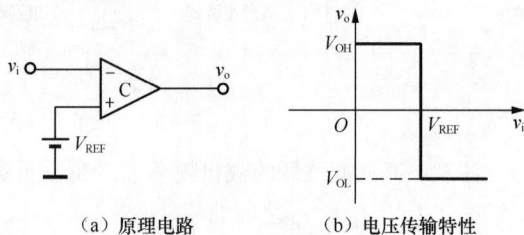

（a）原理电路　　　（b）电压传输特性
图 6.32　反相电压比较器

2．过零电压比较器

如果将上述电路的参考电压设为零，则电路就变成过零电压比较器，如图 6.33 所示。过零电压比较器的电压传输特性与基本的电压比较器相似，只需把特性曲线在横坐标上进行平移，即将中心转折点平移到坐标原点的位置。

3．带输出限幅的电压比较器

如果希望输出值不是集成运放的正负饱和电压，可以在电压比较器的输出端添加限幅电路，构成带输出限幅的电压比较器，原理电路如图 6.34（a）所示。图 6.34（b）为该比较器的电压传输特性，其中 $\pm V_z$ 为双向稳压管的输出电压值。

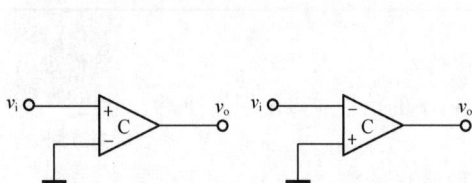

（a）同相比较器　　　（b）反相比较器
图 6.33　过零电压比较器

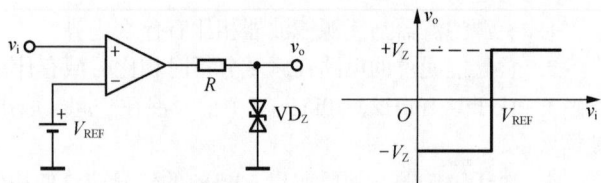

（a）原理电路　　　（b）电压传输特性
图 6.34　带输出限幅的电压比较器

【例 6.8】电路如图 6.33（b）所示，图 6.35（a）（b）所示为电路的输入电压波形，试分别画出对应的输出电压波形。假设电路的输出为 ±12V。

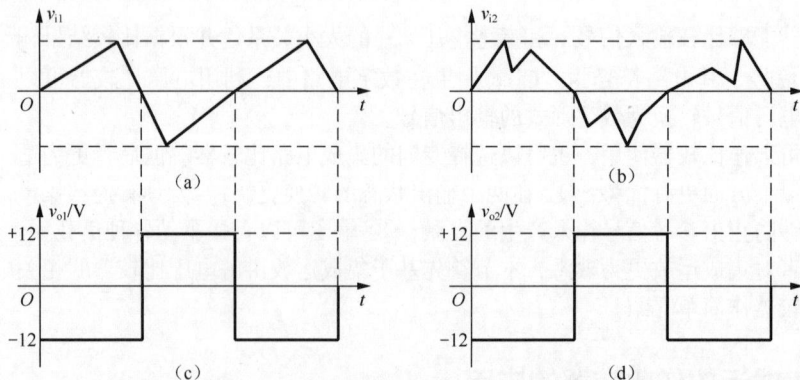

图 6.35　例 6.8 的输入输出波形

【解】电路为一个反相过零电压比较器，故只要输入电压大于零，输出电压就为负饱和电压，反之就为正饱和电压。由此可以画出输出电压的波形，如图 6.35（c）（d）所示。

【例 6.9】　电路如图 6.36（a）所示，试画出该电路的电压传输特性。假设稳压管的稳定电压 $V_Z = 6V$，正向导通电压 $V_D = 0.7V$，参考电压 $V_{REF} = -3V$。

【解】这是一个带输出限幅的同相电压比较器，分析如下。

① 当 $v_i > V_{REF} = -3V$ 时，集成运放输出为正饱和电压，经稳压管稳压后，输出 $v_o = V_Z = +6V$。

② 当 $v_i < -3V$ 时，集成运放输出为负饱和电压，使稳压管正向导通，输出 $v_o = -V_D = -0.7V$。

③ 故画出的电压传输特性如图 6.36（b）所示。

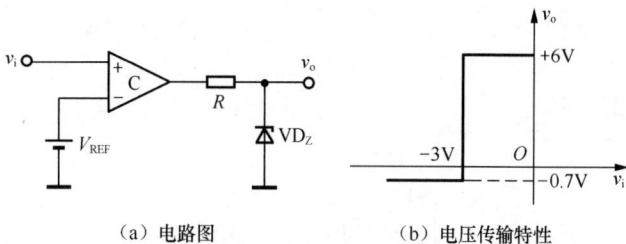

（a）电路图　　（b）电压传输特性

图 6.36　例 6.9 图

【例 6.10】　电路如图 6.37（a）所示，试画出该电路的电压传输特性。

【解】这个电路的输入电压 v_i 和参考电压 V_{REF} 同时加到了集成运放的同相端，共同决定同相端电位 v_+ 的大小，从而与反相端电位 $v_- = 0$ 进行比较，最终决定输出。

① 根据虚断的概念，同相端的两个电阻构成串联关系，如果选择图 6.37（a）所示路径可以写出 v_+ 的表达式

$$v_+ = v_{R2} + V_{REF} = \frac{R_2}{R_1 + R_2}(v_i - V_{REF}) + V_{REF}$$

$$= \frac{1}{R_1 + R_2}(R_2 v_i + R_1 V_{REF})$$

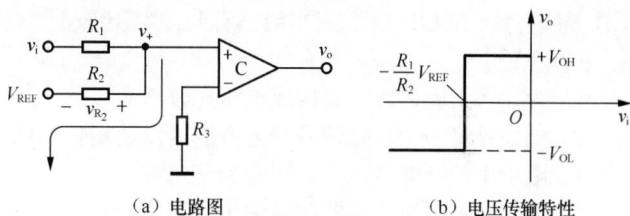

（a）电路图　　（b）电压传输特性

图 6.37　例 6.10 图

② 求转折点电压，即满足下述条件输出为正饱和电压，否则输出为负饱和电压

$$v_+ > v_- = 0 \Rightarrow \frac{1}{R_1 + R_2}(R_2 v_i + R_1 V_{REF}) > 0 \Rightarrow v_i > -\frac{R_1}{R_2}V_{REF}$$

③ 根据上述分析画出电压传输特性，如图 6.37（b）所示。

【例 6.11】　电路如图 6.38 所示，试分析输入电压 v_i 满足什么条件时 LED 亮。

【解】这是一个三级电路，输入级是一个电压跟随器，中间级是一个反相电压比较器，输出级是一个三极管驱动电路。下面从 LED 亮这个结果开始推导。

LED 要亮→三极管 VT 处于导通状态→三极管的基极为高电位→电压比较器的输出为高电位→电压比较器的反相端电位低于同相端的参考电位（+5V）→LED 亮的条件 $v_i < +5V$。

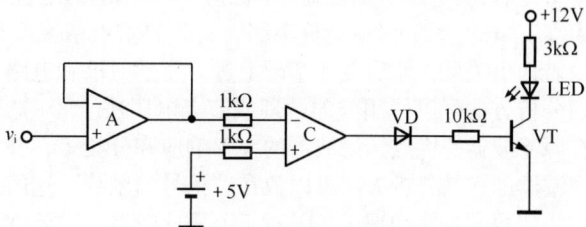

图 6.38　例 6.11 电路

6.4.2　集成电路比较器

集成电路比较器的电路符号如图 6.39 所示。为了直接驱动负载，集成电路比较器的输出级接了一个三极管，在使用时其发射极需要接地，而集电极需要外接电阻到正电源。图 6.40 所示为集成电路比较器构成的反相过零电压比较器。

常用的集成电路比较器有 LM311、LM339 等[1]。LM311 为单比较器，LM339 为 4 路比较器（其

[1] LM，是美国国家半导体公司生产的 LM 系列半导体集成电路的两个开头字母。

内部有 4 个独立的电压比较器）。

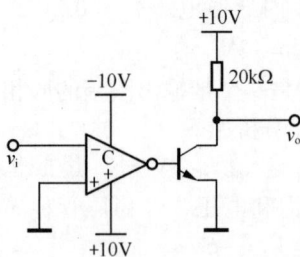

图 6.39　集成电路比较器的符号　　　　图 6.40　集成比较器构成的反相过零电压比较器

6.4.3　小节练习

【知识回顾】

本节主要概念：电压比较器的概念、电压比较器的电压传输特性、由集成运放构成的电压比较器及其常见类型（反相比较器、同相比较器、过零比较器、带输出限幅的比较器）、集成电压比较器等。

【思考题】

1. 为什么集成运放能够构成电压比较器？
2. 如果要将一个正弦信号变为方波可以使用什么比较器实现？
3. 电压比较器能否将方波转变为三角波？
4. 如何理解电压比较器能够输出数字信号？
5. 集成电压比较器与集成运放构成的比较器相比有什么优点？

电压比较器
自测题

内容要点　　章节随测

6.5　综合练习

本章主要基于理想集成运放讲解了常见的信号运算电路和处理电路，学习的要点如下：① 对应理想集成运放要重点理解其基本特性（开环电压增益无穷大、输入电阻无穷大和输出电阻为零），以及在电路中的虚短（同相端和反相端的电位近似相等）和虚断（两个输入端上的电流近似为零）概念。② 对应运算电路，首先要重点掌握反相比例运算电路、同相比例运算电路的结构和输入输出关系，然后在此基础上进一步学习求和电路、求差电路、积分电路和微分电路，至于电路的分析方法可以使用叠加原理或节点电压法。③ 关于滤波器，主要在于学习其基本概念，例如，有源滤波器的优点、滤波器的频率响应和分类等，并了解简单的有源低通、高通、带通电路，至于滤波器的详细分析方法可以放在"信号与系统"这门课中学习（需要先掌握系统的变域分析方法和相关的数学变换知识）。④ 对于电压比较器，需要掌握基本比较电路的结构和工作原理，会画电压传输特性，并分析输入输出关系。

6.5.1　仿真练习题

6.1 试用 Tina 软件绘制图 6.18（a）所示电路，并验证结果（相关参数自行设置）。集成运放可使用理想运算放大器（半导体面板中的第一个器件）。

6.2 试用 Tina 软件绘制图 6.19（a）所示电路，并验证结果（相关参数自行设置）。集成运放可使用理想运算放大器。

6.3 滤波电路如题 6.3 图 1（a）所示，试观察其频率响应曲线，并测量其截止频率和阻带衰减速度。

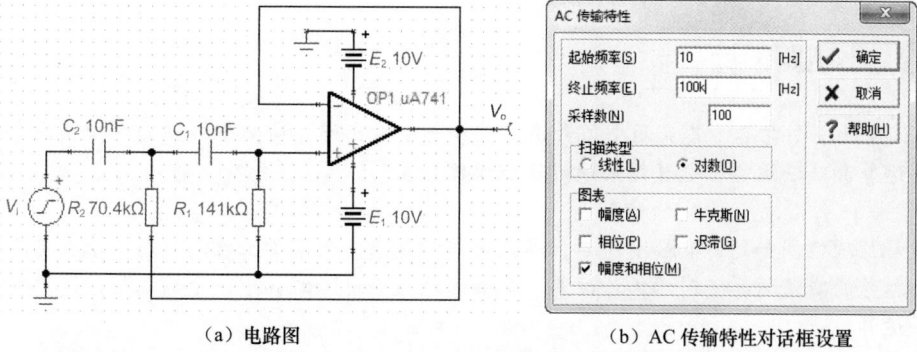

（a）电路图　　　　　　（b）AC 传输特性对话框设置

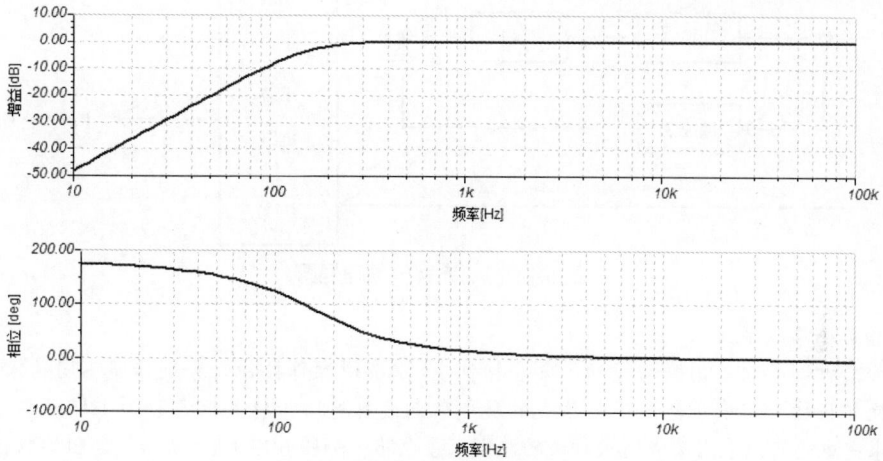

（c）幅频特性和相频特性

题 6.3 图 1

【操作提示】

（1）观察频率响应曲线：在 Tina 软件中建立电路模型，然后选择"分析\AC 分析\AC 传输特性"菜单项，打开"AC 传输特性"对话框，按题 6.3 图 1（b）所示进行设置，单击"确定"按钮得题 6.3 图 1（c）所示幅频和相频特性曲线。

（2）测截止频率：在幅频特性中，移动"a 指针"到通频带，移动"b 指针"到阻带，观察两个指针的差值约为 3dB 时，"b 指针"对应的频率值即为截止频率，如题 6.3 图 2（a）所示。

（3）测阻带衰减速度：在幅频特性中，移动"a 指针"到 100Hz 处，移动"b 指针"到 10Hz 处，此时两个指针的差值约 40dB，即每十倍频的衰减速度，如题 6.3 图 2（b）所示。

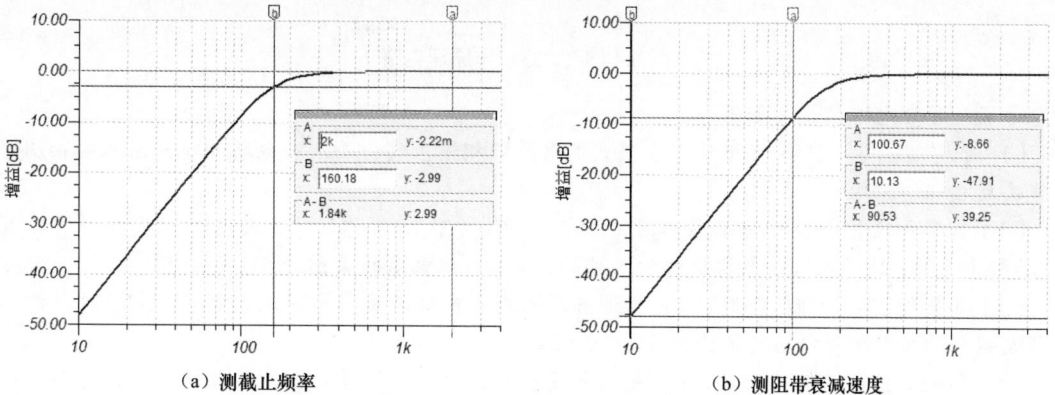

（a）测截止频率　　　　　　（b）测阻带衰减速度

题 6.3 图 2

6.5.2　小电路设计

6.4 试设计一个电路，其有两个信号输入端和一个输出端，由两个按钮分别控制两个输入信号实现加法运算和减法运算，运算结果通过输出端输出。

【方案一】

方案一原理框图如题 6.4 图 1 所示，其设计核心是求差电路加上控制电路。求差电路可以直接实现两个信号的减法运算；对于加法运算，需要通过控制电路对其中一个输入信号先求反，然后再进行减法运算。

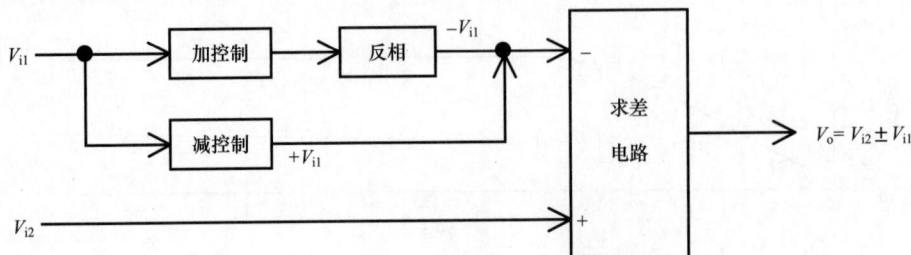

题 6.4 图 1　方案一原理框图

此电路需注意以下几点。

（1）加减控制按钮采用联动按钮（复合按钮），以实现操作按钮时分别传递不同的信号。

（2）反相模块可以采用集成运放构成的反相比例运算电路，将其增益设为 1 即可。

（3）求差电路可以采用集成运放构成的典型求差电路，如图 6.13（a）所示（电阻均取相同值）。

根据方案一设计出的原理电路如题 6.4 图 2 所示。

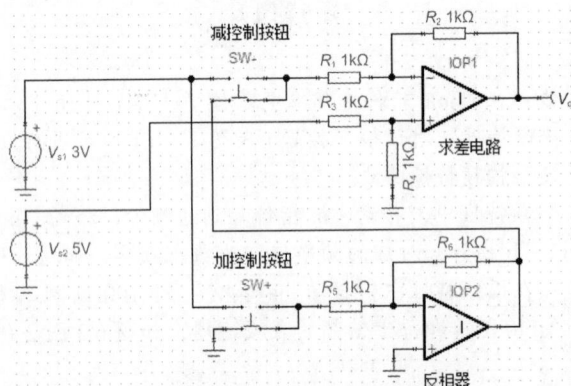

题 6.4 图 2　方案一原理电路

方案一原理电路的说明如下。

（1）信号源 V_{S2}（5V）直接作用于求差电路的同相输入端，而求差电路的输出为其同相端的输入减去反相端的输入。

（2）如果加减控制按钮都不操作时，信号源 V_{S1}（3V）不作用于电路。此时反相器的输入为 0，其输出为 0，故送入求差电路反相输入端的是 0，所以电路的输出为 5V-0V =5V。

（3）如果加控制按钮按下时，V_{S1} 接通并送入求差电路的反相输入端，同时反相器过来的信号被联动按钮切断，所以电路的输出为 5V-3V=2V。

（4）如果减控制按钮按下时，V_{S1} 先送入反相器，求反后通过减控制按钮送入求差电路的反相输入端，所以电路的输出为 5V-（-3）V =8V。

上述电路中，在不操作加减控制按钮时会固定显示信号源 V_{S2} 的值。如果希望也能显示信号源 V_{S1} 的值，则需要添加一个切换开关来控制求差电路同相端的输入信号。改进电路如题 6.4 图 3 所示，其中开关 SW_1 就是切换开关，不操作时连通 V_{S2}，操作后则连通 V_{S1}。

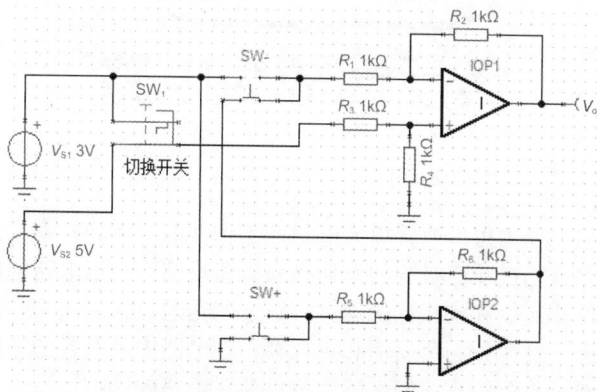

题 6.4 图 3　方案一改进电路

【方案二】

方案二的总体思路是只使用一个集成运放，按下加控制按钮时电路的结构改为求和电路，可参考图 6.12（a）；按下减控制按钮时电路的结构为求差电路，可参考图 6.13（a）。此方案的难点在于切换电路结构时要保证电路的运算关系不能改变。根据该方案设计的电路如题 6.4 图 4 所示。

说明：

（1）信号源 V_{S2} 通过电阻 R_4 直接作用于集成运放电路的同相输入端。

（2）如果加减控制按钮都不操作时，集成运放的同相输入端除 V_{S2} 作用外，还通过电阻 R_5 接地；集成运放的反相输入端通过电阻 R_1 接地。此时电路的结构类似图 6.13（a），其同相输入为 V_{S2}，反相输入为 0，电路的输出为 $V_{S2}-0=V_{S2}$。

（3）如果加控制按钮被按下，则信号源 V_{S1} 通过电阻 R_3 送至集成运放的同相输入端，与信号源

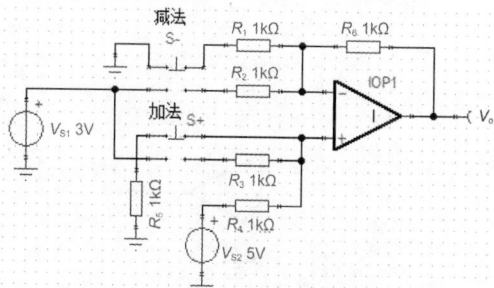

题 6.4 图 4　方案二原理电路

V_{S2} 共同作用；同时电阻 R_5 支路被切断，不影响求和结果。此时电路的结构类似图 6.12（a），电路的输出为 $V_{S1}+V_{S2}$。

（4）如果减控制按钮被按下，则信号源 V_{S1} 通过电阻 R_2 送至集成运放的反相输入端，与信号源 V_{S2} 共同作用；同时电阻 R_1 支路被切断，不影响求差结果。此时电路的结构类似图 6.13（a），电路的输出为 $V_{S2}-V_{S1}$。

【方案比较】

就结构而言，方案二要简洁一些，但从控制实现的角度来看，方案一要容易一些。方案一的重点是处理信号的变化（什么情况变，什么情况不变），电路的结构相对固定，不需要联动考虑电路参数的变换。方案二的重点是考虑电路结构的变化，即电路的参数要随控制变化；虽然减少了器件，但电路工作状态改变时需要考虑电路参数的改变（如方案二中，做加法运算时要同步切断 R_5，做减法运算时要同步切断 R_1）。

另外，通过本题还可以看出，实现同样的要求，电路的设计思路是多样且灵活的，学习过程中需要多实践、多总结，逐步形成一些自己熟悉的思维方式。

第 **7** 章
负反馈放大电路

在放大电路中通过引入反馈可以改善放大电路的工作性能。例如，本书 3.4.2 小节中介绍的基极分压式射极偏置电路，就通过在三极管的发射极引入负反馈来稳定电路的静态工作点；又如，本书 6.2.1 小节中介绍的反相比例和同相比例运算电路，就是通过在输出端和输入端之间引入反馈电阻来稳定电路的工作状态。反馈分为负反馈和正反馈，在电路中各有各的作用，本章主要介绍负反馈放大电路。下面我们通过几个仿真示例来感受负反馈对电路的影响。

【**仿真示例 7.1**】 负反馈对电路输出的影响。

图 7.1（a）所示为集成运放构成的反相比例运算电路，电阻 R_f 引入了负反馈。信号源 V_i 为 1V、50Hz 的正弦交流信号，当电阻分别取 0、50kΩ 和 100kΩ 时，电路的输入输出波形如图 7.1（b）所示。说明反馈电阻越小，反馈程度越深，对输出的影响越大（输出电压越小）。

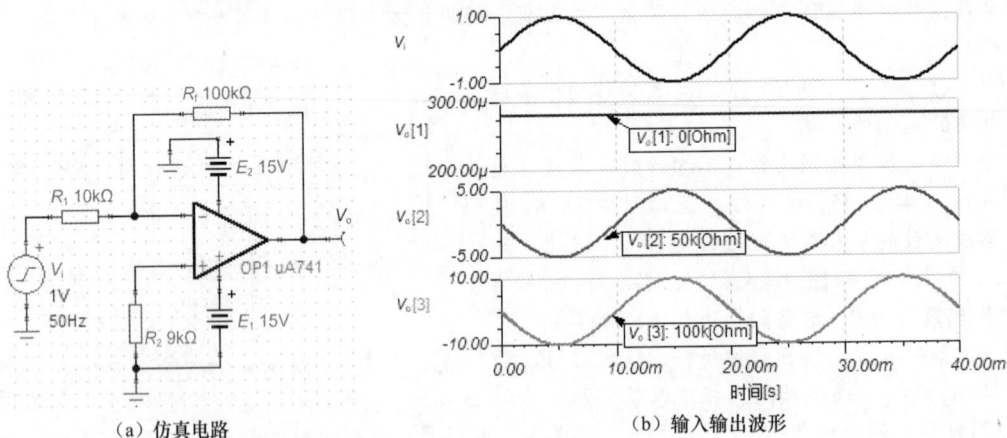

（a）仿真电路　　　　　　　　　（b）输入输出波形

图 7.1　负反馈影响电路输出仿真示例

【**仿真示例 7.2**】 负反馈稳定静态工作点。

图 7.2 所示为三极管放大电路的直流通路，图（a）~图（c）中无反馈，图（d）~图（f）中的电阻 R_e 引入了负反馈。图（a）~图（c）显示温度升高（0℃→27℃→60℃）时 β 和 I_C 都明显增大。而图（d）~图（f）显示温度升高时 I_C 由于负反馈的存在变化很小。注意，图（d）~图（f）中的稳压管为基极提供稳定的电位。

【**仿真示例 7.3**】 负反馈减小非线性失真。

图 7.3 所示为三极管共射极电路，信号源 V_i 为 10mV、1kHz 正弦交流信号。开关 SW$_1$ 闭合时，电阻 R_e 被短接，电路中无反馈；开关 SW$_1$ 打开时，R_e 引入负反馈。SW$_1$ 闭合时输出波形出现截止失真，断开时输出波形的失真减小了，仿真效果见图 7.3（b）。

反馈的相关概念较多，而这些概念是理解反馈电路工作原理和分析方法的基础，所以本章学习的一个关键点就是要理解和掌握反馈的基本概念、基本类型，然后在此基础上学习反馈类型的分析方法和反馈电路的分析方法。当然，对于初学者来说，反馈类型和反馈电路的分析有一定的难度，非常容易混淆这些概念，特别是在概念不清晰的情况下，所以在学习时要注意方式方法——先概念后方法，对于难点问题要多总结、多练习。

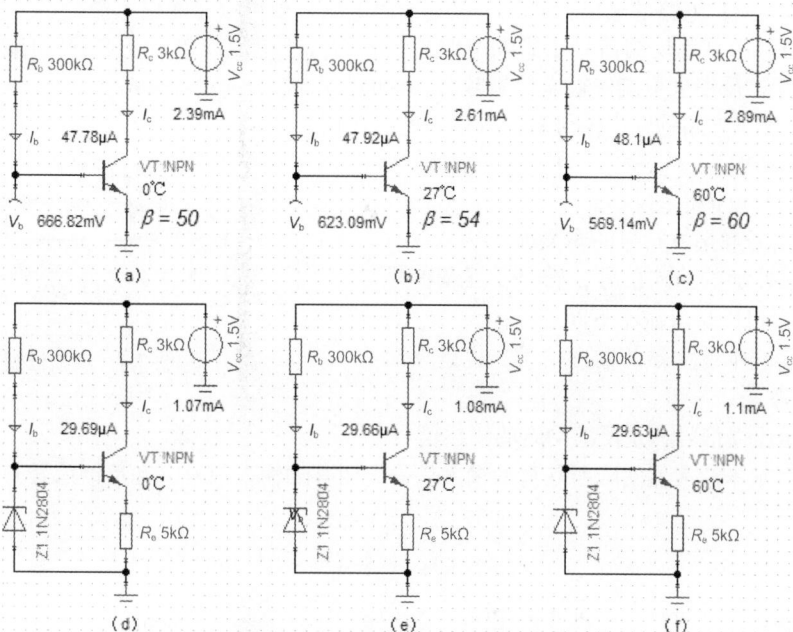

图 7.2 负反馈稳定静态工作点仿真示例

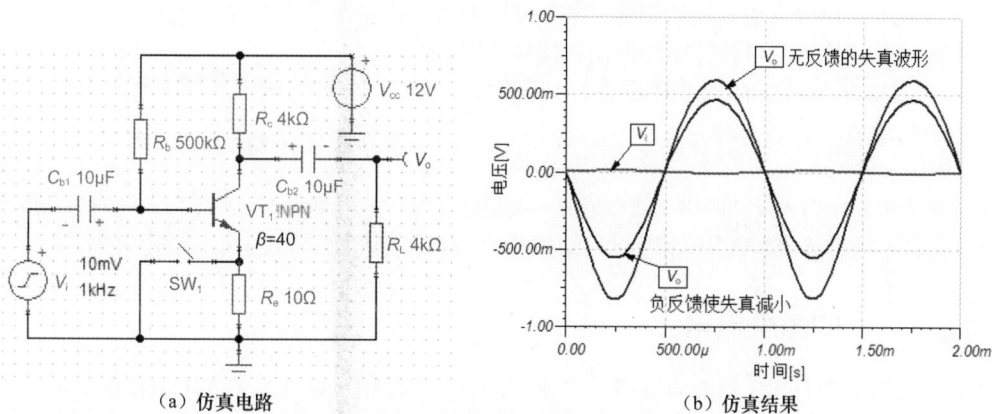

图 7.3 负反馈减小非线性失真仿真示例

7.1 反馈的概念和类型

反馈（Feedback），是控制论的基本概念，指将系统的输出返回到输入端并以某种方式改变输入，进而影响系统功能的过程。放大电路中的反馈也是类似的过程，引入反馈的目的就是改善电路的性能。

反馈的概念和类型

7.1.1 反馈的基本概念

1. 反馈的概念

在放大电路中的反馈，就是指将电路输出电量（电压或电流）的一部分或者全部通过反馈网络馈送到电路的输入端的过程。理解该过程需要注意以下几点。

① 反馈是从电路输出端到输入端的过程。

② 反馈信号来自电路的输出信号，可以是输出电压，也可以是输出电流。

③ 反馈的目的是用反馈信号来影响电路的输入信号（电压或电流），反馈可能使输入信号增强，称为正反馈，反馈也可能使输入信号减弱，称为负反馈。

④ 反馈体现了电路的输出信号对输入信号的反作用。

2．反馈的框图

图 7.4 所示为反馈框图。

其中，各信号和运算符号的含义如下。

① x_i 表示外加的输入信号，符号 x 强调信号可以是电压，也可以是电流（下同）。

② x_o 表示基本放大器的输出信号，也是反馈网络的输入信号。

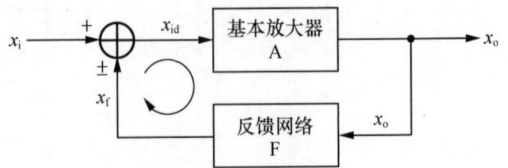

图 7.4　反馈框图

③ x_f 表示反馈信号，是反馈网络的输出信号。

④ x_{id} 表示基本放大器实际所获得的输入信号，由外加输入信号 x_i 和反馈信号 x_f 共同决定。

$$负反馈：x_{id} = x_i - x_f \tag{7.1}$$

$$正反馈：x_{id} = x_i + x_f \tag{7.2}$$

⑤ 符号 $\oplus$ 表示求和运算，表征 x_{id} 和 x_i、x_f 的关系。

3．开环工作

如果放大电路中没有引入反馈网络，如图 7.5 所示，就称为开环工作。显然，开环工作时基本放大器实际获得的输入信号就等于外加输入信号，即 $x_{id} = x_i$。此时电路的增益称为开环增益，其实就是基本放大器的增益。

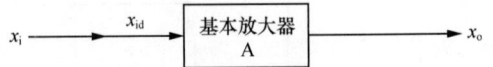

图 7.5　开环工作

4．闭环工作

如果放大电路中引入反馈网络，就会形成一个反馈环路，故电路称为闭环工作。此时电路的增益称为闭环增益，该增益与基本放大器和反馈网络相关，具体的表达形式将在本章后续内容中专门介绍。

7.1.2　反馈的基本类型

通常的反馈类型有正反馈和负反馈、交流反馈和直流反馈、电压反馈和电流反馈、串联反馈和并联反馈、本级反馈和级间反馈，下面逐一进行介绍。

1．正反馈和负反馈

从反馈的效果来看，可以将反馈分为正反馈和负反馈。正反馈使电路的实际输入信号增加，而负反馈正好相反，负反馈使电路的实际输入信号减小。

2．交流反馈和直流反馈

从反馈信号 x_f 的交直流特性来看，可以将反馈分为交流反馈、直流反馈和交直流反馈。反馈网络通常由电阻和电容元件构成，下面通过图 7.6 所示的三个反馈电路来说明反馈类型。

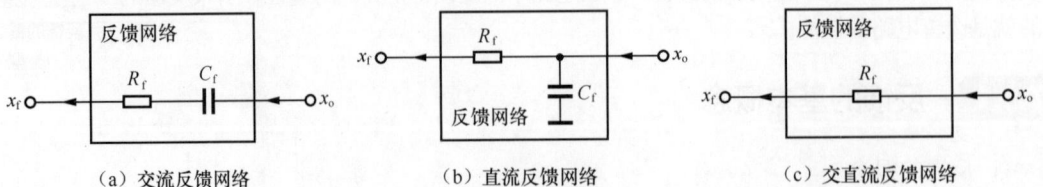

（a）交流反馈网络　　　　　（b）直流反馈网络　　　　　（c）交直流反馈网络

图 7.6　交直流反馈网络

（1）交流反馈

图 7.6（a）所示为交流反馈网络。很明显，直流量不能通过电容 C_f，因此反馈网络的输出量 x_f 中只含有交流电量，故将反馈称为交流反馈。

（2）直流反馈

图 7.6（b）所示为直流反馈网络。很明显，交流量会通过电容 C_f 到地，而不会出现在反馈网络的输出端，所以反馈量 x_f 中只含有直流电量，故将反馈称为直流反馈。

（3）交直流反馈

图 7.6（c）所示为交直流反馈网络。很明显，交流量和直流量都能够通过反馈网络，所以反馈量 x_f 中既有交流量又有直流量，故将反馈称为交直流反馈。

交流反馈和直流反馈的特点如下。

① 直流反馈存在于放大电路的直流通路中，影响放大电路的直流性能，例如，静态工作点。

② 交流反馈存在于放大电路的交流通路中，影响放大电路的交流性能，例如，增益、输入电阻、输出电阻和带宽等。

3．电压反馈和电流反馈

反馈网络与放大电路的输出回路和输入回路存在连接关系。从输出回路的连接关系来看，可以将反馈分为电压反馈和电流反馈。

（1）电压反馈

电压反馈的连接关系如图 7.7 所示，反馈网络并联在放大电路的输出端口上，将输出电压作为反馈网络的输入信号，这样必然使反馈信号取自输出电压，即

$$x_f = f(v_o) \qquad (7.3)$$

显然，当 $v_o = 0$（即将输出端口短接）时，必然有 $x_f = 0$。

（2）电流反馈

电流反馈的连接关系如图 7.8 所示，反馈网络串联在放大电路的输出回路中，将输出电流作为反馈网络的输入信号，这样必然使反馈信号取自输出电流，即

$$x_f = f(i_o) \qquad (7.4)$$

显然，反馈信号与输出电压无关，即 $v_o = 0$ 时，有 $x_f \neq 0$。

4．串联反馈和并联反馈

从反馈网络与放大电路输入回路的连接关系来看，可以将反馈分为串联反馈和并联反馈。

（1）串联反馈

串联反馈的连接关系如图 7.9 所示。串联反馈的目的是要影响放大电路的输入电压，故反馈信号要以电压的形式出现，且需要串联在输入回路中。图 7.9 所示的输入端电压关系为 $v_{id} = v_i - v_f$，这是一个负反馈关系。

（2）并联反馈

并联反馈的连接关系如图 7.10 所示。并联反馈的目的是要影响放大电路的输入电流，故反馈信号要以电流的形式出现，且需要并联在输入回路中。图 7.10 所示的输入端电流关系为 $i_{id} = i_i - i_f$，这是一个负反馈关系。

5．本级反馈和级间反馈

从反馈影响的范围来看，可以将反馈分为本级反馈和级间反馈。本级反馈仅影响单级放大电

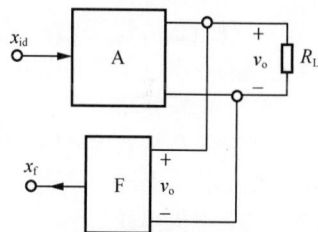
图 7.7　电压反馈的连接关系

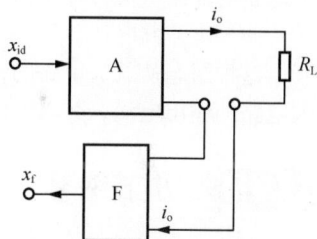
图 7.8　电流反馈的连接关系

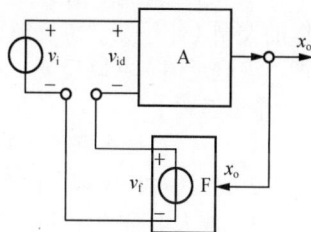
图 7.9　串联反馈的连接关系

路，而级间反馈则会影响多级放大电路，具体如图 7.11 所示。

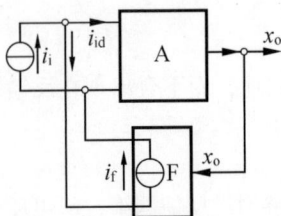

图 7.10　并联反馈的连接关系　　　　图 7.11　本级反馈和级间反馈的示意图

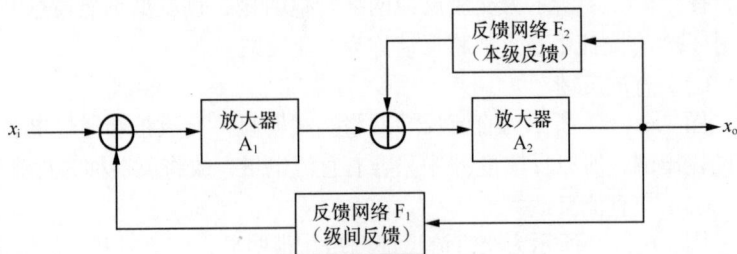

7.1.3　反馈的四种组态

如果将反馈网络与放大电路输入端口和输出端口的连接关系结合起来看，就存在四种基本的连接组态。

（1）电压串联

这种组态从放大电路的输出端口看是电压反馈，从输入端口看是串联反馈。即反馈信号取自放大电路的输出电压，并以电压的形式影响放大电路的输入电压。

（2）电压并联

这种组态从放大电路的输出端口看是电压反馈，从输入端口看是并联反馈。即反馈信号取自放大电路的输出电压，经反馈网络转换为电流后影响放大电路的输入电流。

（3）电流串联

这种组态从放大电路的输出端口看是电流反馈，从输入端口看是串联反馈。即反馈信号取自放大电路的输出电流，经反馈网络转换为电压后影响放大电路的输入电压。

（4）电流并联

这种组态从放大电路的输出端口看是电流反馈，从输入端口看是并联反馈。即反馈信号取自放大电路的输出电流，并以电流的形式影响放大电路的输入电流。

7.1.4　小节练习

【知识回顾】

本节主要概念：什么是放大电路中的反馈、反馈的作用、反馈的框图、反馈相关的物理量、反馈的类型（正反馈、负反馈、直流反馈、交流反馈、交直流反馈、电压反馈、电流反馈、串联反馈、并联反馈、本级反馈、级间反馈）和反馈的四种组态。

【思考题】

1. 反馈是什么到什么的过程？

2. 反馈过程体现了什么？

3. 放大电路的开环增益和闭环增益有什么区别？

4. 引入反馈前放大电路的输出电压是 2V，引入反馈后输出电压为 1V，假设外加输入信号不变，则反馈是正反馈还是负反馈？

5. 如果要影响放大电路的输入电压，可以采用什么反馈组态？

反馈的概念和
类型自测题

7.2　反馈类型的分析

反馈类型的分析就是要找到放大电路中的反馈元件，并指出其引入的反馈类型：是本级反馈还是级间反馈、是交流反馈还是直流反馈、是电压反馈还是电流反馈、是串联反馈还是并联反馈、是正反馈还是负反馈。反馈类型的一般分析步骤如下。

① 判断有无反馈，即分析放大电路中是否存在反馈元件。

② 判断是本级反馈还是级间反馈，即分析反馈元件是连接在本级电路上还是多级电路上。

③ 判断是直流反馈还是交流反馈，即分析反馈量是直流量还是交流量。

④ 判断反馈的组态，即分析反馈元件在放大电路输出端和输入端的连接关系。

⑤ 判断是正反馈还是负反馈，即分析反馈信号对放大电路实际输入信号的影响。

下面就各步骤进行详细介绍。

7.2.1　有无反馈的分析

根据反馈的概念，反馈网络一定会连接放大电路的输出端口和输入端口，而且反馈网络通常由电阻和电容等元件构成，所以分析有无反馈的关键就是看有无电阻、电容等元件连接在放大电路的输入端口和输出端口之间，有则存在反馈，否则无反馈。

这里，把连接在放大电路输入端口和输出端口之间的电阻、电容等元件称为反馈元件，即分析有无反馈就是看有无反馈元件。

注意：反馈元件可能只是反馈网络的一部分，即找到反馈元件并不意味着就找到了全部的反馈网络。通常分析反馈类型只需要找到反馈元件便可，而要分析反馈信号就必须找到反馈网络。如图 7.12 所示的同相放大电路，其中电阻 R_2 就是反馈元件（R_2 连接了集成运放的输出端和反相输入端），而反馈网络则是由电阻 R_1 和 R_2 共同构成的，R_1 上的电压 v_f 即反馈电压（v_f 取自电路的输出电压 v_o）。

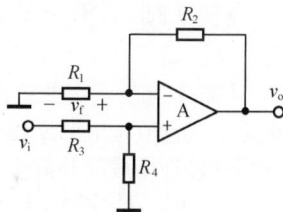

图 7.12　同相放大电路

7.2.2　本级和级间反馈的分析

本级和级间反馈的判断关键在于看反馈元件是连接的本级电路还是多级电路，连接本级电路属于本级反馈，连接多级电路则属于级间反馈。

7.2.3　直流和交流反馈的分析

直流和交流反馈的判断关键在于分析反馈元件的连接关系，特别要注意反馈电容的连接。如果反馈环路（回路）中有接地的反馈电容，则反馈多属于直流反馈；如果反馈环路中有串联的反馈电容，则反馈一定是交流反馈；如果反馈环路上没有电容，则反馈应多属于交直流反馈。反馈元件的连接关系与对应的反馈类型可以参见图 7.6。

【例 7.1】　试找出图 7.13 所示电路中的反馈元件，并指出其引入的是本级反馈还是级间反馈，是直流反馈还是交流反馈。

【解】图 7.13 所示为三极管共射极放大电路，即基极是输入端，集电极是输出端，发射极是公共端，基极和发射极组成输入回路，集电极和发射极组成输出回路。

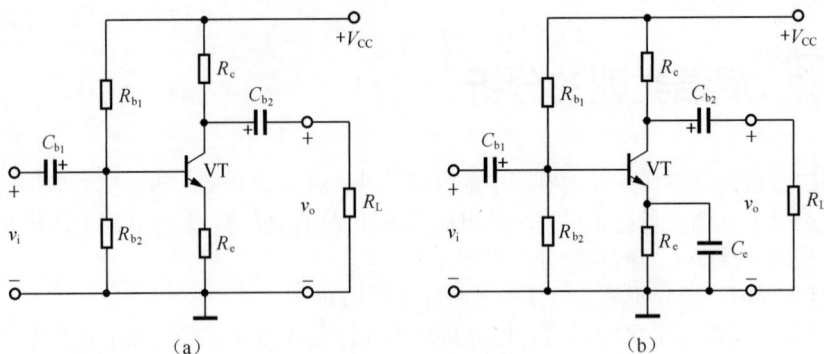

图 7.13　例 7.1 电路

① 显然，射极电阻 R_e 既处于输入回路中又处于输出回路中，是反馈元件。

② 因为电路是单级放大电路，故反馈属于本级反馈。

③ 图 7.13（a）中，R_e 两端没有并联电容，即直流信号和交流信号都可以通过，属于交直流反馈。

④ 图 7.13（b）中，R_e 两端并联了一个旁路电容 C_e，即交流信号将通过电容 C_e 到地，而不会流经 R_e，R_e 上只会有直流信号通过，故反馈是直流反馈。

在本题中，部分初学者会将电阻 R_{b2}、R_L 误分析为反馈元件。这个问题可以这样来看，如果画出放大电路的小信号等效电路（如图 3.74 所示），就可以明显看出 R_{b2} 是接在输入端口上的电阻，而 R_L 是接在输出端口上的电阻，都不满足反馈元件的定义。这里请记住一个基本结论，负载电阻 R_L 肯定是连接在放大电路的输出端口上，绝对不会是反馈元件。

【例 7.2】 试找出图 7.14 所示电路中的反馈元件，并指出其引入的是本级反馈还是级间反馈，是直流反馈还是交流反馈。

【解】 这是一个两级放大电路，前级是集成运放构成的反相放大电路，后级是三极管构成的共射极放大电路。

① 电阻 R_2 连接了反相放大电路的输入和输出，交直流信号都可以通过，故电阻 R_2 是反馈元件，引入的是本级交直流反馈。

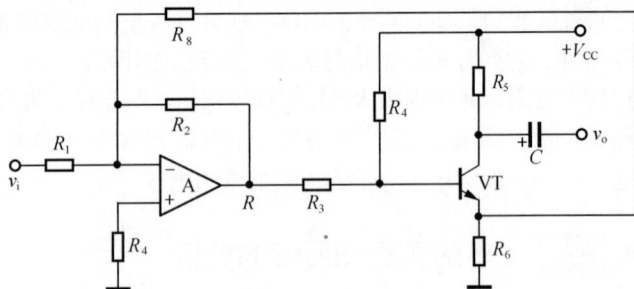

图 7.14　例 7.2 电路

② 电阻 R_6 是共射极放大电路的射极电阻，两端没有并联电容，故电阻 R_6 是反馈元件，引入的是本级交直流反馈。

③ 电阻 R_8 跨接在反相放大电路的输入端口和共射极放大电路的输出端口上，交直流信号都可以通过，故电阻 R_8 是反馈元件，引入的是级间交直流反馈。

在本题中，部分初学者会将电阻 R_3 误分析为反馈元件，理由是 R_3 连接了反相放大电路的输出和共射极放大电路的输入。这个问题应该这样来看，反馈元件是连接在一个放大电路（可以是单级也可以是多级电路）的输入端口和输出端口上，即输入和输出都应属于同一个放大电路。显然，R_3 连接的输入和输出不属于同一个放大电路，故 R_3 不是反馈元件。其实 R_3 是前级电路和后级电路的连接电阻，负责将前级输出的信号向后级电路传送。

【例 7.3】 试指出图 7.15 所示电路中电阻 R_f 引入的是直流反馈还是交流反馈。

【解】 这是一个多级放大电路，R_f 作为级间反馈元件连接了前级 VT_1 的输入和后级 VT_2 的输出。注意，该电路中前后两级都是共射极放大电路，且通过电容 C_2 耦合。

单看电阻 R_f，其上交直流信号都可以通过，但不能简单地认为这是一个交直流反馈。因为对于直流信号来说，当 VT_2 的静态工作点改变，使 V_{E2} 变化，并经 R_f 影响 I_{B1} 和 V_{BE1} 时，由于 C_2 的隔直作用，使 V_{C1} 的变化不能影响 VT_2 的静态工作点。因此，电阻 R_f 引入的反馈只能对交流信号起作用，属于交流反馈。

这个示例电路说明，在判断交直流反馈时，不仅要看反馈元件的连接，还要注意反馈环的连接关系。

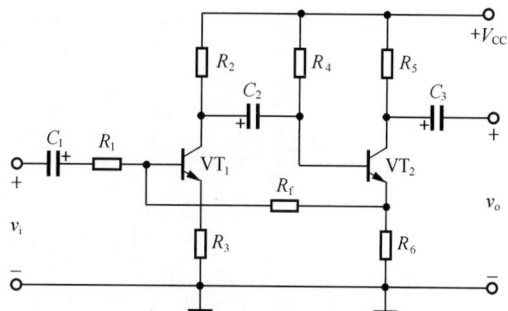

图 7.15　例 7.3 电路

7.2.4　连接组态的分析

如前文所述，有四种基本的连接组态，即电压串联反馈、电压并联反馈、电流串联反馈和电流并联反馈。在实际分析时可以基于反馈元件的连接关系进行判断。

1．判断方法

可以把放大电路简化成图 7.16 所示结构，x_i 表示输入端，x_o 表示输出端，接地（或通过电阻接地）的为公共端，输入回路由输入端和公共端构成，输出回路由输出端和公共端构成。

（1）输出端的反馈类型

从输出回路的连接关系来看，如果反馈元件接在输出端上，则反馈是电压反馈；如果接到公共端上，则反馈为电流反馈。

（2）输入端的反馈类型

从输入回路的连接关系来看，如果反馈元件接在输入端上，则反馈是并联反馈；如果接到公共端上，则反馈为串联反馈。

2．典型连接关系

在分析实际电路时，为了便于判断反馈组态，下面给出相关反馈的典型连接关系。

（1）电压反馈

电压反馈的典型连接关系如图 7.17 所示。其中，图 7.17（a）强调将全部输出电压送入反馈网络；图 7.17（b）在输出端口并联了一个取样电路，强调把部分输出电压送入反馈网络。另外，图中 a 点为输入端、b 点为输出端、c 点为公共端，下同。

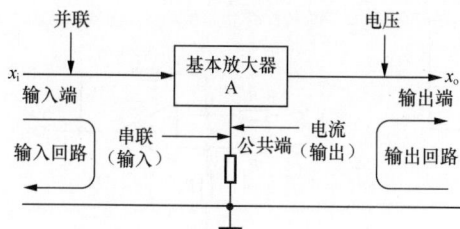

图 7.16　反馈的连接组态分析图

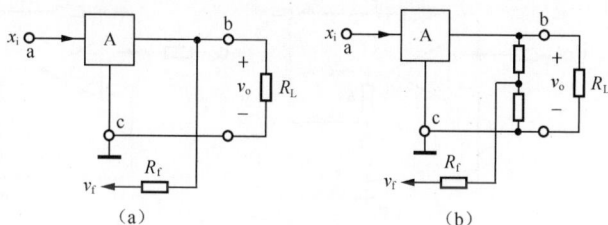

图 7.17　电压反馈的典型连接关系

（2）电流反馈

电流反馈的典型连接关系如图 7.18 所示。其中，图 7.18（a）强调将全部输出电流送入反馈网络；图 7.18（b）（c）则强调通过并联分流电路把部分输出电流送入反馈网络。另外，需要特别指出的是，不要混淆图 7.17（b）和图 7.18（b）的连接关系，两者存在明显不同，具体看 R_L 的位置便知。

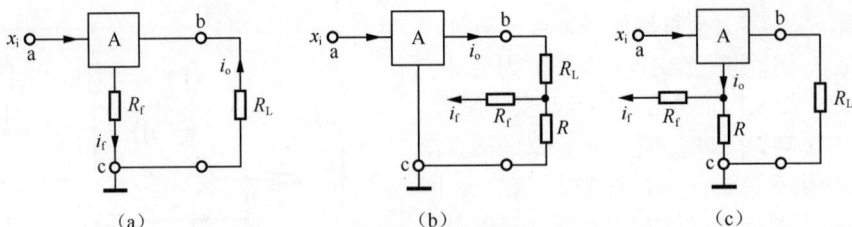

图 7.18   电流反馈的常见连接关系

（3）串联反馈和并联反馈

串联反馈的典型连接关系如图 7.19 所示；并联反馈的典型连接关系如图 7.20 所示。

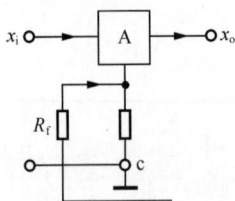

图 7.19   串联反馈

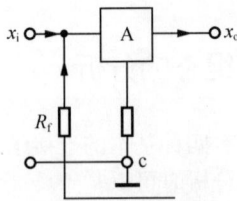

图 7.20   并联反馈

【例 7.4】   试分析图 7.12 至图 7.15 所示电路中主要反馈元件引入反馈的组态。

【解】本题可以直接根据图 7.16 所示的结构进行分析。

① 图 7.12 中电阻 R_2 引入的是电压串联反馈。

② 图 7.13（a）中电阻 R_e 引入的是电流串联反馈。

③ 图 7.14 中电阻 R_2 引入的是电压并联反馈，电阻 R_8 引入的是电流并联反馈。

④ 图 7.15 中电阻 R_f 引入的是电流并联反馈。

【例 7.5】   试分析图 7.21 所示电路中电阻 R_2 引入反馈的连接组态。

【解】这两个电路的连接关系非常相似，但必须注意到输出端的标识。

① 图 7.21（a）中电阻 R_3 和 R_4 构成取样电路并在输出端口上，故电阻 R_2 引入的是电压并联反馈。

② 图 7.21（b）中电阻 R_L 标识了输出端口，即 R_L 两端的电压就是输出电压，故电阻 R_2 引入的是电流并联反馈。这里，不要与图（a）混淆，具体可以参见图 7.18（b）的连接关系。

【例 7.6】   试分析图 7.22 所示电路中电阻 R_2 引入反馈的连接组态。

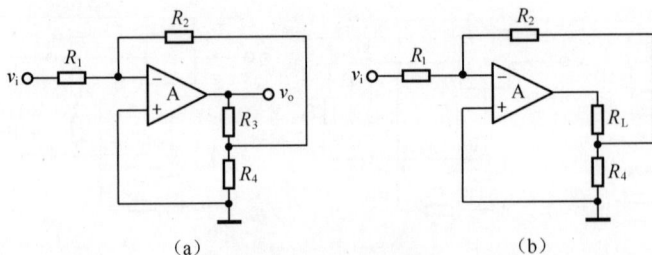

图 7.21   例 7.5 电路

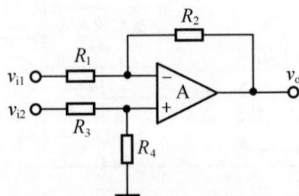

图 7.22   例 7.6 电路

【解】这是一个求差电路，拥有两个输入信号，分析电阻 R_2 引入的反馈类型时需要分别针对不同输入信号来考虑。

① 如果考虑输入信号 v_{i1} 单独作用，电路简化成一个反相放大器，故电阻 R_2 引入的是电压并联反馈。

② 如果考虑输入信号 v_{i2} 单独作用，电路简化成一个同相放大电路，故电阻 R_2 引入的是电压

串联反馈。

【例 7.7】 试找出图 7.23 所示电路中的反馈元件，并分析相应的反馈类型。

【解】这是一个两级放大电路，两级都为共射极放大电路。

① 电阻 R_3 和电容 C_2 组成一个反馈支路，连接了 VT_2 的输入和输出回路，属于本级交流反馈，连接组态是电压并联反馈。

② 电阻 R_5 和电容 C_4 组成另一个反馈支路，连接在 VT_2 的发射极，属于本级直流反馈，连接组态是电流串联反馈。

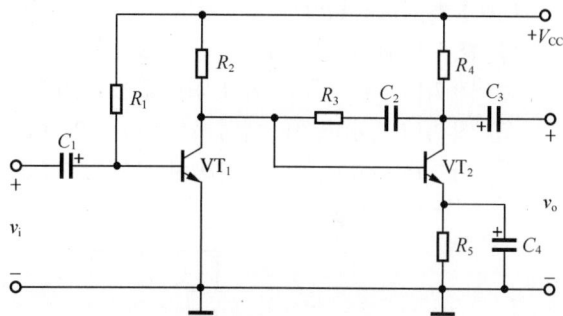

图 7.23 例 7.7 电路

7.2.5 正负反馈的分析

正反馈和负反馈的分析需要用到瞬时极性法。所谓瞬时极性法是指从放大电路的输入端开始假设某一瞬间的信号极性，然后推导出电路输出信号的对应极性，并据此确定反馈信号的极性，用以判断反馈信号对放大电路实际输入信号的影响。实际输入信号增强则为正反馈，反之为负反馈。

使用瞬时极性法，首先需要掌握的基础知识是三极管和集成运放的瞬时输入输出关系。对于三极管来说，按连接组态决定输入输出极性：① 共射组态，基极输入为正，集电极输出为负，输入输出反极性；② 共集组态，基极输入为正，发射极输出为正，输入输出同极性；③ 共基组态，发射极输入为正，集电极输出为正，输入输出同极性。而对于集成运放来说，反相端和输出端反极性、同相端和输出端同极性。具体如图 7.24 所示。另外，请注意瞬时极性法是针对交流信号而言的，不考虑直流关系。

对于串联反馈来说，反馈信号以电压的形式串联在放大电路的输入回路中去影响输入电压，其瞬时电压关系如图 7.25 所示。

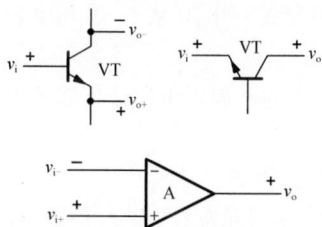

图 7.24 瞬时极性

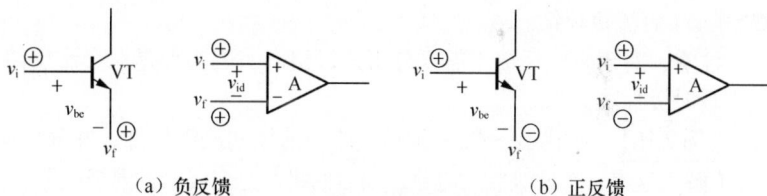

（a）负反馈　　（b）正反馈
图 7.25 串联反馈的瞬时电压关系

图中，v_{be} 和 v_{id} 分别为三极管和集成运放的实际输入电压；符号 $\oplus$ 和 $\ominus$ 表示相关电位的瞬时极性。显然，图 7.25（a）中，实际输入电压因反馈信号而减小，是负反馈；图 7.25（b）中，实际输入电压因反馈信号而增加，是正反馈。

对于并联反馈来说，反馈信号是以电流的形式并联在放大电路的输入回路中去影响输入电流的，其瞬时电流关系如图 7.26 所示。

图中，i_b 为三极管的实际输入电流；符号 $\oplus$ 和 $\ominus$ 表示相关电位的瞬时极性。显然，图 7.26（a）中，实际输入电流因反馈信号而减小，是负反馈；图 7.26（b）中，实际输入电流因反馈信号而增加，是正反馈。

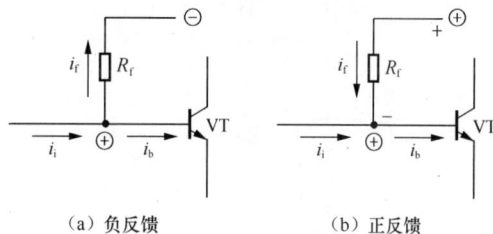

（a）负反馈　　　（b）正反馈
图 7.26 并联反馈的瞬时电流关系

【例 7.8】 试分析图 7.12 至图 7.15 所示电路中各主要反馈元件引入的是正反馈还是负反馈。

【解】 根据瞬时极性法进行分析，通常假设输入端为正，然后进行极性推导。

① 图 7.12 所示电路的瞬时极性如图 7.27（a）所示，故电阻 R_2 引入的是负反馈。

② 图 7.13（a）所示电路的瞬时极性如图 7.27（b）所示，故电阻 R_e 引入的是负反馈。

③ 图 7.14 所示电路的瞬时极性如图 7.27（c）所示，故电阻 R_2 和 R_8 引入的都是负反馈。

④ 图 7.15 所示电路的瞬时极性如图 7.27（d）所示，故电阻 R_f 引入的是负反馈。

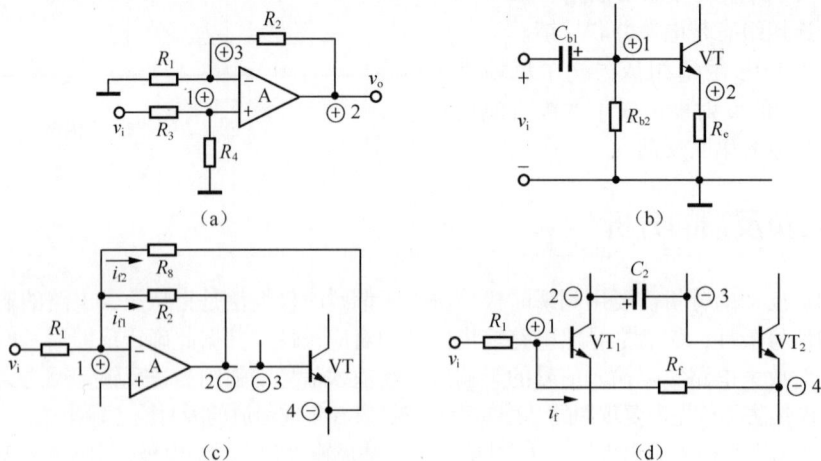

图 7.27　例 7.8 图

7.2.6　反馈类型分析的综合举例

【例 7.9】 试找出图 7.28 所示电路中的反馈元件，并分析反馈类型。

【解】 这是一个反相放大电路，其中电容 C_1 引入了交流电压并联负反馈；电阻 R_2、R_3 和电容 C_2 引入了直流负反馈。

注意，对于直流反馈不需要分析连接组态，因为那是对交流反馈而言的，但正负反馈仍然可以使用瞬时极性法分析。

【例 7.10】 试找出图 7.29 所示电路中的级间反馈元件，并分析反馈类型。

【解】 这是一个两级放大电路，前后两级都是三极管共射极电路。电阻 R_3 和电容 C_2 构成了级间反馈支路，引入的是交流电压并联正反馈。虽然电阻 R_3 两端电位都是正值，但考虑到共射极电路对电压信号的放大作用，即 $v_o > v_i$，故反馈电流 i_f 流入 VT_1 的基极，使 VT_1 的基极电流增加，是正反馈。

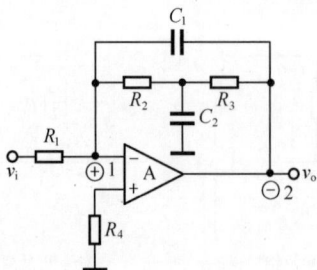

图 7.28　例 7.9 电路

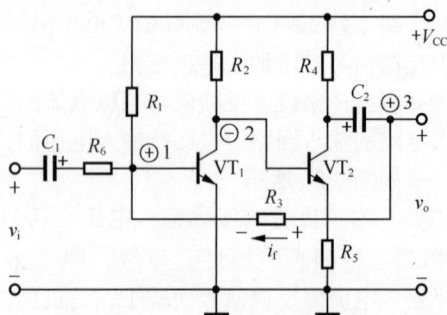

图 7.29　例 7.10 电路

【例 7.11】 试找出图 7.30（a）所示电路中的级间反馈元件，并分析反馈类型，如果是交流反馈，则求反馈信号的表达式。

【解】这是一个三级放大电路，每级都是共射极电路。

① 电阻 R_5 是一个级间反馈元件，它与电阻 R_4 和电容 C_2 构成了反馈网络，引入的是直流负反馈，为 VT_1 管提供静态基极电流。

② 电阻 R_6 和电容 C_3 是级间反馈元件，与电阻 R_2、R_8 共同构成反馈网络，引入的是交流电流串联负反馈。因为是串联反馈，所以反馈信号是电压量，即电阻 R_2 上的电压为反馈电压 v_f；因为是电流反馈，所以反馈信号取自输出电流 i_o。

③ 在求反馈信号时，输入支路需要断开（因为反馈信号来自输出信号，与输入信号无关），电容应看作导线，由此可以画出图 7.30（b），用以求解反馈电压 v_f 的表达式。根据图 7.30（b）得

$$v_f = f(i_o) = i_2 R_2 = \frac{R_8}{(R_2 + R_6) + R_8} i_o R_2 = \frac{i_o R_2 R_8}{R_2 + R_6 + R_8}$$

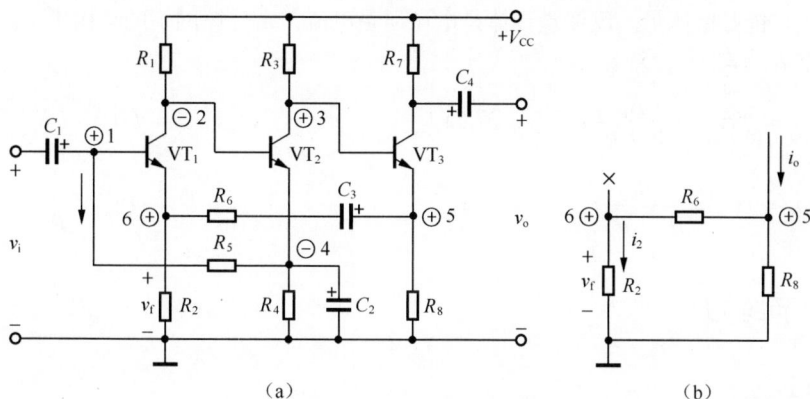

图 7.30　例 7.11 电路

注意，本题在分析 VT_1 管发射极的瞬时极性时，不能由 VT_1 的基极为正直接推出 VT_1 的发射极也为正，而要按照图示顺序推导，因为反馈是从输出到输入的过程，必须先找到输出信号的瞬时极性，然后才能确定反馈信号的瞬时极性。

【例 7.12】 试找出图 7.31（a）所示电路中的级间反馈元件，并分析反馈类型。如果是交流反馈，则求反馈信号的表达式。

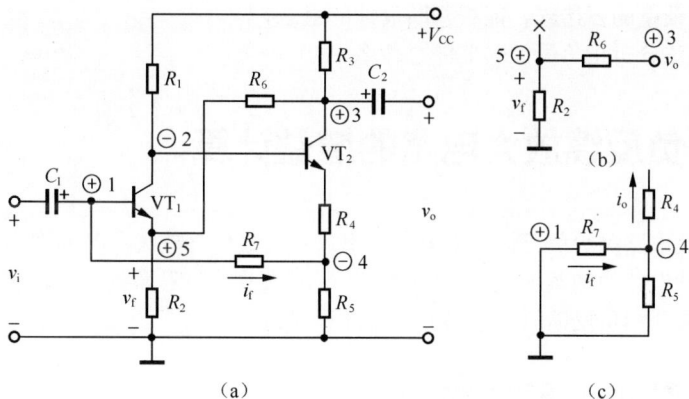

图 7.31　例 7.12 电路

【解】这是一个两级放大电路，两级都是三极管共射极电路。

① 电阻 R_6 引入级间交直流电压串联负反馈。由于是电压反馈，所以反馈量来自输出电压 v_o；由于是串联反馈，所以反馈量是一个电压，即电阻 R_2 上的电压 v_f。画出图 7.31（b）所示的反馈等效电路，可求得 v_f

$$v_f = f(v_o) = \frac{R_2}{R_2 + R_6} v_o$$

② 电阻 R_7 引入级间交直流电流并联负反馈。由于是电流反馈，所以反馈量来自输出电流 i_o；由于是并联反馈，所以反馈量是一个电流，即电阻 R_7 上的电流 i_f。画出图 7.31（c）所示的反馈等效电路（输入端短路处理、电容看作导线），可求得 i_f

$$i_f = f(i_o) = \frac{R_5}{R_5 + R_7} i_o$$

综上对反馈量的分析可知：① 由于是电压反馈，所以反馈量取自输出电压，但反馈量并不一定是电压量，也可能是电流量；② 由于是电流反馈，所以反馈量取自输出电流，但反馈量并不一定是电流量，也可能是电压量。反馈量具体是电压还是电流，由反馈网络的结构决定。下面给出反馈量的几种基本表达式

$$v_f = f(v_o) = \frac{R_1}{R_1 + R_2} v_o \quad (7.5a) \qquad v_f = f(i_o) = i_o R_1 \quad (7.5b)$$

$$i_f = f(i_o) = \frac{R_1}{R_1 + R_2} i_o \quad (7.6a) \qquad i_f = f(v_o) = \frac{v_o}{R_1} \quad (7.6b)$$

7.2.7　小节练习

【知识回顾】

本节主要概念：反馈类型分析的一般步骤、放大电路中有无反馈的分析方法、本级和级间反馈的分析方法、交直流反馈的分析方法、反馈组态（电压串联、电压并联、电流串联、电流并联）的分析方法、正负反馈的分析方法。

【思考题】

1. 判断反馈类型是否需要先找出电路中的完整反馈网络？
2. 如果是电压反馈，是否能够判断反馈是串联反馈，可以影响输入电压？
3. 如果是电流反馈，是否能够判断反馈是并联反馈，可以影响输入电流？
4. 如果已知反馈量的表达式，能否判断反馈的组态？
5. 用瞬时极性法分析正负反馈时要注意什么？

反馈类型的分析自测题

7.3　负反馈放大电路的增益计算

带负反馈的放大电路称为负反馈放大电路。引入负反馈后，放大电路的许多性能都将随之变化，当然电路的增益（包括电压增益、电流增益、互阻增益、互导增益）也不例外。本节主要介绍负反馈放大电路的增益计算问题。

负反馈电路的增益计算

7.3.1　闭环增益的一般表达式

负反馈放大电路的组成框图如图 7.32 所示，下面根据该框图推导其闭环增益的一般表达式。

① 基本放大器的实际输入信号为
$$x_{id} = x_i - x_f$$

② 基本放大器的增益（开环增益）为

$$A = \frac{x_o}{x_{id}} \qquad (7.7)$$

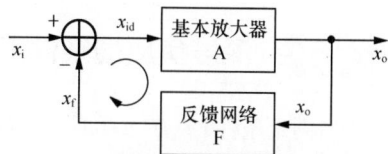
图 7.32 负反馈放大电路的组成框图

③ 反馈网络的反馈系数为

$$F = \frac{x_f}{x_o} \qquad (7.8)$$

④ 负反馈放大电路的闭环增益为

$$A_f = \frac{x_o}{x_i} = \frac{x_o}{x_{id} + x_f} = \frac{1}{(x_{id}/x_o)+(x_f/x_o)} = \frac{1}{1/A+F} = \frac{A}{1+AF} \qquad (7.9)$$

上式表明，闭环增益 A_f 与基本放大器的增益 A 和反馈网络的反馈系数 F 相关。式中 $1+AF$ 反映了闭环增益 A_f 与开环增益 A 的相差有多大，称为反馈深度，用以衡量反馈程度。负反馈放大电路很多性能的改变都与反馈深度相关，反馈越深性能改变越大。表 7.1 列出了反馈深度与反馈效果的关系（通常 A_f、A 和 F 都是频率的函数，其幅值和相位都会随频率发生变化，对应的表达式可改写为 $\dot{A}_f$、$\dot{A}$ 和 $\dot{F}$；$|\dot{A}_f|$、$|\dot{A}|$ 和 $|\dot{F}|$ 对应表示它们的幅值）。

表 7.1 反馈深度与反馈效果的关系

$\|1+\dot{A}\dot{F}\|$	>1	≫1	=1	<1	=0
$\|\dot{A}_f\|$	$<\|\dot{A}\|$	$\approx\dfrac{1}{\|\dot{F}\|}$	$=\|\dot{A}\|$	$>\|\dot{A}\|$	$=\infty$
效果	负反馈	深度负反馈	无反馈	正反馈	自激振荡

7.3.2 不同组态的增益表达式

虽然闭环增益的定义是一样的，但如果反馈的连接组态不同，相应物理量的含义不同、相关表达式的形式不同、量纲也不相同。表 7.2 列出了各种组态所对应的信号含义以及表达式。

表 7.2 各种组态的对应信号含义以及表达式

信号、表达式		四种连接组态			
		电压串联	电流并联	电压并联	电流串联
x_o		v_o	i_o	v_o	i_o
x_i、x_f、x_{id}		v_i、v_f、v_{id}	i_i、i_f、i_{id}	i_i、i_f、i_{id}	v_i、v_f、v_{id}
$A=\dfrac{x_o}{x_{id}}$	名称	开环电压增益	开环电流增益	开环互阻增益（Ω）	开环互导增益（s）
	定义	$A_v=\dfrac{v_o}{v_{id}}$	$A_i=\dfrac{i_o}{i_{id}}$	$A_r=\dfrac{v_o}{i_{id}}$	$A_g=\dfrac{i_o}{v_{id}}$
$F=\dfrac{x_f}{x_o}$	名称	电压反馈系数	电流反馈系数	互导反馈系数（s）	互阻反馈系数（Ω）
	定义	$F_v=\dfrac{v_f}{v_o}$	$F_i=\dfrac{i_f}{i_o}$	$F_g=\dfrac{i_f}{v_o}$	$F_r=\dfrac{v_f}{i_o}$
$A_f=\dfrac{x_o}{x_i}$	名称	闭环电压增益	闭环电流增益	闭环互阻增益（Ω）	闭环互导增益（s）
	定义	$A_{vf}=\dfrac{v_o}{v_i}=\dfrac{A_v}{1+A_vF_v}$	$A_{if}=\dfrac{i_o}{i_i}=\dfrac{A_i}{1+A_iF_i}$	$A_{rf}=\dfrac{v_o}{i_i}=\dfrac{A_r}{1+A_rF_g}$	$A_{gf}=\dfrac{i_o}{v_i}=\dfrac{A_g}{1+A_gF_r}$

7.3.3　深度负反馈条件下的闭环增益计算

当满足条件$1+AF \gg 1$时，有如下结论。

（1）闭环增益表达式

$$A_f = \frac{A}{1+AF} \approx \frac{1}{F} \qquad (7.10)$$

上式表明在深度负反馈条件下，闭环增益由反馈系数决定，与基本放大电器的开环增益无关。

（2）虚短和虚断

由式（7.10）可以推出

$$A_f \approx \frac{1}{F} \Rightarrow \frac{x_o}{x_i} \approx \frac{x_o}{x_f} \Rightarrow x_i \approx x_f \qquad (7.11)$$

$$x_i \approx x_f \Rightarrow x_{id} = x_i - x_f \approx 0 \qquad (7.12)$$

上式表明，在深度负反馈条件下，反馈信号x_f与输入信号x_i非常接近，所以实际输入信号x_{id}非常小，近似为零。

对于串联反馈来说，放大电路输入端口的电压和电流关系如图7.33（a）所示，在深度负反馈条件下有$v_i \approx v_f$，$v_{id} \approx 0$，而$v_{id} \approx 0$则有$i_{id} \approx 0$，即输入端口有虚短（$v_i \approx v_f$）和虚断（$i_{id} \approx 0$）的关系。

对于并联反馈来说，放大电路输入端口的电压和电流关系如图7.33（b）所示，在深度负反馈条件下有$i_i \approx i_f$，$i_{id} \approx 0$，而$i_{id} \approx 0$则有$v_{id} \approx 0$，即输入端口同样具有虚短和虚断的关系。

有了虚短和虚断的关系后，可以用分析集成运放的类似方法去分析满足深度负反馈条件的放大电路。另外，要满足深度负反馈的条件，通常加大基本放大器的开环增益即可，所以多级放大电路比较容易构成深度负反馈放大电路，当然集成运放构成的负反馈电路也不例外。

【例 7.13】　电路如图 7.34 所示，试求电压增益的表达式。

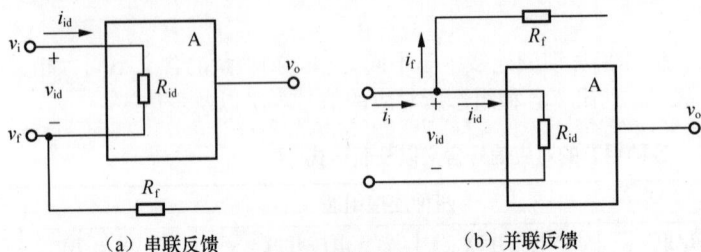

（a）串联反馈　　　（b）并联反馈

图 7.33　输入端口的电压和电流关系

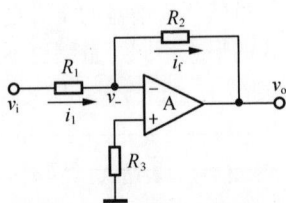

图 7.34　例 7.13 电路

【解】这是一个由集成运放构成的反相放大电路，电阻R_2引入的是电压并联负反馈，且满足深度负反馈条件，故本题可以使用关系$A_f \approx 1/F$进行分析。

① 根据电压并联反馈可得

$$F_g = \frac{i_f}{v_o} \Rightarrow A_{rf} = \frac{1}{F_g} = \frac{v_o}{i_f} = \frac{v_o}{(v_- - v_o)/R_2} = -R_2$$

② 根据闭环电压增益的定义得

$$\left(A_{vf} = \frac{v_o}{v_i}, \ A_{rf} = \frac{v_o}{i_i} \right) \Rightarrow A_{vf} = \frac{v_o}{f(i_i)} = \left. \frac{v_o}{i_i R_1} \right|_{i_i = i_f} = \frac{1}{R_1} A_{rf} = -\frac{R_2}{R_1}$$

上述推导过程中用到了虚短（$v_- \approx v_+ = 0$）和虚断（$i_1 \approx i_f$）的概念。另外，初学者在求解此

题时容易犯的错误是

$$A_{\mathrm{f}} \approx \frac{1}{F} \Rightarrow A_{v\mathrm{f}} = \frac{1}{F} = \frac{v_{\mathrm{o}}}{i_{\mathrm{f}}} = \frac{v_{\mathrm{o}}}{(v_{-} - v_{\mathrm{o}})/R_{2}} = -R_{2}$$

上式错误的主要原因是没有很好地理解"对于不同的反馈类型，A_{f}、F 的含义和形式都不一样"。

【例 7.14】 电路如图 7.13（a）所示，试求电压增益的表达式。

【解】电路是一个共射极放大电路，电阻 R_{e} 引入的是电流串联负反馈。

（1）在深度负反馈条件下求解

① 根据电流串联反馈可得

$$F_{r} = \frac{v_{\mathrm{f}}}{i_{\mathrm{o}}} \Rightarrow A_{g\mathrm{f}} = \frac{1}{F_{r}} = \frac{i_{\mathrm{o}}}{v_{\mathrm{f}}} = \frac{i_{\mathrm{o}}}{i_{\mathrm{o}} R_{\mathrm{e}}} = \frac{1}{R_{\mathrm{e}}}$$

② 根据闭环电压增益的定义得（深度负反馈条件下 $v_{\mathrm{be}} \approx 0$）

$$\left(A_{v\mathrm{f}} = \frac{v_{\mathrm{o}}}{v_{\mathrm{i}}}, \ A_{g\mathrm{f}} = \frac{i_{\mathrm{o}}}{v_{\mathrm{i}}} \right) \Rightarrow A_{v\mathrm{f}} = \frac{f(i_{\mathrm{o}})}{v_{\mathrm{i}}} = \frac{-i_{\mathrm{o}} R_{\mathrm{L}}'}{v_{\mathrm{i}}} = -R_{\mathrm{L}}' A_{g\mathrm{f}} = -\frac{R_{\mathrm{L}}'}{R_{\mathrm{e}}}$$

（2）直接求解

① 直接求解电压增益可得

$$A_{v\mathrm{f}} = -\frac{\beta R_{\mathrm{L}}'}{r_{\mathrm{be}} + (1+\beta) R_{\mathrm{e}}}$$

② 如果假设三极管的 $\beta \gg 1$，又因一般情况下 r_{be} 与 R_{e} 同量级，故有

$$A_{v\mathrm{f}} = -\frac{\beta R_{\mathrm{L}}'}{r_{\mathrm{be}} + (1+\beta) R_{\mathrm{e}}} \approx -\frac{\beta R_{\mathrm{L}}'}{(1+\beta) R_{\mathrm{e}}} \approx -\frac{R_{\mathrm{L}}'}{R_{\mathrm{e}}}$$

由上分析可知，三极管的 β 值越大，其负反馈放大电路越容易满足深度负反馈条件。

【例 7.15】 电路如图 7.35 所示，试求电压增益的表达式。

【解】电路是两级共射极放大电路，电阻 R_{f} 引入的是电流并联负反馈，在深度负反馈条件下求解。

① 根据图 7.35 所示反馈等效电路求反馈量

$$i_{\mathrm{f}} = \frac{R_{6}}{R_{1} + R_{\mathrm{f}} + R_{6}} i_{\mathrm{o}}$$

② 根据电流并联反馈可得

$$F_{i} = \frac{i_{\mathrm{f}}}{i_{\mathrm{o}}} \Rightarrow A_{i\mathrm{f}} = \frac{1}{F_{i}} = \frac{i_{\mathrm{o}}}{i_{\mathrm{f}}} = \frac{R_{1} + R_{\mathrm{f}} + R_{6}}{R_{6}}$$

③ 根据闭环电压增益的定义得

$$\left(A_{v\mathrm{f}} = \frac{v_{\mathrm{o}}}{v_{\mathrm{i}}}, \ A_{i\mathrm{f}} = \frac{i_{\mathrm{o}}}{i_{\mathrm{i}}} \right) \Rightarrow A_{v\mathrm{f}} = \frac{f(i_{\mathrm{o}})}{f(i_{\mathrm{i}})} = \frac{i_{\mathrm{o}} R_{5}}{i_{\mathrm{i}} R_{1} + v_{\mathrm{be1}} + (1+\beta_{1}) i_{\mathrm{b1}} R_{3}}$$

④ 根据深度负反馈条件下的虚短（$v_{\mathrm{be}} \approx 0$）和虚断（$i_{\mathrm{i}} \approx i_{\mathrm{f}}$，$i_{\mathrm{b1}} \approx 0$）关系得

$$A_{v\mathrm{f}} = \frac{i_{\mathrm{o}} R_{5}}{i_{\mathrm{i}} R_{1}} = \frac{R_{5}}{R_{1}} A_{i\mathrm{f}} = \frac{R_{5}(R_{1} + R_{\mathrm{f}} + R_{6})}{R_{1} R_{6}}$$

图 7.35　例 7.15 电路

【例 7.16】 电路如图 7.30 所示，试求电压增益的表达式。

【解】电路是一个三级共射极放大电路，电阻 R_{6} 和电容 C_{3} 引入的是电流串联负反馈，电路满

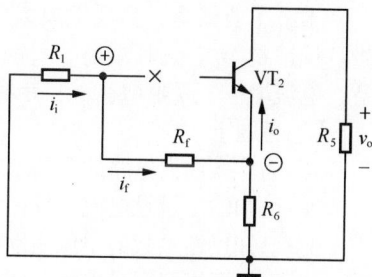

足深度负反馈条件。另外，反馈量 v_f 可以直接引用例 7.15 的结论。

① 根据电流串联反馈可得

$$F_r = \frac{v_f}{i_o} \Rightarrow A_{gf} = \frac{1}{F_r} = \frac{i_o}{v_f} = \frac{i_o}{i_o R_2 R_8 / (R_2 + R_6 + R_8)} = \frac{R_2 + R_6 + R_8}{R_2 R_8}$$

② 根据闭环电压增益的定义得

$$\left(A_{vf} = \frac{v_o}{v_i}, \ A_{gf} = \frac{i_o}{v_i} \right) \Rightarrow A_{vf} = \frac{f(i_o)}{v_i} = \frac{-i_o R_7}{v_i} = -R_7 A_{gf} = -\frac{R_7 (R_2 + R_6 + R_8)}{R_2 R_8}$$

【例 7.17】 电路如图 7.36 所示，试求该电路的电压增益表达式。

【解】 电路是两级共射极放大电路，电阻 R_6 引入的是交直流电压串联负反馈，满足深度负反馈条件；电阻 R_7 引入的是直流反馈，不会影响电路的增益。另外，反馈量 v_f 可以直接引用例 7.12 的结论。

根据电压串联反馈可得

$$F_v = \frac{v_f}{v_o} \Rightarrow A_{vf} = \frac{1}{F_v} = \frac{v_o}{v_f} = \frac{v_o}{v_o R_2 / (R_2 + R_6)}$$

$$\Rightarrow A_{vf} = \frac{R_2 + R_6}{R_2}$$

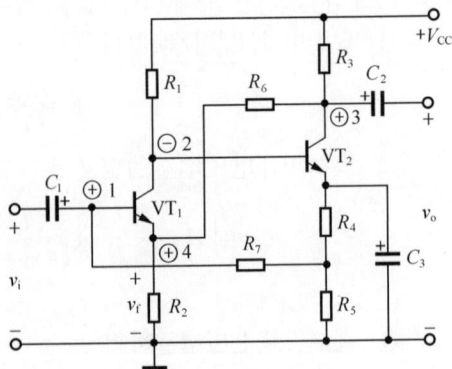

图 7.36 例 7.17 电路

7.3.4 小节练习

【知识回顾】

本节主要概念：负反馈放大电路中增益相关的物理量（外加输入信号、净输入信号、输出信号、反馈量等）、开环增益、反馈系数、闭环增益及其表达式、不同反馈组态的增益形式（电压增益、电流增益、互阻增益、互导增益）、深度负反馈条件下的增益表达式。

【思考题】

1. 为什么放大电路的开环增益越高越容易满足深度负反馈条件？
2. 已知输出量是电流，反馈量是电压，则对应的是何种闭环增益？
3. 已知反馈系数的单位是欧姆，则对应的是何种闭环增益？
4. 已知反馈组态是电压并联，如果要求电压增益，需要先求出什么增益？
5. 已知反馈组态是电流串联，如果要求电压增益，需要先求出什么增益？

负反馈放大电路的增益计算自测题

7.4 负反馈对放大电路性能的影响

引入负反馈后，放大电路的增益、输入输出电阻、带宽、失真度、抗干扰能力等都会发生变化。本节对相关内容作介绍，并在此基础上简单讲解负反馈放大电路的设计方法。

7.4.1 对增益的影响

（1）降低增益

如前所述，负反馈的引入会降低放大电路的增益，即

$$A_f = \frac{A}{1 + AF} \quad (1 + AF > 1)$$

（2）提高增益的稳定性

将闭环增益 A_f 的表达式对 A 进行求导得

$$\frac{\mathrm{d}A_f}{\mathrm{d}A} = \frac{1}{(1 + AF)^2} \tag{7.13}$$

上式作简单变换可得

$$\frac{\mathrm{d}A_f}{\mathrm{d}A} = \frac{A}{1+AF}\frac{1}{1+AF}\frac{1}{A} = A_f \frac{1}{1+AF}\frac{1}{A} \Rightarrow \frac{\mathrm{d}A_f}{A_f} = \frac{1}{1+AF}\frac{\mathrm{d}A}{A} \tag{7.14}$$

式（7.14）中 $\mathrm{d}A_f / A_f$ 和 $\mathrm{d}A / A$ 分别描述了闭环增益和开环增益的相对变化率。闭环增益的相对变化量比开环增益小 $1/(1+AF)$，表明闭环增益更加稳定。所以负反馈放大电路虽然牺牲了增益，但换来的是增益稳定性的提高。

7.4.2　对输出值的影响

（1）电压负反馈

电压负反馈能使输出电压趋于稳定。例如，图 7.37 所示电路都属于电压负反馈。

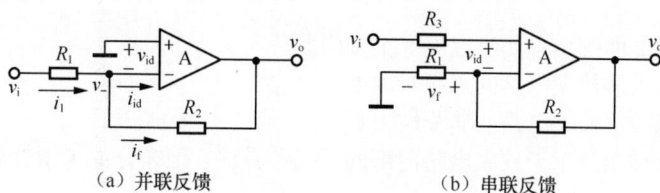

（a）并联反馈　　　　　（b）串联反馈

图 7.37　电压负反馈

对于图 7.37（a）有如下过程

$$v_o \uparrow \rightarrow \downarrow i_f = \frac{v_- - v_o}{R_2} \rightarrow \uparrow i_{id} = i_1 - i_f \rightarrow \downarrow v_{id} = -i_{id}R_{id} \rightarrow v_o \downarrow$$

对于图 7.37（b）有如下过程

$$v_o \uparrow \rightarrow \uparrow v_f = \frac{R_1}{R_1 + R_2}v_o \rightarrow \downarrow v_{id} = v_i - v_f \rightarrow v_o \downarrow$$

（2）电流负反馈

电流负反馈能使输出电流趋于稳定。例如，图 7.38 所示电路都属于电流负反馈。

对于图 7.38（a）有如下过程

$$i_o \uparrow \rightarrow i_f \uparrow \rightarrow \downarrow i_{id} = i_1 - i_f \rightarrow \uparrow v_{id}$$

$$= -i_{id}R_{id} \rightarrow v_o \uparrow \rightarrow \downarrow i_o = -\frac{v_o}{R_L}$$

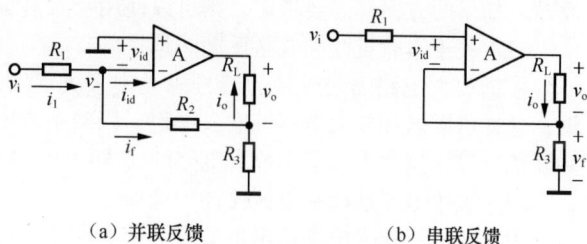

（a）并联反馈　　　　　（b）串联反馈

图 7.38　电流负反馈

对于图 7.38（b）有如下过程

$$i_o \uparrow \rightarrow \uparrow v_f = i_o R_3 \rightarrow \downarrow v_{id} = v_i - v_f \rightarrow v_o \downarrow \rightarrow \downarrow i_o = \frac{v_o}{R_L}$$

7.4.3　对输入输出电阻的影响

负反馈对放大电路输入电阻和输出电阻的影响主要由反馈网络与输入端口和输出端口的连接关系决定。通常情况下，串联关系会使电阻增加，并联关系会使电阻减小。表 7.3 列出了负反馈对输入电阻和输出电阻的影响。

表 7.3　负反馈对输入电阻和输出电阻的影响

类型	影响	效果	注释
串联负反馈	$R_{if} = (1 + AF)R_i$	提高输入电阻	无
并联负反馈	$R_{if} = \dfrac{R_i}{1 + AF}$	减小输入电阻	无
电压负反馈	$R_{of} = \dfrac{R_o}{1 + A_oF}$	减小输出电阻 使输出电压稳定	A_o 为 $R_L = \infty$ 时 的开环增益
电流负反馈	$R_{of} = (1 + A_oF)R_o$	提高输出电阻 使输出电流稳定	A_o 为 $R_L = 0$ 时 的开环增益

7.4.4　对其他性能的影响

负反馈对其他性能的影响主要有以下 3 个方面。

（1）负反馈可以扩展放大电路的通频带宽度。

（2）负反馈可以减小放大电路的非线性失真。

（3）负反馈可以抑制产生于放大电路内部的干扰和噪声。但是，如果干扰源处于反馈环之外，负反馈对其无抑制作用。

7.4.5　负反馈放大电路的设计

1. 引入负反馈的一般原则

设计负反馈放大电路时，应该根据需要引入合适的反馈类型。下面列出引入负反馈应该遵循的基本原则。

（1）关于直流反馈和交流反馈的选择

为了稳定静态工作点，应该引入直流负反馈；为了改善放大电路的动态性能，应该引入交流负反馈；如果两方面都需要考虑，则可以使用交直流负反馈。

（2）关于串联反馈和并联反馈的选择

根据放大电路需要外接的信号源类型来决定串并联反馈。如果是电压源，应该引入串联负反馈，这样可以增加放大电路的输入电阻，以减小电压源内阻的分压作用；如果是电流源，应该引入并联负反馈，这样可以减小放大电路的输入电阻，以减小电流源内阻的分流作用。

（3）关于电压反馈和电流反馈的选择

根据负载对放大电路输出量的要求来决定选择电压还是电流负反馈。如果负载需要稳定的电压信号，应该引入电压负反馈；如果负载需要稳定的电流信号，应该引入电流负反馈。但需要指出的是，电压或电流负反馈只能使输出电压或电流趋于不变，而非绝对不变。

（4）关于连接组态的选择

如果要进行电压放大（或实现电压对电压的控制），应该引入电压串联负反馈；如果要进行电流放大（或实现电流对电流的控制），应该引入电流并联负反馈；如果要将电压转换为电流（或实现电压对电流的控制），应该引入电流串联负反馈；如果要将电流转换为电压（或实现电流对电压的控制），应该引入电压并联负反馈。

2．负反馈的接线方法

在选定负反馈的类型后，接下来需要解决的是反馈网络与基本放大器的接线问题。下面我们配合图 7.39 来介绍两者的接线方法。

（1）符号说明

① 符号 A 表示基本放大器，F 表示反馈网络。

② 基本放大器中的正负号，描述了放大器的输入输出瞬时极性关系。

③ 符号 a、b 表示信号源的连接点，c、d、e、f、g、h 分别表示基本放大器输入回路

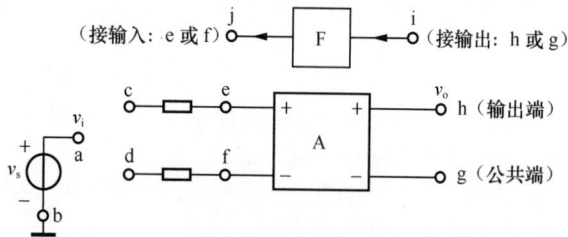

图 7.39　负反馈放大电路的连接关系图

和输出回路的连接点，i、j 分别表示反馈网络输入端和输出端的连接点。

（2）接线方法

① 负反馈网络连接的放大器输入输出一定是反相位关系。

② a 点接 c 表示 e 为放大器的输入端，f 为公共端；a 点接 d 表示 f 为输入端，e 为公共端。

③ 电压反馈的情况下 i 应接放大器的输出端 h，电流反馈的情况下 i 应接放大器的公共端 g。

④ 串联反馈的情况下 j 应接在公共端上；并联反馈的情况下 j 应接在输入端上。

（3）电压串联的连接关系（i→h、j→f、a→c、b→d）

① 电压反馈决定 i 接 h；② 因为 h 与 f 反相，所以 j 接 f；③ 因为是串联反馈，f 只能作放大器的公共端，故 a 接 c，b 接 d。

（4）电压并联的连接关系（i→h、j→f、a→d、b→c）

① 电压反馈决定 i 接 h；② 因为 h 与 f 反相，所以 j 接 f；③ 因为是并联反馈，f 应该作放大器的输入端，故 a 接 d，b 接 c。

（5）电流串联的连接关系（i→g、j→e、a→d、b→c）

① 电流反馈决定 i 接 g；② 因为 g 与 e 反相，所以 j 接 e；③ 因为是串联反馈，e 只能作放大器的公共端，故 a 接 d，b 接 c。

（6）电流并联的连接关系（i→g、j→e、a→c、b→d）

① 电流反馈决定 i 接 g；② 因为 g 与 e 反相，所以 j 接 e；③ 因为是并联反馈，e 应该作放大器的输入端，故 a 接 c，b 接 d。

3．防止负反馈放大电路的自激振荡

负反馈放大电路的性能改善与反馈深度有关，理论上讲，反馈越深，改善越明显。但是反馈过深时，有可能造成放大电路产生自激振荡，这是必须防范的。

（1）自激振荡产生的原因

自激振荡是指放大电路在没有外加输入的情况下自发产生一定输出信号的现象。产生自激振荡的原因主要是：① 放大电路中存在电抗性元件，使放大电路在低频段或高频段产生附加相移。在一定条件下，附加相移会使负反馈转变成正反馈，从而触发自激振荡。② 反馈过深，导致反馈信号过大。

关于自激振荡有如下几点说明。

① 如果假设反馈网络是电阻网络，放大电路为直接耦合形式，则附加相移由放大电路决定，自激振荡只可能发生在高频段。

② 三级或三级以上的直接耦合放大电路，引入负反馈后有可能产生高频自激振荡。如果放大电路中使用的电容数量等于或大于三个，引入负反馈后也可能产生低频自激振荡。

③ 通常情况下，放大电路的级数越多，耦合电容、旁路电容使用得越多，引入的负反馈越深，产生自激振荡的可能性越大。所以，设计多级放大电路时一般不超过三级。

（2）自激振荡产生的条件

产生自激振荡的条件是

$$\dot{A}\dot{F} = -1 \qquad (7.15)$$

或者写成

$$\begin{cases} |\dot{A}\dot{F}| = 1 & (7.16a) \\ \varphi_a + \varphi_f = \pm(2n+1)\pi & (7.16b) \end{cases}$$

式（7.16a）称为振幅平衡条件，式（7.16b）称为相位平衡条件。

（3）消除自激振荡的方法

消除自激振荡的方法简单来说就是破坏振荡条件，常用的方法有滞后补偿法和超前补偿法，相应的原理电路如图 7.40 所示。

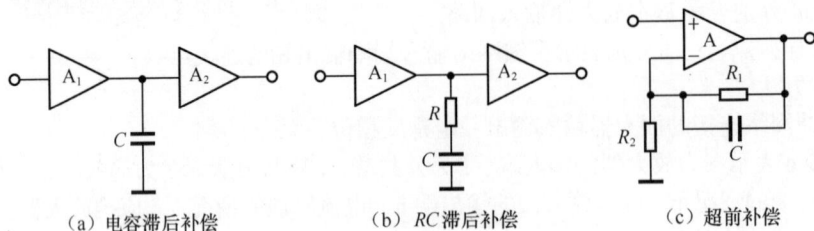

(a) 电容滞后补偿　　　　(b) RC 滞后补偿　　　　(c) 超前补偿

图 7.40　自激振荡的消除方法

① 滞后补偿。

滞后补偿通过引入一个低通滤波器来延迟信号，使反馈信号在高频段相对于输入信号有一个相位滞后，这样可以有效防止正反馈的产生，从而避免自激振荡。

如图 7.40（a）所示，在基本放大电路中插入一个接地的小电容 C，与前级电路的输出电阻构成 RC 低通电路，用以延迟信号。这种设计可以有效地在高频段引入相位滞后，降低电路高频段的电压增益（对于中低频信号，电容 C 的容抗大，不影响信号的通过；对于高频信号，电容 C 的容抗小，分流作用明显，所以高频信号的通过性变弱，电路增益下降），实现系统稳定。

注意，电容滞后补偿虽然可以消除自激振荡，但会使电路的带宽变窄。如果采用图 7.40（b）所示的 RC 滞后补偿电路，在消除自激振荡的同时，也可以使电路带宽得到一定的改善。

② 超前补偿。

超前补偿通过引入一个高通滤波器来提前信号，使反馈信号在高频段相对于输入信号有一个相位超前，这样可以增加系统的响应速度和稳定性，从而减少自激振荡的可能性。

如图 7.40（c）所示，在集成运放的反馈支路上并联一个电容 C，与 R_2 构成 RC 高通电路，用以提前信号。这种设计可以增加电路的带宽和响应速度，同时减少自激振荡的风险。

7.4.6　小节练习

【知识回顾】

本节主要概念：负反馈会使增益降低，但会提升增益的稳定性；电压负反馈能够稳定输出电压，电流负反馈能够稳定输出电流；电压反馈会降低输出电阻，电流反馈会增大输出电阻；串联反馈会增大输入电阻，并联反馈会降低输入电阻；负反馈电路设计方法。

【思考题】

1. 为什么集成运放构成放大电路时需要引入负反馈？
2. 集成运放构成的反相比例运算电路，其引入的反馈对电路产生了什么影响？
3. 如果希望提升电路的负载能力和抗干扰能力，应该引入什么反馈组态？

负反馈对放大
电路性能的
影响自测题

4. 信号源是电压源，如果希望稳定输出电压，应该引入什么组态的负反馈？

5. 信号源是电流源，如果希望稳定输出电流，应该引入什么组态的负反馈？

内容要点

7.5 综合练习

本章主要介绍反馈的相关概念、反馈的类型、反馈类型的分析方法、负反馈放大电路的增益计算、负反馈对放大电路性能的影响、负反馈放大电路的设计等内容。

章节随测

① 关于反馈的概念，一定要理解反馈是从输出到输入的过程。反馈量来自放大电路的输出电量，反馈量会使放大电路的输入电量增加或减少。

② 关于反馈的类型，首先要理解各种类型的含义，然后掌握其特点。例如，正负反馈强调对输入电量的影响、交直流反馈强调对电路性能的影响、电压电流反馈强调反馈量的来源、串联并联反馈强调以何种方式影响输入电量等。

③ 关于反馈类型的分析，需要按照一定的步骤进行操作。每一步骤都有其相应的判断方法，判断连接组态的方法和判断正负反馈的瞬时极性法要重点掌握。

④ 关于负反馈放大电路的增益计算，首先要掌握闭环增益的一般表达式，然后在此基础上掌握各种反馈类型所对应的增益表达式，并理解其具体含义。最后要重点掌握深度负反馈条件下放大电路增益的近似计算方法。

⑤ 关于负反馈对放大电路性能的影响，重点是理解负反馈对增益的影响、对输出电量的影响和对输入输出电阻的影响等。

⑥ 关于负反馈放大电路的设计，重点是理解和掌握负反馈的引入原则和电路的接线方法。

7.5.1　仿真练习题

7.1　试用 Tina 软件绘制题 7.1 图（a）所示电路，该电路由 VT_1 和 VT_2 构成的两级放大电路，是同相电压放大器。电路主要参数：三极管选用 2N2222A，信号源 V_i 为 1mV、1kHz 的正弦信号，直流电压 V_{CC} 为 12V，其他元件参数见图。电路中，R_f（2kΩ）和 C_f（1μF）引入了级间交流电压串联负反馈。仿真测量该电路的开环增益和闭环增益，并分析两者之间的关系。

【操作提示】

（1）在 Tina 软件中按题 7.1 图（a）建立电路模型。

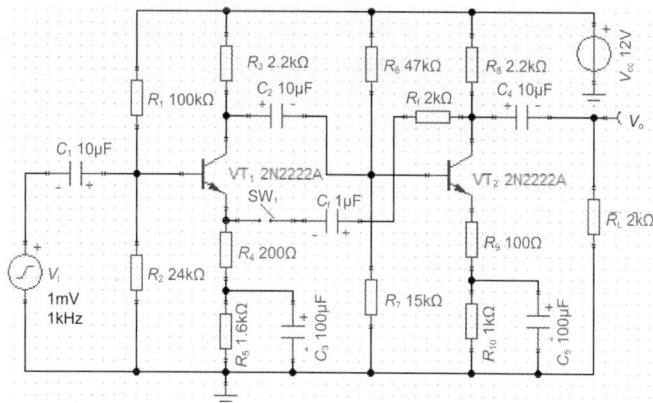

（a）原理电路图

题 7.1 图

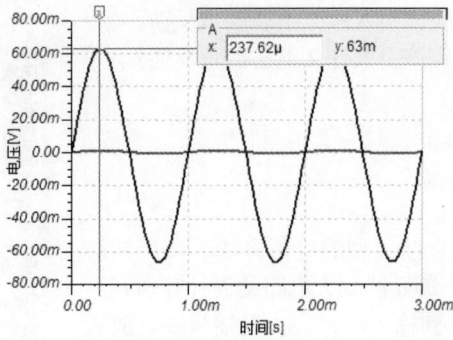

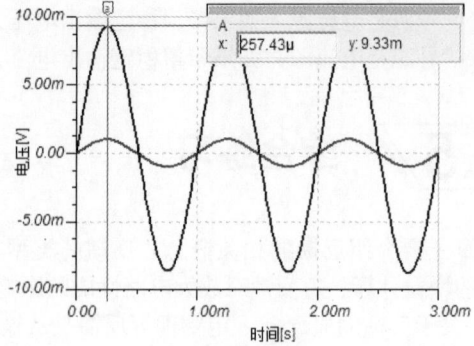

（b）开环仿真效果　　　　　　　　　（c）闭环仿真效果

题 7.1 图（续）

（2）在开关 SW_1 断开的情况下进行瞬时分析，仿真效果如题 7.1 图（b）所示（主要看 V_i 和 V_o 的关系），可测得电路的开环增益（a 指针测得的幅值除以输入信号的幅值），约为 63。

（3）在开关 SW_1 闭合的情况下进行瞬时分析，仿真效果如题 7.1 图（c）所示（主要看 V_i 和 V_{of} 的关系），可测得电路的开环增益（a 指针测得的幅值除以输入信号的幅值），约为 9.33，显示了负反馈的引入使电路的增益明显下降。

（4）算出反馈系数 $F=R_4/(R_4+R_f)=0.2/(0.2+2)=1/11$，用公式（7.9）可以计算得理论闭环增益约为 9.36，与仿真值相当。

7.2 就上题电路，分别测量开环状态和闭环状态下电路的输入电阻，并比较两者的关系。

【操作提示】

（1）在电路的输入端串联一个电阻 R_s（10kΩ），将 V_i 改为 V_s，并在上方添加一个电压指针 V_i（用于测量 R_s 和 V_s 两端的电压），具体如题 7.2 图（a）所示。

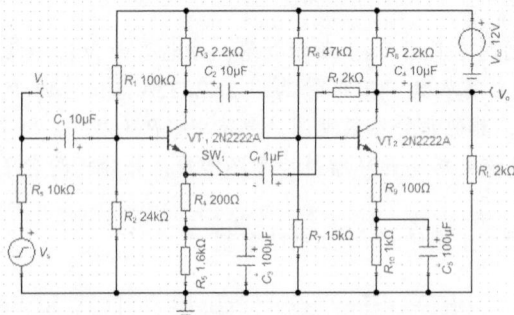

（a）测输入电阻电路图

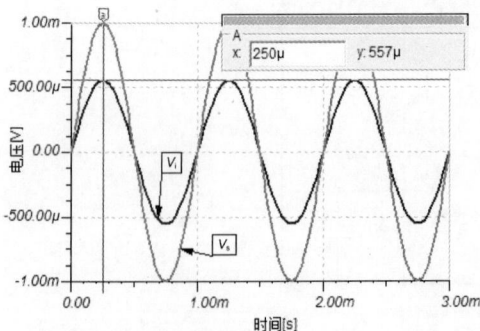

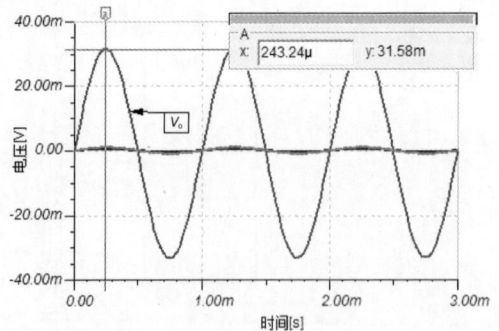

（b）开环状态测 V_i（$R_s=10kΩ$）　　　　　　　（c）开环状态测 V_o（$R_s=12.57kΩ$）

题 7.2 图

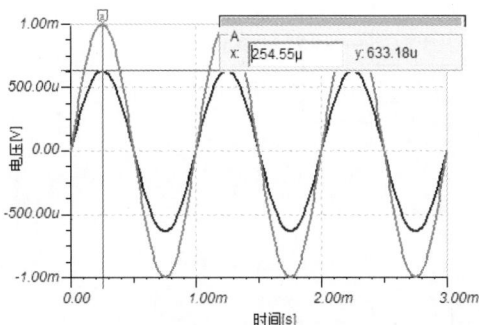

（d）开环状态测 V_i（$R_s = 10\text{k}\Omega$）　　　　（e）开环状态测 V_o（$R_s = 17.25\text{k}\Omega$）

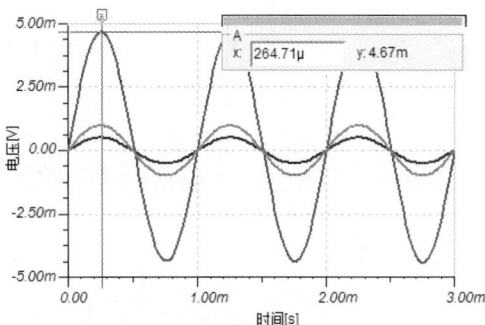

题 7.2 图（续）

（2）在开关 SW_1 断开的情况下进行瞬时分析，仿真效果如题 7.2 图（b）所示（为便于观察，可以先删除 V_o——选中 V_o 波形按"Delete"键），测得 V_i 的幅值为 0.557mV。

（3）利用公式求得开环输入电阻

$$R_i = \frac{V_i}{V_s - V_i} R_s = \frac{0.557}{1 - 0.557} \times 10 \times 10^3 = 12.57\text{k}\Omega$$

（4）用半压法验证测量结果：将 R_s 改为 12.57kΩ，正好等于电路的输入电阻，用瞬时仿真观察此时的输入输出波形，如题 7.2 图（c）所示，可以测得输出波形的幅值为 31.58mV，约为原值 63mV 的一半。

（5）重新设置 R_s 为 10kΩ，闭合开关 SW_1，重复上述步骤测量电路的闭环输入电阻。

① 测 V_i 的仿真效果如题 7.2 图（d）所示，其幅值为 0.633mV，求得闭环输入电阻约为 17.25kΩ。

② 验证仿真效果如题 7.2 图（e）所示，测得输出波形的幅值为 4.67mV，约为原值 9.33mV 的一半。

（6）电路引入串联反馈后，输入电阻得以提升。

7.5.2　小电路设计

7.3　试用 Tina 软件设计一个带负反馈的音频放大电路，能够控制低音信号衰减和增强 20dB。说明：这种电路常称为音调控制电路。所谓音调，即声音的频率，用来反映声的高低。

【设计方案】

在电路中可以针对低音部分设计相应的通道，包括正向传递和反向反馈通道。原则上：要衰减低音信号时，正向传递应增加对其的阻碍，同时对其的反馈要增大；而要增强低音信号时，则反过来，正向传递应减小对其的阻碍，同时对其的反馈要减小。放大电路基本结构如题 7.3 图 1（a）所示。

说明：

（1）对低频信号的控制选用电阻即可实现，通过改变电阻的大小就能控制信号的通过性。

（2）考虑到实际音频信号还包含中音和高音部分，因此电路还需要同时兼顾中高音的通过性。关于这一点，可以选用电容来搭建中高音通路。所以放大器改进为题 7.3 图 1（b）所示结构。

【原理电路】

根据上述方案，可以用 Tina 软件设计出题 7.3 图 2 所示电路。

说明：

（1）开关 SW_1 接在右边时，电路能够实现对低音衰减 20dB。这时低音信号衰减的流程如下。

① 低音信号正向传递：$V_{in} \rightarrow R_1 \rightarrow R_3 \rightarrow SW_1$ 右端→集成运放反相端→进入放大器，该通道上电阻值最大（$R_1 + R_3$），即对低音信号的阻碍最大。

（a）放大电路基本结构

（b）放大电路改进结构

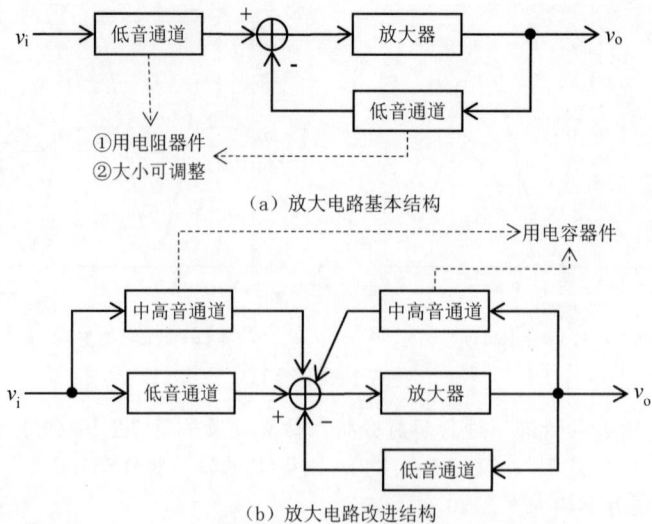

题 7.3 图 1　设计方案

② 低音信号反向传递（反馈）：$V_{out} \to R_2 \to SW_1$ 右端 $\to$ 集成运放反相端 $\to$ 进入放大器，该通道上电阻值最小（R_2），即对低音信号的反馈最强，负反馈越强增益越小。

③ 此时的电路对低音信号的增益为

$$|A_{vf}| = \frac{R_2}{R_1 + R_3} = \frac{10 \times 10^3}{10 \times 10^3 + 100 \times 10^3}$$
$$= 0.091 \Rightarrow 20 \log A_{vf} \approx -20\text{dB}$$

（2）开关 SW_2 接在左边时，电路能够实现对低音增强 20dB。这时低音信号增强的流程如下。

① 低音信号正向传递：$V_{in} \to R_1 \to SW_1$ 左端 $\to$ 集成运放反相端 $\to$ 进入放大器，该通道上电阻值最小（R_1），即对低音信号的阻碍最小。

题 7.3 图 2　原理电路

② 低音信号反向传递（反馈）：$V_{out} \to R_2 \to R_3 \to SW_1$ 左端 $\to$ 集成运放反相端 $\to$ 进入放大器，该通道上电阻值最大（$R_2 + R_3$），即对低音信号的反馈最小，负反馈越弱增益越大。

③ 此时的电路对低音信号的增益为

$$|A_{vf}| = \frac{R_2 + R_3}{R_1} = \frac{10 \times 10^3 + 100 \times 10^3}{10 \times 10^3} = 11 \Rightarrow 20 \log A_{vf} \approx +20\text{dB}$$

（3）关于中高音信号的流程如下（与开关位置无关）。

① 正向传递：$V_{in} \to R_1 \to C_1 \to$ 集成运放反相端 $\to$ 进入放大器。

② 反向传递（反馈）：$V_{out} \to R_2 \to C_2 \to$ 集成运放反相端 $\to$ 进入放大器。

③ 计算得电路对中高音信号的增益为 0，表明对其无增强也无衰减，能正常通过

$$|A_{vf}| = \frac{R_2}{R_1} = \frac{10 \times 10^3}{10 \times 10^3} = 1 \Rightarrow 20 \log A_{vf} \approx 0\text{dB}$$

7.4 试用 Tina 软件设计一个带负反馈的音频放大电路，能够控制高音信号衰减和增强 20dB。

【设计方案】

与上题类似，可以为高音设计专属的传输通道，包括正向传递和反向反馈通道。仍可选用电容控制高音信号的通过性能。

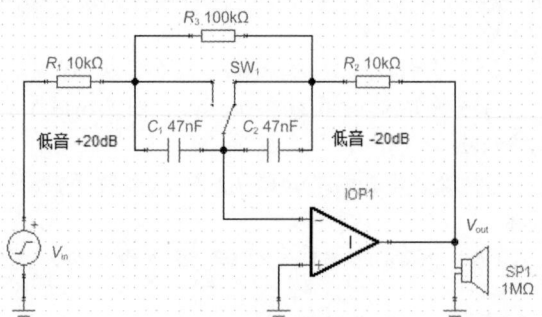

【原理电路】

根据上述方案，可以设计出题 7.4 图所示电路。

（1）开关 SW_2 接在右边时，电路能够实现对高音信号衰减 20dB。这时高音信号的衰减流程如下。

① 高音信号正向传递：V_{in}→R_1→集成运放反相端→进入放大器，该通道上只有电阻值 R_1，对高音信号有较大阻碍作用。

② 高音信号反向传递（反馈）：V_{out}→SW_2 右端→C_3→R_4→集成运放反相端→进入放大器，因该反馈通道上电阻值 R_4 远小于 R_2，故绝大部分高音信号走这条通道，即这条通道对高音信号的反馈最强，负反馈越强增益越小。

③ 此时的电路对高音信号的增益为：

$$|A_{vf}| = \frac{R_4}{R_1} = \frac{1k}{10k} = 0.1 \Rightarrow 20\log A_{vf} \approx -20\text{dB}$$

题 7.4 图　原理电路

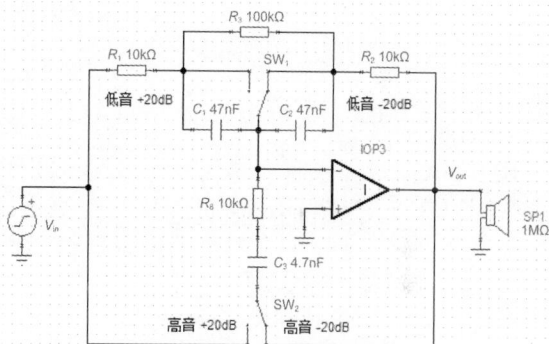

（2）开关 SW_2 接在左边时，电路能够实现对高音信号增强 20dB。这时高音信号的增强流程如下。

① 高音信号正向传递：V_{out}→SW_2 左端→C_3→R_4→集成运放反相端→进入放大器，该通道上只有电阻值 R_4，对高音信号的阻碍作用最小（R_1 远大于 R_4，故绝大部分高音信号走这条通道）。

② 高音信号反向传递（反馈）：V_{out}→R_2→集成运放反相端→进入放大器，该反馈通道上电阻值 R_4 较大，对高音信号的反馈较弱，负反馈越强增益越大。

③ 此时的电路对高音信号的增益为

$$|A_{vf}| = \frac{R_2}{R_4} = \frac{10 \times 10^3}{1 \times 10^3} = 10 \Rightarrow 20\log A_{vf} \approx +20\text{dB}$$

7.5 试用 Tina 软件设计一个带负反馈的音频放大电路，能够分别控制低音信号、高音信号衰减和增强 20dB。

【设计方案】

可以将上述两题合并考虑，设计出题 7.5 图所示电路。该电路的工作原理可参考上述两题的分析。

题 7.5 图　仿真电路

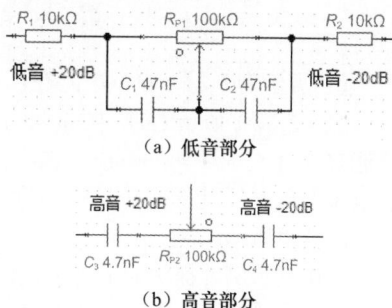

7.6 在上题的基础上，要求利用 Tina 软件设计电路实现对高音和低音信号的增益控制连续可调。

【设计方案】

（1）对于低音信号，可以使用可调电阻替换电阻 R_3 和开关 SW_1，具体如题 7.6 图（a）所示。R_{P1} 的滑动头移到最左端时，增益最高为 +20dB；移到最右端时，增益最小为 -20dB；移到中间时，增益为 0dB。

（2）对于高频信号，可以设计为题 7.6 图（b）所示的电路。R_{P2} 的滑动头移到最左端时，增益最高为 +20dB；移到最右端时，增益最小为 -20dB；移到中间时，增益为 0dB。

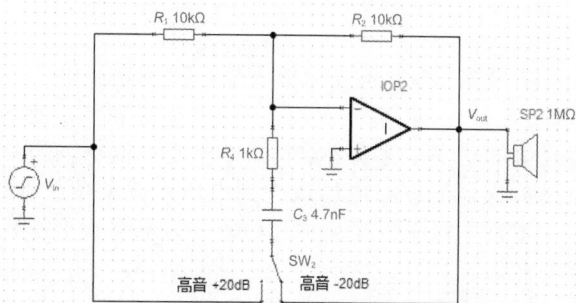

（a）低音部分

（b）高音部分

题 7.6 图　仿真电路

第 8 章
功率放大电路

思维导图

功率放大电路或功率放大器，简称功放电路，通常作为多级放大电路的输出级去驱动负载工作，例如，使扬声器发声、使电动机旋转、使继电器动作、使仪表指针偏转等。驱动负载需要足够的功率，这就要求功率放大电路能够输出足够的电压和电流。由于功率放大电路之前的电压放大器能够将电压放大到电路需要的值，所以对于功率放大电路只需强调其电流放大能力。本章主要介绍互补对称功率放大电路。下面我们通过几个仿真示例来了解功率放大电路的相关知识。

【仿真示例 8.1】 复合管在功率放大电路中的应用。

图 8.1（a）所示为复合管构成的互补对称功率放大电路，其中 VT_1 和 VT_2 组成 NPN 型复合管，VT_3 和 VT_4 组成 PNP 型复合管。用复合管主要是为了解决功放管的配对问题，通常不同极性的小功率管比大功率管更容易实现性能匹配。电路的输出波形如图 8.1（b）所示。

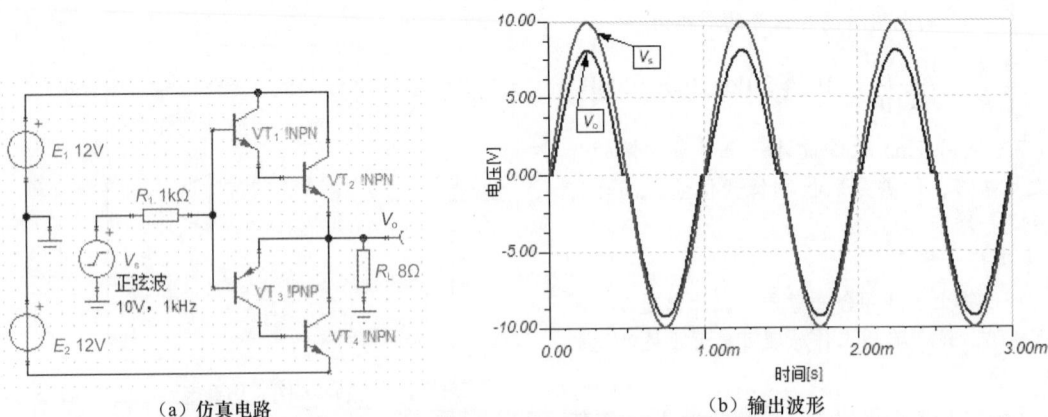

（a）仿真电路　　　　　　　　　　　（b）输出波形

图 8.1　复合管在功率放大电路中的应用仿真示例

【仿真示例 8.2】 自举电路在功率放大电路中的应用。

图 8.2（a）所示 OTL（Output Transformer less，无输出变压器）功率放大电路中，引入自举电路能够提升正半周期的输出。如果没有自举电路，在正半周期输出电压上升过程中，VT_1 因其基极电位受限而不能够充分地饱和导通，从而会限制正半周期输出电压的幅值。电路的输出波形如图 8.2（b）所示。

此仿真示例的提示如下。① 自举电路由自举电容 C_2 与隔直电阻 R_3 构成。② 开关 SW_1 断开时，模拟的是电路不引入自举电容的情况；SW_1 闭合时，模拟电路引入自举电容的情况。

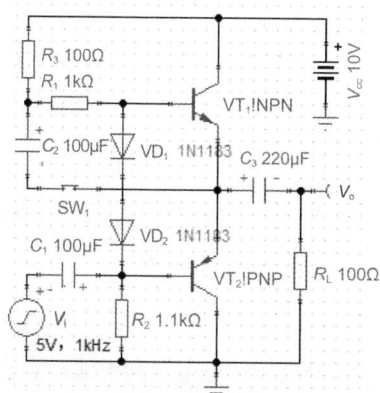
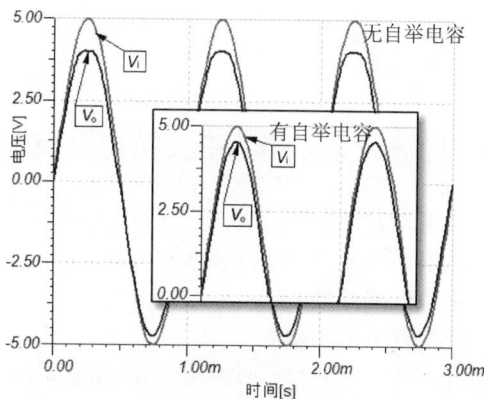

(a) 仿真电路　　　　　　　　　(b) 输出波形

图 8.2　自举电路在功率放大电路中的应用仿真示例

【仿真示例 8.3】　BTL（Balanced Transformer Less，平衡式无输出变压器）功率放大电路。

图 8.3（a）所示为 BTL 功率放大电路，亦称桥式推挽电路，功率放大电路的输出级与负载采用电桥连接方式，主要解决 OTL 功率放大电路效率虽高，但电源利用率不高的问题[1]。BTL 功率放大电路不需要接输出电容，V_{i1} 和 V_{i2} 为差模信号关系。输出波形如图 8.3（b）所示。

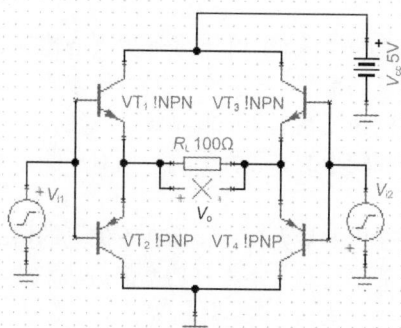
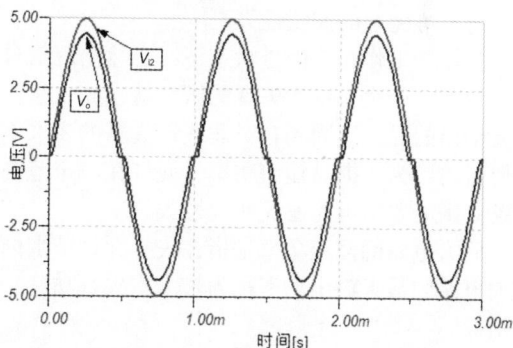

(a) 仿真电路　　　　　　　　　(b) 输出波形

图 8.3　BTL 功率放大电路仿真示例

功率放大电路的学习相对简单，其基础仍然是单级放大电路。学习中，首先应该把握功率放大电路的组成原理和工作特点，记住典型的功率放大电路结构；然后重点掌握功率放大电路的分析方法，在记住相关计算公式后，还要能够根据电路的结构变化对计算式进行调整；最后要对功率三极管的选择、功率放大电路的自举问题、功率放大电路的使用问题、集成功率放大电路等知识进行了解。

8.1　功率放大电路的特点及分类

功放电路的
一般问题

学习功率放大电路，首先需要了解功率放大电路的主要技术要求，包括输出功率

---

[1] 与 OTL 功率放大电路相比，在相同电源电压和负载下，BTL 功率放大电路的输出功率是 OTL 功率放大电路的 3~4 倍，在较低的直流工作电压下也可以获得较大的输出功率。另外，OTL 功率放大电路电源利用率不高的原因在于，每半个周期内（假设输入信号为正弦波）只有一只晶体管在工作；而 BTL 功率放大电路每个周期内都有两只晶体管在工作（正半周期 VT_1 和 VT_4 导通，形成 $V_{CC} \rightarrow VT_1 \rightarrow R_L \rightarrow VT_4 \rightarrow$ 地的回路；负半周期 VT_2 和 VT_3 导通，形成 $V_{CC} \rightarrow VT_3 \rightarrow R_L \rightarrow VT_2 \rightarrow$ 地的回路），故其电源利用率是 OTL 功率放大电路的 2 倍。

要大、效率要高、失真要小，以及散热性能要好等。为了追求高效率，功率放大电路通常需要工作在乙类或甲乙类状态。

8.1.1 功率放大电路的主要特点及技术要求

对于之前学习过的电压放大器，其要求是在不失真的情况下尽可能提高输出信号的电压幅值，但其输出功率并不一定大。对于功率放大电路，由于功能不同，其工作特点和技术要求与电压放大器存在明显不同，具体如下。

（1）输出足够大的功率 P_o

由于输出功率 $P_o = V_o I_o$，所以功率放大电路应该有足够大的电压动态范围和电流动态范围，这就要求晶体管只能在安全区内接近极限状态下工作，即功率放大电路是工作在大信号状态下。

（2）有尽可能高的效率 η

所谓效率，就是功率放大电路的输出功率 P_o 与电源供给的直流功率 P_V 之比

$$\eta = \frac{P_o}{P_V} \times 100\% \tag{8.1}$$

显然，这个比值越大，效率就越高。考虑到功率放大电路的 P_o 较大，所以效率的提高意味着直流能耗的降低。

（3）有尽可能小的非线性失真

由于晶体管工作在大信号状态下，必然出现信号进入非线性区而产生非线性失真的情况。通常输出功率越大，产生非线性失真的概率就越高，显然两者是功率放大电路的一对主要矛盾。

需要指出的是，不同场合对非线性失真的要求不同。例如，在工业控制系统中，往往以输出功率为主要目的的，为了提高输出功率，允许在一定范围内存在较小的非线性失真；而对于测量系统和电声设备，则需要尽可能避免非线性失真。

功率放大电路的额定功率是指在失真允许范围内电路输出的最大功率；而在不失真的情况下，功率放大电路的最大输出功率称为最大不失真功率。额定功率与最大不失真功率都是功率放大电路的质量指标。

（4）散热问题

功率放大电路中的功放管在工作时既要输出大的电压，又要输出大的电流，所以功放管消耗的功率非常大，使功放管的结温迅速升高，这就需要很好地解决功放管的散热问题。

8.1.2 放大电路的工作状态

放大电路有三种基本工作状态，如图 8.4 所示。在图 8.4（a）中，静态工作点 Q 大致在交流负载线的中点，这称为甲类工作状态。电压放大电路就是工作在这种状态。在甲类工作状态下，不论有无输入信号，电源始终不断地输出功率。对于三极管甲类放大电路，在无信号输入时，电源的输出功率全部消耗在三极管和电阻上，且以三极管集电极损耗为主；在有信号输入时，电源输出功率中的一部分转换为有用的输出功率，信号越大，输出功率也就越大。甲类放大电路在理想情况下的效率最高只能达到50%（需使用变压器耦合的方式连接负载）。

欲提高效率，需要从两方面着手：一是通过增加放大电路的动态工作范围来增加输出功率；二是尽可能减小电源供给的功率。从甲类放大电路来看，静态电流是造成管耗的主要原因。如果把静态工作点下移到 $i_C = 0$ 处，电源供给的功率则随信号的大小变化，信号增大时电源供给的功率随之增大；没有信号时，电源供给的功率近似为零。这种状态称为乙类工作状态，如图 8.4（c）所示，其效率最高能够达到 78.5%。如果静态工作点处在甲类和乙类之间的情况称为甲乙类工作状态，如

图 8.4（b）所示，其效率在 50%～78.5% 之间。为提高效率，功率放大电路主要采用甲乙类或乙类放大电路。

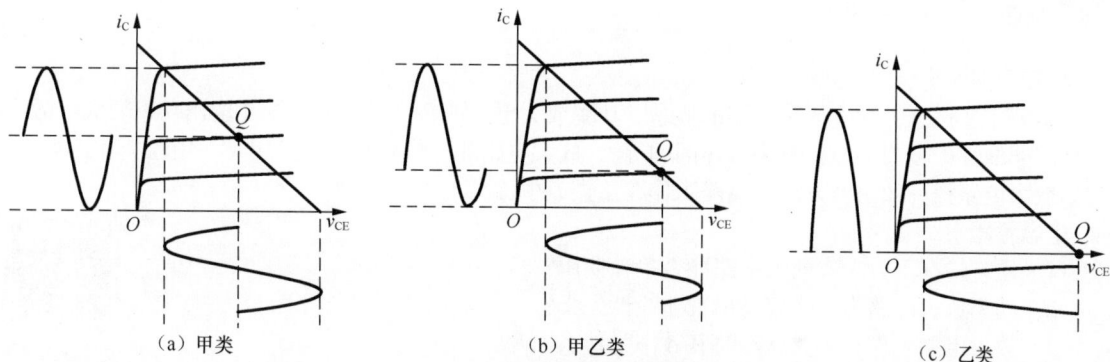

(a) 甲类　　　　　　　　　(b) 甲乙类　　　　　　　　(c) 乙类

图 8.4　放大电路的工作状态

另外，需要指出的是甲乙类和乙类放大电路虽然减小了静态功耗，提高了效率，但都出现了波形失真。因此，既要保证管耗小，又要使失真不太严重，这就需要在电路结构上采取措施。

8.1.3　功率放大电路的分类

功率放大电路可以从不同角度进行分类，具体如下。

（1）按耦合方式分类

按照输出端的耦合方式（与负载的连接方式）不同可以将功率放大电路分为直接耦合、变压器耦合和电容耦合三种类型，具体如图 8.5 所示。

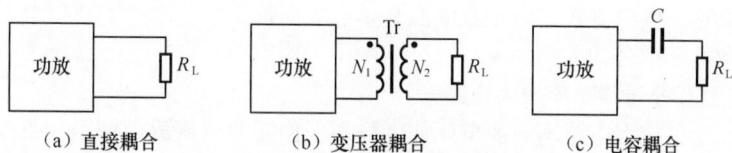

(a) 直接耦合　　　　　　　(b) 变压器耦合　　　　　　(c) 电容耦合

图 8.5　功率放大电路输出端的耦合方式

注意，变压器耦合功率放大电路因为使用了变压器，其体积大、重量重、频带窄、效率低，并有漏磁易干扰附近电路，所以目前已使用得较少。

（2）按功放管类型分类

按照功放管的类型可以将功率放大电路分为电子管功率放大电路、晶体管功率放大电路、场效应管功率放大电路和集成功率放大电路。

（3）按工作状态分类

在信号的一个周期中，功放管导通的时间所对应的电角度称为导通角或导电角，记作 θ。按照 θ 的大小，功率放大电路可分为甲类（$\theta = 360°$）、乙类（$\theta = 180°$）、甲乙类（$180° < \theta < 360°$）[1]。

（4）按电路形式分类

按照电路的形式可以将功率放大电路分为单管功率放大电路、推挽式（互补式）功率放大电路、桥式功率放大电路。

综上所述，本章主要介绍由两只不同类型的三极管（NPN 型和 PNP 型）构成的乙类功率放大电路

---

[1] 除了甲类、乙类、甲乙类外，功率放大电路还有丙类和丁类。丙类功率放大电路的导通角小于 180°，通常只用在调谐电路中，而不用于传递大功率信号。丁类功率放大电路用于放大脉冲（数字）信号，这种信号通常持续时间较短。丁类功率放大电路的实际效率较高，能达到 90% 以上。

和甲乙类功率放大电路，它们都属于推挽式功率放大电路，输出端采用直接耦合或电容耦合的方式。

8.1.4　小节练习

【知识回顾】

本节主要概念：功率放大电路的概念、功率放大电路的特点及技术要求（输出功率要大、效率要高、非线性失真要小、要解决散热问题等）、放大电路的工作状态（包括甲类、甲乙类和乙类）、功率放大电路提高效率的方法（电路工作在乙类或甲乙类）。

【思考题】

1. 通常情况下，功率放大电路能否单独使用？
2. 功率放大电路为什么容易出现非线性失真？
3. 放大电路工作在甲类状态时其效率为什么不高？
4. 放大电路工作在甲乙类或乙类时有什么优点和缺点？
5. 功率放大电路的散热主要是解决什么器件的散热问题？

功率放大电路
的特点及分类
自测题

8.2　互补对称功率放大电路

8.2.1　互补对称功率放大电路的基本形式

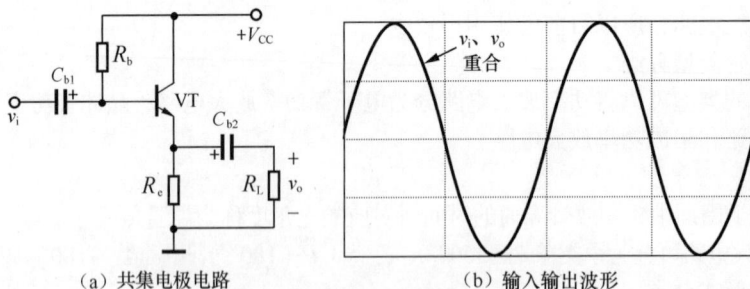

为获得高效率，功率放大电路需要工作在乙类或甲乙类状态。为解决乙类和甲乙类电路输出波形失真的问题，功率放大电路需要采用互补对称结构。对于乙类和甲乙类功率放大电路，供电方式可以是双电源和单电源两种，输出方式配合供电方式分为直接耦合和电容耦合。

互补对称功放电
路的基本形式

1. 乙类双电源互补对称功率放大电路

如前文所述，功率放大电路不需要电压放大作用，而需要电流放大作用，所以功率放大电路的原型电路可以选用三极管共集电极电路（电压增益近似为 1，而电流增益为 β），如图 8.6（a）所示。这是一个甲类放大电路，其输入输出波形近似重合，如图 8.6（b）所示，表明其跟随性非常好。

（a）共集电极电路　　　　（b）输入输出波形

图 8.6　功率放大电路的原型电路

为了提高工作效率，可以将其中的电阻 R_b 去掉，以把静态工作点置于截止区；另外，射极电阻 R_e 也可以去掉，以减小损耗。这样就得到了图 8.7（a）所示的电路，是一个乙类放大电路。显然，在提高效率的同时，输出波形产生了较严重的失真，如图 8.7（b）所示。

NPN 管乙类放大电路产生半波失真（失真①）的原因是 NPN 型三极管只能在输入的正半周期导通，负半周期因发射结反偏而截止。产生失真②的原因是在正半周期开始或结束阶段，正向电压较小，还不足以驱动发射结导通，三极管仍然处于截止状态，故没有输出。产生失真③的原因是正半周期的输入电压需要分出一小部分（例如，硅管约 $0.6 \sim 0.7\text{V}$）去驱动三极管的发射结正向导通，故输出电压在跟随输入电压变化时存在一定的差异。

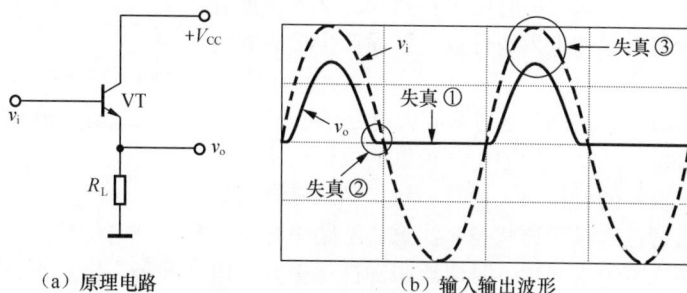

（a）原理电路　　　　　　　　（b）输入输出波形

图 8.7　NPN 管乙类放大电路

如果用 PNP 管来构成如图 8.8（a）所示的乙类放大电路，则能够输出信号的负半周期，输出波形正好与 NPN 管乙类放大电路相反，如图 8.8（b）所示。

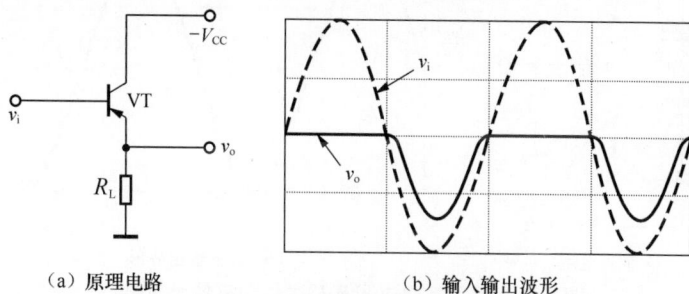

（a）原理电路　　　　　　　　（b）输入输出波形

图 8.8　PNP 管乙类放大电路

如果将 NPN 管和 PNP 管乙类放大电路组合在一起，如图 8.9（a）所示，当输入信号为正半周期时，NPN 管（VT_1 管）导通输出信号的正半周期；当输入信号为负半周期时，PNP 管（VT_2 管）导通输出信号的负半周期。这样通过 NPN 管和 PNP 管的交替导通，两管的输出相互补充，共同使输出信号成为一个完整的波形，如图 8.9（b）所示。

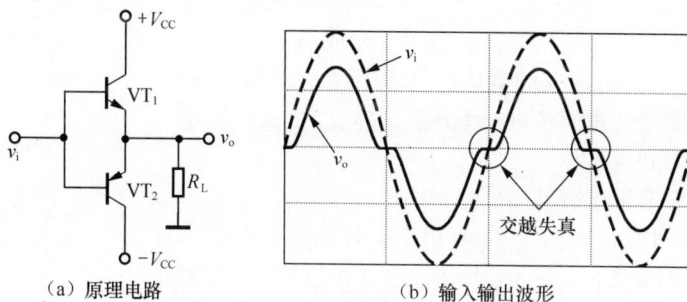

（a）原理电路　　　　　　　　（b）输入输出波形

图 8.9　乙类双电源互补对称功率放大电路

显然，为了使输出信号的正负半周期对称，需要将 NPN 管和 PNP 管的相关参数保持对称和一致。另外，电路采用了双电源供电，故被称为乙类双电源互补对称功率放大电路，也简称为 OCL（Output Capacitor less，无输出电容器）功率放大电路。这种功率放大电路的结构虽然简单，但输出波形仍然存在交越失真（强调信号在正负半周期交替时出现的失真），输出电压也比输入电压略小。

2. 甲乙类双电源互补对称功率放大电路

对于乙类功率放大电路，在没有信号输入时三极管处于截止状态；当有信号输入时，首先需要一定的电压来驱使工作点脱离截止区而进入线性放大区。如果输入电压的大小不够，就会出现交越失真。为了解决这个问题，可以在没有信号输入时，让三极管进入微导通状态，即事先使三极管的工作点脱离截止区，但又不能完全进入放大区，使其处于截止区到放大区的临界点上，如图 8.10所示。这样既可以保证静态时三极管的损耗较小，又能保证有信号输入时，三极管能够立即进入线性放大区而产生相应的输出信号，以克服交越失真。

图 8.11（a）所示的电路是乙类功率放大电路的改进型电路。静态时，通过二极管的正向导通给三极管的发射结施加一个正偏电压。如果二极管的材料与三极管一致，则二极管的导

图 8.10　微导通状态的工作点

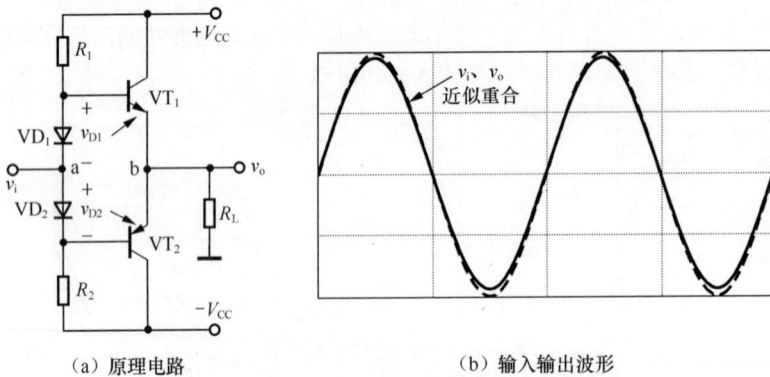

通电压足以驱使三极管进入微导通状态（注意，电路中心点 a 和 b 的电位相同）。图 8.11（b）显示了输出波形不再存在交越失真问题，且电压跟随性能更好。由于静态工作点不在截止区，电路处于甲乙类工作状态，故此电路被称为甲乙类双电源互补对称功率放大电路。

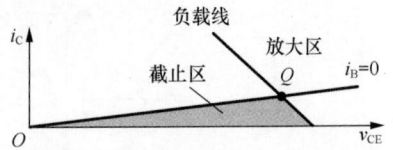

（a）原理电路　　　　　　　　　　（b）输入输出波形

图 8.11　甲乙类双电源互补对称功率放大电路

3. 单电源互补对称功率放大电路

上述功率放大电路都采用双电源，为减少电源数目，可用一个电源取代双电源，如图 8.12 所示的甲乙类单电源互补对称功率放大电路。注意，采用单电源供电时，在电路的输出端需要增加一个大容量的耦合电容 C，其作用：一是隔断直流，以使 VT_2 管不会被负载小电阻短路；二是利用充电储存的电容 C 作为 VT_2 管的直流电源。当 VT_1 管导通时，i_{C1} 对电容 C 充电；VT_2 管导通时，电容 C 放电，形成 VT_2 管的集电极电流 i_{C2}，电容 C 放电损失的电荷在 VT_1 管导通时获得补充。为保证 VT_2 管有稳定的直流电源电压，电容 C 应选择得足够大（$1000\mu F \sim 2000\mu F$）。

图 8.12 所示电路的工作情况如下。

① 在无信号输入时，VT_1、VT_2 有很小的集电极电流 $i_{C1} = i_{C2}$，集电极电压分别等于 $|v_{CE1}| = |v_{CE2}| = V_{CC}/2$，电容 C 两端充电到 $V_{CC}/2$ 时，电路处于稳定状态。

② 当输入信号 v_i 瞬时值为正时，VT_1 导通（VT_2 截止）形成电流 i_{C1}，其方向如图 8.12 所示，在 R_L 上得到由上到下的电流 $i_{C1} = \beta_1 i_{b1}$，这时 i_{C1} 同时对电容 C 进行充电。

图 8.12　甲乙类单电源互补对称功率放大

③ 当输入信号 v_i 瞬时值为负时，VT_2 导通（VT_1 截止），电容 C 放电形成电流 i_{C2}，其电流方向由电容 C 正端→VT_2→R_L→电容 C 负端，具体如图 8.12 所示，在 R_L 上得到由下到上的电流 i_{C2}。显然在一个周期内 R_L 上得到了与输入信号相同的正弦信号。

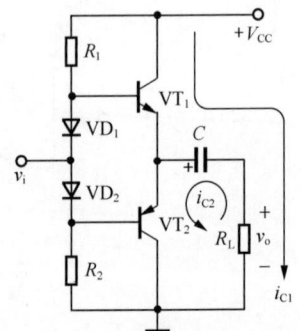

输出端带电容的功率放大电路简称 OTL 功率放大电路。

8.2.2　互补对称功率放大电路的分析计算

对于乙类和甲乙类互补对称功率放大电路的分析方法是类似的，使用的计算公式也是一致的。下面主要以乙类互补对称功率放大电路为例介绍相关参数的计算方法。注意，功率放大电路的供电方式有双电源和单电源之分，分析计算时要注意区分。

1．双电源功率放大电路的输出电压

功率放大电路相关参数的计算需要用到输出电压。下面首先以图 8.7（a）所示电路为例，讨论双电源互补对称功率放大电路的输出电压。说明，图 8.7（a）所示电路可以看作是乙类双电源互补对称功率放大电路在输入信号为正半周期时的等效电路。

（1）约束方程

如果从输入端出发，经三极管的发射结、负载电阻到地，可以写出如下约束方程

$$v_i = v_{be} + v_o \Rightarrow v_o = v_i - v_{be} \approx v_i \tag{8.2}$$

如果从电源正极出发，经三极管的集电极、发射极、负载电阻到地，可以写出如下约束方程

$$V_{CC} = v_{ce} + v_o \Rightarrow v_o = V_{CC} - v_{ce} \tag{8.3}$$

式（8.2）表明功率放大电路的实际输出电压由输入电压决定；式（8.3）表明功率放大电路输出电压的动态变换范围由电源电压和三极管集射电压决定。

（2）可能的最大输出电压 V_{om}

考虑到三极管饱和导通时，集射电压 V_{CES} 最小（约零点几伏），故此时的输出电压为电路可能的最大输出电压值。根据式（8.3）可得最大输出电压为

$$V_{om} = V_{CC} - V_{CES} \approx V_{CC} \tag{8.4}$$

上式表明功率放大电路可能的最大输出电压由电源电压决定。

（3）实际的最大输出电压 V'_{om}

功率放大电路的实际最大输出电压是由输入电压决定的：① 如果输入电压的幅值 V_{im} 低于功率放大电路可能的最大输出电压 V_{om}，则实际输出的最大电压 $V'_{om} \approx V_{im}$；② 如果输入电压的幅值 $V_{im} > V_{CC}$，则实际输出的最大电压 $V'_{om} \approx V_{om}$。提示：本书后续章节所述功率放大电路的最大输出电压默认是 V_{om}。

2．单电源功率放大电路的输出电压

由于仅采用一个电源 V_{CC} 供电，电路对称中心的电位为 $V_{CC}/2$，所以单电源功率放大电路每个单管所获得的实际直流电压为 $V_{CC}/2$。因此，单电源功率放大电路的可能最大输出电压为 $V_{CC}/2$。

3．输出功率

功率放大电路的输出功率 P_o 定义为输出电压和输出电流有效值的乘积。如果使用输出电压的幅值 V_{om} 来表示输出功率 P_o，可写成

$$P_o = V_o I_o = V_o \frac{V_o}{R_L} = \left(\frac{V_{om}}{\sqrt{2}}\right)^2 \bigg/ R_L = \frac{1}{2}\frac{V_{om}^2}{R_L} \tag{8.5}$$

输出功率的最大值为

$$P_{om} = \frac{1}{2}\frac{V_{om}^2}{R_L} = \frac{1}{2}\frac{V_{CC}^2}{R_L} \quad （双电源） \tag{8.6a}$$

$$P_{om} = \frac{1}{2}\frac{V_{om}^2}{R_L} = \frac{1}{2}\frac{(V_{CC}/2)^2}{R_L} = \frac{1}{8}\frac{V_{CC}^2}{R_L} \quad （单电源） \tag{8.6b}$$

提示：对于互补对称功率放大电路，负载得到的信号功率是两个三极管输出功率之和，由于两

个三极管组成的电路完全对称，所以其输出的功率是相等的。

4. 管耗

互补对称功率放大电路两个三极管的管耗是相同的，单管管耗表示为

$$P_{T1} = P_{T2} = \frac{1}{R_L}\left(\frac{V_{CC}V_{om}}{\pi} - \frac{V_{om}^2}{4}\right) \quad \text{（双电源）} \tag{8.7a}$$

$$P_{T1} = P_{T2} = \frac{1}{R_L}\left(\frac{V_{CC}V_{om}}{2\pi} - \frac{V_{om}^2}{4}\right) \quad \text{（单电源）} \tag{8.7b}$$

两管的总管耗为

$$P_T = P_{T1} + P_{T2} = 2P_{T1} \tag{8.8}$$

5. 电源供给功率

直流电源供给的功率 P_V 包括负载得到的功率 P_o 和功率管的管耗 P_T。当输入 $v_i \neq 0$ 时，由式（8.5）、式（8.7a）、式（8.7b）和式（8.8）得

$$P_V = P_o + P_T = \frac{2V_{CC}V_{om}}{\pi R_L} \quad \text{（双电源）} \tag{8.9a}$$

$$P_V = P_o + P_T = \frac{V_{CC}V_{om}}{\pi R_L} \quad \text{（单电源）} \tag{8.9b}$$

当输出电压达到最大值时，电源供给的功率最大，具体为

$$P_{Vm} = \frac{2}{\pi}\frac{V_{CC}^2}{R_L} \quad \text{（双电源）} \tag{8.10a}$$

$$P_{Vm} = \frac{2(V_{CC}/2)^2}{\pi R_L} = \frac{1}{2\pi}\frac{V_{CC}^2}{R_L} \quad \text{（单电源）} \tag{8.10b}$$

6. 效率

互补对称功率放大电路的效率可以表示为

$$\eta = \frac{P_o}{P_V} = \frac{\pi}{4}\frac{V_{om}}{V_{CC}} \quad \text{（双电源）} \tag{8.11a}$$

$$\eta = \frac{P_o}{P_V} = \frac{\pi}{2}\frac{V_{om}}{V_{CC}} \quad \text{（单电源）} \tag{8.11b}$$

乙类互补对称功率放大电路的理想效率为

$$\eta = \frac{P_o}{P_V} = \frac{\pi}{4} = 78.5\% \tag{8.12}$$

【例 8.1】　一功率放大电路如图 8.13 所示，已知 $+V_{CC} = +20\text{V}$、$-V_{CC} = -20\text{V}$、$R_L = 8\Omega$。设三极管 VT$_1$ 和 VT$_2$ 的特性完全一致，忽略交越失真和饱和压降 V_{CES}。（1）求 $R = 0$、$v_i = 10\sqrt{2}\ \sin(\omega t)$ V 时的输出功率 P_o、管耗 P_T、电源功率 P_V 和效率 η；（2）求 $R = 0$ 时电路的最大输出功率 P_{om}，以及此时的 P_T、P_V 和 η；（3）求 $R = 0.5\Omega$、$v_i = 10\sqrt{2}\sin(\omega t)$ V 时的输出功率 P_o、管耗 P_T、电源功率 P_V 和效率 η；（4）求 $R = 0.5\Omega$ 时电路的最大输出功率 P_{om}，以及此时的 P_T、P_V 和 η。

【解】这是一个乙类双电源互补对称功率放大电路，可以直接使用式（8.5）到式（8.12）中的结论进行计算。

（1）由于输入信号的幅值 V_{im} 小于电源电压 V_{CC}，故电路的最大输出电

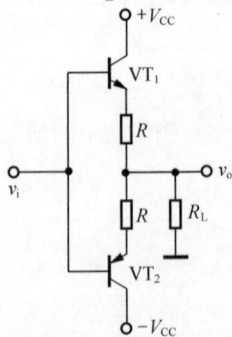

图 8.13　例 8.1 电路

压由输入信号决定，即 $V_{om} = V_{im} = 10\sqrt{2}$ V。

$$P_o = \frac{1}{2}\frac{V_{om}^2}{R_L} = \frac{1}{2}\frac{(10\sqrt{2})^2}{8} = 12.5\text{W}$$

$$P_V = \frac{2V_{CC}V_{om}}{\pi R_L} = \frac{2 \times 20 \times 10\sqrt{2}}{3.14 \times 8} \approx 22.5\text{W}$$

$$\eta = \frac{P_o}{P_V} = \frac{12.5}{22.5} \times 100\% \approx 55.6\%$$

$$P_T = \frac{2}{R_L}\left(\frac{V_{CC}V_{om}}{\pi} - \frac{V_{om}^2}{4}\right) = \frac{2}{8}\left(\frac{20 \times 10\sqrt{2}}{3.14} - \frac{(10\sqrt{2})^2}{4}\right) \approx 10\text{W}$$

或者 $P_T = P_V - P_o = 22.5 - 12.5 = 10\text{W}$

（2）电路的最大输出电压 $V_{om} = V_{CC}$。

$$P_{om} = \frac{1}{2}\frac{V_{om}^2}{R_L} = \frac{1}{2}\frac{(20)^2}{8} = 25\text{W}$$

$$P_V = \frac{2V_{CC}V_{om}}{\pi R_L} = \frac{2V_{CC}^2}{\pi R_L} = \frac{2 \times 20^2}{3.14 \times 8} \approx 31.83\text{W}$$

$$\eta = \frac{P_{om}}{P_V} = \frac{25}{31.83} \times 100\% \approx 78.5\%$$

$$P_T = P_V - P_{om} = 31.83 - 25 = 6.83\text{W}$$

（3）电路的最大输出电压为 $V_{om}' = V_{im}$，负载上的电压由 R 和 R_L 分压获得。

$$V_{om} = V_{om}'\frac{R_L}{R + R_L} = V_{im}\frac{R_L}{R + R_L} = 10\sqrt{2} \times \frac{8}{0.5 + 8} \approx 9.4\sqrt{2}\text{V}$$

$$P_o = \frac{1}{2}\frac{V_{om}^2}{R_L} = \frac{1}{2}\frac{(9.4\sqrt{2})^2}{8} \approx 11\text{W}$$

$$P_V = \frac{2V_{CC}V_{om}'}{\pi(R + R_L)} = \frac{2 \times 20 \times 10\sqrt{2}}{3.14 \times (0.5 + 8)} \approx 21.2\text{W}$$

$$\eta = \frac{P_o}{P_V} = \frac{11}{21.2} \times 100\% \approx 52\%$$

$$P_T = P_V - P_o' = P_V - \frac{(V_{om}')^2}{2(R + R_L)} = 21.2 - \frac{(10\sqrt{2})^2}{2(0.5 + 8)} = 21.2 - 11.76 \approx 9.4\text{W}$$

（4）电路的最大输出电压 $V_{om}' = V_{CC}$，负载上的电压由 R 和 R_L 分压获得。

$$V_{om} = \frac{R_L}{R + R_L}V_{om}' = \frac{8}{0.5 + 8} \times 20 \approx 18.8\text{V}$$

$$P_{om} = \frac{1}{2}\frac{V_{om}^2}{R_L} = \frac{1}{2}\frac{(18.8)^2}{8} \approx 22.1\text{W}$$

$$P_V = \frac{2V_{CC}V_{om}'}{\pi(R + R_L)} = \frac{2V_{CC}^2}{\pi(R + R_L)} = \frac{2 \times 20^2}{3.14 \times (0.5 + 8)} \approx 29.97\text{W}$$

$$\eta = \frac{P_{om}}{P_V} = \frac{22.1}{29.97} \times 100\% \approx 73.7\%$$

$$P_T = P_V - P'_{om} = P_V - \frac{(V'_{om})^2}{2(R + R_L)} = 29.97 - \frac{(20)^2}{2(0.5 + 8)} = 29.97 - 23.53 \approx 6.4W$$

8.2.3 功率三极管的选择

对于互补对称功率放大电路来说，功率三极管是核心器件。鉴于功率放大电路通常工作在大信号（大电压+大电流）的情况下，导致功率三极管的集电结的耗能大、结温高，所以对于它的选择需要从管耗、耐压和工作电流等几方面进行考虑，具体原则如下。

（1）关于管耗

单管的最大管耗与最大输出功率之间的关系为

$$P_{T1m} = P_{T2m} = 0.2P_{om} \tag{8.13}$$

即每只功率三极管的最大允许管耗 P_{CM} 必须大于 $0.2P_{om}$。例如，要实现 10W 的最大功率输出，那么每只功率三极管的管耗不应低于 2W。

（2）关于耐压

在互补电路中，两只三极管是交替工作的，即一只导通时，另一只截止。对于截止的三极管，其集电极和射极两端所加的是反向电压。如果此时另一只三极管处于饱和导通状态，那么集电极与发射极的反向电压最大。由图 8.9（a）所示电路可知双电源供电时，集电极与发射极的反向电压的最大值为 $2V_{CC}$（忽略三极管饱和导通时的集电极与发射极电压 V_{CES}），故双电源功率放大电路中的三极管应满足 $|V_{(BR)CEO}| > 2V_{CC}$。如果是单电源电路，则应该满足 $|V_{(BR)CEO}| > V_{CC}$。

（3）关于工作电流

单管的集电极电流由功率放大电路的输出电流（即负载电流 V_{om}/R_L）决定，故功率三极管的最大集电极电流 I_{CM} 应不低于 V_{om}/R_L（双电源时 V_{om} 取 V_{CC}，单电源时 V_{om} 取 $V_{CC}/2$）。

8.2.4 小节练习

【知识回顾】

本节主要概念：功率放大电路的原型电路（共集电极电路）、NPN 管乙类放大器、PNP 管乙类放大电路、乙类双电源互补对称功率放大电路、甲乙类双电源互补对称功率放大电路、单电源功率放大电路、OCL 功率放大电路、OTL 功率放大电路等。

【思考题】

1. 功率放大电路为什么不需要电压放大能力，而需要电流放大能力？
2. 为什么功率放大电路的原型要选择共集电极电路，而不选择共射极电路？
3. OCL 功放的输出端为什么不接输出电容？
4. OTL 功率放大电路的输出端为什么需要接输出电容？
5. OCL 功率放大电路和 OTL 功率放大电路的优缺点是什么？

8.3 功率放大电路的性能改进

功率放大电路做不到完全对称时，需要通过调整偏置电压来解决交越失真的问题；为解决功放管的配对问题，通常会使用复合管充当功放管；对于 OTL 功率放大电路，通常需要引入自举电路提升正半周期输出电压的幅值。本节将对相关电路进行介绍。

8.3.1 偏置电压可调的甲乙类功率放大电路

考虑到完全对称的两只功放管是不存在的，所以互补电路总会存在不对称的问题，这就要求电路在克服交越失真时能够适当调整两只功放管的偏置电压。具体的改进电路如图 8.14 所示。

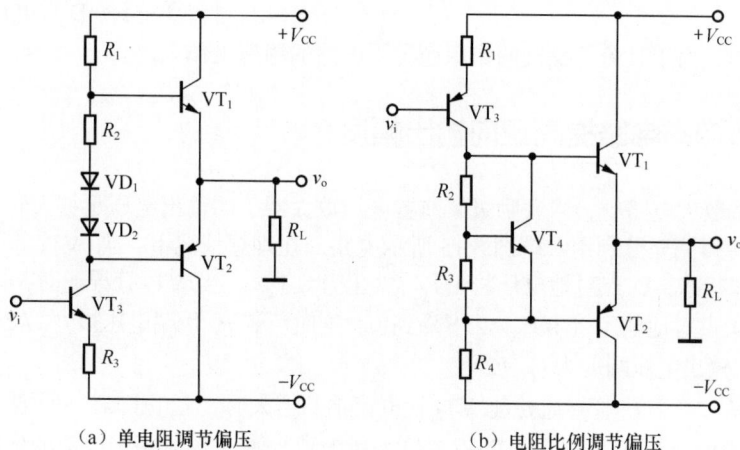

(a) 单电阻调节偏压　　(b) 电阻比例调节偏压

图 8.14　偏置电压可调的甲乙类功率放大电路

说明：① 图 8.14 中三极管 VT_3 组成功率放大电路的前置电压放大器；② 图 8.14（a）中通过改变 R_2 的电阻值来调节两只功放管的基极偏压；③ 图 8.14（b）中通过改变 R_2 和 R_3 的比值来调节偏压，因为三极管 VT_4 的基极电流较小，可以近似认为 R_2 和 R_3 是串联关系，两端的总电压就是功放管的基极偏压 V_{CE4}，而 R_3 两端的电压 V_{R3} 就是 VT_4 的基射电压 V_{BE4}（可以认为是一个常数），故有

$$V_{R3} = V_{BE4} = \frac{R_3}{R_2 + R_3} V_{CE4} \Rightarrow V_{CE4} = \left(1 + \frac{R_2}{R_3}\right) V_{BE4} \tag{8.14}$$

8.3.2 采用复合管作功放管

互补对称功率放大电路中，大功率管的配对比较困难，而利用复合管易于得到特性相同的异型大功率管。通常复合管的前管选用小功率异极性三极管（相对容易配对），后管采用大功率同极性三极管。图 8.15 所示电路为复合管构成的 OTL 功率放大电路。

VT_1 组成前置电压放大器，R_1、R_2 和 R_5 组成 VT_1 的偏置电路，接在对地电压为 $V_{CC}/2$ 的 D 点。R_3、R_{D1}、R_{D2}、R_4 组成 VT_1 的集电极电阻，R_3 同时又是 VT_3 的偏置电阻。VD_1、VD_2 和 R_4 上的压降使互补对称管 VT_2、VT_3 处于微导通状态，此时放大器工作在甲乙类状态，避免了交越失真。VD_1 和 VD_2 同时又对 VT_2、VT_3 的发射结有温度补偿作用。

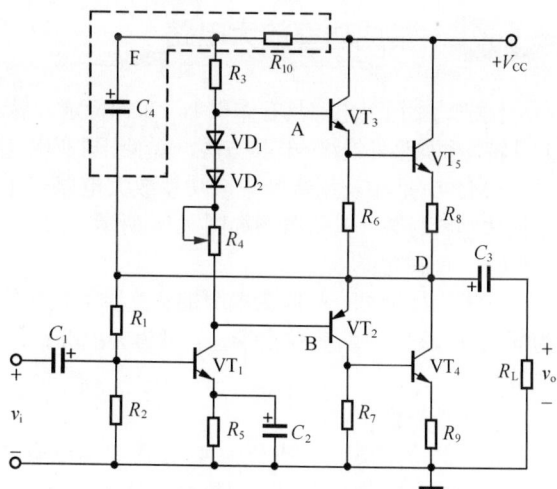

图 8.15　采用复合管的 OTL 功率放大电路

VT_2、VT_4 和 VT_3、VT_5 分别组成复合管的互补对称输出电路。其中 R_6、R_7 的作用为：① 在互补管 VT_2、VT_3 截止时作为复合管穿透电流的泄放电阻；② 使输出管 VT_4、VT_5 的集电结能够承受较大的反向偏压（因为三极管基极开路时的击穿电压 $V_{(BR)CEO}$ 最低，如果不接入 R_6，当 VT_3 截止时，VT_5 管基极相当于开路）。

R_1 接 D 点可以提高电路的工作稳定性。例如，温度上升使 I_{C1} 增加，其稳定过程如下

$$I_{C1}\uparrow \rightarrow V_{C1}（T_2 基极电位 V_{B2}）\downarrow \rightarrow I_{C2}\uparrow（同时 I_{C3}\downarrow）、I_{C4}\uparrow（同时 I_{C5}\downarrow）\Big]$$

$$I_{C1}\downarrow \longleftarrow \quad\quad\quad\quad I_{B1}\downarrow \leftarrow V_{B1}\downarrow \leftarrow D 点电位 V_D\downarrow$$

上述过程说明，由于直流负反馈的作用稳定了电路的静态工作点。

8.3.3　加入自举电路提高正向输出幅度

在 OTL 功率放大电路中，当激励级（前置电压放大器）的输出电压足够大时，要提高输出功率，必须使功率管得到充分利用。就图 8.15 所示电路，在理想情况下，当 VT_3 管导通时，如果使 VT_5 管导通到饱和状态，D 点对地电压将由 $V_{CC}/2$ 上升到 V_{CC}。当 VT_2 管导通时，如果使 VT_4 管导通到饱和状态，D 点对地电压将由 $V_{CC}/2$ 下降到 0。这时负载 R_L 两端电压以 $V_{CC}/2$ 为中心，在 $0 \sim V_{CC}$ 范围内变化，输出电压幅度为 $V_{CC}/2$。

而实际情况是，当 VT_3 管导通并使 VT_5 管电流不断增大时，i_{b3} 也随之不断增大，R_3 上的压降不断增加，A 点电位不断下降，同时 D 点电位不断提高，使 VT_5 管基极电流的增加受到限制，造成输出管 VT_5 不能达到饱和状态而无法充分利用，这就限制了正向输出电压的幅度。

解决上述问题的方法是提高 F 点电位，保证 A 点电位高于 V_{CC}，这样 D 点电位才能达到 V_{CC}。提高 F 点电位的措施是接入大电容 C_4 和隔直小电阻 R_{10} 所构成的自举电路，如图 8.15 虚线框部分所示。静态时，C_4 充有 $V_{CC}/2$ 的电压，由于 C_4 的容量很大，在输入信号作用下，C_4 上的电压基本保持不变。

当 v_i 为负时，VT_1 输出为正，VT_3、VT_5 导通，管压降逐渐减小，D 点电位升高。由于 F 点电位始终比 D 点电位高 $V_{CC}/2$（$v_F = v_D + v_{C4}$），F 点电位也自动升高。这样就能保证在输入信号加大时 VT_5 有足够大的基极电流，输出管 VT_5 可以完全达到饱和状态而得到充分利用，提高了正向输出电压幅度。

另外，自举电路的引入有助于提高 VT_1 管的集电极负载电阻值，使激励级的电压放大倍数增加，为改善放大器的性能带来了好处。

8.3.4　集成功率放大电路

集成功率放大电路具有体积小、工作稳定、易于安装（外接元件少）和调试方便等优点，且了解其外特性和典型外线路的连接方法，就能组成实用电路。因此，集成功率放大电路得到了广泛的应用。

LM386 是小功率音频集成功率放大电路，采用 8 脚双列直插式塑料封装，其管脚图如图 8.16 所示。

（1）管脚功能

4 脚为接地端；6 脚为电源端；2 脚为反相输入端；3 脚为同相输入端；5 脚为输出端；7 脚为去耦端；1、8 脚为增益调节端。

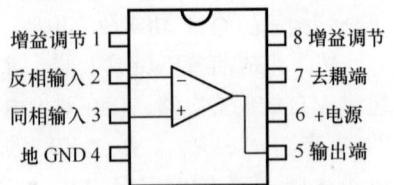

图 8.16　LM386 管脚图

（2）外特性

LM386 的额定工作电压为 $4 \sim 16V$，当电源电压为 6V 时，静态工作电流为 4mA，适合用电池供电。频响范围为几十赫兹到数百千赫兹。最大允许功耗为 660mW（25℃），无须散热片。工作电压为 4V、负载电阻为 4Ω 时，输出功率（失真为 10%）为 300mW；工作电压为 6V、负载电阻为

4Ω、8Ω、16Ω 时，输出功率分别为 340mW、325mW、180mW。

（3）典型连接

图 8.17 所示为 LM386 构成的 OTL 功率放大电路。图（a）所示电路的增益为 20，外接元件最少；图（b）所示电路的增益为 200。

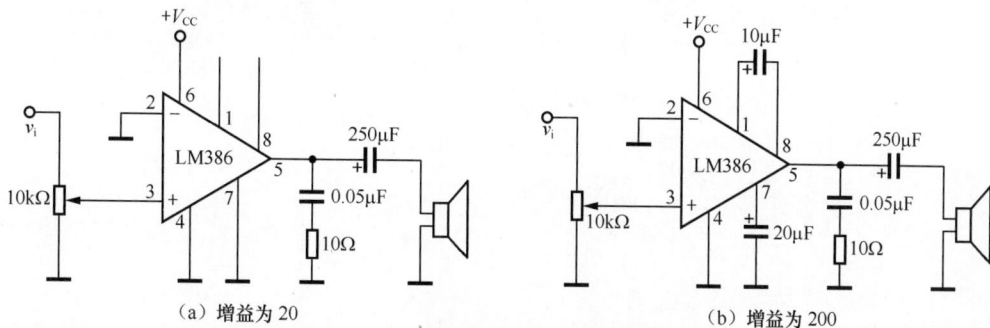

图 8.17　LM386 构成的 OTL 功率放大电路

8.3.5　小节练习

【知识回顾】

本节主要概念：偏置电压可调的功率放大电路（可以解决交越失真问题）、采用复合管的功率放大电路（可以解决大功率三极管不易配对的问题）、功率放大电路中的自举电路（可以解决 OTL 功率放大电路正半周期输出电压受限的问题），以及集成功率放大电路。

【思考题】

1. 功率放大电路出现交越失真时应该调节什么？
2. 为什么采用复合管有利于功放管的配对？
3. 自举电路能够提升功放管基极电位的原理是什么？
4. 自举电路中的隔直电阻能否省掉不用？
5. 使用集成功率放大电路的优点是什么？

功率放大电路的性能改进自测题

内容要点

8.4 综合练习

功率放大电路与电压放大电路作用不同，分析方法也有区别。电压放大电路工作在小信号下，一般用小信号等效电路分析，其要求是在不失真的情况下，尽可能提高输出电压的幅值；功率放大电路工作在大信号下，通常采用图解法进行分析，其研究重点是如何在允许的条件下，尽可能提高输出的功率和效率。

章节随测

功率放大电路工作在乙类或甲乙类（接近乙类）状态，通常采用互补对称的连接方式，同时要注意克服交越失真。对要求大功率输出的情况，功放管可用复合管代替。在具体使用功率放大电路时，还要注意器件的实际运行值不要超过器件的极限参数。

在计算方面，双电源和单电源互补对称功率放大电路的输出功率、效率、管耗和电源功率的计算式相似，但对于单电源电路应将计算式中的 V_{CC} 替换成 $V_{CC}/2$。

8.4.1　仿真练习题

8.1 试用 Tina 软件绘制题 8.1 图所示电路，其中：信号源 V_i 为 1kHz 的正弦信号，其他元件参数见图。试分别设置信号源的幅值为 5V、10V 和 15V，通过瞬时仿真观察电路的输出波形，并分析输出波形的差异。如果将信号源 V_i 改接到 VT$_2$ 的基极，重复上述操作，观察输出波形的变化。

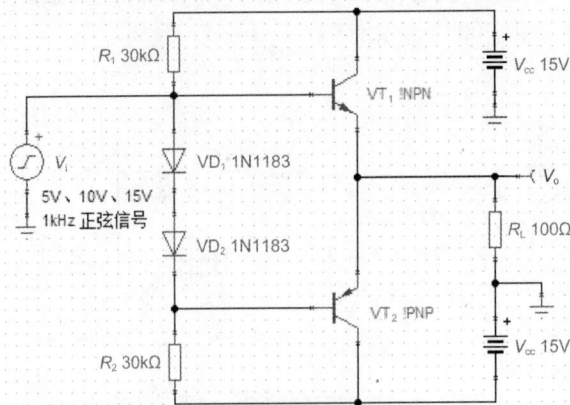

题 8.1 图

8.2 试用 Tina 软件绘制题 8.2 图所示电路，其中信号源 V_i 为 50mV、1kHz 的正弦信号，其他元件参数见图。（1）通过瞬时仿真观察电路的输出波形。（2）通过直流（DC）交互模式仿真观察输出电压的直流量，并通过调节电位器 R_{w2} 使该直流值尽量为 0。

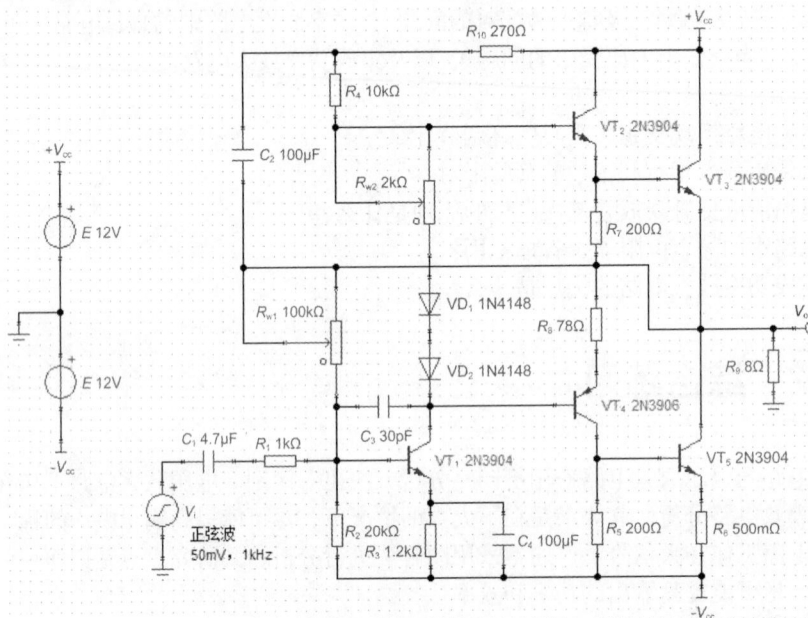

题 8.2 图

8.4.2 小电路设计

8.3 当功率放大电路输出级发生故障或静态值偏移时，可能会输出直流信号。如果有直流信号通过音箱（功率放大电路的负载），不仅会导致音箱发出杂音，还可能烧毁音箱线圈（音箱的直流阻抗很小）。因此功率放大电路通常会引入直流保护电路，以保护音箱。试用 Tina 软件设计一直流保护电路，当功率放大电路输出的直流电压超过 ±0.7V 时，电路将断开功率放大电路与音箱的连接。

【设计方案】

音箱可通过继电器的常闭开关连接，继电器线圈由三极管驱动，三极管的基极电位接控制电路。当直流输出未超过限定值时，使驱动三极管截止，继电器不工作，保持音箱连接；当直流输出超过限定值时，则使驱动三极管导通，继电器工作，连接音箱的常闭开关断开，以保护音箱。

保护电路的基本结构如题 8.3 图 1 所示。

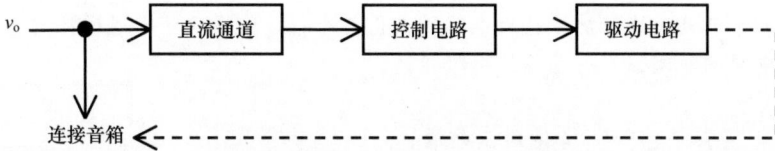

题 8.3 图 1　直流保护设计方案

【原理电路】

根据上述方案设计的直流保护电路仿真如题 8.3 图 2 所示。

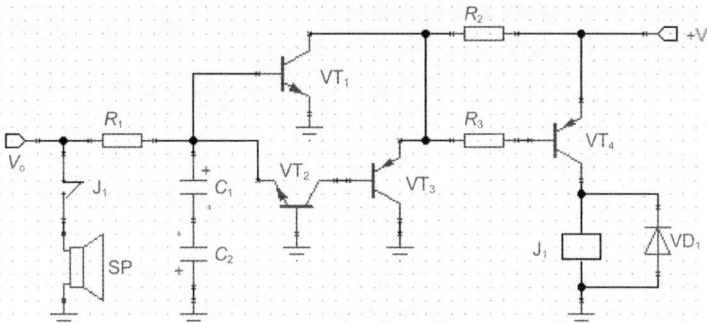

题 8.3 图 2　直流保护原理电路

直流保护电路的说明如下。

（1）连接音箱：用继电器 J_1 的常闭开关连接功放的输出 V_o 和音箱 SP。

（2）直流通道：由限流电阻 R_1 和旁路电容 C_1、C_2 构成，只让输出中的直流量作用到后续控制电路上。考虑到输出的直流可以为正或负，以及对交流的滤除效果，这里用两个极性电容反向串联（可以看成一个大容量的无极性电容）接地。

（3）控制电路：VT_1、VT_2 和 VT_3 组成控制电路。直流电源 V 通过电阻 R_2 给电路供电。前级输出的直流作用到 VT_1 的基极和 VT_2 的发射极，VT_1 的集电极和 VT_3 的发射极输出控制信号，作用于驱动电路。

（4）驱动电路：用 PNP 三极管 VT_4 作驱动管，其发射极接直流电源 V，集电极接继电器 J_1 的线圈，基极通过电阻 R_3 连接前面控制电路的输出。若控制电路输出低电平（近似地电位），则 VT_4 导通，驱动继电器工作，断开 V_o 与音箱 SP 的连接（保护音箱）；若控制电路输出高电平（近似电源电压），则 VT_4 截止，继电器不工作，保持音箱 SP 与 V_o 的连接状态。

（5）直流量大于 0.7V 时的保护操作：如果功放输出的直流量大于 0.7V，则 VT_1 饱和导通，其集电极电位近似为地电位（饱和压降 $V_{CES} \approx 0$），进而导致驱动电路的 VT_4 导通，保护音箱；如果输出直流量小于 0.7V，则 VT_1 截止，不触发保护动作。

（6）直流量低于 -0.7V 时的保护操作：如果功放输出的直流量低于 -0.7V，VT_2 饱和导通，VT_3 基极电位近似等于 VT_2 的发射极电位，VT_3 饱和导通，其射极电位近似为地电位，进而导致驱动电路的 VT_4 导通，保护音箱；如果直流量为 -0.7V～0V 时，VT_2 截止，VT_3 无导通条件，也处于截止状态，不触发保护动作。

8.4 功率放大电路开机（通电）时通常会有冲击电流输出，不仅会导致音箱发出杂音，还会影响音箱的使用寿命。试用 Tina 软件设计一个延时保护电路，当功率放大电路开机时不会立即接通音箱，而是等几秒后才让功率放大电路与音箱连通。

【设计方案】

关于延时控制，可以利用电容的充电特性（电容充电到某预设值需要一定的时间，该时间可以通过时间常数进行调节）来实现。具体而言，可以将电容接在三极管的基极，三极管的集电极驱动继电器，继电器的常开开关连接功率放大电路的输出与音箱。这样便可以通过控制电容从零充电到三极管导通所需电压的时间，实现音箱的延时接通。

【原理电路】

根据上述方案，可以设计题 8.4 图所示电路。

8.5 试将题 8.3 图和题 8.4 图的要求综合考虑，设计一个既有延时保护又有直流保护功能的电路。

【设计方案】

功率放大电路正常启动后，如果因某种原因其输出中出现了超出标准的直流量，电路需要切断音箱与功率放大电路的连接，即驱动三极管截止。如果要驱动三极管截止，则三极管基极所接电容需要迅速放电，失去三极管导通的条件。因此，为实现直流保护，需要为电容 C_1 设计快速放电通路。

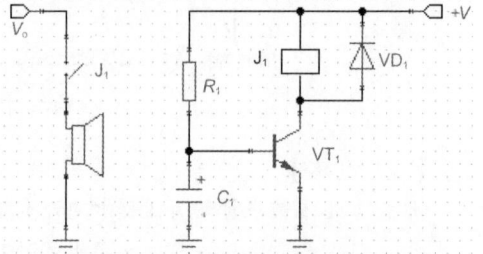

题 8.4 图　延时保护原理电路

放电通路可以由两只三极管构成，一只在直流量超过 0.7V 时导通，一只在直流量低于−0.7V 时导通。无论哪只三极管导通，都能使电容 C_1 快速放电，达到保护音箱的目的。

【原理电路】

根据上述方案设计出题 8.5 图所示仿真电路。该电路的工作原理可参考上述两题进行分析（提示：直流量超过 0.7V 时 VT_2 导通，低于−0.7V 时 VT_3 导通）。

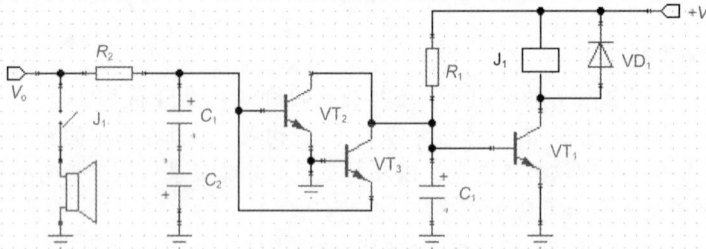

题 8.5 图　原理电路

第 9 章
正弦波振荡电路

思维导图

在没有接入外界信号源的情况下，振荡电路可以产生稳定的周期输出信号。也就是说，振荡电路的功能相当于信号发生器，可以作为信号源使用。常用的振荡电路包括正弦波、方波、三角波、锯齿波等振荡电路。顾名思义，正弦波振荡电路能够输出周期性正弦波信号，而正弦信号可以直接用作测试信号或控制信号，也可以作为源信号经变换后产生方波、三角波等重要信号。高频正弦信号还可以作为载波来实现信息的传递。因此，正弦波振荡电路在电子电路中的应用非常广泛。本章将主要介绍正弦波振荡电路。下面我们通过几个仿真示例来了解正弦波振荡电路的相关知识。

【仿真示例 9.1】 *RC* 桥式振荡电路。

图 9.1（a）所示为 *RC* 桥式振荡电路（文氏桥），其中 R_4、C_1、R_5、C_2 组成 *RC* 串并联选频兼正反馈网络，决定输出信号的频率；电阻 R_2 可以调整输出信号的幅值。当 R_2 分别为 $2k\Omega$、$4k\Omega$ 和 $6k\Omega$ 时，电路的输出波形如图 9.1（b）所示。

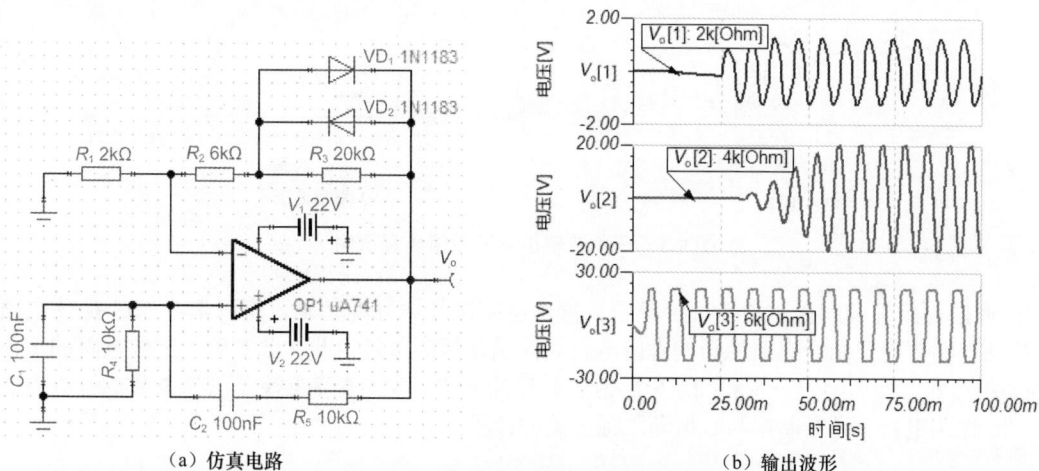

（a）仿真电路　　　　　　　　　　　（b）输出波形

图 9.1　*RC* 桥式振荡电路仿真示例

对于上述电路，电阻 R_2 越大输出信号幅值越大，但当 R_2 的值超过 R_1 的 2 倍时输出波形会出现平顶失真；如果要调节输出信号的频率，可以联调电阻 R_4 和 R_5 的值，这两个电阻值需要保持一致。

【仿真示例 9.2】 方波发生器。

图 9.2（a）所示为方波发生器，能够输出周期方波信号。该电路可以看成由 *RC* 充放电回路与滞回比较器构成，电容充放电时会在集成运放反相端（滞回比较器输入端）产生变化的电压。如果达到相应阈值，电路输出会发生反转。电路的输出波形如图 9.2（b）所示。

【仿真示例 9.3】 三角波转正弦波电路。

图 9.3（a）所示为三角波转正弦波电路。三角波是周期信号，根据傅里叶级数展开式，其基波为正弦信号，所以三角波通过低通滤波器可以获得正弦波。如果要提升输出信号的效果，可以使用

高阶低通滤波器。电路的输出波形如图9.3（b）所示。

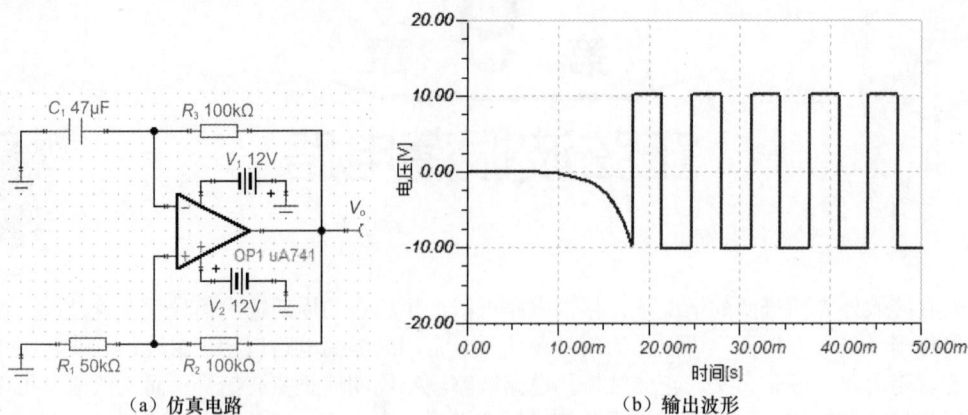

（a）仿真电路　　　　　　　　　（b）输出波形

图 9.2　方波发生器仿真示例

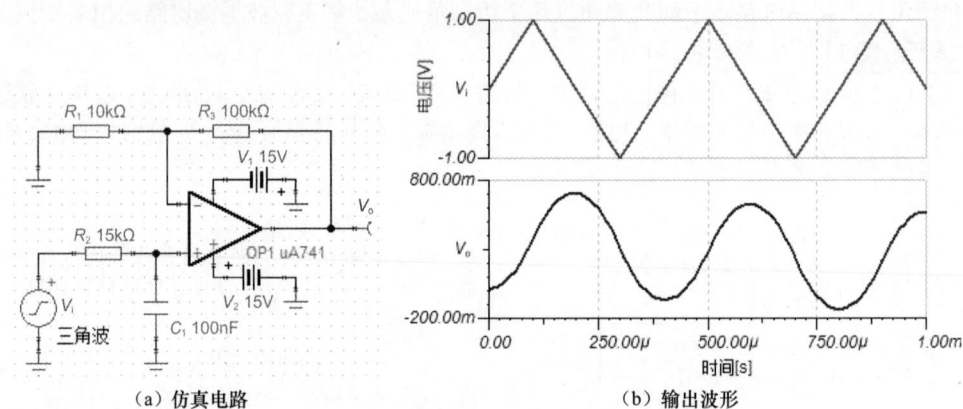

（a）仿真电路　　　　　　　　　（b）输出波形

图 9.3　三角波转正弦波电路仿真示例

　　把握振荡条件和起振过程是理解正弦波振荡电路工作原理的基础，所以学习 RC 振荡电路和 LC 振荡电路首先要结合电路的结构理解电路如何满足振荡条件，并在此基础上记住电路的工作特点和典型形式，然后学习分析和判断电路能否起振的方法，学习振荡频率等关键参数的计算方法。对于 RC 振荡电路，还需掌握与起振和限幅有关的计算。

9.1　振荡电路的基础知识

　　常用的振荡电路有正弦波发生器、方波发生器、三角波发生器、锯齿波发生器等。从结构上看，它们都是没有输入信号且带选频网络的正反馈放大电路，接通电源后能够自行产生相应的输出波形。正弦波发生器是最为典型的振荡电路，通过学习它可以了解其他振荡电路的基本构成和工作原理。

　　振荡电路是带正反馈的放大电路，与负反馈放大电路的区别如下。

　　① 工作任务不同。振荡电路用来产生信号；负反馈放大电路用来放大信号。

　　② 输入信号不同。振荡电路没有输入信号；负反馈放大电路有待放大的输入信号。

　　③ 反馈方式不同。振荡电路引入的是正反馈；负反馈放大电路引入的是负反馈。

　　④ 振荡方式不同。振荡电路的振荡方式不同于负反馈放大电路的自激振荡，前者依靠外部接入的正反馈网络产生振荡；后者则是由于放大电路的附加相移使负反馈变成正反馈而产生振荡。

9.1.1 产生振荡的条件

前面章节所述的二极管电路、三极管电路、场效应管电路、集成运放电路、功率放大电路等，其产生稳定输出的原因是有稳定的输入信号作用于电路。但振荡电路是没有外加输入信号的，其要产生稳定输出，就需要选频网络和正反馈电路相互配合，并满足下述振荡条件。

产生振荡的原理可以用图 9.4 所示的框图说明，图中 $\dot{X}_i$ 为外加输入信号、$\dot{X}_a$ 为基本放大器的实际输入信号、$\dot{X}_o$ 为输出信号、$\dot{X}_f$ 为反馈信号、$\dot{A}$ 为基本放大器的增益、$\dot{F}$ 为反馈网络的反馈系数。图（a）中的基本放大器在外加输入信号 $\dot{X}_i$ 的作用下输出稳定的信号 $\dot{X}_o$，有 $\dot{X}_a = \dot{X}_i$，$\dot{X}_f = \dot{F}\dot{X}_o$。如果合理选择 $\dot{A}$ 和 $\dot{F}$ 使 $\dot{X}_f = \dot{X}_a = \dot{X}_i$，则有理由认为当开关 S 接到 2 点时，如图（b）所示，电路仍然能够继续工作，输出稳定的信号 $\dot{X}_o$，此时电路没有接入输入信号 $\dot{X}_i$。

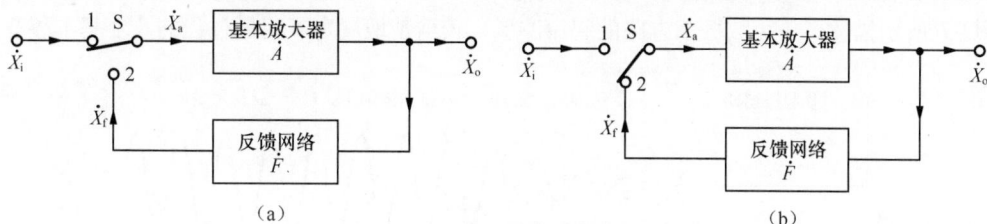

图 9.4 振荡电路的原理框图

综上分析可知，在没有外加输入信号的情况下要产生持续的输出，需要满足关系 $\dot{X}_f = \dot{X}_a$，便有

$$\frac{\dot{X}_f}{\dot{X}_a} = \frac{\dot{X}_o}{\dot{X}_a}\frac{\dot{X}_f}{\dot{X}_o} = \dot{A}\dot{F} = 1 \tag{9.1}$$

假设 $\dot{A} = A\angle\varphi_a$，$\dot{F} = F\angle\varphi_f$，则上式改写为

$$\dot{A}\dot{F} = AF\angle(\varphi_a + \varphi_f) = 1 \Rightarrow \begin{cases} AF = 1 & (9.2a) \\ \varphi_a + \varphi_f = 2n\pi, \ n = 0,1,2,\cdots & (9.2b) \end{cases}$$

式（9.2a）称为振幅平衡条件，式（9.2b）称为相位平衡条件，这是正弦波振荡电路产生持续振荡的两个条件。相位平衡条件要求反馈网络引入的是正反馈。

9.1.2 振荡电路的起振过程

满足振荡条件，只是振荡电路稳定工作的前提。接通电源后，振荡电路的输出能够从无到有，从小到大，到最终稳定，需要经历一个过程，即起振过程。在起振初期，电路还应满足起振条件 $AF>1$，而非 $AF=1$，两者不能混淆。

振荡电路的起振过程如图 9.5 所示，具体说明如下。

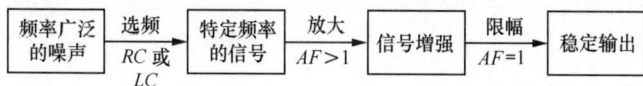

图 9.5 起振过程示意图

（1）噪声信号

当电源接通后，振荡电路内部的噪声和外部影响产生的干扰信号共同作为初始信号作用到基本放大器，并产生相应的输出信号。此时的输出信号不是一个稳定信号，而且包含的频率范围十分广泛，各频率点所对应信号分量的幅值非常微小，分布也是随机的。

（2）选频网络

基本放大器输出的微弱信号在通过反馈网络时会被选频电路选频，其中频率与选频电路匹配的特定信号获得了最大馈送，重新到达基本放大器的输入端，再次被放大；而其他频率的信号被选频电路抑制，几乎不能通过反馈网络到达基本放大器的输入端。选频网络通常由 RC 电路或者 LC 电路构成。

（3）起振条件

经选频网络选出的特定频率信号，还需要被基本放大器反复放大，以使其幅值达到满足要求的输出值。此时对基本放大器和反馈网络的要求是 $AF > 1$，这样才能保证选出的特定频率信号的幅值越变越大，实现电路起振。因而 $AF > 1$ 称为起振条件，且 AF 的值越大起振越容易。

（4）限幅措施

当输出信号的幅值接近或达到预定值时，就需要通过限幅措施（或称稳幅措施）来控制输出信号的幅值不再增加且保持稳定。限幅原理很简单，就是让 AF 自动从大于 1 的状态向等于 1 的状态变换，当 $AF = 1$ 时，电路就满足了振幅平衡条件，输出信号的幅值也就稳定下来。具体的限幅措施有热敏电阻限幅、二极管限幅、场效应管限幅等。

图 9.6 所示描述了正弦波振荡电路的起振波形，较清楚地展现了起振过程的几个基本环节。

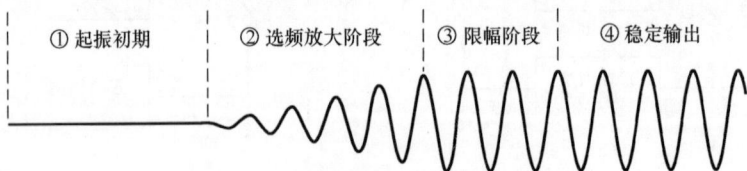

① 起振初期　② 选频放大阶段　③ 限幅阶段　④ 稳定输出

图 9.6　正弦波振荡电路的起振波形

通过对振荡电路的起振过程分析，可知正弦波振荡电路应该由具备下述四个功能的部分组成：放大电路、正反馈网络、选频网络、限幅电路。有些振荡电路会借助放大器件的非线性工作区进行限幅，所以这类振荡电路不会带有专门的限幅电路，但这种限幅方式会导致输出波形出现失真。

另外，根据选频网络所用元件不同，正弦波振荡电路主要有：RC 正弦波振荡电路、LC 正弦波振荡电路、晶体振荡器电路（简称晶振电路）。

9.1.3　小节练习

【知识回顾】

本节主要概念：正弦波振荡电路的概念和基本结构、选频网络和振荡电路类型（RC 振荡电路和 LC 振荡电路）、振荡电路的振荡条件（包括振幅平衡和相位平衡）、振荡电路的起振过程（包括起振条件和限幅措施）等。

【思考题】

1. 振荡电路为什么需要选频网络？
2. 振荡电路为什么需要包含放大器？
3. 振荡电路起振阶段应该满足什么条件？
4. 振荡电路稳定工作时应该满足什么条件？
5. 振荡电路的限幅措施实质上是什么操作？

振荡电路的基础知识自测题

9.2　RC 正弦波振荡电路

RC 振荡电路

采用 RC 选频网络构成的振荡电路称为 RC 振荡电路，一般用于产生 1MHz 以内的低频信号。

电路由放大器、选频网络、正反馈网络、限幅电路四部分构成。根据 RC 选频网络的不同形式，RC 振荡电路分为 RC 桥式振荡电路和 RC 移相式振荡电路。

9.2.1 RC 桥式振荡电路

RC 桥式振荡电路习惯上也称为文氏电桥（Wien-bridge）正弦波振荡电路，其选频兼正反馈网络是一个 RC 串并联电路。

1. RC 串并联电路的选频特性

RC 串并联电路如图 9.7（a）所示，其中 v_o 为从放大电路输出端获得的信号，v_f 为反馈网络的输出信号，即反馈信号，v_f 与 v_o 之比是该电路的反馈系数。图 9.7（b）（c）分别是该电路的幅频特性和相频特性。由频率特性易知，在频率点 f_o 处反馈系数 F 最大，F 的值为 $1/3$，且相移 $\varphi_f = 0°$，电路具有选频的特性，特征频率 f_o 为

$$f_o = \frac{1}{2\pi RC} \text{ 或 } \omega_o = \frac{1}{RC} \tag{9.3}$$

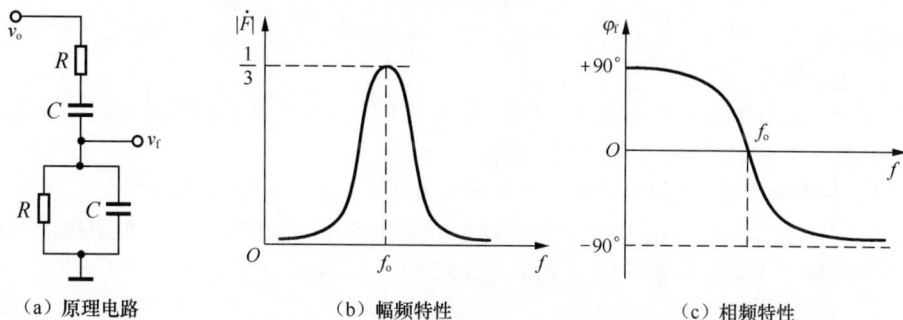

(a) 原理电路　　　　　(b) 幅频特性　　　　　(c) 相频特性

图 9.7　RC 串并联电路的选频特性

2. 原理电路图

根据 RC 串并联电路的选频特性，基本放大器应该选用带负反馈的同相放大电路（即 $\varphi_a = 0°$），且电压增益 $A_v = 3$，这样 $\varphi_f + \varphi_a = 0°$ 满足相位平衡条件，$A_v F = 1$ 满足振幅平衡条件，电路能够正常振荡。所以，RC 桥式振荡电路的基本结构如图 9.8 所示。如果采用集成运放构成的同相放大电路作基本放大器，具体的电路形式如图 9.9 所示。

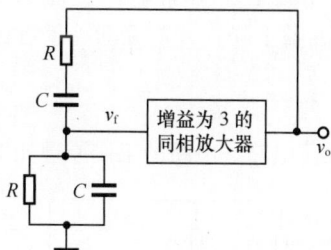

图 9.8　RC 桥式振荡电路的基本结构　　　　图 9.9　由集成运放构成的 RC 桥式振荡电路

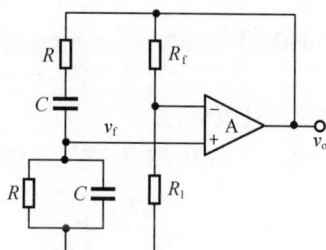

在图 9.9 中，显然 RC 串联部分、RC 并联部分、R_f 和 R_1 共同构成了一个电桥电路，它们分别处于一个桥臂上，这也是桥式振荡电路得名的原因。另外，集成运放构成的同相放大电路的电压增益应该满足下式，即要求 $R_f = 2R_1$。但在起振阶段应该保证 $R_f > 2R_1$，以利于起振。

$$A_v = 1 + \frac{R_f}{R_1} = 3 \tag{9.4}$$

如果采用两级共射极放大电路（这是一个同相放大电路）作基本放大器，RC 桥式振荡电路的形式如图 9.10 所示。对于基本放大器，电阻 R_f 和 R_3 构成电压串联负反馈网络。在深度负反馈条件下，基本放大器的电压增益 $A_v \approx 1 + R_f / R_3$，即只要满足 $R_f = 2R_3$，电路就能够稳定振荡。如果要起振，则需要 $R_f > 2R_3$。

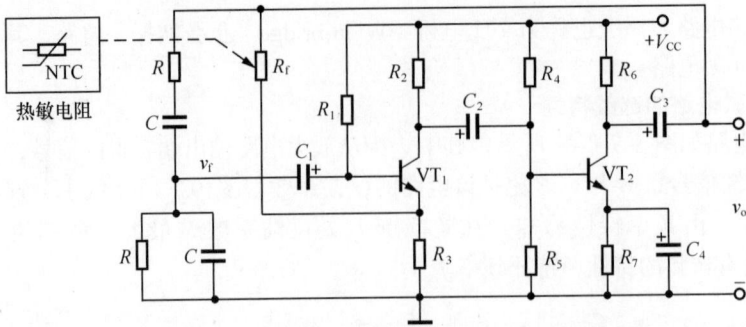

图 9.10　两级共射极放大电路构成的 RC 桥式振荡电路

3．限幅措施

（1）热敏电阻限幅

如果将图 9.9 或图 9.10 所示电路中的电阻 R_f 换成具有负温度系数的热敏电阻，则电路就具有自动限幅的功能。下面以图 9.9 为例说明其限幅原理。

① 常温下使电阻满足关系 $R_f > 2R_1$，这样就有 $A_v > 3$、$A_v F > 1$ 的起振条件。

② 当电路开始工作后，电路中各元件消耗电能并转换为热能释放出来，使电路的温度上升，热敏电阻的阻值随之下降，这就使得基本放大器的电压增益随之下降，朝着 $A_v F = 1$ 的方向变化。当 $A_v F = 1$ 时，电路的输出也就稳定下来。

③ 通过合理选择热敏电阻的温度系数，就能控制 $A_v F = 1$ 时的输出电压幅值。

（2）二极管限幅

图 9.11 所示电路为使用二极管进行限幅的 RC 桥式振荡电路。电路的工作原理如下。

① 起振初期，由于输出电压的幅值很小，两只二极管都处于截止状态，反馈支路上的电阻 $R_f = R_p + R_2$。此时有 $R_f > 2R_1$，有利于起振。

② 当输出电压的幅值增加到一定值时，两只二极管开始交替导通。VD_2 在输出为正值时导通，VD_1 在输出为负值时导通。考虑到二极管的导通电阻 R_D 较小，设 $R_D \ll R_2$，即二极管导通后反馈支路上的电阻 $R_f' = R_p + R_2 // R_D \approx R_p + R_D < R_f$，放大器增益下降，$A_v F$ 逐渐趋于 1，最终电路输出稳定。

（3）场效应管限幅

图 9.12 所示电路为使用场效应管进行限幅的 RC 桥式振荡电路。电路的工作原理如下。

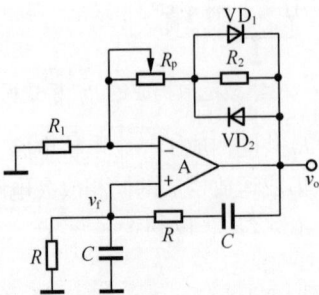

图 9.11　二极管限幅的 RC 桥式振荡电路

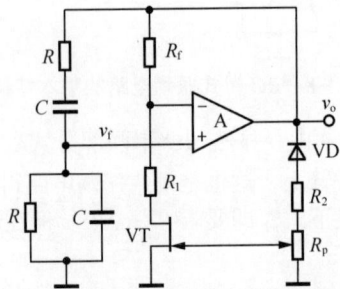

图 9.12　场效应管限幅的 RC 桥式振荡电路

① 基本放大器的电压增益表达式如下，其中 R_{DS} 为 N 沟道 JFET 的栅源等效电阻，该电阻阻值会随反向栅源电压 $|v_{GS}|$ 的增加而增大，从而使电压增益随之减小。

$$A_v = 1 + \frac{R_f}{R_{DS} + R_1} \quad\quad (9.5)$$

② 起振初期，输出电压的幅值很小，JFET 的反向栅源电压 $|v_{GS}|$ 较小，因此 R_{DS} 小，电压增益大。此时有 $R_f > 2(R_{DS} + R_1)$，以利于起振。

③ 随着输出电压幅值的增加，$|v_{GS}|$ 增大，R_{DS} 增大，电压增益下降，A_vF 逐渐趋于 1，最终电路输出稳定。

【例 9.1】 振荡电路如图 9.11 所示，已知 $R = 10\text{k}\Omega$，$C = 0.1\mu\text{F}$，$R_1 = 2\text{k}\Omega$，$R_2 = 4.5\text{k}\Omega$，R_p 在 $0 \sim 5\text{k}\Omega$ 范围内变化，设集成运放 A 是理想的，输出稳定后二极管的动态电阻 $r_d \approx 500\Omega$。（1）试求 R_p 的阻值；（2）试求电路的振荡频率。

【解】 这是一个二极管限幅的 RC 桥式振荡电路，基本放大器的电压增益应为 3。

（1）根据基本放大器的电压增益表达式可得

$$A_v = 1 + \frac{R_f}{R_1} = 1 + \frac{R_p + R_2 // r_d}{R_1} = 3 \text{，} R_2 = 4.5\text{k}\Omega \gg r_d = 0.5\text{k}\Omega$$

$$\Rightarrow \frac{R_p + R_2 // r_d}{R_1} \approx \frac{R_p + r_d}{R_1} = 2 \Rightarrow R_p = 2R_1 - r_d = 3.5\text{k}\Omega$$

（2）电路的振荡频率

$$f_o = \frac{1}{2\pi RC} = \frac{1}{2 \times 3.14 \times 10 \times 10^3 \times 0.1 \times 10^{-6}} \approx 159\text{Hz}$$

9.2.2 RC 移相式振荡电路

RC 移相式振荡电路的反馈兼选频网络是一个三级 RC 电路[1]，其具有 $180°$ 的相移，即 $\varphi_f = 180°$。根据相位平衡条件可知，选频网络使用 RC 移相电路时应选用反相放大电路作为基本放大器。因为反相放大电路的相移 $\varphi_a = 180°$，故有 $\varphi_f + \varphi_a = 360°$，满足相位平衡条件。这种振荡电路的振荡频率为

$$f_o \approx \frac{1}{2\pi\sqrt{6}RC} \quad\quad (9.6)$$

RC 移相式振荡电路的优点是电路简单，但缺点是调节振荡频率很困难，而且输出电压容易产生失真。图 9.13 和图 9.14 所示的 RC 移相式振荡电路中，基本放大器分别是由集成运放和三极管构成的反相放大电路。

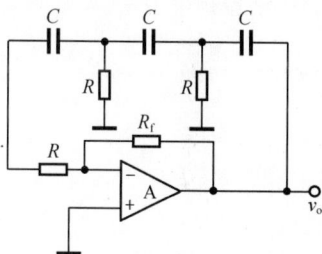

图 9.13　集成运放构成的 RC 移相式振荡电路　　　　图 9.14　三极管构成的 RC 移相式振荡电路

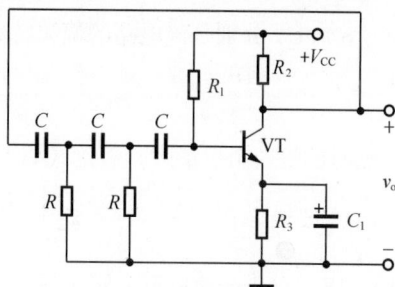

[1] 信号通过一级 RC 电路，能够实现 $90°$ 以内的相移。如果要实现 $180°$ 的相移，则需要三级 RC 电路，每级移相 $60°$。

9.2.3　小节练习

【知识回顾】

本节主要概念：RC 桥式振荡电路（包括 RC 串并联电路的选频特性、增益为 3 的同相放大电路、热敏电阻限幅、二极管限幅、场效应管限幅）、RC 移相式振荡电路。

【思考题】

1. RC 串并联电路的频率特性是什么？
2. RC 桥式振荡电路为什么需要配增益为 3 的同相放大电路？
3. 将图 9.11 中的二极管并联电路换成负温度系数的热敏电阻，能否起到限幅作用？
4. 能否将图 9.12 中的二极管去掉？
5. 能否用四级 RC 电路实现 180° 的相移？

RC 正弦波振荡电路自测题

9.3 *LC* 正弦波振荡电路

LC 正弦波振荡电路与 RC 正弦波振荡电路的工作原理相似，前者多用于产生 1MHz 以上的高频信号，而后者多用于产生 1MHz 以内的低频信号。两者的主要区别就在于选频网络，一个是 LC 并联谐振电路，另一个是 RC 电路。

LC 振荡电路

9.3.1　*LC* 并联谐振电路的选频特性

考虑到线圈的电阻以及回路的损耗，LC 并联谐振回路的等效电路如图 9.15（a）所示。其中，R 是包括线圈电阻和回路损耗在内的等效电阻。

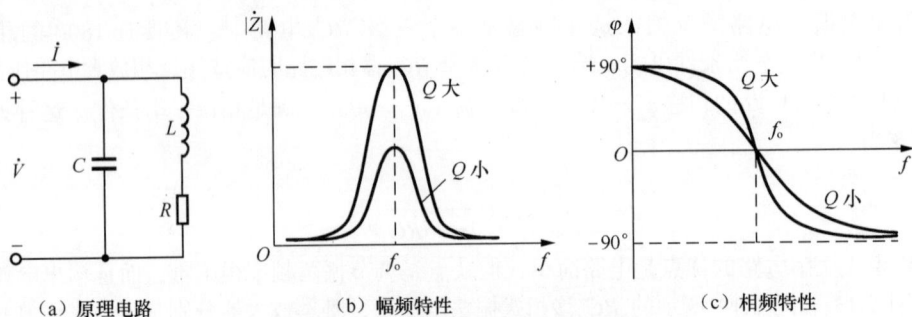

（a）原理电路　　　（b）幅频特性　　　（c）相频特性

图 9.15　LC 并联谐振电路的选频特性

图 9.15（b）（c）分别是该电路的幅频特性和相频特性，其中谐振频率为

$$f_o = \frac{1}{2\pi\sqrt{LC}} \text{ 或 } \omega_o = \frac{1}{\sqrt{LC}} \tag{9.7}$$

发生谐振时的等效阻抗最大，表达式如下

$$Z_o = \frac{L}{RC} = Q\omega_o L = \frac{Q}{\omega_o C} \tag{9.8}$$

式（9.8）中，Q 为品质因数，定义为

$$Q = \frac{\omega_o L}{R} = \frac{1}{R}\frac{1}{\omega_o C} = \frac{1}{R}\sqrt{\frac{L}{C}} \tag{9.9}$$

品质因数越大，LC 并联谐振电路的选频特性越好，振荡电路的频率稳定性越好。

9.3.2　变压器反馈式 LC 振荡电路

1．典型电路

图 9.16 所示为变压器反馈式 LC 振荡电路，图（a）的基本放大器是三极管共射极电路，图（b）的基本放大器是共基极电路。LC 选频网络接在电路的输出端（三极管的集电极），通过变压器次级绕组将输出信号馈送到电路的输入回路——图 9.16（a）接基极，图 9.16（b）接发射极。

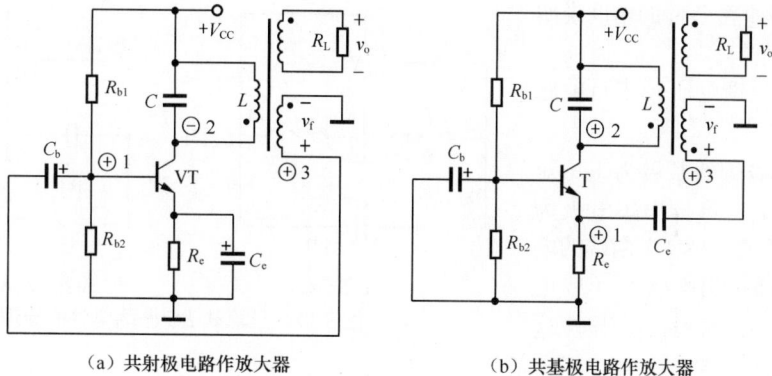

（a）共射极电路作放大器　　　　　　（b）共基极电路作放大器

图 9.16　变压器反馈式 LC 振荡电路

注意，LC 振荡电路中通常会出现两种功能的电容：一种是容量较大的耦合电容或旁路电容，负责连接交流信号；另一种是 LC 并联谐振回路中的电容，与电感配合产生谐振，其容量相对较小。例如，图 9.16（a）中的 C_b 是耦合电容，C_e 是旁路电容，C 是谐振电容。

2．分析方法

分析 LC 振荡电路是否能够振荡，主要是看电路是否满足相位平衡条件，而对于振幅平衡条件通常不作分析，因为通过调整基本放大器的电压增益一般都能使振幅平衡条件得到满足。对于相位平衡条件的分析，可以使用瞬时极性法判断反馈是否为正反馈，若是，则满足相位平衡条件，否则不满足。

具体分析相位平衡条件时还需要注意的是：① 准确找出反馈信号 v_f 的位置，特别是对于有中心抽头的线圈绕组。② 根据变压器的同极性端（或同名端）来判断原副绕组的瞬时极性关系。③ 看清楚反馈在输入回路的接入点，接入点不同，需要的反馈信号极性是不同的。例如，图 9.16 中，反馈分别接到共射极放大电路的输入端（基极）和共基极放大电路的输入端（发射极），反馈信号对地极性应该为正。

对于图 9.16（a），分析过程如下：在确定 v_f 的位置（如图，一端接地，一端通过耦合电容 C_b 接放大器输入端）后，假设共射极电路输入端（基极）1 点处的瞬间极性为正，可得电路输出端（集电极）2 点处的瞬间极性为负（共射极电路的输入输出反相位），再根据变压器同极性端可知 3 点处的瞬间极性为正，所以反馈电压馈送到共射极电路输入端的瞬间极性与 1 点处的极性相同，反馈为正反馈，电路满足相位平衡。

对于图 9.16（b），分析过程如下：在确定 v_f 的位置（如图，一端接地，一端通过耦合电容 C_e 接放大器输入端）后，假设共基极电路输入端（射极）1 点处的瞬间极性为正，可得电路输出端（集电极）2 点处的瞬间极性为正（共基极电路的输入输出同相位），再根据变压器同极性端可知 3 点处的瞬间极性为正，所以反馈电压馈送到共基极电路输入端的瞬间极性与 1 点处的极性相同，反馈为正反馈，电路满足相位平衡。

3．限幅措施

LC 振荡电路通常利用放大器件的非线性特性进行限幅。输出信号的幅值在增大过程中，会导致放大器件的工作点进入非线性区，从而限制输出信号的幅值继续增加，达到限幅的目的。

9.3.3　三点式 *LC* 振荡电路

除了变压器反馈式 *LC* 振荡电路外，常用的还有电容三点式（也称考毕兹式）和电感三点式（也称哈特利式）*LC* 振荡电路。

1. 原理电路

三点式 *LC* 振荡电路的原理电路（仅考虑交流通路）如图 9.17 所示。

下面从相位平衡条件的角度说明电路的工作原理。

① 电路的反馈电压 v_f 来自电感 L_2（或电容 C_2）。

② 假设三极管的基极为正（对地瞬时极性）[1]，可推出集电极为负[2]，电容 *C*（或电感 *L*）两端的电压极性[3]，进而推出电感 L_2（或电容 C_2）上 v_f 的电压极性[4]，显然这是一个正反馈，即电路满足相位平衡条件。

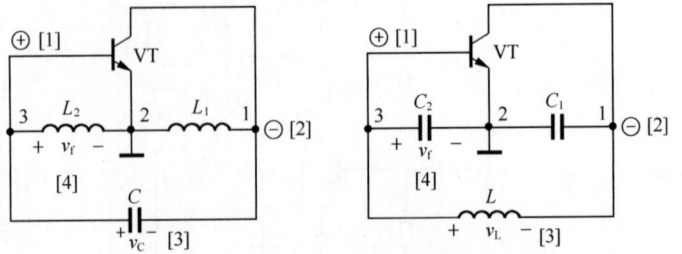

(a) 电感三点式　　　(b) 电容三点式

图 9.17　三点式 *LC* 振荡电路的原理电路

至于振幅平衡条件，合理调整基本放大器的增益 A_v 和电感的比值 L_2/L_1（或电容的比值 C_2/C_1），就能够实现起振。理论上增大比值 L_2/L_1（或 C_2/C_1）有利于起振。

电感三点式 *LC* 振荡电路的工作频率范围可从数百千赫兹到数十兆赫兹。考虑到电感 L_1 和 L_2 之间的互感 *M*，电路振荡频率的计算式为

$$f_o = \frac{1}{2\pi\sqrt{(L_1+L_2+2M)C}} \quad 或 \quad \omega_o = \frac{1}{\sqrt{(L_1+L_2+2M)C}} \tag{9.10}$$

电容三点式 *LC* 振荡电路的工作频率范围可从数百千赫兹到数百兆赫兹，振荡频率的计算式为

$$f_o = \frac{1}{2\pi\sqrt{L\dfrac{C_1C_2}{C_1+C_2}}} \quad 或 \quad \omega_o = \frac{1}{\sqrt{L\dfrac{C_1C_2}{C_1+C_2}}} \tag{9.11}$$

从输出波形来看，由于电容对高次谐波具有较强的滤波效果，所以从电容 C_2 上取得的反馈信号中含有的高频分量少，输出波形也就相对较好。而对于电感三点式，反馈信号来自电感 L_2，电感对高次谐波的作用正好与电容相反，故输出波形中含有的高频分量多，波形相对较差。具体对比可以参见图 9.18。

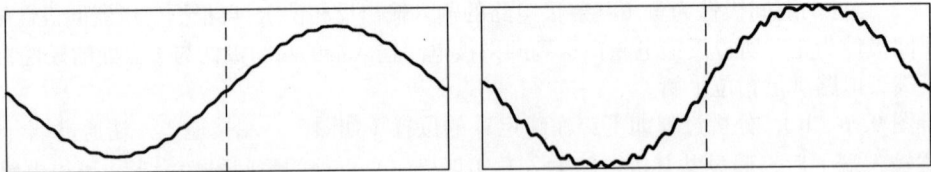

(a) 高频分量少　　　　　　　　　(b) 高频分量多

图 9.18　含高频分量的波形对比

2. 典型电路

图 9.19 所示为典型的三点式 *LC* 振荡电路。

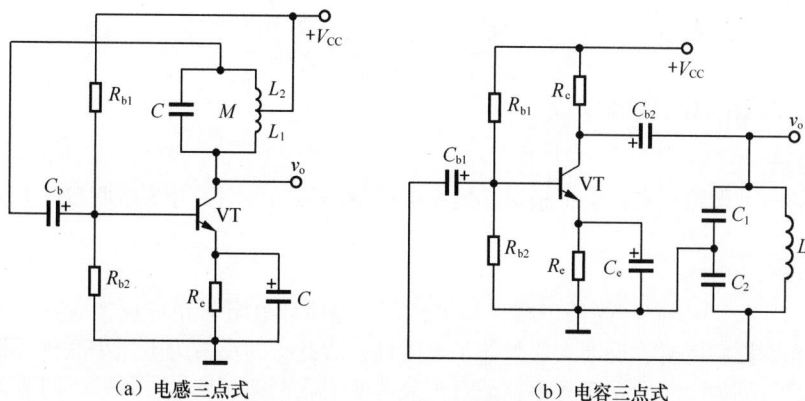

(a) 电感三点式　　　　　　　　(b) 电容三点式

图 9.19　三点式 *LC* 振荡电路

9.3.4　晶体振荡器

大多数通信和数字应用系统中要求振荡器有极稳定的输出，这时就需要用晶体振荡器（简称晶振）。石英晶体因为具有很高的品质因数（为 1 万 ~ 50 万），其振荡稳定性非常高，所以用其构成的晶振具有高度稳定的工作频率。

1．石英晶体

石英晶体由二氧化硅构成，具有压电效应，即当石英晶体上加一个电场时，晶片会产生机械变形，相反机械力又会在晶片上产生电场。当某一特定频率的交变电压作用于石英晶体时，能使晶片的机械振幅突然增大，产生压电谐振现象。用作电子元件时，石英晶体薄片会被放置在两片金属板之间，类似于电容。石英晶体构成的晶振的工作频率由它的物理尺寸决定。

晶振的等效电路与电抗特性如图 9.20 所示。其中 C_0 为静电容，约为几至几十皮法；反映压电效应的电感 L 约为几十毫亨至几百亨；电容 C 约为 $2 \times 10^{-4} \text{pF} \sim 0.1 \text{pF}$；代表损耗的电阻 R 约为 100Ω；电路的品质因数 Q 可达 10^4。

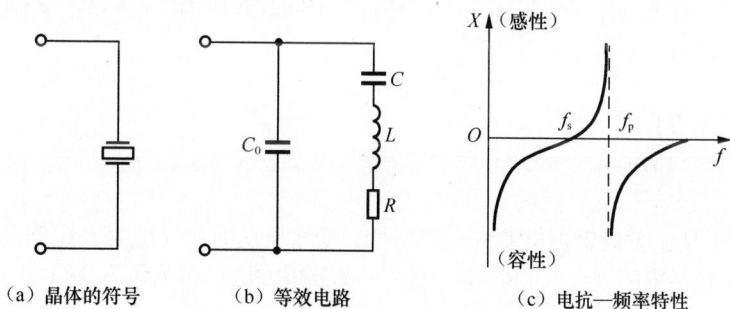

(a) 晶体的符号　　(b) 等效电路　　(c) 电抗—频率特性

图 9.20　晶振的等效电路与电抗特性

从晶振的等效电路可知，电路可以发生串联谐振和并联谐振。其中 *RLC* 支路发生的是串联谐振，谐振频率 f_s 为

$$f_s = \frac{1}{2\pi\sqrt{LC}} \tag{9.12}$$

考虑到 C_0 很小，其容抗远大于 *RLC* 支路的谐振等效阻抗 R，因此发生串联谐振时，电路近似等效为纯电阻 R。

当频率高于 f_s 后，*RLC* 支路呈电感性，可以与电容 C_0 发生并联谐振，谐振频率 f_p 为

$$f_p = \frac{1}{2\pi\sqrt{LC}}\sqrt{1+\frac{C}{C_0}} = f_s\sqrt{1+\frac{C}{C_0}} \qquad (9.13)$$

由于 $C \ll C_0$，因此 f_s 与 f_p 非常接近。

2．典型电路

晶振电路的典型电路只有两类，根据晶振在电路中的不同作用，分为串联型晶振电路和并联型晶振电路。

（1）串联型晶振电路

图 9.21（a）所示为串联型晶振电路。其中，石英晶体和电阻 R 组成反馈支路。当信号频率为石英晶体的串联谐振频率时，反馈支路整体呈电阻性，故此时的反馈为电压串联正反馈，满足相位平衡条件。显然，晶振电路的振荡频率就是石英晶体的串联谐振频率 f_s。另外，调节 R 的电阻值，可使电路满足振幅平衡条件。

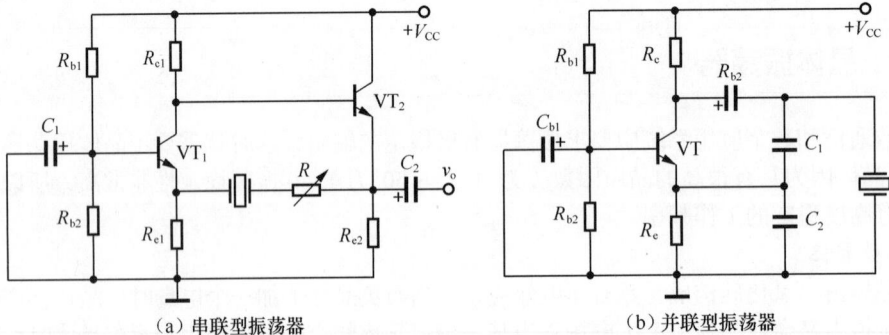

(a) 串联型振荡器　　　　　　　　(b) 并联型振荡器

图 9.21　典型电路

（2）并联型晶振电路

图 9.21（b）所示为并联型晶振电路。其中，石英晶体代替了电容三点式 LC 振荡电路选频网络中的电感元件，故电路的振荡频率应该介于晶体的 f_s 和 f_p 之间。考虑到 f_s 和 f_p 相差很小，所以电路的振荡频率与石英晶体本身的谐振频率十分接近。

需要强调的是，石英晶体通常只能工作在 f_s 和 f_p 之间的频段内，而不能工作在低于 f_s 或高于 f_p 的频段内，否则晶体的频率稳定度将明显下降。

9.3.5　小节练习

【知识回顾】

本节主要概念：LC 并联谐振电路的选频特性、变压器反馈式 LC 振荡电路及分析方法、三点式 LC 振荡电路（包括电感三点式和电容三点式）及分析方法、石英晶体及晶振电路（包括串联型和并联型）等。

【思考题】

1．LC 振荡电路的频率稳定性由什么因素决定？

2．为什么电容三点式比电感三点式输出波形好？

3．晶振的频率特性是什么？

4．晶振两端并联一个电容，会对晶振的谐振频率产生什么影响？

5．在串联型晶振电路和并联型晶振电路中，晶振的特性有什么区别？

LC 正弦波振荡电路自测题

9.4 综合练习

内容要点

正弦波振荡电路由基本放大器、选频网络、正反馈网络和限幅电路组成。电路能否振荡，需要使用振幅平衡条件（$AF=1$）和相位平衡条件（$\varphi_a+\varphi_f=2n\pi$，$n=0,1,2,\cdots$）进行判断。在电路起振阶段，需要满足 $AF>1$，但当电路输出达到一定值时，需要进行限幅。常用的限幅措施有热敏电阻限幅、二极管限幅、场效应管限幅等。

章节随测

按照选频网络的不同，可以将正弦波振荡电路分为 RC 正弦波振荡电路、LC 正弦波振荡电路和晶振电路。RC 振荡电路又分为桥式和移相式；LC 振荡电路又分为变压器反馈式、电感三点式和电容三点式；晶振电路又分为串联型和并联型。

通常 RC 振荡电路用于产生 1MHz 以内的低频信号，LC 振荡电路用于产生 1MHz 以上的高频信号，而晶振电路因石英晶体的固有特性具有很高的输出稳定性。RC 桥式振荡电路的振荡频率为 $f_o=1/(2\pi RC)$，LC 振荡电路的振荡频率为 $f_o=1/(2\pi\sqrt{LC})$，晶振电路的振荡频率由晶体的串联谐振频率 f_s 和并联谐振频率 f_p 决定。

9.4.1 仿真练习题

9.1 试用 Tina 软件绘制题 9.1 图所示振荡电路，元器件参数见图。使用瞬时仿真观察输出波形。注：晶体串联一个小电容可在小范围内调整和稳定谐振频率，以及改善电路的性能。

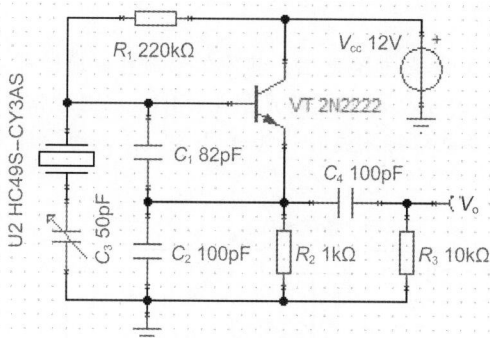

题 9.1 图

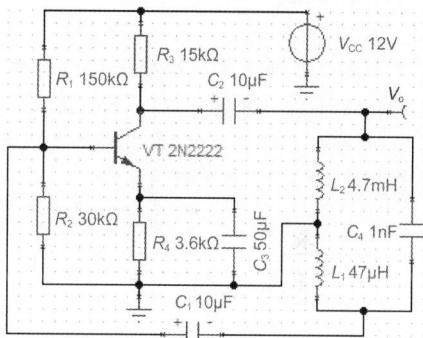

题 9.2 图 1

9.2 试用 Tina 软件绘制题 9.2 图 1 所示的振荡电路，元器件参数见图。使用示波器观察输出波形。

【操作说明】使用示波器观察输出波形的步骤如下。

（1）先建立电路模型，然后选择"T&M\示波器"菜单项，打开示波器窗口，具体如题 9.2 图 2 所示。

（2）将"Time\Div"（单位扫描时间）设为 5 微秒，将"Channel"（通道信号）选为电路的输出信号，将"Volts\Div"（单位幅度）设为"2"（2V）。

（3）完成上述设置后，可单击"Run"按钮启动仿真，短暂时间过后示波器上会显示振荡波形。此时可以单击"Stop"按钮停止仿真，然后单击"Data"区域中间的按钮，可将波形数据导入图表窗口显示。

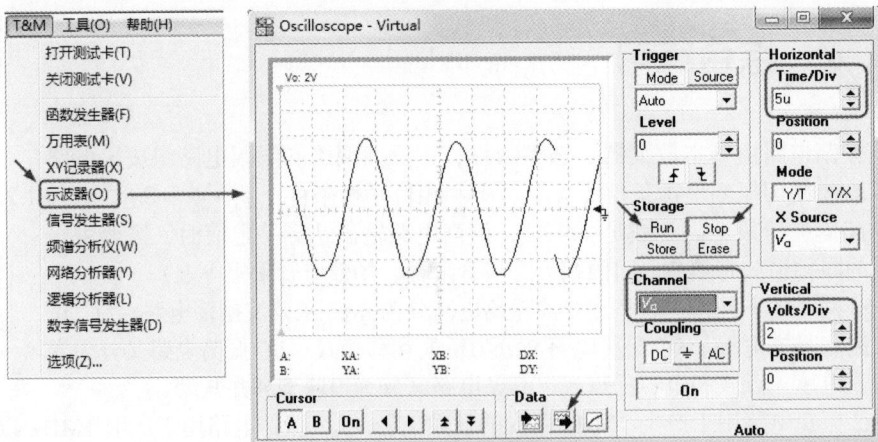

题 9.2 图 2　示波器窗口

9.4.2　小电路设计

9.3　信号发生器能够输出各种频率、波形（正弦波、方波、三角波、锯齿波等）和幅值的信号，常用于测试系统或设备的特性。试用 Tina 软件设计一个简易的信号发生器，能够对外输出正弦波、方波和三角波，信号频率在 1MHz 以内，正弦信号的频率和幅值都可调。要求：绘制出具体的原理电路图。

【设计方案】

信号发生器通常需要选择一种信号作为源信号，由振荡电路产生，其他信号则可以通过相关电路进行转换得到。这里可以选择正弦波作为源信号，由 RC 振荡电路产生（1MHz 以内的信号）；然后通过电压比较器将其转换成方波；最后通过积分电路将方波转换为三角波。具体的设计方案如题 9.3 图 1 所示。

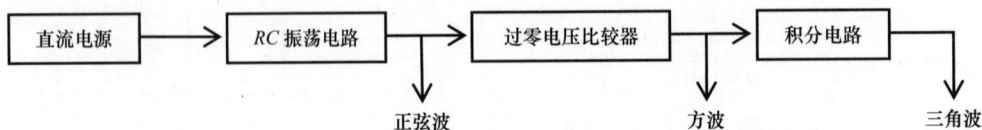

题 9.3 图 1　简易信号发生器设计方案

【电源模块】

鉴于 RC 振荡电路、电压比较器和积分电路都需要使用运算放大器，这里可以选用 LM324（内部有四个集成运放），其典型工作电压为 ±12V，所以这里需要设计能够输出 ±12V 电压的直流稳压电源。该模块的具体电路将在教材的第 10 章中介绍。

【RC 振荡电路】

鉴于信号频率在 1MHz 以内，这里首选 RC 桥式振荡电路，其原理电路如题 9.3 图 2 所示，基本放大器是由集成运放构成的同相放大电路，采用二极管限幅的方式。

对此电路的说明如下。

（1）RC 串并联电路中电阻加了可调电阻 R_{p2} 和 R_{p3}，阻值均为 0～100kΩ，是为了进行频率调节。阻值越大，频率越小。注意，调节电阻时要保持 R_{p2} 和 R_{p3} 的值同步变化。实际制作电路时需要选用同轴电位器。按照电路参数可以计算振荡电路输出信号的频率变化范围，具体如下。

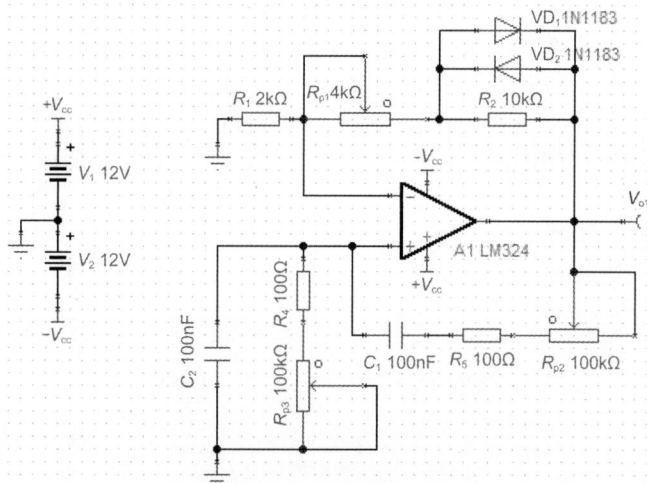

题 9.3 图 2　*RC* 正弦波振荡电路仿真

$$f_{o(min)} = \frac{1}{2\pi R_{max}C} = \frac{1}{2\times 3.14\times 10\times 10^3\times 100\times 10^{-9}}\,\text{Hz} \approx 159\text{Hz}$$

$$f_{o(max)} = \frac{1}{2\pi R_{min}C} = \frac{1}{2\times 3.14\times 100\times 100\times 10^{-9}}\,\text{Hz} \approx 15.9\text{kHz}$$

如果 R_{p1} 的滑动头在 80%（3.2kΩ），R_{p2} 和 R_{p3} 滑动头分别在 10%（10kΩ）和 90%（90kΩ）时，仿真电路的输出波形如题 9.3 图 3 所示。

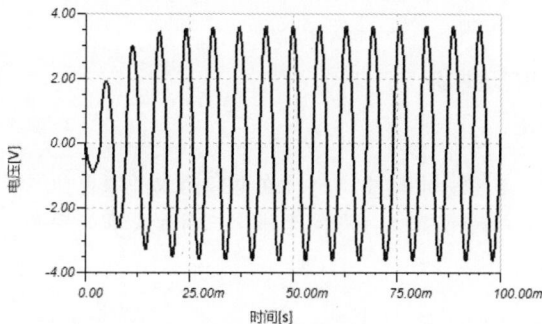

（a）R_{p2} 和 R_{p3} 为 10kΩ

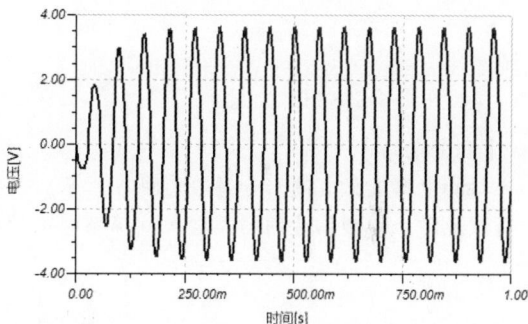

（b）R_{p2} 和 R_{p3} 为 90kΩ

题 9.3 图 3　调节输出信号的频率

（2）在同相电路的反馈支路上添加可调电阻 R_{p1}（0~4kΩ），是为了进行幅值调节。当电路稳定输出时，R_{p1} 与 R_2 并联支路等效电阻之和应是 R_1 的两倍，所以 R_{p1} 阻值越大，并联支路的等效电阻越小，对应的输出电压也就越大（输出电压越大，二极管导通程度越强，电阻越小）。对于本电路，R_{p1} 接近 4kΩ 时，输出电压幅值最大，为 10V 左右。

如果 R_{p2} 和 R_{p3} 的滑动头都在中心，R_{p1} 滑动头分别在 50%（2kΩ）和 80%（3.2kΩ）时，仿真电路的输出波形如题 9.3 图 4 所示。

【电压比较器】

仿真电路及仿真波形如题 9.3 图 5 所示。

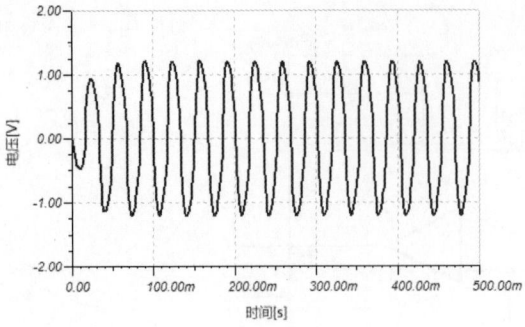

（a）R_{p1} 为 2kΩ

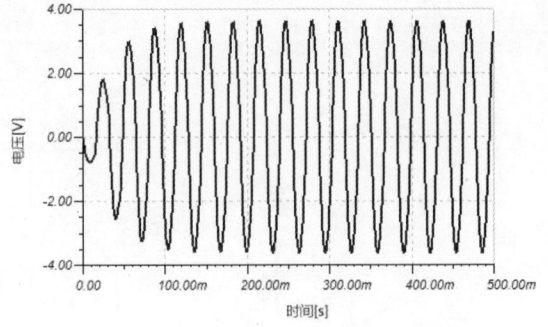

（b）R_{p1} 为 3.2kΩ

题 9.3 图 4　调节输出信号的幅值

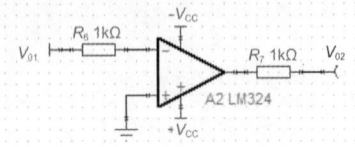

（a）仿真电路

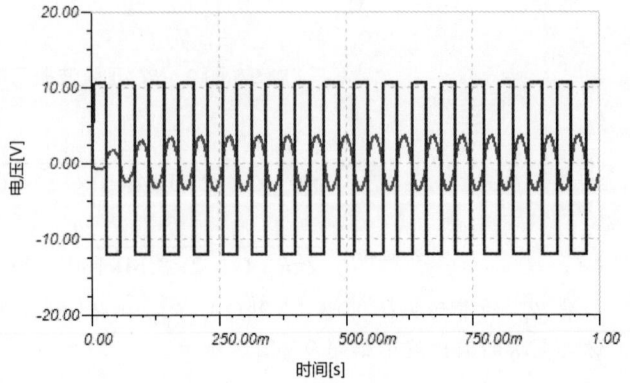

（b）输入输出波形

题 9.3 图 5　电压比较器

【积分电路】

仿真电路及仿真波形如题 9.3 图 6 所示。说明：在积分电路中，通过在电容两端并联电阻，可以有效地防止低频信号的增益过大，确保电路的稳定性和可靠性，有助于消除三角波失真的问题。

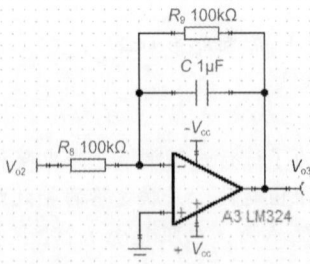

（a）仿真电路

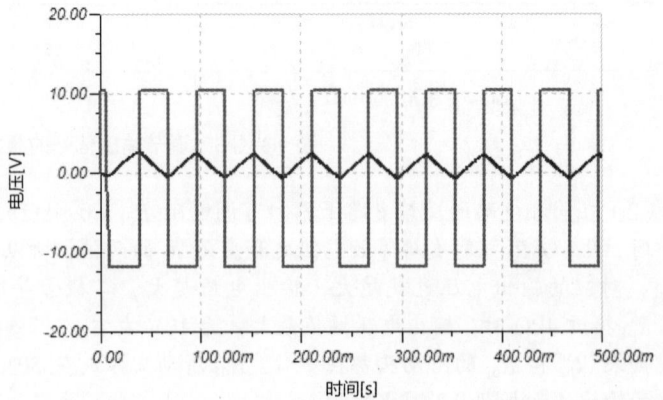

（b）输入输出波形

题 9.3 图 6　积分电路

9.4 在题 9.3 中，如何实现输出的方波和三角波幅值可调，试设计相应的电路。

第 **10** 章

小功率直流稳压电源

思维导图

电子电路需要直流稳压电源来驱动工作。例如，在放大电路中，直流稳压电源一方面要为电路工作建立合适的静态工作点，另一方面还要为信号的放大提供所需的能量。发电设备输出的是交流电，对于小功率的情况，交流电要变成稳定的直流电，还需要通过降压、整流、滤波和稳压等几个环节的处理。降压环节是用电源变压器将220V、50Hz的市电变换成几十伏的同频交流电。鉴于变压器的工作原理已经在"电路"课程中详细讲解过了，所以本章主要介绍整流电路、滤波电路和稳压电路的工作原理、特点，以及相关计算方法。下面我们通过几个仿真示例来了解直流稳压电源的相关知识。

【**仿真示例 10.1**】 正负两路整流滤波电路。

图 10.1（a）所示为正负两路整流滤波电路，两路共用一个整流电路，变压器次级绕组有中心抽头，需接地；变压器的输出 V_{21} 和 V_{22} 的大小相等，方向相反；交流信号经桥式整流、电容滤波后输出，V_{o1} 为正压，V_{o2} 为负压。电路的输出波形如图 10.1（b）所示。

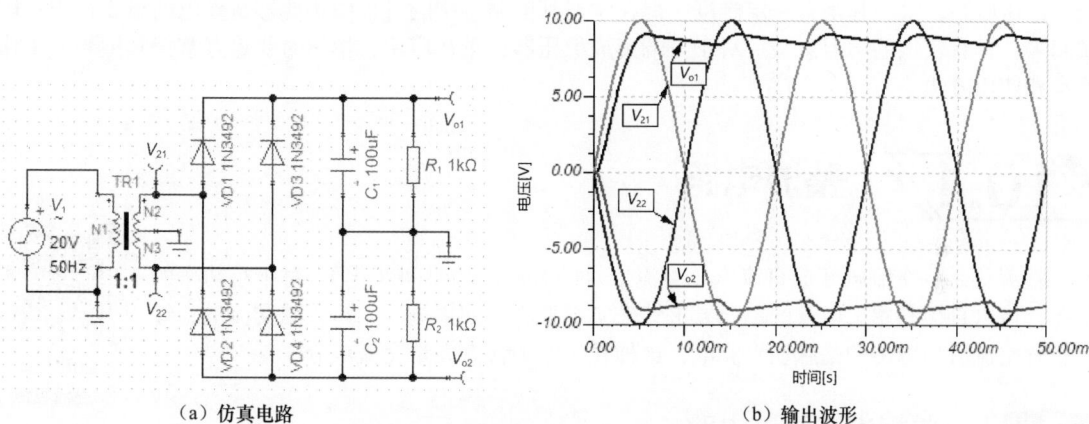

(a) 仿真电路	(b) 输出波形

图 10.1　正负两路整流滤波电路仿真示例

该电路常作为双电源的前级结构，后面添加相应的集成稳压器便可构成能输出正负电压的双电源。

【**仿真示例 10.2**】 倍压整流电路。

图 10.2 所示为倍压整流电路，按照固有方式连接成多级（一只二极管和一只电容构成一级），可将交流电转变为高压直流电。依据输出与输入电压的倍数关系，分为一倍压（V_{o1}）、二倍压（V_{o2}）、三倍压（V_{o3}）和多倍压电路。图示电压值是在瞬时交互仿真模式下所得到的值。

【**仿真示例 10.3**】 直流稳压电源电路。

图 10.3 所示为一直流稳压电源电路，通过集成稳压器 LM317 配合 R_1 和 R_2 电阻实现输出稳定的 5V 电压。LM317 为可调式集成稳压器，输出电压变化范围为 1.25V～37V（=1.25×R_2/R_1）。图示电压值为在瞬时交互仿真模式下所得到的值。

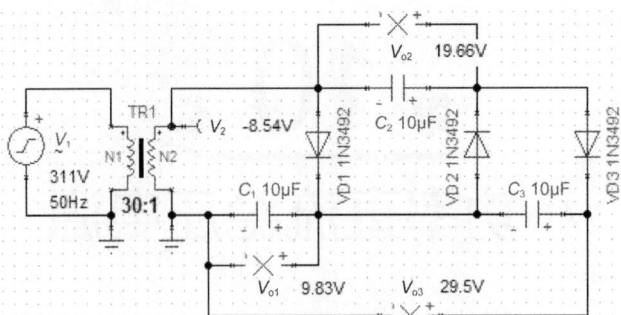

图 10.2　倍压整流电路仿真示例

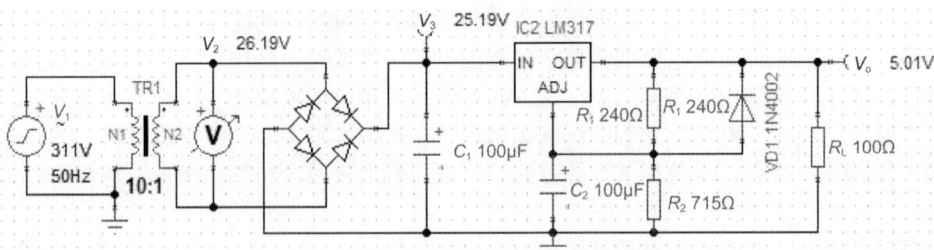

图 10.3　直流稳压电源电路仿真示例

本章涉及的基本电路较多，其中整流电路和滤波电路相对简单，可以结合核心器件的特点学习电路的工作原理，并掌握输出电压、输出电流、核心元件关键参数等内容的计算方法。对于串联反馈式稳压电路，学习起来有一定难度，但在学习其电路结构的过程中，能够将模电的重要知识点串联起来，具有较强的学习意义。对于三端集成稳压器，重在应用，学习时要重点掌握其型号、工作特点和使用方法。

10.1　整流电路

整流就是将交流电变成直流电（直流信号的方向不随时间变化）。对于小功率的情况，可以直接利用二极管的单向导电性来实现整流。如果输入的是正弦交流电，经二极管整流后，输出的是脉动直流电，这种直流电中含有大量交流成分。

直流电源-
整流电路

10.1.1　单相半波整流电路

1. 原理电路

单相半波整流电路如图 10.4（a）所示，这是一种最简单的整流电路，图 10.4（b）显示了电路的输入输出波形关系。电路说明如下。

① 图中 v_1 为变压器原边电压，为正弦信号；v_2 为副边电压（即整流电路的输入电压），为正弦信号，其有效值为 V_2，其幅值为 $\sqrt{2}V_2$；v_o 为输出电压，为半波信号。

② 名称中"单相"强调电路仅考虑一相交流的变换，"半波"强调电路仅输出了半个周期的信号。

③ 另外，为了分析方便，假设负载为纯电阻负载，二极管是理想的。

2. 工作原理

① 当 v_2 处于正半周期时，二极管 VD 正向导通，忽略二极管上的管压降，输出电压 $v_o = v_2$。

② 当 v_2 处于负半周期时，二极管 VD 反向截止，电路中没有电流，输出电压 $v_o = 0$。

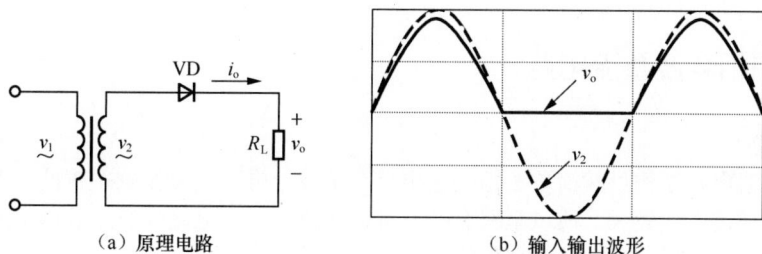

（a）原理电路　　（b）输入输出波形

图 10.4　单相半波整流电路

综上，在整个周期内，二极管 VD 只在 v_2 的正半周期时导通，此时的输出电压跟随输入电压变换；而在 v_2 的负半周期时没有信号输出。因此电路进行的是半波整流。

3. 输出参数计算

如果对半波整流电路的输出电压 v_2 作傅里叶级数展开可得

$$v_o = \frac{\sqrt{2}\,V_2}{\pi}\left[1 + \frac{\pi}{2}\sin(\omega_o t) - \frac{2}{3}\cos(2\omega_o t) - \frac{2}{15}\cos(4\omega_o t) - \cdots\right] \tag{10.1}$$

式（10.1）中有如下几点说明。

① ω_o 为 v_2 的角频率，如果假设 v_2 的周期为 T，则 $\omega_o = 2\pi/T$。

② 与频率无关的部分为输出电压 v_o 的直流分量（即输出电压在一个周期内的平均值）V_o。

$$V_o = \frac{1}{T}\int_0^T v_o \mathrm{d}t = \frac{1}{T}\int_0^{T/2} v_2 \mathrm{d}t = \frac{\sqrt{2}\,V_2}{\pi} = 0.45V_2 \tag{10.2}$$

③ 根据 V_o 可以求出输出电流的直流值（平均值）I_o。

$$I_o = \frac{V_o}{R_L} = \frac{0.45V_2}{R_L} \tag{10.3}$$

④ 与频率相关的部分是谐波分量，谐波分量总称为纹波，常用纹波系数 K_γ 来表示直流输出电压 V_o 中纹波电压 V_r 的相对大小，K_γ 为

$$K_\gamma = \frac{V_r}{V_o} = \frac{\sqrt{V_{rms}^2 - V_o^2}}{V_o} = \sqrt{\left(\frac{V_{rms}}{V_o}\right)^2 - 1} \tag{10.4}$$

其中，V_{rms} 为输出交流分量的有效值，对于半波整流，这个值约为 $0.707V_2$。根据式（10.2）可以求出单相半波整流电路的纹波系数为 1.21，理论上 K_γ 应越小越好。

4. 整流二极管参数计算

二极管是整流电路的核心器件，选用时主要考虑整流电流和耐压这两个参数。因为二极管导通时负载上才会出现电流，故二极管上流过的平均电流 I_D 与输出电流的平均值 I_o 一致，即有

$$I_D = I_o = \frac{0.45V_2}{R_L} \tag{10.5}$$

在 v_2 的负半周期，二极管处于截止状态，其两端可能的最大反向电压为 v_2 的幅值，即

$$V_{RM} = \sqrt{2}\,V_2 \tag{10.6}$$

I_D 和 V_{RM} 都是理论计算值，实际选择器件时通常还需要乘上 1.5～2 的系数，以使电路具有充分的余地去应对诸如电网电压波动[1]等因素对电路造成的突发影响。

---

[1] 一般允许的电网电压波动范围为 ±10%。

10.1.2　单相全波整流电路

1. 原理电路

单相半波整流电路结构虽然简单，但是输出只有半波，电路的工作效率较低，电源变压器未得到充分利用，且纹波系数较大，所以电路有必要进行改进。针对电路仅有半波输出的问题，改进成如图 10.5（a）所示的单相全波整流电路。

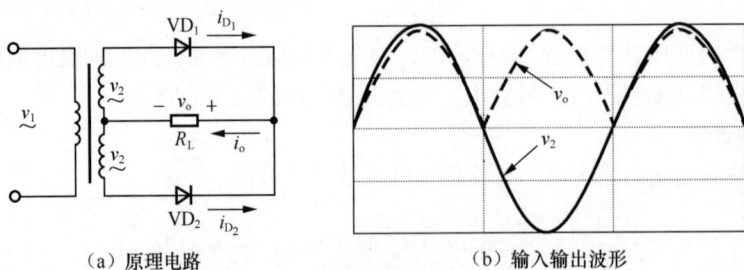

（a）原理电路　　　　　　（b）输入输出波形

图 10.5　单相全波整流电路

单相全波整流电路可以简单认为是两个单相半波整流电路的合成，且为同一个负载供电。注意，变压器副边有两个完全相同的绕组，假设输出电压都为 v_2。

2. 工作原理

① 当 v_2 处于正半周期时，二极管 VD_1 导通，VD_2 截止，忽略二极管上的管压降，输出电压 $v_o = v_2$（由与 VD_1 相连的次级绕组提供）。此时负载 R_L 上的电流 i_o 从右向左流，如图 10.5（a）所示。

② 当 v_2 处于负半周期时，二极管 VD_2 导通，VD_1 截止，忽略二极管上的管压降，输出电压 $v_o = v_2$（由与 VD_2 相连的次级绕组提供）。此时负载 R_L 上的电流 i_o 仍然从右向左流，与 VD_1 导通时一致。

综上，通过两只二极管 VD_1 和 VD_2 的交替导通，在整个周期内保证负载 R_L 上都有同向电流流过，负载电压的方向不变，输入输出波形如图 10.5（b）所示。所以电路进行的是全波整流。

3. 输出参数计算

如果对全波整流电路的输出电压 v_2 作傅里叶级数展开可得

$$v_o = \frac{\sqrt{2}\,V_2}{\pi}\left[2 - \frac{4}{3}\cos(2\omega_o t) - \frac{4}{15}\cos(4\omega_o t) - \frac{4}{35}\cos(6\omega_o t) - \cdots\right] \tag{10.7}$$

① 输出电压 v_o 的直流分量（平均值）V_o 为

$$V_o = \frac{1}{T}\int_0^T v_o \mathrm{d}t = \frac{1}{T}\int_0^T |v_2|\,\mathrm{d}t = \frac{2\sqrt{2}\,V_2}{\pi} = 0.9V_2 \tag{10.8}$$

② 输出电流的直流值（平均值）I_o 为

$$I_o = \frac{V_o}{R_L} = \frac{0.9V_2}{R_L} \tag{10.9}$$

③ 对于全波整流，V_{rms} 等于 V_2，故纹波系数为 0.48 。

4. 整流二极管参数计算

① 因为二极管 VD_1 和 VD_2 分别只导通半个周期，故二极管上的平均电流为 I_o 的一半，即

$$I_{D1} = I_{D2} = \frac{1}{2}I_o = \frac{0.45V_2}{R_L} \tag{10.10}$$

② 在 v_2 的负半周期，二极管 VD_1 处于截止状态，VD_2 导通，可看成导线，故 VD_1 两端可能的最大反向电压为两个变压器次级绕组电压幅值的总和，即

$$V_{RM1} = V_{RM2} = 2\sqrt{2}V_2 \qquad (10.11)$$

10.1.3　单相桥式整流电路

1．原理电路

单相全波整流电路虽然解决了半波输出问题，提高了电路的工作效率，减小了纹波系数，但由于电源变压器次级绕组线圈匝数的成倍增加，使得电路的体积、重量和成本都将随之增加，而且对整流二极管的耐压要求也提高了，所以电路还需要改进。针对上述问题，进而提出了如图 10.6 (a) 所示的单相桥式整流电路。

电路中使用了四只二极管组成电桥电路，四只二极管分别处于一个桥臂上。但电源变压器的次级只用了一个绕组，恢复到单相半波整流电路的水平。

2．画图方法

桥式整流电路的常见三种画图方法如图 10.6 所示：图 (a) 为典型画法；图 (c) 为简化画法；图 (d) 为并排画法。就图 (a)(d) 而言，二极管的两个异极性节点与变压器的次级绕组相连；而两个同极性节点与负载相连，阴极节点为输出电压的正极，阳极节点为负极。就图 (c) 而言，菱形框中的二极管是一个标识符，其阴阳极所对的两个节点接负载，靠近阴极端为正，靠近阳极端为负；而菱形框的另外两个节点接变压器。

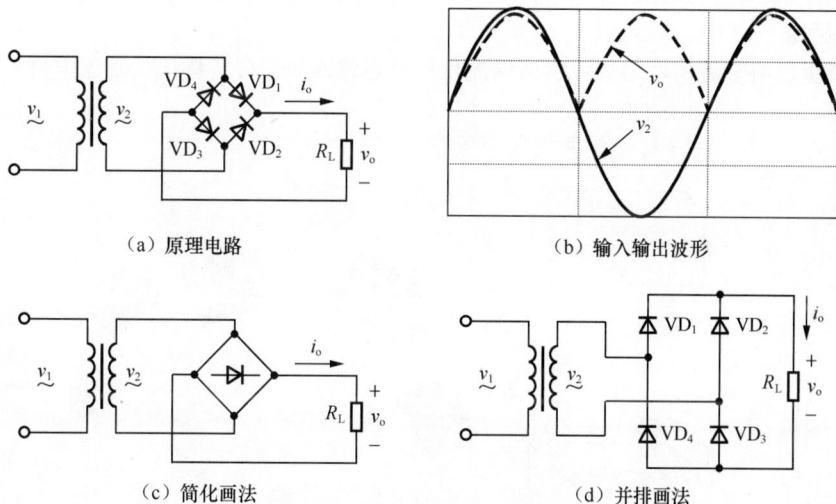

(a) 原理电路　　　　　　　　　　(b) 输入输出波形

(c) 简化画法　　　　　　　　　　(d) 并排画法

图 10.6　单相桥式整流电路

3．工作原理

① 当 v_2 处于正半周期时，二极管 VD_1 和 VD_3 导通，VD_2 和 VD_4 截止，电流从上向下流过负载 R_L，具体电流关系如图 10.7 (a) 所示，图中"勾"（√）表示二极管导通，"叉"（×）表示二极管截止。

② 当 v_2 处于负半周期时，二极管 VD_2 和 VD_4 导通，VD_1 和 VD_3 截止，电流仍然从上向下流过负载 R_L，具体电流关系如图 10.7 (b) 所示。

综上，通过四只二极管分组的交替导通，在整个周期内保证负载 R_L 上都有同向电流流过，负载电压的方向不变。所以电路进行的是全波整流。

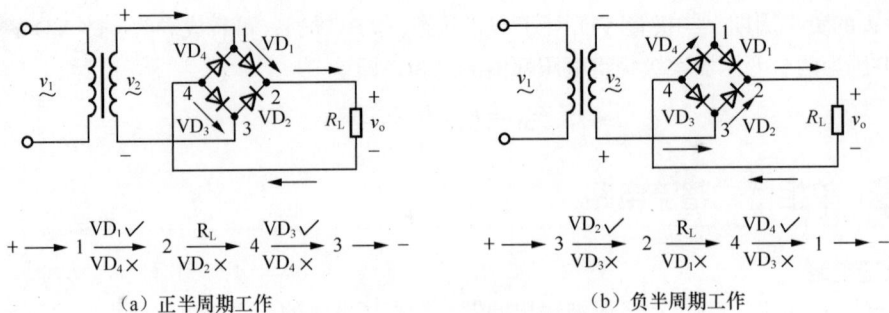

（a）正半周期工作   （b）负半周期工作

图 10.7　桥式整流电路的工作原理

4．输出参数计算

单相桥式整流电路和单相全波整流电路都属于全波整流，故输出参数相同。

5．整流二极管参数计算

① 因为二极管 VD_1 和 VD_3 与 VD_2 和 VD_4 分别只导通半个周期，故二极管上的平均电流仍为输出电流 I_o 的一半。

② 在 v_2 的负半周期，二极管 VD_1 和 VD_3 处于截止状态，VD_2 导通，可看成导线，故 VD_1 两端可能的最大反向电压为 v_2 的幅值，即 $\sqrt{2}V_2$。

6．电路特点

桥式电路是全波整流电路，具有工作效率高、纹波小、二极管反向工作电压低等优点，而且对电源变压器的要求不高，因此这种电路在半导体整流电路中得到了非常广泛的应用。

7．整流桥堆

目前市场上已有整流桥堆出售。所谓整流桥堆就是将四只二极管构成的整流电桥集成到一个器件中。图 10.8 所示为整流桥堆的常见外形。以图 10.8（c）为例，正（+）负（−）标记的两端接负载，交流（~）或（AC）标记的两端接变压器。

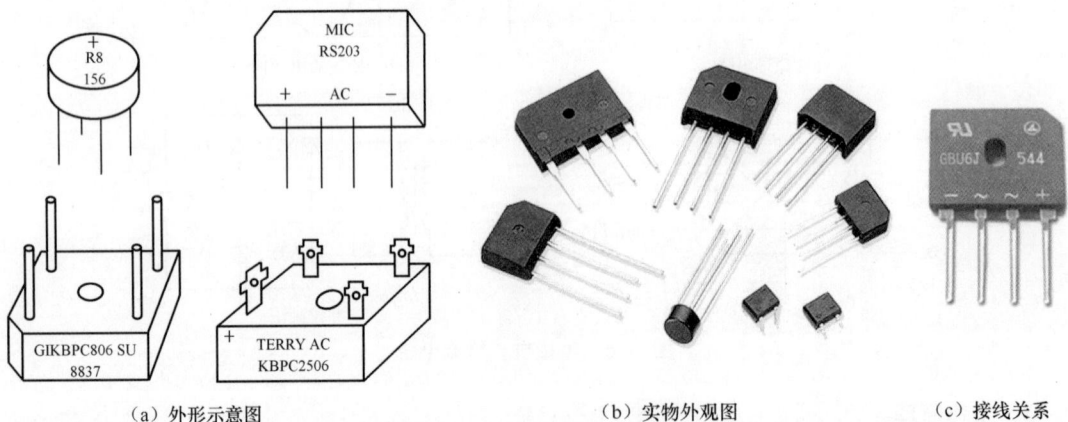

（a）外形示意图   （b）实物外观图   （c）接线关系

图 10.8　整流桥堆的常见外形

【例 10.1】 电路如图 10.9 所示，已知 $R_{L1}=10\text{k}\Omega$、$R_{L2}=100\Omega$，设二极管都是理想的。试求输出电压的平均值 V_{o1}、V_{o2}，输出电流的平均值 I_{o1}、I_{o2}，二极管上的平均电流 I_{D1}、I_{D2}、I_{D3} 和最大反向电压 V_{RM1}、V_{RM2}、V_{RM3}。

【解】 这是一个多输出的整流电路，其中二极管 VD_1 构成了单相半波整流电路，二极管 VD_2 和 VD_3 构成了单相全波整流电路。需要注意的是，VD_1 对应的变压器副边电压是对地电压，是 100V（90V + 10V），而非 90V。

① 输出电压的平均值为

$$V_{o1} = 0.45 \times 100\text{V} = 45\text{V}\ ;\quad V_{o2} = 0.9 \times 10\text{V} = 9\text{V}$$

② 输出电流的平均值为

$$I_{o1} = \frac{V_{o1}}{R_{L1}} = \frac{45\text{V}}{10\text{k}\Omega} = 4.5\text{mA}\ ;\quad I_{o2} = \frac{V_{o2}}{R_{L2}} = \frac{9\text{V}}{100\Omega} = 90\text{mA}$$

③ 二极管上的平均电流为

$$I_{D1} = I_{o1} = 4.5\text{mA}\ ;\quad I_{D2} = I_{D3} = \frac{1}{2}I_{o2} = 45\text{mA}$$

④ 二极管的最大反向电压为

$$V_{\text{RM1}} = \sqrt{2} \times 100\text{V} = 100\sqrt{2}\text{V}\ ;\quad V_{\text{RM2}} = V_{\text{RM3}} = 2\sqrt{2} \times 10\text{V} = 20\sqrt{2}\text{V}$$

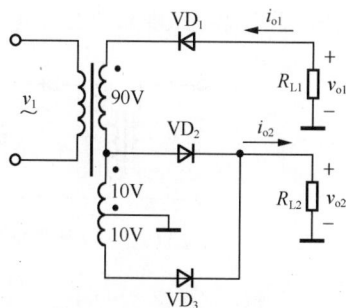

图 10.9　例 10.1 电路

10.1.4　小节练习

【知识回顾】

本节主要概念：单相半波整流电路、单相全波整流电路和单相桥式整流电路的组成结构、工作原理、输入输出波形、分析方法（相关参数包括输出电压平均值、输出电流平均值、二极管整流电流、纹波系数等）。桥式整流电路在小功率场合最为常用。

【思考题】

1. 整流电路的输出含有大量的交流分量，为什么还是属于直流电？
2. 为什么单相全波整流电路的性能优于单相半波整流电路？
3. 为什么单相桥式整流电路的性能优于单相全波整流电路？
4. 单相桥式整流电路中，如果某个二极管断开了会出现什么问题？
5. 单相桥式整流电路中，如果某个二极管极性接反了会出现什么问题?

整流电路
自测题

10.2　滤波电路

整流电路输入的是正弦交流电压，输出的是脉动直流电压，其中含有大量的交流成分，即纹波。所以脉动直流还需要通过滤波电路来滤除其中的交流成分。滤波电路主要由电容元件和电感元件组成，分为电容滤波电路、电感滤波电路和复合滤波电路。

直流电源-
滤波电路

10.2.1　电容滤波电路

电容滤波的原理是电容具有阻碍电压变化的特性，即稳压作用。如果将电容并联在整流电路之后，就能构成电容滤波电路。

1. 单相半波整流电容滤波电路

图 10.10（a）所示为单相半波整流电容滤波电路。图中电容 C 与负载 R_L 是并联关系，两端电压相同，即 $v_C = v_o$，可以通过电容上的电压来研究输出电压的变化规律。下面首先从电容充放电的角度来分析电容上电压的变化规律。

（1）电容的充放电条件

① 当 $v_2 > v_C$ 时，$v_D = v_2 - v_C > 0$，二极管 VD 处于导通状态，v_2 对电容 C 充电，如图 10.10（b）所示。考虑到变压器次级绕组的线圈电阻和二极管的导通电阻都很小，故电容的充电速度非常

快，近似能够跟随 v_2 进行变化。

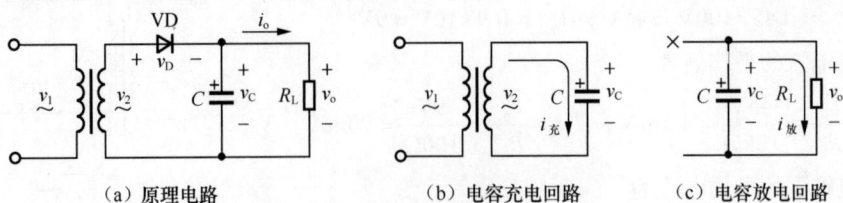

(a) 原理电路   (b) 电容充电回路   (c) 电容放电回路

图 10.10   单相半波整流电容滤波电路

② 当 $v_2 < v_C$ 时，$v_D = v_2 - v_C < 0$，二极管 VD 处于截止状态，电容 C 对负载 R_L 放电，如图 10.10（c）所示。放电速度越慢，输出电压就越平稳。

（2）电容的充放电过程

电容的充放电波形如图 10.11 所示，具体变化过程如下。

① 起始点 A：刚接通电源时，电容上的初始电压为零，v_2 从零开始升高，此时电压变化趋势如 v_{2A} 和 v_{CA} 所示，满足 $v_2 > v_C$，电容 C 进入快速充电过程，其电压 v_C 从 A 点开始跟随 v_2 上升。

② AB 段：v_C 快速跟随 v_2 上升，但速度比 v_2 稍慢，始终满足 $v_2 > v_C$，电容 C 保持充电状态。v_2 过了最高点后开始下降，v_C 也随之下降。由于 v_2 的变化较快，两者必定会在下降过程中的某点相交，这里假设交点为 B。

③ 转折点 B：在 B 点，两者的电压变化趋势如 v_{2B} 和 v_{CB} 所示，满足 $v_2 < v_C$，电容 C 进入放电过程，不再跟随 v_2 变化。

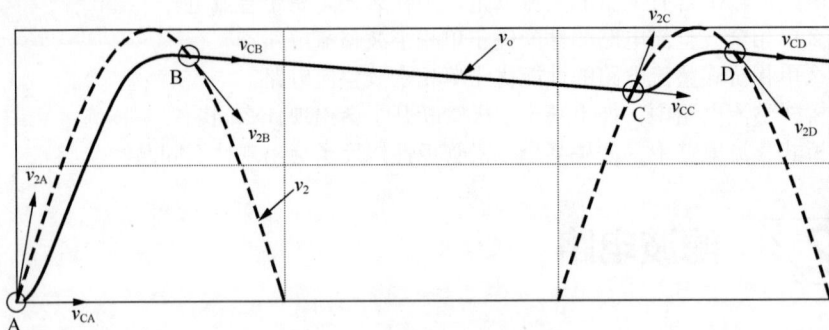

图 10.11   电容的充放电波形

④ BC 段：v_2 按照正弦规律变化，先下降然后上升；v_C 按照放电规律变化，一直保持下降状态。所以进入 v_2 的上升期后，两者必然会相交，假设交点为 C。

⑤ 转折点 C：在 C 点，两者的电压变化趋势如 v_{2C} 和 v_{CC} 所示，满足 $v_2 > v_C$，电容 C 再次进入充电过程，重新跟随 v_2 变化。

⑥ 后续变化进入重复阶段，且周而复始循环下去，具体如图 10.12 所示。

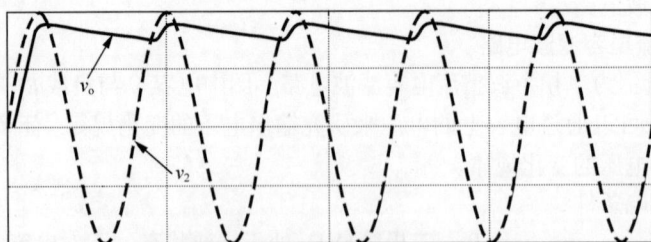

图 10.12   单相半波整流电容滤波电路的输出波形

综上分析可知，经电容滤波后，输出电压的波形比之前平缓了很多，纹波减小，这充分体现了电容的滤波效果。显然，电容的放电速度越慢，输出电压的波形越平缓，纹波越小，滤波效果越好。

接下来从阻抗的角度进一步说明电容滤波的原理。假设将脉动直流分成直流分量和交流分量先后作用于电路，那么有如下结论。

① 当直流分量作用时，电容的容抗为无穷大，相当于对直流开路，所有的直流分量都流经负载 R_L，直流分量得到了保留。

② 当交流分量作用时，电容的容抗 $X_C = 1/\omega C$ 为有限值，与负载 R_L 构成并联电路。如果满足关系 $X_C \ll R_L$，则绝大部分交流分量将通过电容闭合，仅有少量交流分量通过负载，而这小部分交流成分就是输出波形中的纹波。

综上分析，如果电容足够大，就能保证较好的滤波效果。这与前面通过电容充放电角度分析的结果是一致的。在工程计算时，通常以下式来计算滤波电容的容量

$$R_L C \geq (3 \sim 5)\frac{T}{2} \tag{10.12}$$

式中，T 为电源交流电压的周期。

2．单相桥式整流电容滤波电路

单相桥式整流电容滤波电路如图 10.13（a）所示，其工作原理与单相半波整流电容滤波电路相似，不同之处在于一个是全波整流，一个是半波整流。显然，对于全波整流的情况，电容的放电时间更短，输出波形更加平缓，滤波效果更好。图 10.13（b）为电路的输出波形。

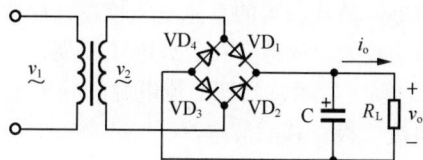

（a）原理电路

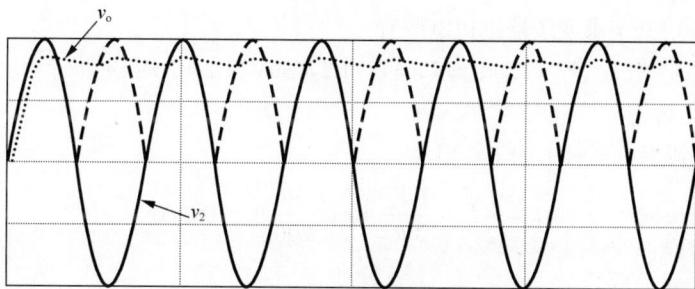

（b）输出波形

图 10.13 单相桥式整流电容滤波电路

3．滤波电容对电路的影响

（1）对输出电压的影响

加上滤波电容后，输出波形的变化更加平缓，输出电压随之升高。当负载 $R_L = \infty$ 时，电容没有放电通路，其上电压不会下降，为 $\sqrt{2}V_2$；随着 R_L 减小，放电时间常数 $\tau_d = R_L C$ 减小，电容电压也随之下降。所以，电路的输出电压 V_o（电容电压）整体上会随输出电流 I_o 的增大（R_L 减小，I_o 增大）而减小。对于单相全波整流电容滤波电路，其输出特性（或外特性，即输出电压 V_o 随输出电流 I_o 的变化规律）如图 10.14 所示。

采用电容滤波后，输出电压的平均值用下式计算

$$V_o = 1.0 V_2 \quad （半波整流） \tag{10.13a}$$

$$V_o = 1.2 V_2 \quad （全波整流） \tag{10.13b}$$

（2）对二极管的影响

加滤波电容后，从图 10.12 或 10.13（b）可知，二极管导通时间（与电容充电时间一致）缩短，同时输出电流的平均值随电压增大，故二极管上的瞬时电流很大。

对于二极管上的最大反向电压，单相半波和全波整流电容滤波电路为 $2\sqrt{2}V_2$，单相桥式整流电容滤波电路为 $\sqrt{2}V_2$。

（3）对变压器副边电流的影响

在选择电源变压器时，需要考虑变比和副边电流。关于变比可以通过变压器的输入电压和输出电压之比求得。而对于副边电流的有效值 I_2，在无滤波电容时可用下式计算

图 10.14　全波整流电路在有无滤波电容时的输出特性

$$I_2 = 1.57 I_o \quad （单相半波整流电路） \tag{10.14a}$$

$$I_2 = 0.79 I_o \quad （单相全波整流电路） \tag{10.14b}$$

$$I_2 = 1.11 I_o \quad （单相桥式整流电路） \tag{10.14c}$$

有电容滤波时，则可以用下式估算

$$I_2 = (1.5 \sim 2) I_o \tag{10.15}$$

总之，电容滤波电路结构简单，负载获得的直流电压较高，纹波小，但其输出特性较差，输出直流电压的大小受负载变化的影响较大，故适合在负载电压较高、负载变动不大的场合应用。

【例 10.2】　电路如图 10.13（a）所示，已知交流电源的频率 $f = 50\text{Hz}$、$R_L = 200\Omega$，要求直流输出电压 $V_o = 30\text{V}$，试选择整流二极管和滤波电容。

【解】这是一个单相全波整流电容滤波电路，可以先根据输出电压求出变压器的副边电压 V_2，然后求解其他物理量。

（1）根据式（10.13b）求变压器副边电压有

$$V_o = 1.2 V_2 \Rightarrow V_2 = V_o / 1.2 = 30\text{V} / 1.2 = 25\text{V}$$

（2）选择整流二极管

① 根据负载电流求二极管上的平均电流

$$I_D = \frac{1}{2} I_o = \frac{1}{2} \frac{V_o}{R_L} = \frac{1}{2} \times \frac{30}{200} \text{A} = 75\text{mA}$$

② 根据 V_2 求二极管的最大反向电压

$$V_{RM} = \sqrt{2} V_2 = \sqrt{2} \times 25\text{V} = 35\text{V}$$

因此可以选用二极管 2CP11，其最大整流电流为 100mA，反向工作峰值电压为 50V。

（3）选择滤波电容

根据式（10.12）求电容有

$$R_L C \geqslant (3 \sim 5) \frac{T}{2} \Rightarrow R_L C = 5 \frac{T}{2} = \frac{5}{2f} = \frac{5}{2 \times 50\text{Hz}} = 0.05\text{s}$$

$$\Rightarrow C = \frac{0.05}{R_L} = \frac{0.05}{200} \text{F} = 250 \times 10^{-6} \text{F} = 250\mu\text{F}$$

所以可选用容量为 250μF，耐压为 50V 的极性电容。

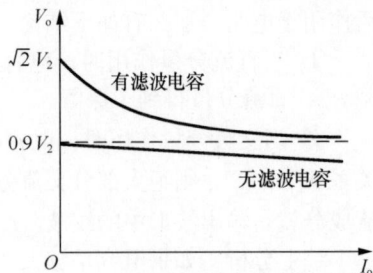

【例 10.3】　电路如图 10.13（a）所示，已知 $v_2 = 25\sqrt{2}\sin(\omega t)\text{V}$，试回答下列问题：（1）当负载开路时，对直流输出电压 V_o 有何影响？（2）当滤波电容开路时，对 V_o 有何影响？（3）二极管 VD_1 若发生开路或短路，对 V_o 有何影响？（4）若 $VD_1 \sim VD_4$ 中有一个二极管的正、负极接反，将产生什么后果？

【解】　对于单相桥式整流电容滤波电路，正常情况下的直流输出电压为 $1.2V_2$，即 30V。

（1）当负载开路时，电容没有放电回路，其两端电压充满后不再下降，故此时的输出电压恒为 v_2 的幅值，即 $25\sqrt{2}\text{V}$。

（2）当滤波电容开路时，电路变为桥式整流电路，$V_o = 0.9V_2 = 22.5\text{V}$。

（3）当 VD_1 开路时，电路变为单相半波整流单电容滤波电路，$V_o = 1.0V_2 = 25\text{V}$；当 VD_1 短路时，在 v_2 的负半周期，次级绕组会与导通的 VD_2、短路的 VD_1 形成低阻通路，将导致 VD_2 或变压器烧坏。

（4）若 $VD_1 \sim VD_4$ 中有一个二极管的正、负极接反，则会出现与 VD_1 短路时相同的问题。

10.2.2　其他滤波电路

1．电感滤波电路

电感元件具有阻碍电流变化的特点，即续流作用，所以也能用于滤波。使用电感滤波时需要串联在整流电路之后使用，例如，桥式整流电感滤波电路，如图 10.15 所示。下面从阻抗的角度作定性分析来说明电感的滤波原理。

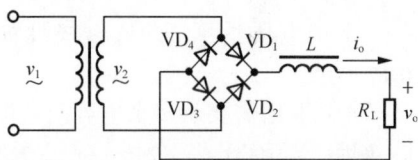

图 10.15　桥式整流电感滤波电路

电感的感抗 $X_L = \omega L$ 与负载 R_L 是串联关系：① 如果仅考虑脉动直流中的直流分量作用电路，因为 $X_L = 0$，故电感 L 上没有直流损耗，所有的直流量都降在负载 R_L 两端，直流量得以保留；② 如果仅考虑交流分量作用电路，只要满足关系 $X_L \gg R_L$，就能确保绝大部分交流分量降在电感 L 两端，负载 R_L 上仅有少量的交流分量，这样就达到了滤波的效果。显然，电感量越大，电感的滤波效果越好。

电感滤波的特点是，二极管的导通时间因电感的续流作用而变长，输出无峰值电流，输出特性比较平坦。但由于线圈铁芯的存在，这种滤波电路笨重、体积大，且易引起电磁干扰。所以电感滤波一般适用于低电压、大电流的场合。

2．复合滤波电路

常用的复合滤波电路有 π 型 LC 滤波电路和 π 型 RC 滤波电路，如图 10.16 所示。

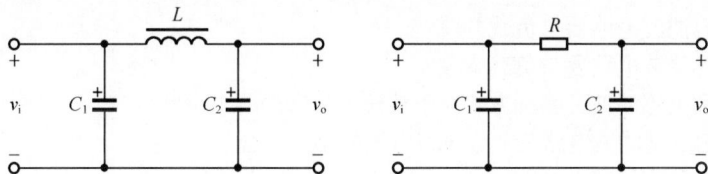

（a）π 型 RC 滤波电路　　　　　　（b）π 型 RC 滤波电路

图 10.16　复合滤波电路

π 型 LC 滤波（CLC）电路，即感容 π 型滤波电路，具有滤波效果好、直流电压损耗小的优点，但滤波电感体积大、笨重，易引起电磁干扰。所以一般应用于负载电流大，又要求滤波效果好的场合。

π 型 RC 滤波（CRC）电路，即阻容 π 型滤波电路，具有体积小、成本低（与 CLC 电路相比）的优点，滤波效果也优于电容滤波电路，但滤波电阻 R 上有一定电压降，会使输出直流电压降低。因此，只适用于负载电流较小的场合。

10.2.3　倍压整流电路

如果希望通过上述各种整流、滤波电路来获得较高的直流电压输出，就必须增加变压器副边绕组的匝数，以提高输入的交流电压，但这样会增加变压器的加工难度，同时对整流二极管和滤波电容的耐压也会提出更高要求。因此，在负载电流较小的情况下，可以利用电容器对充电电压的保持作用和二极管的单向导电作用，在不提高变压器副边电压的条件下，成倍地提高输出的直流电压，这种电路就是倍压整流电路。

图 10.17 所示为一个倍压整流电路，具体工作情况如下。

（1）在 v_2 的正半周期，v_2 经 VD_1 对电容 C_1 进行充电，多次充电后 C_1 上的电压达到 $\sqrt{2}V_2$，极性如图 10.17 所示。

（2）在 v_2 的负半周期，v_2 和 C_1 联合经 VD_2 对电容 C_2 进行充电，多次充电后 C_2 上的电压达到 $2\sqrt{2}V_2$，极性如图 10.17 所示。

（3）在 v_2 的正半周期，v_2 和 C_1、C_2 联合经 VD_3 对电容 C_3 进行充电，多次充电后 C_3 上的电压达到 $2\sqrt{2}V_2$，极性如图 10.17 所示。

（4）根据需要从多个电容上获取电

图 10.17　倍压整流电路

压，例如，图中的 $v_{o1}=\sqrt{2}V_2$、$v_{o2}=2\sqrt{2}V_2$、$v_{o3}=3\sqrt{2}V_2$，分别构成了 1 倍压、2 倍压、3 倍压输出。

如果电路按照这种方式继续连接下去，可以为更多电容充电，其上电压都能达到 $2\sqrt{2}V_2$，这样就可以输出 4 倍压、5 倍压、6 倍压……

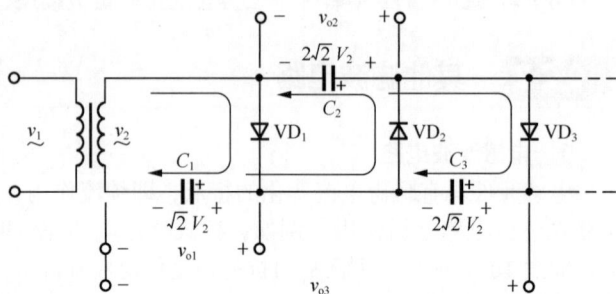

10.2.4　小节练习

【知识回顾】

本节主要概念：电容滤波电路、电感滤波电路、复合滤波电路和倍压整流电路的组成结构、工作原理、输入输出波形、电路特性；电容滤波电路的相关参数计算，以及滤波电容对电路性能的影响。

【思考题】

1. 为什么电容滤波电路要与负载并联？
2. 为什么电感滤波电路要与负载串联？
3. 电容滤波和电感滤波，哪种方式对于整流二极管的要求高？
4. 为什么阻容 π 型滤波电路只适合负载电流较小的场合？
5. 倍压整流电路有何特点？

滤波电路
自测题

10.3　串联反馈式稳压电路

直流电源－
稳压电路

稳压电路连接在滤波电路之后，用于稳定输出电压。造成输出电压变化的因素很多，如输入电压中纹波的变化、负载的变化、温度的变化、电网电压的波动等。稳压电路能自动跟踪输出电压的变化，并针对变化进行反向补偿，使输出电压趋于稳定。

10.3.1　稳压电路的质量指标

稳压电路的质量指标用来衡量其输出直流电压的稳定程度，包括稳压系数、输出电阻、温度系数及纹波电压等。

1．稳压系数

稳压系数 S_γ 用于反映输入电压 V_I 波动对输出电压 V_o 的影响，定义为负载一定时输出电压的相对变化量与输入电压的相对变化量之比，即

$$S_\gamma = \left.\frac{\Delta V_o / V_o}{\Delta V_I / V_I}\right|_{R_L=\text{常数}} \tag{10.16}$$

2．输出电阻

输出电阻 R_o 用于反映负载电流 I_o 变化对输出电压 V_o 的影响，定义为输入电压一定时输出电压变化量与输出电流变化量之比，即

$$R_o = \left.\frac{\Delta V_o}{\Delta I_o}\right|_{V_I=\text{常数}} \tag{10.17}$$

3．温度系数

温度系数 S_T 用于反映温度 T 变化对输出电压 V_o 的影响，定义为输入电压和负载一定时输出电压的变化量与温度的变化量之比，即

$$S_T = \left.\frac{\Delta V_o}{\Delta T}\right|_{\substack{V_I=\text{常数}\\R_L=\text{常数}}} \tag{10.18}$$

4．纹波电压

纹波电压是指稳压电路输出电压中交流分量的有效值，一般为毫伏数量级，表示输出电压的微小波动。上述指标都应是越小越好，它们越小，输出电压就越稳定。

10.3.2　串联反馈式稳压电路的结构

稳压电路有并联式和串联式之分，主要是强调稳压器件与负载的连接关系。例如，稳压管稳压电路就属于并联式，因为稳压管与负载之间是并联关系。本节将主要介绍串联反馈式稳压电路。

1．原理电路

图 10.18 所示为串联反馈式稳压电路的原理电路。其中：① V_I 是输入电压，由滤波电路提供，V_o 是输出电压；② 三极管 VT 是稳压器件，称为调整管，用于稳定输出电压。由于调整管 VT 与负载 R_L 是串联关系，故这是一个串联式稳压电路。

假设三极管的基极电位 V_B 恒定，且输入电压 V_I 足够大（能够驱使三极管工作在放大区），负载 R_L 不变。此时，如果输入电压 V_I 增加，必然会导致输出电压 V_o 变大，接下来电路的连锁反应为

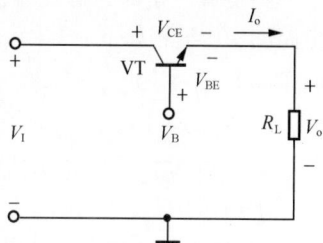

图 10.18　串联反馈式稳压电路

$$V_I\uparrow \rightarrow V_o\uparrow \rightarrow \downarrow V_{BE}=V_B-V_o \rightarrow I_B\downarrow \rightarrow I_C\downarrow$$
$$\downarrow V_o=I_oR_L \leftarrow I_o\downarrow \leftarrow \underline{\qquad\qquad\qquad}$$

从上述过程中可以总结如下几点。

① 输出电压 V_o 的变化会影响调整管 VT 的发射结电压 V_{BE}，而 V_{BE} 的变化会使输出电流 I_o 变化，从而使 V_o 朝着反方向变化，最终趋于稳定。从反馈的角度来看，调整管 VT 成为电压跟随器，通过引入电压串联负反馈来稳定电路的输出电压 V_o，故电路为串联反馈式稳压电路。

② 输出电压的变化量 ΔV_o 通过电路的调节作用，最终都将被调整管的集射电压 V_{CE} 分担，以使 V_o 趋于不变。当 V_o 增加时，V_{CE} 会吸收 V_o 的增量而变大（$V_{BE} \downarrow \to V_{CE} \uparrow$），如果正常情况下的集射电压表示为 V_{CE0}，则此时的 $V_{CE} = V_{CE0} + \Delta V_o$；相反，当 V_o 减小时，V_{CE} 又会切割出自身的一部分电压去补偿给 V_o，即 V_{CE} 会变小，$V_{CE} = V_{CE0} - \Delta V_o$。所以调整管对输出电压的调节能力反映为 V_{CE} 的动态变化范围，这个范围越大，调整管的调节能力越强。

2. 引入基准电压产生电路

在上述对原理电路的分析过程中有一个基本假设，即假设调整管的基极电位 V_B 恒定。那么在实际电路中如何才能保证 V_B 稳定呢？方法就是引入基准电压产生电路。稳压管稳压电路就是最简单的基准电压产生电路，用之可以构成基本的串联反馈式稳压电路，具体如图 10.19 所示。

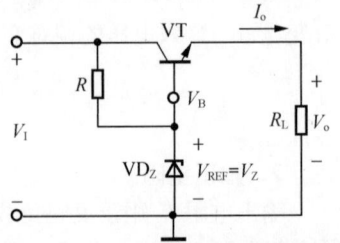

图 10.19　引入基准电压产生电路

通常基准电压用 V_{REF} 表示，在图示的基本电路中，稳压管的稳定电压 V_Z 就是该电路的基准电压值，充当了调整管的基极电位 V_B。电路工作时，输出电压 V_o 会与基准电压 V_{REF} 进行实时比较，如果存在变化量，就驱动调整管工作去补偿输出电压。

基本电路的输出电压为

$$V_o = V_B - V_{BE} = V_{REF} - V_{BE} \approx V_{REF} = V_Z \tag{10.19}$$

显然，稳压电路的输出电压 V_o 与基准电压 V_{REF} 相关。

3. 引入放大环节提高调节灵敏度

对于基本电路，当输出电压的变化较小时，很可能其变化量 ΔV_o 不足以驱动调整管作出反应，输出电压也就得不到补偿。这就是说，基本电路的调节灵敏度还不够高。为了提高稳压电路的调节灵敏度，可以引入一级放大电路来专门放大输出电压的变化量。这样经放大后的变化量再送到调整环节后，就能够很好地驱动调整管工作，从而使输出电压更加稳定。

引入放大环节的稳压电路如图 10.20 所示，其中 VT_1 为调整管，VT_2、R_2 和 R_3 组成共射极放大电路，充当放大环节。电路工作时，电阻 R_3 将输出电压引到 VT_2 的基极，并与基准电压 V_{REF} 相比较，如果输出电压发生变化，则必将反映在 VT_2 的发射结上。该变化被 VT_2 放大后，经其集电极送入调整管 VT_1 的基极，驱使 VT_1 对输出产生补偿。

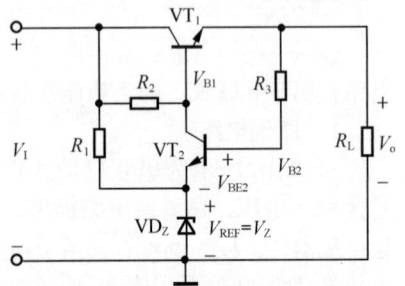

图 10.20　引入放大环节

当负载一定时，假设输出电压因输入电压增加而变大，电路的稳压过程如下

$$V_1 \uparrow \to V_o \uparrow \to \uparrow V_{BE2} = V_{B2} - V_{REF} \approx V_o - V_{REF} \to I_{B2} \uparrow$$
$$V_o \downarrow \leftarrow \downarrow V_{B1}(V_{C2}) \leftarrow \downarrow V_{R2} \leftarrow I_{C2} \uparrow \leftarrow \quad$$

考虑到 VT_2 的基极电流较小，故上述推导中忽略了电阻 R_3 上的电压。

图 10.20 所示电路的输出电压为

$$V_o = V_{R3} + V_{BE2} + V_{REF} \approx V_{REF} = V_Z \tag{10.20}$$

虽然图 10.20 与图 10.19 所示稳压电路的输出电压计算式相同，但需要指出的是，从推导过程来看，图 10.20 的输出电压要明显高于图 10.19。

另外，为了说明引入放大环节对提高调节灵敏度的作用，假设负载电阻在 $1k\Omega \sim 10k\Omega$ 范围内变化时，测量相应的输出电压，得到的曲线如图 10.21 所示。由图可知，加入放大环节后稳压电路的输出更加稳定，几乎不随负载变化，即电路的调节灵敏度非常高。

4．引入取样电路使输出电压可调

上述稳压电路的输出电压值都是固定的。为了使输出电压可调，还需要引入取样电路。图 10.22 所示为引入取样电路的稳压电路，其中电阻 R_3、R_4 和 R_5 构成取样电路，可调电阻 R_4 的滑动头与 VT_2 的基极相连。电路的具体工作原理如下。

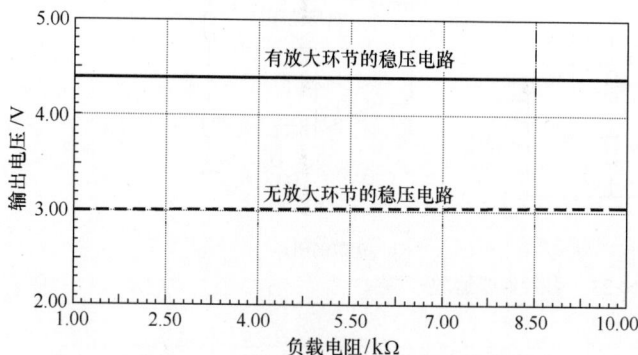

图 10.21　有无放大环节的输出电压对比

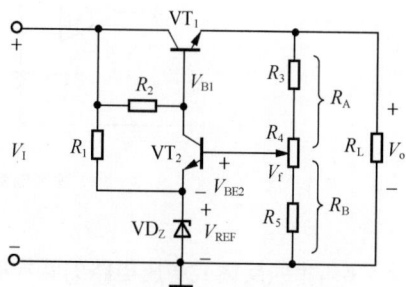

图 10.22　引入取样电路

① 考虑到 VT_2 的基极电流较小，取样电路可以近似看成一个串联电路。为计算方便，滑动头上方的电阻记为 R_A，滑动头下方的电阻记为 R_B。

② 滑动头位置的改变将导致反馈电压 V_f 随之变化，V_f 的表达式为

$$V_f = \frac{R_B}{R_A + R_B} V_o \qquad (10.21)$$

③ 当滑动头的位置固定后，V_f 就只随输出电压 V_o 变化，因而输出电压 V_o 的变化能够通过 V_f 体现出来。电路的稳压过程类似于图 10.21，这里不再重复。

④ 电路的输出电压为

$$V_f = V_{BE2} + V_{REF} \approx V_{REF} = \frac{R_B}{R_A + R_B} V_o \Rightarrow V_o = \left(1 + \frac{R_A}{R_B}\right) V_{REF} \qquad (10.22a)$$

⑤ 当滑动头处于最上方时，$R_{A\min} = R_3$ 最小，$R_{B\max} = R_4 + R_5$ 最大，故此时的输出最小，为

$$V_{o\min} = \left(1 + \frac{R_{A\min}}{R_{B\max}}\right) V_{REF} = \frac{R_3 + R_4 + R_5}{R_4 + R_5} V_{REF} \qquad (10.22b)$$

⑥ 当滑动头处于最下方时，$R_{A\max} = R_3 + R_4$ 最大，$R_{B\min} = R_5$ 最小，故此时的输出最大，为

$$V_{o\max} = \left(1 + \frac{R_{A\max}}{R_{B\min}}\right) V_{REF} = \frac{R_3 + R_4 + R_5}{R_5} V_{REF} \qquad (10.22c)$$

5．引入集成运放提高电路性能

考虑到集成运放的高增益和对温漂的抑制作用，如果将其用作稳压电路中的放大环节，有助于提高电路的调节灵敏度，并能使电路具有更好的温度特性。图 10.23（a）所示为引入集成运放后的电路形式，这是一种典型的串联反馈式稳压电路的结构，包含了基准电压环节（VD_z 和 R_1）、取样环节（电阻 R_3、R_4 和 R_5）、比较放大环节（集成运放 A）、调整环节（三极管 VT_1）四大部分。

注意，集成运放 A 在电路中仍处于闭环工作状态，而非开环状态，具体可参见图 10.23（b）运放工作。显然，集成运放 A 接成了一个求差放大电路。

图 10.23（a）所示电路的输出电压为

$$v_+ \approx v_- \Rightarrow V_{REF} \approx V_f = \frac{R_B}{R_A + R_B} V_o \Rightarrow V_o = \left(1 + \frac{R_A}{R_B}\right) V_{REF} \qquad (10.23)$$

其最小和最大输出电压与式（10.22b）和式（10.22c）一致。

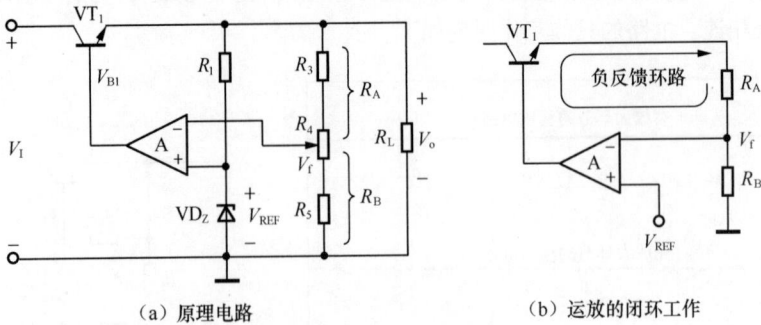

（a）原理电路　　　　　　　　　（b）运放的闭环工作

图 10.23　引入集成运放

6. 串联反馈式稳压电路的结构框图

综上所述，典型的串联反馈式稳压电路应包括以下四部分，对应的结构框图如图 10.24 所示。

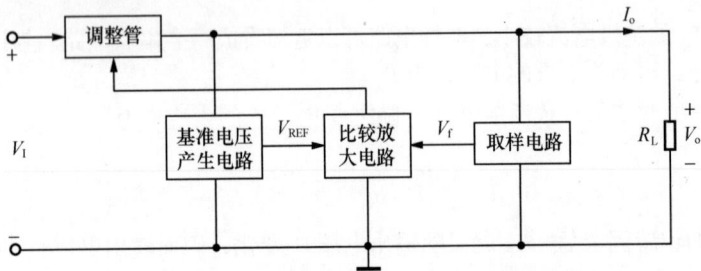

图 10.24　串联反馈式稳压电路的结构框图

（1）基准电压环节

用于提供电路所需的参考电压 V_{REF}，电路的输出电压均在 V_{REF} 的基础上产生。一般情况下，基准电压环节可以使用稳压管稳压电路；如果要求较高，可以使用集成基准电压源电路。

（2）取样环节

引入取样环节的主要目的是使稳压电路的输出电压可以在一个范围内连续可调。通常，取样环节由一个带滑动头的串联电阻电路构成，并需要并联在负载两端。

（3）比较放大环节

比较放大环节首先将从取样电路获得的反馈电压 V_f 与基准电压 V_{REF} 进行比较，获取变化量并进行放大，输出送至调整环节以驱动调整器件工作。显然，只有在输出电压发生变化时，V_f 和 V_{REF} 之间才会出现差值，从而触发后续的调整过程；如果输出电压没有变化，电路就不会产生调整作用。比较放大环节可以使用单管放大电路、差分电路或集成运放电路来实现，其中集成运放电路的效果最佳。

（4）调整环节

调整环节用于补偿输出电压的变化，使之趋于稳定。需要注意的是，稳压电路只能使输出电压趋于稳定，而非绝对不变；并且必须先出现输出电压的变化，才会触发相应的调整过程，即电压的调整是滞后于电压变化的。考虑到直流稳压电路对外需要输出足够大的电压和电流，因此调整管通常采用大功率管。

当然，对于实际的串联反馈式稳压电路，除了上述结构外，往往还包括短路保护、过载保护，以及辅助电源等电路结构。

　　总之，串联反馈式稳压电路具有输出电压可调、输出电流范围大、输出电阻小、带负载能力强、稳压性能好、输出纹波小等优点。但是由于调整管需要工作在放大区，其上有较大的管压降（集射电压 V_{CE}），所以这种稳压电路的功率转换效率较低。

【例 10.4】 稳压电路如图 10.25 所示，已知 $V_2 = 20V$，$V_{Z1} = 6V$，$V_{BE} = 0.7V$，$R_L = 150\Omega$，$R_3 = 510\Omega$，$R_7 = 0.7\Omega$，$R_4 = R_5 = R_6 = 300\Omega$，假设电位器 R_5 的滑动头处于中心位置。（1）说明三极管 VT_1、VT_2 和 VT_3 的作用；（2）求 V_I 和 A、B、C、D、E 各点的电位；（3）求输出电压 V_o 的调节范围；（4）求此时 VT_1 的功耗；（5）求 VT_1 的极限值 $I_{C1\,max}$、$V_{CE1\,max}$、$P_{T1\,max}$。

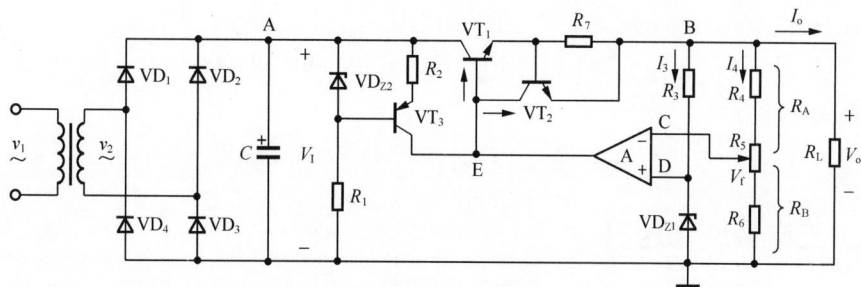

图 10.25　例 10.4 电路

【解】 这是一个桥式整流、电容滤波、串联反馈式直流稳压电路。

（1）三极管的作用

① VT_1 是稳压电路的调整管。

② VT_2 和 R_7 构成一个恒流式过流保护电路。当输出电流 I_o 正常时，R_7 上的电压很小，不足以驱动 VT_2 导通，VT_2 截止时对电路不产生影响。当输出电流 I_o 过大时（过流时），R_7 上的电压增大，使 VT_2 导通，其集电极电流对 VT_1 的基极电流产生分流作用；且 I_o 越大，R_7 上的电压越大，VT_2 的导通程度越大，分流作用越强。即过流后可以近似认为 VT_1 的基极电流不再变化，相应的集电极电流也就稳定下来，不会随 I_o 继续增大，从而避免调整管 VT_1 出现功耗过大甚至烧管的情况。

③ VT_3、VD_{Z2}、R_1 和 R_2 构成稳压电路的启动电路。当 V_I 足够大时，VD_{Z2} 进入稳压状态，其稳定电压 V_{Z2} 驱动 VT_3 导通，从而使 E 点的电位（即调整管 VT_1 的基极电位）建立，电路开始正常工作。

（2）求 V_I 和各点电位有

$$V_I = 1.2V_2 = 1.2 \times 20V = 24V \Rightarrow V_A = V_I = 24V$$

$$V_B = V_o = \left(1 + \frac{R_A}{R_B}\right)V_{REF} = \frac{R_4 + R_5 + R_6}{R_4 + R_5/2}V_{Z1} = \frac{300 + 300 + 300}{300 + 300/2} \times 6V = 12V$$

$$v_+ \approx v_- \Rightarrow V_C = V_D = V_{Z1} = 6V$$

$$V_E = V_{BE} + V_{R7} + V_o \approx V_{BE} + V_o = 12.7V$$

（3）求输出电压的调节范围有

$$V_{o\,min} = \frac{R_4 + R_5 + R_6}{R_5 + R_6}V_{Z1} = \frac{300 + 300 + 300}{300 + 300} \times 6V = 9V$$

$$V_{o\,max} = \frac{R_4 + R_5 + R_6}{R_6}V_{Z1} = \frac{300 + 300 + 300}{300} \times 6V = 18V$$

（4）求 VT_1 的功耗有

$$I_3 = \frac{V_B - V_D}{R_3} = \frac{12 - 6}{510}A = 11.7mA \; ; \; I_4 = \frac{V_o}{R_4 + R_5 + R_6} = \frac{12}{900}A = 13.3mA$$

$$I_o = \frac{V_o}{R_L} = \frac{12}{150}A = 80mA$$

$$P_{T1} = V_{CE1}I_{C1} \approx (V_1 - V_o)(I_3 + I_4 + I_o) = (24-12)V \times (11.7+13.3+80)mA = 1.26W$$

（5）当 R_7 上的电压达到 0.7V 左右时，VT_2 进入完全导通状态，使 VT_1 的集电极电流不再增加，所以有

$$I_{C1} \approx I_{E1} \Rightarrow I_{C1\,max} = \frac{0.7}{R_7}A = \frac{0.7}{0.7}A = 1A$$

考虑到电网电压有 ±10% 的波动，VT_1 的集射电压 V_{CE1} 最大为

$$V_{CE1\,max} = 1.1V_1 - V_{o\,min} = 1.1 \times 24V - 9V = 17.4V$$

VT_1 的最大功耗为

$$P_{T1\,max} = V_{CE1\,max}\,I_{C1\,max} = 17.4V \times 1A = 17.4W$$

10.3.3　三端集成稳压器

三端集成稳压器是一种集成化的串联型稳压电路，它有三个管脚，即输入端（1 端）、输出端（2 端）和公共端（3 端）。以 78XX 系列为例，其常见外形和电路符号如图 10.26 所示。

1．常用类型

三端集成稳压器的输出分为正电压和负电压两类，输出方式有固定式和可调式两种。目前三端集成稳压器的产品类型较多，常用的类型如下。

- 三端固定正压集成稳压器——78XX 系列（7805、7812……）
- 三端固定负压集成稳压器——79XX 系列（7905、7912……）
- 三端可调正压集成稳压器——17 系列（317、217、117……）
- 三端可调负压集成稳压器——37 系列（337、237、137……）

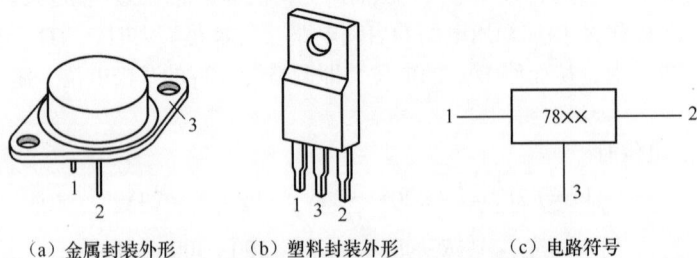

（a）金属封装外形　　（b）塑料封装外形　　（c）电路符号
图 10.26　三端集成稳压器的外形和电路符号

2．工作特性

（1）固定式

78XX 和 79XX 系列型号中的"XX"是两个数字，代表输出的固定电压值，例如，7805 中的"05"代表输出电压为+5V，7912 中的"12"代表输出电压为-12V。78 和 79 系列的输出电压一般有 5V、6V、8V、12V、15V、18V 和 24V 等几种。

对于 78 和 79 系列的输出电流分为 1.5A（78XX 或 79XX）、0.5A（78MXX 或 79MXX）和 0.1A（78LXX 或 79LXX）。

（2）可调式

如 LM117/LM317，是一种三端可调正压集成稳压器电路。LM117/LM317 的输出电压范围是 1.25V～37V（可通过调整外接的两个电阻比值实现），负载电流最大为 1.5A。

3．使用特点

三端集成稳压器属于线性稳压电路，它内部的调整管工作在放大区，需要有一定的 V_{CE} 电压值，所以这种稳压器的输入电压与输出电压之间必须有足够的电压差，一般应大于 2V～3V。

三端集成稳压器实质上是一个电压负反馈放大电路，因此在使用时要注意防止发生自激振荡，通常需要在输入端、输出端和公共端之间分别并接一个 0.33μF 和 0.1μF 的电容。如果输入端的连线不超过 6 英寸（约 15 厘米），集成稳压器也可以不外接电容。

另外，三端集成稳压器作为大功率器件使用时要注意散热问题。

4．典型电路

（1）固定式三端集成稳压器的典型连接电路如图 10.27 所示，其中 C_1 和 C_2 起到防止稳压器产生自激振荡的作用，电解电容 C_3 用以稳定输出电压，减小纹波。二极管 VD 起保护作用，当输入端短路时，可以给电容 C_3 提供一个放电通路，以防止 C_3 通过稳压器内部电路放电，造成器件损坏。

（2）提高固定式三端集成稳压器的输出电压，电路如图 10.28 所示。该电路的输出电压为

$$V_o = V_{XX} + V_Z \tag{10.24}$$

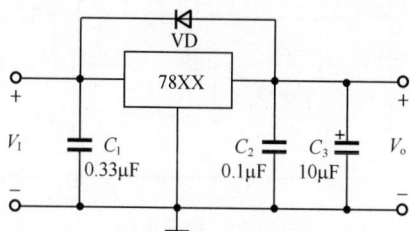

图 10.27　三端集成稳压器的典型连接电路

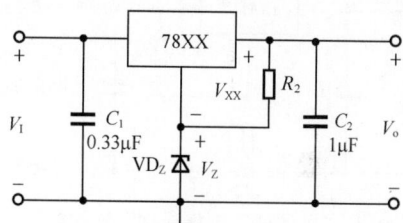

图 10.28　三端集成稳压器的扩压连接电路

（3）扩大固定式三端集成稳压器的输出电流，电路如图 10.29 所示。该电路的输出电流为

$$I_2 = I_1 - I_3 \approx I_1 = I_R + I_B = \frac{V_{EB}}{R} + \frac{I_C}{\beta} \Rightarrow I_C = \beta\left(I_2 + \frac{V_{BE}}{R}\right) \Rightarrow$$

$$I_o = I_2 + I_C = I_2 + \beta\left(I_2 + \frac{V_{BE}}{R}\right) \approx \beta\left(I_2 + \frac{V_{BE}}{R}\right) \tag{10.25}$$

式（10.25）中 I_3 为稳压器公共端上的电流，该电流通常较小，可以忽略。

（4）输出电压可调的稳压器电路如图 10.30 所示。其中，集成运放接电压跟随器，用于隔离稳压器和取样电路，以避免稳压器公共端上的电流影响输出电压。该电路输出电压的范围为

$$v_+ \approx v_- \Rightarrow V_o - v_+ = V_o - v_- \Rightarrow V_{RA} = V_{XX} \Rightarrow$$

$$\frac{R_A}{R_A + R_B}V_o = V_{XX} \Rightarrow V_o = \left(1 + \frac{R_B}{R_A}\right)V_{XX} \Rightarrow \begin{cases} V_{o\min} = \dfrac{R_1 + R_2 + R_3}{R_1 + R_2}V_{XX} \\[2mm] V_{o\max} = \dfrac{R_1 + R_2 + R_3}{R_1}V_{XX} \end{cases} \tag{10.26}$$

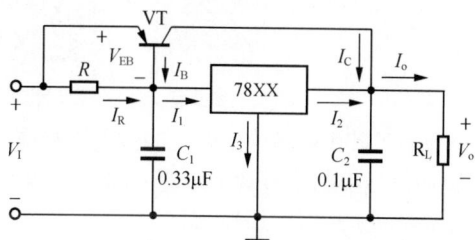

图 10.29　三端集成稳压器的扩流连接电路

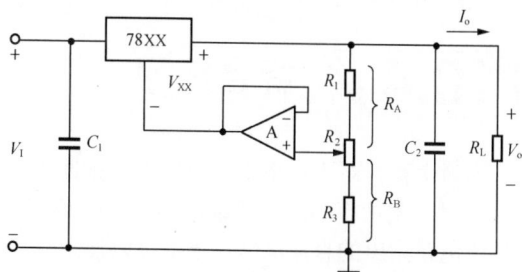

图 10.30　输出电压可调的稳压器电路

（5）可调式三端集成稳压器的典型连接电路，如图 10.31 所示。该电路的输出电压为

$$V_o = \left(1 + \frac{R_2}{R_1}\right) \times 1.25\text{V} \tag{10.27}$$

【例 10.5】 稳压电路如图 10.32 所示，试求输出电压 V_o 的表达式。

【解】 这是一个输出电压可调的稳压电路，其结构类似于图 10.30 所示电路。分析思路仍然是从集成运放的虚短和虚断概念出发。显然，电阻 R_4 和 R_5 构成串联电路，取样电路也是串联电路，且 R_5 和 R_A 上的电压相同，故有

$$v_+ \approx v_- \Rightarrow V_o - v_+ = V_o - v_- \Rightarrow V_{RA} = V_{R5} \Rightarrow$$

$$\frac{R_A}{R_A + R_B}V_o = \frac{R_5}{R_4 + R_5}V_{XX} \Rightarrow V_o = \left(1 + \frac{R_B}{R_A}\right)\frac{R_5}{R_4 + R_5}V_{XX} \tag{10.28}$$

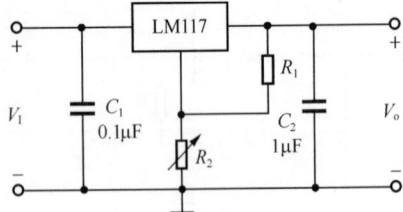

图 10.31　可调式三端集成稳压器的典型

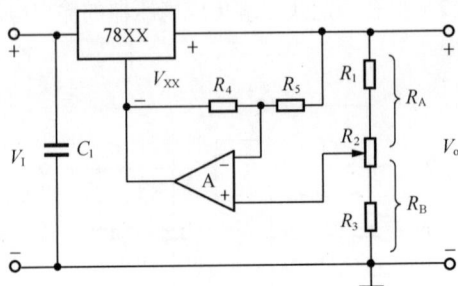

图 10.32　稳压电路

10.3.4　小节练习

【知识回顾】

本节主要概念：稳压电路的质量指标（稳压系数、输出电阻、温度系数和纹波电压等）、串联反馈式稳压电路的结构（调整环节、基准电压环节、比较放大环节和取样环节）和工作原理、三端集成稳压器（固定式和可调式）的应用方法。

【思考题】

1. 对于一个好的滤波电路，其输出已经比较稳定（纹波很小），为什么还需要接稳压电路？

2. 串联型稳压电路和并联型稳压电路在结构上的区别是什么？

3. 串联反馈式稳压电路能否选用小功率三极管作调整管？

4. 串联反馈式稳压电路引入放大环节有何意义？

5. 已知两个稳压电路的额定输出电压分别为 5V 和 24V，在相同工作环境下，如果两个电路输出电压分别波动了 0.5V 和 1.5V，试问哪个稳压电路的性能更优？

稳压电路
自测题

10.4　综合练习

内容要点

章节随测

本章主要针对小功率直流稳压电源作具体说明，主要介绍了其中的整流电路、滤波电路和稳压电路。对于大功率情况，可以使用开关电源（一种使用脉冲信号控制调整管工作的电源）。如果希望整流电路输出的直流电压可控，可以使用晶闸管（原名可控硅）进行电压控制。

整流电路的作用是将交流电变为直流电，核心器件是整流二极管。具体的电路形式有单相半波

整流电路、单相全波整流电路和单相桥式整流电路，其中最常用的是单相桥式整流电路，因为它具有输出直流电压大、纹波系数小、工作效率高等优点。对于整流电路，需要计算输出的直流电压和直流电流，并根据二极管上的平均电流和最大反向电压选择整流器件。

　　滤波电路的作用是滤除脉动直流中的交流成分，使输出波形更加平稳，核心器件是电容或电感。常用的滤波电路有电容滤波电路、电感滤波电路和复合滤波电路等。加上滤波电容后，整流电路的相关参数会发生变化，例如，输出的直流电压会升高，半波整流电路中二极管的最大反向电压会增大，计算时需要注意。此外，还需要注意滤波电容的选择方法。

　　稳压电路的作用是使输出电压保持平稳。只有稳压管的稳压电路结构简单，但输出电压不可调、输出电阻大，只适用于负载电流较小且变化范围不大的场合，例如，充当基准电压电路。串联反馈式稳压电路主要由调整管、基准电压产生电路、取样电路、放大电路四部分组成，电路中引入了电压负反馈，使输出电压非常稳定。三端集成稳压器产品种类多、性能优异，使用方便，在设计直流稳压电源时应作为稳压环节的首选器件。

10.4.1　仿真练习题

　　10.1　试用 Tina 软件绘制题 10.1 图（a）所示的稳压电路，并测量其"DC 传输特性"，以观察负载变化对电路输出电压的影响。

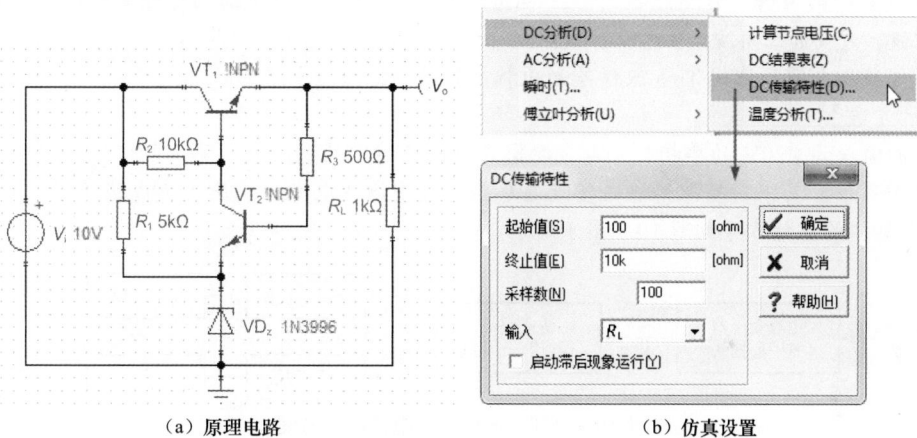

（a）原理电路　　　　　　　　（b）仿真设置

题 10.1 图

　　【操作提示】建立电路模型后，选择"分析\DC 分析\DC 传输特性"菜单项，并设置负载电阻 R_L 从 100Ω 变到 10kΩ，具体参见题 10.1 图（b）。

　　10.2　试用 Tina 软件绘制题 10.2 图（a）所示的稳压电路，使用"DC 交换"仿真模式观察电位器 R_2 滑动头位置调整后输出电压的大小变化。

　　【操作说明】

　　（1）LM7805 器件的插入：单击 Tina 工具栏右边的查找按钮，打开查找对话框，输入"lm7805"，单击"查找"按钮；在下方的列表框中选中对应的器件，单击"插入"按钮。具体如题 10.2 图（b）所示。

　　（2）电位器滑动头位置调整：用鼠标双击器件，在其属性对话框中设置"Settings"值，默认为 50%。选中"Settings"项时，也可在其右边的设置区定义快捷按键，用按键的方式调整滑动头位置。

　　（3）输出电压范围：根据式（10.26）可得电路的最大输出电压为 15V（对应滑动头位置在最上方），最小输出电压为 7.5V（对应滑动头位置在最下方）。

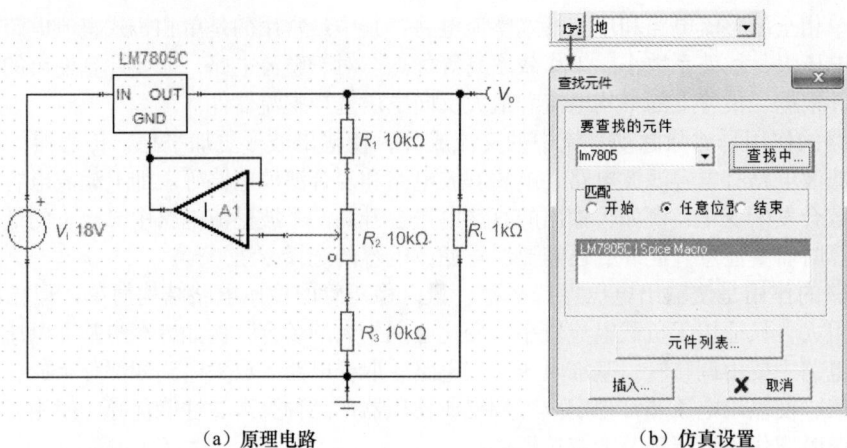

（a）原理电路　　　　　　　　　　（b）仿真设置

题 10.2 图

10.4.2　小电路设计

10.3　在教材第 9 章"小电路设计"一节的题 9.3，要求设计一个简易信号发生器，前面已经完成了正弦波、方波和三角波产生电路，这里试为该信号发生器设计电源电路，要求设计能输出 ±12V 电压的直流稳压电源。请用 Tina 软件绘制出相应的双电源原理电路图。

【设计方案】

电源的输入为 220V 的单相交流电，输出为 ±12V 稳定的直流电，具体包括降压、整流、滤波和稳压四个环节。其中，整流用桥式整流电路，滤波用滤波电容，稳压用集成稳压器 LM7812 和 LM7912，具体的设计方案如题 10.3 图 1 所示。

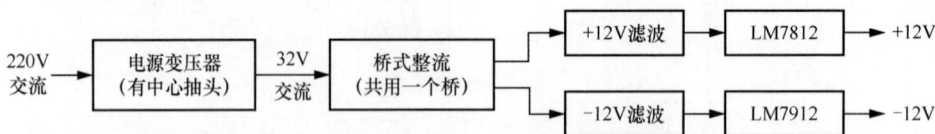

题 10.3 图 1　±12V 双电源设计方案

【原理电路】

根据上述方案利用 Tina 软件设计出相应的原理电路，如题 10.3 图 2 所示。

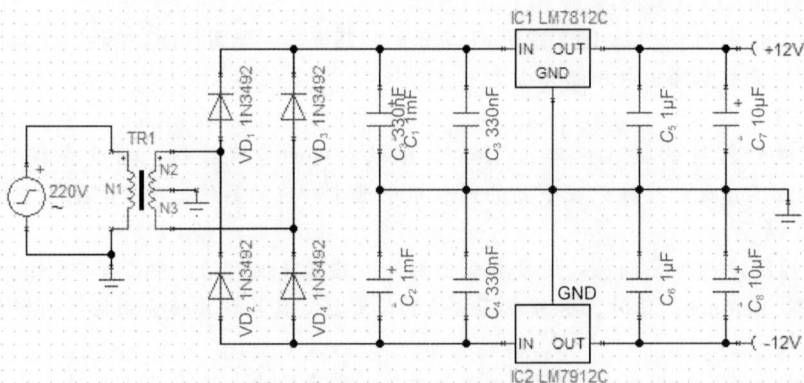

题 10.3 图 2　±12V 双电源电路

10.4　本章主要介绍的是线性直流电源，其优点是电路结构简单，输出稳定，但效率不高（线性电源在工作时会产生较多热量，效率相对较低）。开关电源是一种高效率的直流稳压电源，应用十分广泛（如手机、电脑、平板、电视机等电子产品的电源模块）。

串联型开关稳压电路的工作原理如题 10.4 图 1 所示。

（1）脉冲信号

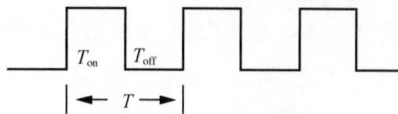

题 10.4 图 2 所示为脉冲信号，T_{on} 表示高电平持续时间（即脉冲宽度，简称脉宽），T_{off} 表示低电平持续时间，T 为周期，$T=T_{on}+T_{off}$。通常定义 T_{on} 与 T 之比为脉冲信号的占空比（用百分数表示）

$$q = \frac{T_{on}}{T} = \frac{T_{on}}{T_{on} + T_{off}}$$

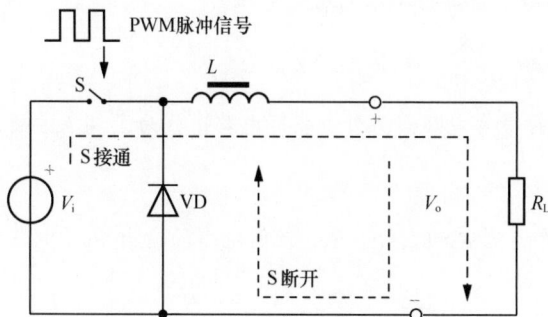

题 10.4 图 1　开关电源的原理电路　　　　题 10.4 图 2　脉冲信号

如果脉冲信号的周期不变，而脉宽可以变化，则称脉冲信号的占空比可调。

（2）工作状态

电子开关 S 在脉冲信号的控制下通断，使电路在两种工作状态中来回变化。

① 在 T_{on} 时间段开关 S 闭合：V_I 供电，通过电感 L 作用到负载上，此时电感储能。

② 在 T_{off} 时间段开关 S 断开：电感 L 放能，通过二极管 VD 维持电流给负载供电。

注：实际电路中，电子开关可以使用场效应管充当。

（3）输出电压

题 10.4 图 1 所示开关电路的输出电压与输入电压和脉冲信号的占空比有关，具体如下

$$V_O = qV_I$$

（4）稳压原理

如果输出电压变化时，脉冲信号的占空比能够随之反向变化，便可促使输出电压趋于稳定。假设稳压电路的额定输入电压是 V_{ISet}，额定输出电压是 V_{OSet}，且 $V_{OSet}=0.5V_{ISet}$，则有：

① 输出电压为额定值时，脉冲信号占空比 $q=50\%$，无须调整。

② 输出电压大于额定值时，脉冲信号占空比应调小，即 $q<50\%$，驱使输出电压下降。

③ 输出电压小于额定值时，脉冲信号占空比应调大，即 $q>50\%$，驱使输出电压上升。

所以要稳定输出电压，就需要一个专门的 PWM（Pulse Width Modulation，脉冲宽度调制）电路来控制脉冲信号的占空比，使其与输出电压始终保持相反的变化。

（5）PWM 控制电路

综上所述，试利用负反馈的概念，设计一个 PWM 控制电路，使其能满足稳压需求。假设稳压电路的额定输入电压为 24V，额定输出电压为 12V，负载电阻为 100Ω。要求：绘制出相应的原理电路图。

【设计方案】

根据负反馈的概念，首先利用取样电路获取反馈电压；其次用差分电路将反馈电压与基准电压进行比较放大，得到输出电压的变化量；然后用电压比较器将电压变化量与固定频率的三角波进行

比较（自动改变脉宽，调整占空比），获得所需的脉冲信号；最后用调制后的脉冲信号控制电子开关工作，稳定输出电压。具体的方案框图如题 10.4 图 3 所示。

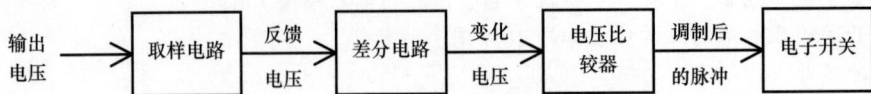

题 10.4 图 3　PWM 控制电路设计方案

【取样电路】

取样电路用两个固定电阻构成，具体如题 10.4 图 4 所示。

如果输出电压为额定值 12V 时，按图中参数可计算得标准的反馈电压为

$$V_F = \frac{R_2}{R_1 + R_2} V_{OSet} = \frac{0.5}{1.9 + 0.5} \times 12V = 2.5V$$

根据这个电压值，可以为后级差分环节选择参考电压。另外，实际电路中，为了调节方便，可以在取样电路中增加一个电位器。

【差分电路】

差分电路如题 10.4 图 5 所示，电路参数要满足 $R_3 = R_6$，$R_4 = R_5$，此时电路的输出 V_P（电压变化量）为：

$$V_P = \frac{R_3}{R_4}(V_{REF} - V_F)$$

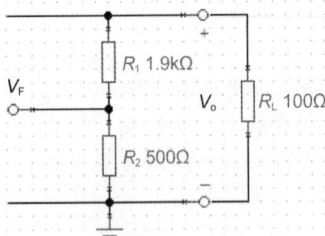

题 10.4 图 4　取样电路

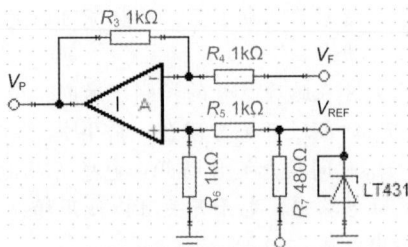

题 10.4 图 5　差分电路

简单起见，将参考电压 V_{REF} 选为 2.5V，可以由 LT431 提供。LT431 是可控精密稳压源，输出电压用两个电阻就可以设置为 2.5V～36V 范围内的任何值。当 LT431 的参考端与阴极相连时（如图），可充当 2.5V 基准电压源。LT431 的阴极通过电阻 R_7（限流）接到输入电压 V_I 上，将 V_I 作为其工作电源。

如果输出电压为额定值，则 $V_F = 2.5V$，$V_P = 0$；如果输出电压大于额定值，则 $V_F > 2.5V$，$V_P < 0$；如果输出电压小于额定值，则 $V_F < 2.5V$，$V_P > 0$。

电压变化量 V_P 将作为后级比较电路的参考电压，对三角波进行调制，以得到需要的脉冲信号。V_P 的大小可以通过电阻 R_3 和 R_4 的比值调节。

【比较电路】

比较电路的原理电路如题 10.4 图 6（a）所示，输出的是脉冲信号。电压变化量 V_P 对脉冲宽度调节的原理分别如题 10.4 图 6（b）（c）（d）所示，V_P 为负时，脉宽将变小；为正时，脉宽将变大。脉冲信号的周期由三角波决定，不随 V_P 变化。所以比较电路的输出 V_S 是经 V_P 调制后的脉冲信号，其占空比随输出电压变化，且两者的变化方向相反（负反馈）。

另外，V_P 的值越大，脉冲宽度变化越大，占空比变化越大，电路的调节能力越强。所以，增大差分电路中电阻 R_3 和 R_4 的比值（电阻 R_6 和 R_5 应同步调整），可以提升差分电路的增益，在相同

条件下能得到更大的 V_P，使电路更容易跟踪输出电压的微弱变化，从而提升稳压电路的调节灵敏度。

关于三角波的产生电路，可以由方波发生器和积分电路构成。

（a）原理电路

（b）$V_P=0$，$q=50\%$

（c）$V_P<0$，$q<50\%$

（d）$V_P>0$，$q>50\%$

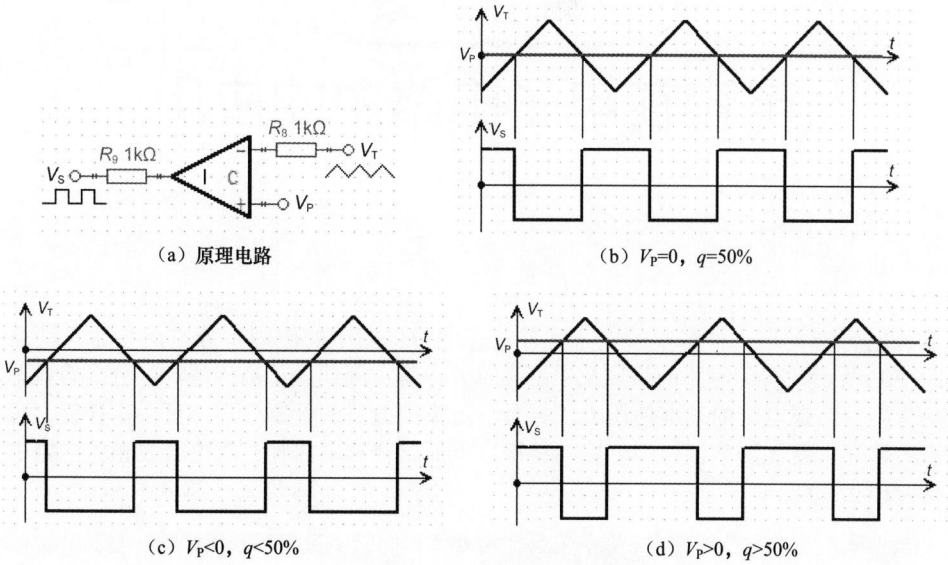

题 10.4 图 6　比较电路及输出波形

附 录
电容在电子电路中的应用

电容（电容器）是一种基本的电子元件，在电子电路中的应用十分广泛，而且种类十分丰富。如图 F.1 所示，实际电路的组成几乎都离不开电容。因此，正确理解和区分电容在不同功能电路中的作用，掌握电容的基本使用方法，是学习模拟电路的重要内容。可以这样说，脱离了对电容的有效认知，就无法掌握模拟电路的精髓。下面结合本书内容，对电容在相关电路中的典型应用进行梳理和总结。

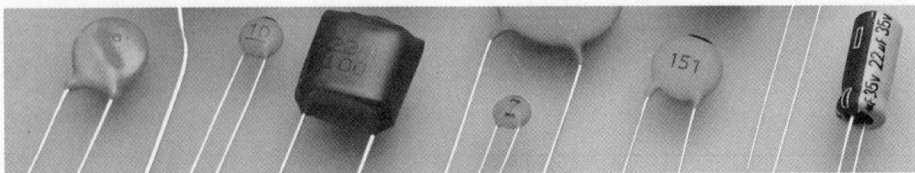

图 F.1　不同种类的电容

F.1　电容简介

电容与电阻、电感并称为电路的三大基本元件。电容的基本功能是存储和释放电能，其存储电量的能力用电容量（值）C 表示，C 越大存储能力越强。电容的单位为法拉（F），常用单位为微法（μF，$1\mu F = 10^{-6}F$）、纳法（nF，$1nF = 10^{-9}F$）、皮法（pF，$1pF = 10^{-12}F$）。

1．电容的基本特性

（1）电容能够充电和放电

电容存储电能的过程称为充电，充电时，电容两端的电压会上升，电压越大储能越多。电容释放电能的过程称为放电，放电时，电容两端的电压会降低。充放电过程中，都会形成电流。电容充放电的快慢由时间常数 $\tau = RC$ 决定。

（2）电容能够隔直通交

电容的容抗 $X_C = 1/\omega C$，表明信号的频率越高，其容抗越小；反之，则容抗越大。所以电容具有阻直流信号、通交流信号的特性。

（3）电容电压不突变

电容充电（电压升高）或放电（电压降低）都需要一个过程，因此电容电压不能突变。

（4）电容上的电压滞后电流 90°。

2．电容的常见类型

（1）纸介电容：无极性，适用于低频电路，体积小，但固有电感和损耗较大。

（2）薄膜电容：无极性，适用于高频电路，体积小、容量大、稳定性好。

（3）陶瓷电容：无极性，适用于高频电路，耐热性好、损耗小。

（4）云母电容：无极性，适用于高频电路，介质损耗小。

（5）玻璃釉电容：无极性，适用于高温环境，性能优异。

（6）铝电解电容：有极性，适用于电源滤波或低频电路，容量大但稳定性差。

（7）钽、铌电解电容：有极性，适用于高要求设备，体积小、容量大、性能稳定。

3．容量大小与用途

（1）小容量电容：一般指在几皮法到几微法范围内的电容器，常用于无线电、信号耦合以及滤波电路中。

（2）中等容量电容：在 $1\mu F$ 到 $100\mu F$ 之间的电容器，广泛应用于电源电路和耦合电路。

（3）大容量电容：超过 $100\mu F$ 的电容器，如电解电容器，通常用于电源滤波、瞬态能量存储以及平滑直流电压等场景。

4．电容的常用标识方法

（1）直标法：直接在电容器上标注容量，如 $10\mu F$、$220\mu F$ 等。

（2）数码表示法：通常用三位数字表示容量，前两位为有效数字，第三位表示 10 的幂次。例如，102 表示 1000pF（即 1nF），203 表示 20000pF（即 $0.02\mu F$）。

F.2　电容的应用领域

电容在电子电路中的应用主要包括以下几个方面。

1．电源相关

下述应用，主要利用电容的储能作用，让电容充电后缓慢放电，电容两端电压近似认为不变。

（1）电源滤波

典型应用：直流稳压电路和倍压整流电路中的滤波电容，用于平滑输出电压。

典型类型：大容量有极性电容。

（2）稳定输出

典型应用：稳压电路输出端并联的极性电容，能减小负载变化对输出电压的影响。

典型类型：中容量有极性电容。

（3）工作电源

典型应用：OTL 功率放大电路输出端连接的极性电容，信号负半周期时充当下管的工作电源。

典型类型：中容量有极性电容。

（4）自举升压

典型应用：OTL 功率放大电路中的自举电容，用于提升上管的输出电压范围。

典型类型：中容量有极性电容。

2．信号处理

下述应用，主要利用电容的隔直通交特性构成所需电路，实现对信号的特殊处理。

（1）信号滤波

典型应用：低通、高通、带通和带阻等滤波器中的电容，实现让特定频率的信号通过电路的功能。

典型类型：小容量无极性电容。

（2）信号传递

典型应用：RC 耦合电路中的电容（耦合电容），用于连接前后级电路，只让交流信号向后传递。

典型类型：中容量有极性电容。

（3）信号补偿

典型应用：交流旁路中的电容（旁路电容），为交流信号搭建一个专属通道，以补偿相关交流信号，可能起到增强或削弱的作用。

典型类型：根据需要选择电容。例如，旁路高频信号可用小容量无极性电容，旁路低频信号可用中容量有极性电容。

（4）信号运算

典型应用：RC 微分电路和 RC 积分电路中的电容。

典型类型：小容量无极性电容。

（5）信号选频

典型应用：RC 串并联网络和 LC 并联电路中的电容，用于选择振荡信号频率。

典型类型：小容量无极性电容。

（6）信号消杂

典型应用：用于消除高频杂波和低频杂波的电容（解耦电容）。

典型类型：消除高频杂波用 $0.1\mu F$ 左右的无极性电容，消除低频杂波用 $10\mu F$ 左右的有极性电容。

（7）信号移相

典型应用：RC 移相电路中的电容，用于信号的相位控制。

典型类型：小容量无极性电容。

3．产生信号

下述应用，主要利用电容的充放电特性来产生动态变化的电压信号，实现电路功能。

（1）周期电压

典型应用：在方波发生器中，让电容持续处于充电和放电交替变化的状态，使电容两端电压发生周期性变化（升高→下降→升高→下降），驱动后续电路工作。

典型类型：小容量无极性电容。

（2）定时（延时）信号

典型应用：RC 定时或延时电路中的电容，在充放电的过程中能输出变化的电压，可以充当定时（延时）信号。定时（延时）的时间由设定的电压值和电容的充放电速度共同决定。

典型类型：中容量有极性电容。

4．防止振荡

下述应用，主要是通过在电路中插入电容来破坏振荡条件（振幅条件或相位条件），从而避免电路产生自激振荡。

（1）退耦（去耦）电路

典型应用：在同相放大电路中，通过在输入端接入退耦电容，可以防止因电源内阻形成正反馈而导致的寄生振荡。输出信号经过电源时，可能在电源内阻上形成压降，并通过直流偏置电路馈送到放大电路的输入端。如果电路是同相放大电路，就有可能形成正反馈，导致电路产生振荡。

典型类型：根据电路工作频率选择。例如，在高频电路中，用小电容就能起到良好的退耦作用。

（2）补偿电路

典型应用：在多级负反馈放大电路中，利用电容可以构成滞后补偿和超前补偿电路，用以消除电路可能产生的自激振荡。

典型类型：小容量无极性电容。

F.3 本书中电容的应用举例

1. 第1章
本章涉及电容的主要应用如下。

① 滤除杂波，题1.3图，$10\mu F$电容用于滤除高频杂波，$0.1\mu F$电容用于滤除低频杂波。

② 延时控制，题1.4图，$100\mu F$电容与$100k\Omega$电阻配合实现$1.5s$的延时（定时）。

③ 交流旁路，题1.5图2，电容C_1构成高音补偿电路，常用容值范围为$1\mu F \sim 10\mu F$。

④ 交流旁路，题1.5图3，电容C_2与电阻R_1构成中音衰减电路，常用容值范围为$10\mu F \sim 50\mu F$。

2. 第2章
本章涉及电容的主要应用如下。

① 滤波电容，图2.1（a），电容C用于将检波二极管输出信号中的高频载波信号滤除。

② 滤波电容，题2.3图，电容C用于滤除二极管整流输出信号中的交流分量。

3. 第3章
本章涉及的主要电容应用如下。

① 耦合电容，图3.1（a），输入电容C_{b1}将交流信号接入电路；输出电容C_{b2}隔离直流，只将交流信号传递给负载。

② 谐振电容，图3.3（a），电容C_1和C_2，与电感L构成并联谐振电路，选择振荡频率。

③ 旁路电容，图3.75，电容C_e为交流信号提供通路，以减少电阻R_e上的交流损耗。

4. 第4章
本章涉及电容的主要应用如下。

耦合电容，图4.25（a），输入电容C_{b1}将交流信号接入电路；输出电容C_{b2}隔离直流，只将交流信号传递给负载。

5. 第5章
本章涉及电容的主要应用如下。

① 滤除杂波，图5.37，电容C_1用于滤除高频杂波，电容C_2用于滤除低频杂波。

② 防止振荡，图5.37，电容C用于构成超前补偿电路，用以消除自激振荡。

6. 第6章
本章涉及电容的主要应用如下。

① 信号滤波，图6.2（a），电容C_1用于构成低通滤波器，滤除高频信号。

② 信号运算，图6.3（a），电容C用于构成积分电路，产生三角波。

③ 信号运算，图6.22（a），电容C用于构成微分电路。

④ 消除振荡，图6.22（b），电容C_1用于构成补偿电路，稳定电路工作。

⑤ 信号滤波，图6.26（a）、图6.27（a），电容C用于构成低通滤波器。

⑥ 信号滤波，图6.28（a）、图6.29（a），电容C用于构成高通滤波器。

7. 第7章
本章涉及电容的主要应用如下。

① 信号传递，图7.6（a）（b），电容C_f隔直通交，控制交流信号的传递。

② 信号传递，图7.23，电容C_1、C_2、C_3是耦合电容，电容C_4是旁路电容。

③ 信号补偿，图7.28，电容C_1是耦合电容，C_2是旁路电容。

④ 防止振荡，图7.40，电容C构成补偿电路，防止自激振荡。

⑤ 信号补偿，题7.3图2，电容C_1和C_2构成低音通道，分别用于提升和降低低音增益。

⑥ 信号补偿，题 7.5 图，电容 C_3 构成高音通道，用于控制高音增益。

8. 第 8 章

本章涉及电容的主要应用如下。

① 充当电源，图 8.12，电容 C 充当 VT_2 负半周期工作时的工作电源。

② 自举升压，图 8.15，电容 C_4 为自举电容，用以提升 VT_3 的基极电位。

③ 信号传递，图 8.17（a），250μF 电容为耦合电容，起隔直通交的作用。

④ 防止振荡，图 8.17（a），0.05μF 电容与 10Ω 电阻构成补偿电路，避免电路产生自激振荡。

⑤ 信号补偿，图 8.17（b），10μF 电容构成交流旁路，用以减少音频信号正向传输中的损耗，从而提升电路的增益。

⑥ 防止振荡，图 8.17（b），20μF 电容为退耦电容，防止电路产生寄生振荡。

⑦ 防止振荡，题 8.2 图，电容 C_3 为补偿电容，防止电路产生高频自激振荡（啸叫）。

⑧ 信号补偿，题 8.3 图 2，电容 C_1 和 C_2 构成交流旁路电路，仅允许直流信号向后传递。

9. 第 9 章

本章涉及电容的主要应用如下。

① 信号选频，图 9.1（a），电容 C_1、C_2 与电阻 R_4、R_5 构成选频网络，决定输出信号的频率。

② 控制信号，图 9.2（a），电容 C_1 的充放电过程产生周期性变化的电压信号。

③ 信号选频，图 9.7（a），电容 C 与电阻 R 构成串并联电路，选择振荡信号的频率。

④ 信号移相，图 9.13，电容 C 与电阻 R 构成移相电路，使振荡电路满足相位平衡条件。

⑤ 信号选频，图 9.13，电容 C 与电阻 R 构成的移相电路同时能够选择振荡信号的频率。

⑥ 信号选频，图 9.16，电容 C 与电感 L 构成并联谐振电路，选择振荡信号的频率。

⑦ 信号选频，图 9.17，电容与电感构成并联电路，选择振荡信号的频率。

⑧ 信号传递，图 9.19，极性电容为耦合电容，传递信号。

⑨ 信号选频，图 9.19，无极性电容为谐振电容，与电感并联，选择振荡信号的频率。

10. 第 10 章

本章涉及电容的主要应用如下。

① 电源滤波，图 10.1（a），电容 C_1 和 C_2，充当电容滤波器。

② 电源滤波，图 10.2，电容 C_1、C_2 和 C_3，充当电容滤波器。

③ 稳定输出，图 10.3，电容 C_2 用于稳定输出。

④ 防止振荡，图 10.27，电容 C_1 和 C_2 为补偿电容，用于抑制电路中可能产生的自激振荡。

⑤ 稳定输出，图 10.27，电容 C_3 用于稳定输出，减小纹波。

实际上本书第 0 章中的设计示例也大量应用了电容，请读者结合上述内容自行思考和总结。